異文化の波

―グローバル社会：多様性の理解―

フォンス・トロンペナールス
チャールズ・ハムデン-ターナー【著】
須貝 栄【訳】

RIDING THE WAVES OF CULTURE

Understanding Cultural Diversity in Business

FONS TROMPENAARS／CHARLES HAMPDEN-TURNER

東京 白桃書房 神田

RIDING THE WAVES OF CULTURE (2nd edition)
by
Fons Trompenaars and Charles Hampden-Turner

Original editions published by Nicholas Brealey
Publishing Ltd, London, 1993
Japanese translation published by arrangement with
Nicholas Brealey Publishing Limited through
The English Agency (Japan) Ltd.

日本語版序文

本書の日本語版刊行を喜んで迎えるにあたり、翻訳の労を取ってくれた訳者の須貝　栄教授に対して深く感謝すると共に、同氏による本書翻訳の業績を光栄に思う。著者両名は、ＪＡＬアカデミーに始まりカレッジ・ウィメンズ・アソシエイション・オブ・ジャパン（ＣＷＡＪ）にいたるまで、さまざまな団体との継続的な関係を持つ日本において、筆舌に尽くしがたい親切と歓待を受けてきている。

現在直面している問題の多くにもかかわらず、日本は世界第二位の経済大国であり続けているが、日本人の価値観は、たいていの場合、西洋の価値観と（実像の左側が鏡に映ると右側に反転した写像になるような）鏡像の関係となっている。日本は、著者たちにとって、人類文化が本質的に相互補完的なものであり、お互いに欠けているものや偏っている点を補い合っていると共に、富に至る道が「己に徹する（be yourself）」ことであり、アメリカが使い古したカーボン紙を使って何かをコピーすることではないという生き証人として存立している。したがって、人類はさらにお互いから学ばなければならない。すなわち、自文化が不得意なことは他文化が得意だということ、また自文化が得意なことは他文化が不得意だということを学ぶのである。

日本が以前の隆盛を取り戻すためには、もっと西洋的にならなければならないと多くの日本人が現在、信じていることだろう。「キャッチ・アップ」という名のゲームは、その有用性の終末に到達したからである。しかし、学問を探究する者として著者たちは、製品それ自体が拡張していって、拡大システムになっていくことを日本から学び続けなければならないし、また東アジア流の協力の仕方も学び取らなければならないと信じている。情報化の世界において、知識を共有することの方が、相対的な優位性を争奪することよりも、はるかに賢明なことだと筆者たちは思うからである。

著者たちは、異文化間で継続して相互に学び合うことこそが正解であると確信する。その良い実例は世界の自動車産業であり、アメリカと日本の異なる観点が見事にシナジー化を達成している。日本人は、ヘンリー・フォードを、またフレデリック・ウィンスロー・テイラーの科学的管理法を研究して学び取っている。日本人は、これらの業績だけでなく、「時は金なり」というアメリカ流の考え方と共に、それを実現する直線的なスピードのある方法もまた吸収したのである。

さらに、日本人はこのような価値観と自動車製造方法に対して、本質的に日本的な「ジャスト・イン・タイム」、すなわち、適時性としての時間観と共に、細やかな調整により在庫品を減少させる過程という観点を付け加えたのである。これはトヨタ自動車の故大野耐一氏と彼の同僚たちの哲学であった。何かを本当に迅速にしたければ、直線的に早く移動するだけでは十分でなく、製品完成のための並行的な作業をして、その結果を「ジャスト・イン・タイム」に統合することによって「レース・コースを短縮化」しなければならない。日本の自動車製造業は、未だに世界一であり、世界に散在する最良のアイディアを統合できるという立派な証明である。

逆説的であるが、このことが日本の現在直面している経済停滞を説明する際に役立つかもしれない。過去三、四〇年間にわたって、日本は西洋の個人主義がもたらす果実をライセンス契約または買い取りで入手して、顧客満足度を高めるためにカイゼン〔改善〕を通して、洗練されたものにすることができた。しかし、今や日本は、その経済発展の未踏の域に到達したので、日本自身の革新的な個人主義を供給しなければならなくなった。安価なライセンス契約が、もはや入手できなくなったからである。また、伝説にまでなった日本人が協力を勝ち得るスキルですら、日本人が日本人に対して協力する場合だけに有効なものであり、国際的には通用しないということが明らかになっている。

しかし、何が起ころうとも日本のビジネスは、「対極にいる人の心」を探究し続けている西洋人である著者たちと共に、自文化が持つ価値観から富の創造を探し求めている東アジアにいるすべての人々にとって、精神的刺激を与え続ける存在であることは確かである。

二〇〇一年九月　イギリス・ケンブリッジにて著者を代表して

チャールズ・ハムデン－ターナー

第2版序文

本書の初版が出版されて以来、著者たちはさらに研究を数多く重ねてきた。われわれが構築したデータベースは現在、三万人のデータから成るものであり、これだけ多くの人が質問紙に回答してくれたのである。この新しい材料を基にして、われわれは異文化マネジメントの考えをさらに深めると共に発展することができた。第2版は、われわれの最も新しい考えを収めている。

第2版は初版に収められている調査結果を最新のものにしていると共に、新たに三つの章と改訂した付録一つを付け加えている。すなわち、第13章は異文化のジレンマを解決して、文化差を超える能力開発の方法を分析している。第14章と第15章は国家間というよりもむしろ一国内に存在する文化多様性を議論している。第14章が記述しているのは南アフリカ共和国に存在する少数民族間の違いであり、また第15章はアメリカ合衆国における性差、年齢、職能別背景、および組織構造などに基づく文化多様性が及ぼす影響を取り上げている。そして付録2はわれわれの研究方法を詳細に説明している。

本書初版は完成までに一〇年以上を費やした。その間にフォンスが出会った多くの人たちはさまざまな援助をしてくれた。フォンスの時間アプローチは順次的なものであるから、出会った順に恩人たちに感謝の辞を述べたい。

管理と経営戦略に関する洞察力に富む学識について、フリッツ・ハッセルホフ（Fritz Haselhoff）氏には仕事の関係上、多くを負っている。同氏はまた奨学金の獲得やペンシルバニア大学での博士論文口述試験を応援してくれた。

ロイヤル・ダッチ・シェル・グループ（Royal Dutch/Shell Group）のエリック・ブリー（Erik Bree）およびレイ・トーレス（Rei Torres）氏にも同様の謝辞をささげる。両氏は本研究プロジェクト初期の困難な数年間、資金および研究調査の機会提供の両面でスポンサーになってくれた。

フォンスが職業生活において同様に大変感謝している学問的権威者は二人いる。その一人がハッサン・オズベカーン（Hasan Ozbekhan）氏である。同氏はシステム論の権威であり、博識であると共に知的刺激に満ちた人柄でシステム論の諸原則をフォンスに教えて下さった。本書が基盤としている思想のほとんどは同氏のすばらしい心から直接に引き出したものである。次に、もう一人がチャールズ・ハムデン-ターナー（Charles Hampden-Turner）氏であり、ジレンマを解決する方法を通して文化についてフォンスの考えを発展させる助力となった。同氏の創造力にあふれた心は、既存のアイディアを新しいレベルにまで発展するように絶えずフォンスを勇気づけるものである。同氏は本書の初版出版に当たって、フォンスが読者に伝えようとしているものを常に尊重しながら、異文化マネジメント権威者の観点から本書の内容を編集するという大きな貢献をしてくれた。第2版における増補はチャールズの思考方法から大きく影響を受けているので、同氏に共著者となってもらえるように招請した次第である。

ジョルジョ・インチェリーリ（Giorgio Inzerilli）氏にも多くを負っている。同氏の人類学に基盤を置く考え抜かれた思想を経営管理へ応用する思考変換は、時として挑発的になるものの揺るぎないものである。実践と概念の間の結び付きを伝える彼独特の語り口は、本書だけでなくフォンスの同僚やフォンス自身が異文化マネジメント・ワークショップを行う際にもまた、とても重要なものとなった。本書で使用した実例の多くは直接・間接に彼に負うものであるから、彼もまたフォンスを文化の七次元の意味を明らかにする軌道に乗せた一人と言えるのである。

フォンスの同僚であるケバン・ホール（Kevan Hall）、フィリップ・ヘンリー（Philip Henry）、そしてレオネル・ブリューグ（Leonel Brug）氏は、クライアントとの関係をより効果的なものへと発展させる助けとなってくれた。フォンスが不安感を抱かずに本書に盛り込まれている主要な論点に関するプレゼンテーションを任せる際に信頼するごく少数の人物が彼らである。

トロンペナールス・ハムデン-ターナー・グループ（旧称ユナイテッド・ノーション：United Notions、さらに古くは、異文化間ビジネス研究センター：Centre for Intercultural Business Studies）に働く同僚のビンセント・メック（Vincent Meck）、オスカー・バン・ヴィーデンベルグ（Oscar van Weerdenburg）、そしてピーター・プルードオム（Peter Preud'homme）氏たちは絶えることのない支持と建設的な批判をしてくれているので、とても感謝している。

アングリア・ビジネス・スクール教授ピーター・ウィリアムズ（Peter Woolliams）氏は、第2版のために多くの仕事をして下さった。同氏の助力はインターラクティブ型の研修教材の開発・製造だけに止まらず、われわれのデータベースに複雑な統計分析を行うところまで差し伸べられた。同氏の持つ洞察力はとても啓発的なものであった。ピーターありがとう。

南アフリカ共和国に関する第14章は、ルイス・バン・デ・メアー（Louis van de Merwe：Trompenaars Group

South Africa）とピーター・プルードオム両氏の助けで実りあるものとなった。ルイスとピーター、ありがとう。

アメリカ合衆国の多様性に関する第15章は、モトローラ社のディーナ・レイモンド（Dina Raymond）女史のコメントにより大変良いものとなった。彼女が持つ女性としての感受性こそが、われわれの男性的な結論をチェックするのに必要なものであった。ディーナ、ありがとう。

明らかに、ヘールト・ホフステッド（Geert Hofstede）のコメントを除いて、われわれに刺激を与えたものは他に見当たらない。ホフステッド氏は約二〇年前にフォンスに異文化マネジメントという学問分野を紹介した人物である。われわれはいつでもホフステッド氏の意見に賛成というわけではないが、大きな貢献をこの分野にしたのは同氏であり、この分野の重要性に経営者の目を開かせたのも同氏のおかげである。誕生以来二五年目を迎える同氏の異文化分析モデルを弁護することで、われわれは文化差を「図表化する」こと以上の知的刺激を見いだして、ジレンマ解決を通して文化差を逆に利用する方法を開発することができた。

最後に、ニコラス・ブリーリー出版社からの援助、特に、第2版の編集を担当したサリー・ランズデル（Sally Lansdell）女史に感謝する。

一九九七年九月

フォンス・トロンペナールス

チャールズ・ハムデン-ターナー

Fons Trompenaars

Charles Hampden-Turner

訳者序

本訳書が異文化やマネジメントに関心のある一般読者や研究者を対象としているのは当然であるが、とりわけ、異文化出身者と接触をすでに持っているかまたは、これから持たざるをえない日本の読者、具体的には、上司・同僚・部下などが異文化出身者である在日外資系企業や外国政府官公庁に勤務する日本人職員と、これらの企業・機関への就職希望者、日本人在外留学生と留学予定者、国際結婚をしている者かまたは、その予定者、アジア人の在日留学生、などの仕事や生活に役立つことを訳者は心から願っている。本訳書はこれまで出版されてきたような外国人研究者による日本文化論でも日本人論でもなく、多文化比較による異文化マネジメントを内容としているからである。

経済活動のグローバル化は一九九五年のＷＴＯ発足以降すでに現実となり、グローバリゼーションが進展する中で、異文化に対して自文化が持つ文化差を意識せざるをえない状況が、世界中でマクロ経済と共にビジネスの場面で発生してきている。我国における構造改革やリストラもまた国民経済運営や企業マネジメントをグローバル標準に準拠させていく過程である。この世界標準を作り上げている価値観のほとんどが、本訳書で詳論されている普遍主義、個人主義、感情中立性、関与特定性、達成型地位、順次的時間観、および内的コントロール志向性である。それでは、われわれ日本人は、どのような価値観を持っており、この世界標準を構成する価値観に対してどのように対応すべきなのだろうか。さらに、理想的な国際結婚のように、異文化と日本文化を調和させて、それぞれの文化的長所をシナジー化するためには、どうしたら良いのだろうか。これらの問いに対する答えは、本訳書全編を通して与えられている。

原著者であるトロンペナールスとハムデン-ターナーは共に知日家であり、フォンスは一九九八年夏に異文化コミュニケーション学会（SIETAR: Society for Intercultural Education, Training and Research）から、またチャールズも二〇〇〇年春にカレッジ・ウイメンズ・アソシエイション・オブ・ジャパン（ＣＷＡＪ）により招聘されて東京で講演を行っている。原著者たちは、人類が共通して抱える問題をジレンマという思考法で定式化して、対立する価値観を調和することによって問題解決を図り、それぞれの価値観をシナジー化する方法を提示している（第13章）。異文化マネジメントの理論基盤は、経営組織・マネジメント（第2章）と共に文化（第3章）に分けて議論されている。次いで、両極性を持つ価値観は七つの次元に沿って詳論されている（第4～10章）。さらに、原著者たちは、これらの七文化次元に沿って、南アフリカ共和国に存在する言語集団別の文化差（第14章）およびアメリカ国内に見られる性別、民族別、職能別、および産業別の文化差（第15章）を分析している。また、原著者たちの分析は、企業文化（第11章）ならびに国際経営・トランスナショナル経営（第12章）にまで適用されている。このように、ジレンマという普遍主義的な立場から七文化次元に沿って多文化を比較検討するという点が、日本文化や日本人が持つ特殊性を強調する一国民文化に限定した書物にまったく見られない本書独自の特色である。

訳者自身の異文化接触は九歳から始まり、すでに四〇年を越えて今日まで日常的に継続している。この間に出会った外国人は、性別、年齢、職業、出会った国、場所、機会、関与度なども多様であり、その数も二〇数か国の数千人を数える。これらの多様な異文化出身者との異文化体験を理解しやすい枠組みで説明することは、本書と出会うまで至難の業であった。さらに、二五年を超える特に親しい付き合いのあるアメリカの友人たちですら、訪れる度に、訳者の理解を超える文化差の断片を今でも見せてくれる。また、我がイギリス人妻も二〇年にわたる結婚生活を経るに連れて、飲物、食事、趣味、友人関係、生活様式とますますイギリス本国回帰となり、訳者の家庭内における異文化マネジメントも手抜きできない日々である。

原著翻訳の動機は、このような異文化体験に基づく文化差を長年にわたって日常的に意識していたことが先行条件となっているが、原著の持つジレンマという普遍主義的な立論、理論基盤のしっかりした現実妥当性の高い七文化次元、および異文化マネジメントの実例ケースの豊富さに魅了されたことが決定要因である。そして、本書のおかげで、訳者は身近な異文化マネジメントにも理解度を深めて、自信を回復した次第である。

本訳書出版にあたり、多くの方々から物心両面のご援助を頂いたことを末筆であるが記して感謝したい。最初に、訳者の勤務校である東京国際大学は、専門委員会による厳正な審査の末、平成一三年度学術図書出版補助費を本訳書に与えてくれた。この多大な資金援助は、本学学生・関係者のみならず一般読者に対しても、本訳書が広く読まれるような社会貢献だけでなく、校名に「国際」の語を頂く大学において研究・講義されている国際化教育の一端を一般公開することも可能にした。

次に、ロンドンMBAクラブおよびシティー・フォーラムの会員諸氏は、訳者が東京国際大学海外研修員としてケンブリッジ大学において原著者ハムデン-ターナー博士と共に過ごした二年弱の期間中に本訳書を基にした研究テーマである異文化リーダーシップに関する研究計画を口頭発表する機会だけでなく、質問紙および面接による実証データ収集についても協力以上の援助を与えてくれた。とりわけ、渡部　亮（シティー・フォーラム：一九九八年当時）松浦恭也、野村英男、田村　昇（ロンドンＭＢＡクラブ：一九九八年当時より現在まで）の諸氏は、長年の海外勤務体験と並んでＭＢＡ以上の学位・学識を持って、訳者の研究計画実施に援助してくれた。また、畏友池上重輔氏は、これらの在ロンドン日本人駐在員による勉強会を訳者に紹介してくれた恩人である。ケンブリッジ大学教授マルコム・ウォーナー（Prof. Malcolm Warner）氏もイギリスにおける国際経営学の泰斗として訳者に薫陶を与えて下さった恩人である。そして、白桃書房専務取締役、大矢栄一郎氏は、いやみの一言もなく本訳書の完成を辛抱強く四年間にわたり首を長くして待ち続けてくれた。同氏の「この本は、自己責任を要求されているこれからの日本人に必要な本ですよ」という励ましに支えられてきた。最後に、我家の異文化チームのメンバーである妻ヒラリー、娘ナオミ、息子マティー、父光栄、母セイは、日常生活において、異文化リーダーシップと異文化マネジメントの難解なケース・スタディを毎日のように次々と与えて訳者を鍛えてくれた。

振り返ってみると、四五〇ページの訳本であるが、これだけ多くの方々の厚意に支えられて、ようやく恩師ハムデン-ターナーの著書翻訳を完成できたという喜びが沸いて来る次第である。なお、文中の〔　〕内の語は訳者が補ったものである。

二〇〇一年八月

東京浅草橋場にて
訳者　須貝　栄

目次

第4章 人間関係と規則——50

第5章 集団と個人——89

第6章　感情と人間関係——121

第7章 関与する程度——141

第10章　自然との関わり方

第12章　国際経営およびトランスナショナル経営に向けて――312

第13章　文化ジレンマの調和——336

第14章　南アフリカ共和国：虹色の国——365

第15章 性別、民族別および職能別の文化多様性――378

第1章 異文化マネジメントへのいざない

本書の焦点は文化差にある。本書が研究するのは、文化差が商取引や経営管理の過程に与える影響であり、フランス文化またはイギリス文化のような特定国の文化理解ではない。（フランス文化の理解はまったく不可能であり、イギリス文化の理解は試してみれば、すぐにお手上げとなる）。外国の文化を理解するのは不可能であるというのが、著者たちの考えである。既婚者であればわかるように、自分と同じ文化出身の人でさえ完全に理解することはまったく不可能だからである。著者の一人はオランダ人であり、この文化差という研究テーマが脚光を浴びるずっと前から文化差に興味を持っていた。その理由は父親がオランダ人で母親がフランス人という家庭環境から、一方の文化でうまく行くことが他方の文化でも調子良く行く確率は、とても低いという事実を幼い頃から理解していたからである。父親が試みていたオランダ型「管理」技法は、そのいずれもがフランス人妻の守る家庭で効果が出るほどにうまく行った事はまったくなかったのである。

このような背景と共に、金銭で購える最高のビジネス教育を多年にわたって享受した結果、著者たち二人は自分たちが洗脳されたアメリカの経営管理技法・哲学の中から、どのようなものが著者たちの出身国であるオランダやイギリス、または世界の他の国々で適用できるのだろうかと疑い始めたのである。

著者たち二人は共に多年にわたって経営に対する文化の影響を研究してきている。本書は、著者たちが発見した多くのことを論述している。すなわち、本書で論述されている文化志向性の違いは、一五年にわたる学術研究のみならず経営実践の場における研究の結果でもある。また、本文中で用いられている逸話およびケースの多くは、二〇か国以上において著者たちが実施してきた一〇〇〇以上の異文化マネジメント訓練プログラムの研修コースで洗練されたものである。ほとんどのケースで用いられている企業名は、仮名になっている。

異文化マネジメント訓練プログラムとは別に、三〇社にのぼる企業が五〇か国に及ぶさまざまな部門も含めて、本書の研究に協力してくれた。これらの企業は、数社だけ企業名をあげると、AKZO〔現Akzo Nobel社、オランダの化学製品会社〕、AMD〔Advanced Micro Device社、アメリカのコンピュータ関連企業〕、AT&T社、BSN社、イーストマン・コダック社、エルフ・アキテーヌ〔フランスの石油会社〕、SGS／Thomson社〔フランス・イタリアのマイクロチップ製造企業〕、CRA社〔オーストラリアの鉱業会社〕、グラクソ製薬〔現グラクソ・スミス・クライン製薬〕、ハイネケン・ビール、ICI社〔イギリスの化学製造会社〕、ロータス社、Mars社〔アメリカの菓子製造企業〕、モトローラ社、フィリップス電気、KLM航空、ロイヤル・ダッチ・シェル・グループ、Sematech社〔アメリカを中心としたエレクトロニクス製造企業群〕、TRW社〔アメリカの自動車関連部品製造会社〕、Royal Van Leer社〔オランダのパッケージ製造企業〕、ボルボ自動車、ウェルカム製薬である。比較可能なサンプルを集めるために、これらの企業が事業活動を行っている国のそれぞれから、似たような背景と職種を持った人を最低一〇〇人ずつ選び出した。調査参加者のおよそ七五％は管理者（オペレーション、マーケティング、セールスなどのマネジャー）であり、残りの二五％は一般職のスタッフ（タイピスト、口述速記者、秘書など）であった。データベースは、今や三万人の調査協力者を数えるまでになった。このデータ数は、本書初版が出版された四年前の倍である。しかし、実証研究の調査結果は、われわれが主張しようとしていることの一例に過ぎない。

本書には三つの目的がある。第一は、管理と組織に関して、「唯一最善の方法」が存在するという考えを一掃することである。第二は、読者が帰属する文化と共に、文化差全般に関するより良い理解を読者に与えることである。これは、ビジネスの脈絡において、自分が帰属する文化と共に文化差全般を認識して、これらに対応する方法を学ぶことである。第三は、国際的に活動する組織が直面している「グローバル」対「ローカル」のジレンマに関して、文化の視点から洞察を提供することである。本書の最も重要な視点は、上記の第二点にある。成功の基礎は、自分自身が帰属する文化の理解に加えて、他の人々がどのように考え、行動する「はず」かについて、自分が持つ仮定や期待を理解することもあるからである。

1　文化がビジネスに与える衝撃

国際的に活躍するマネジャーの新種を見てみよう。彼らはインターナショナル・マネジャーと呼ばれ、最もモダンな経営哲学に従って教育されているので、全員が次のようなことを知っている。「SBUにおいて、TQMは普及すべきである。また、製品はJITで届けられ、MBOに従いながら、CFTが製品を配達する。以上が適切に行われないならば、BPRをする必要がある」。（SBU=strategic business unit：戦略的事業単位、TQM=total quality management：総合的品質管理、JIT=just-in-time：ジャスト・イン・タイム、C

FT=customer first team：顧客第一チーム、MBO=management by objectives：目標による管理、BPR=business process reengineering：ビジネス・プロセス・リエンジニアリング）

しかし、このような経営的解決策は、どの程度普遍的なのだろうか。すなわち、真実はどこであろうとも、またどのような状況下でも適用可能なものだから、本当に効果的な経営は何かという問いに答えようとする上記の解決策は、果たして「真実」なのだろうか。

経験豊富な国際的な企業ですら、経営理論を取り入れて、正しい目的に向けて「普遍的に」適用しても、その結果の多くは失敗に終わっている。例えば、業績給は報酬と昇進の順序とタイミングに関して、個別的な不文律のルールが存在するために、アフリカ大陸においては多くの場合、失敗に終わっている。同様に、目標による管理も、いろいろな事態を想定して作成された経営政策のガイドラインが抽象的になったため、マネジャーの多くがガイドラインに従いたくなくなったので、南ヨーロッパにある多国籍企業の子会社では、だいたい失敗に終わった。

人的資源管理の概念ですら、典型的なアングロ・サクソン的原理に由来するものであるから、これを他の文化に翻訳することは難しい。この概念は、物質的および資金的資源と同様に人間も「資源」であるという考えを経済学から借用したものである。したがって、個人はほぼ無限の自己啓発能力を持つと仮定する傾向がある。このような見解を持たない国では、この概念を把握するのが困難であり、また理解されるようになると途端に評判の悪いものになる。

インターナショナル・マネジャーが困難に遭遇することになるのは、一度に多くの異なる前提に基づいて活動しなければならないからである。これらの前提は、その起源となっている文化、すなわち前提がうまく機能している〔国民〕文化ならびに前提を使用している組織文化から発生しているものである。
世界のあらゆる文化において、権威、官僚制、創造性、同僚との良い人間関係、検証と説明責任などの現象は、異なったように経験されている。それにもかかわらず、同じ言葉を用いてこれらを記述すると、自分自身が持つ文化的偏りや習慣化した振る舞いが不適切なことがあったり、万国共通のものでなかったりするということに自分でも気づかなくなる傾向がある。

国際化は世界共通の文化を生み出すか、または少なくともそれに近づくという理論が存在する。この理論はインターナショナル・マネジャーの生活をはるかに単純にすることだろう。よく指摘されるのは、マクドナルドやコカ・コーラのような飲食料品の例であり、市場、ひいては文化までが世界中のどこでも似たようになるという。実際、多くの製品やサービスが世界市場で共通になってきている。しかし、考慮すべき重要なことは、それらが何であるとか、どこで現物を見つけられるかということではなく、**それぞれの文化にいる人々にとってどのような意味を持っているか**ということである。後に触れるように、文化の本質は、外側から見えるものではない。文化は、人間の集団がこの世の事を理解したり解釈したりする際に用いる、共有化された方法のことである。それゆえに、皆がウォークマンを聞き、ハンバーガーを食べるという事実が物語るのは、普遍的なメッセージをたずさえて、飛ぶように売れる斬新な製品がいくつか存在するということであるが、ハンバーガーを食べたり、ウォークマンを聞いたりすることが、異なる文化において持つ意味については何も語っていないのである。マクドナルドで食事をすることは、モスクワでは地位を示す意味を持つのに対して、ニューヨークでは同じことが小銭で済む短時間の食事を意味するだけである。もしビジネスマンが、仕事をする時に、いつでも企業目標、政策、製品またはサービスを理解してから忠誠を誓いたいとすれば、これらだけでなく経営に関する他の側面も文化が異なれば、意味することが違ってくることを理解しなければならない。

本書は、西洋の経営理論を普遍的に適用すると、なぜうまく機能しないかについて、その理由を探求することに加えて、インターナショナル・マネジャーが直面している「グローカリゼーション（glocalisation）」として知られる増大するジレンマについても取り組むものである。

市場がグローバル化するにつれて、一方で組織のデザイン、システム、および内部手続きなどを標準化する要求が増大する。他方で、マネジャーもまた組織を市場、立法制度、国家財政制度、社会・政治体制および文化体系などが持つローカルな特徴に適応させるように圧力を受ける。企業の成功にとっては一貫性と適応の間のバランスを取ることが不可欠になっているのである。

(1) 分析による麻痺状態：専門経営者という万能薬

ピーターズとウォーターマン（Peters and Waterman）は、著書『エクセレント・カンパニー（*In Search of Excellence*）』の中で「合理性モデル」と「分析による麻痺状態」を批判することで、要点を突いている。（現象を分解する）西洋の分析的思考と（行為に先立ってその結末を計算する）合理性は、技術の諸分野において多くの国際的な成功を導いてきた。技術がうまく機能するのは、まさに同一の普遍的な法則がどこに行っても、たとえ月面上ですら、適用できるからである。しかし、普遍的な哲学が大成功したからと言って、次にそれを異なる文化出身者間での相互関係に適用すると、失敗する恐れがある。

人間は技術の特殊な一部である。本書で広汎に議論されるわれわれの研究結果が示しているように、国際的な組織の内部に存在する社会関係の世界は、取り組むべき次元を多く持っている。

マネジャーの何人かは、特に日本において、自分たちの会社が持つ多次元的な性格を認識している。この人たちは、機械（分析的―合理的）に妥当する論理**と共に**社会関係（統合的―直感的）にもっとよく妥当する論理を使うことができ、必要に応じてこれらの論理を交互に用いているように思われる。

国際化の過程で、日本人は徐々に進出国におけるローカル社会の機能を真剣に受け止めていった。「郷に入ったら、郷に従え」という諺に気づいたのは何も日本人が最初ではないものの、日本人は西洋人以上にこの諺に従って活動しているように思われる。その上に日本人はこの諺に別の次元を付け加えたのである。すなわち、「郷に入ったら、現地にいる人々の行動を理解するように努めよ。そうすることで、さらに完璧な日本人となれ」というものである。

この対極に、西洋的なアプローチがある。それは、アメリカのビジネス教育に基づくものであり、経営を専門職業として扱い、感情から分離された合理性を「科学的に」必要なものとみなすものである。

この数値的で大脳的なアプローチは、アメリカのビジネス・スクールだけでなく、他国の経済学部や経営学部をも支配している。このような学校は、学生たちに間違った質問を尋ね、それに対する正しい解答方法を与えることで教育を行っている。統計分析、予測技法、そしてオペレーションズ・リサーチなどは、決して「間違い」ではない。これらは重要なテクニカル・スキル能力である。間違いは、技術的な合理性が組織内に存在する人間的要素の特徴であるはずだという仮定である。普遍的に適用できる科学的法則の存在とその客観的な結果を否定するものはいない。これらは確かに文化と無関係である。しかし、職場における人間の文化が物理学の諸法則や工学に似ているはずだという意見は、**文化的なもの**であり、科学的な意見ではない。このような意見は、文化の普遍性を前提にした仮定であり、万人の合意はもとより、合意に近いものすら得られるものではない。

ビジネス・ライフの国際化は文化パターンについての知識を多く持つように要求している。一例として、業績給は、アメリカ、オランダ、およびイギリスなど、著者たちが知的訓練のほとんどを受けた文化においては良く機能している。しかし、フランス、ドイツ、およびアジアの大部分のように、共同体主義の強い文化において、業績給はそれほど成功しておらず、少なくともアングロ・サクソン型業績給の比ではない。この文化にいる従業員に業績給を受け入れがたくしているのは、グループ・メンバー各人が同僚メンバーの欠点をあからさまにしながら、自分だけが抜き出た成績を出すというやり方に原因がある。この文化における「抜群に優秀な個人」の定義は、もっとも身近にいる人々に利益を与える人物のことだからである。共同体主義の強い文化にいる顧客も同様に、最高の売り上げ成績を持つセールスマンにありがちな「手っ取り早く稼ぐ」心的特性に立腹する。買い手側は用心深く取引関係を築き上げ、それを維持したいと思っているからである。

2　証明済の公式が間違った結果をもたらすわけ

文化境界を越えると管理過程の多くがその有効性を失ってしまうのは、いったいなぜだろうか。多国籍企業の多くが海外のさまざまな地域で適用している公式は、本国の文化から生み出されて、その文化内で成功しているものである。アングロ・サクソン文化に起源を持つ国際的なマネジメント・コンサルティング会社は、文化差を無視して、似たような方法を未だに用いている。

イタリアにあるコンピュータ会社の一つが受けた経営アドバイスは、ある有名な国際的マネジメント・コンサルティング会社によるもので，会社組織をマトリックス型構造へ再構築せよというものであった。アドバイスに従った結果，このコンピュータ会社は失敗した。マトリックス型組織構造が持つ課業達成志向のアプローチは，職能別系統の上司に対する忠誠に挑戦することになったからである。イタリアにおける上司は父親のような存在であるから，父親を二人も持つことは不可能なのである。

文化は重力のようなものである。例えば，空中高く六フィートほど飛び上がるまで，人は重力を体験できない。これと同様に，進出国のマネジャーは，本社中心に発展してきた勤務評定システムを表立って批判したり，マトリックス型組織を拒否したりしない傾向がある。敵対や反抗を文化的に受け入れがたい進出国の場合，特にこの傾向が強い。だが，見かけとは裏腹に，文化の力が沈黙のうちに作用して，破壊過程を開始して，現地に「フィット」しないような本社中心に発展してきた方法を根絶やしにするのが実際のところである。フラット型組織，SBU，MBO，マトリックス型組織，アセスメント・センター，TQM，BPR，そして業績給などは，経営に関してベストセラーとなった書物のほとんどすべてで議論されている題目であり，西洋世界だけに限ったものではない。これらについて書かれた本を読むと（もっとも，マネジャーたちは幸せなことにこの手の本を読む時間をそれほど多く持ちあわせないようになった）幸福感に浸ることができる。それは，「この本に書かれてある十戒に従えば，**モダン・リーダー**にも，**チェンジ・マスター**にも，**チャンピオン**にもなれる」と思うからである。われわれの主催する異文化マネジメント研修に来た韓国からの参加者は強い皮肉を込めた口調でアメリカを賞賛して止まない理由を語ったことがある。それは，近年における経営上の最も重要な問題の一つをリエンジニアリング過程で人員整理を行うという方法で解決したからだというものであった。「唯一最善の方法」という間違った考えは，死にそうでいて，なかなか死なない経営学の誤信である。

一九七〇年代に発展した組織理論は、企業を取り巻く経営環境を重要な考察対象として導入したけれども、組織化に関する唯一最善の方法という夢物語の息の根を止めることはできなかった。この組織理論は、国民文化の影響を測定しなかったものの、市場、技術、および製品の重要性を体系的に指摘して、これらが管理と組織に関する最も有効な方法を決定すると論じた。

似たような組織が異なる文化環境に存在している。これらを職能の数、組織階層のレベル数、専門化の程度などの主要な基準で研究すると、異文化環境にある類似の組織が驚くほどに同型的であると明らかにされることがよくある。何かを証明する代わりに、この知見が意味することは、同型性がグローバルな企業活動のために課せられたものであること、または業界リーダーとなっている会社の実行していることが注意深く真似されていること、または企業の採用している技術それ自体が命令している場合すらあることなどであり、それ以上の意味はない。この種の研究が頻繁に主張するのは、このような研究結果が組織の文化無関係性を「証明」しているというものである。しかし、間違った質問が尋ねられているのである。争点は、オランダでは組織階層が六レベルあり、シンガポールにある類似の会社も同様であったか否かということではなく、オランダ人とシンガポール人にとって組織階層とそのレベル数が持つ意味が何であるかということである。意味が文化によって完全に違う場合、例えば、命令実行の意味が「指揮系統」〔であるオランダ〕対「ファミリー」〔であるシンガポール〕のような場合、前者を実行に移すために進展させてきた人的資源に関する諸方策が後者の脈絡において実施されれば、深刻な意思疎通の問題を引き起こすだろう。

本書において検討されるのは、文化が組織に衝撃的影響を与える際に用いる、目に見える方法と見えない方法の両方である。根深いところにある基本的な文化差とその影響は、客観的な基準をもって直接的に測定できるものではないかもしれないが、これらが国際的な組織の成功にとても重要な役割を果たしていることは確かである。

3　文化こそが問題解決の際に用いられる方法

文化の起源を考えるにあたり、次のような考え方が役立つ。**文化は、人々が一群となって問題解決を行い、ジレンマを解消する際に用いる方法である。**[1] 文化がそれぞれに解決しなければならない個別の問題とジレンマは、本書全体を通して論じられる。そこで、最初に焦点を置くのが、文化とは何かということであれば、次のような例から始めるのが最も容易であろう。

あなたが南アフリカ連邦行きの定期便に搭乗中、パイロットが「エンジンに何らかの問題が生じたので、ブルンジに緊急着陸します」と突然に機内放送したと想像して下さい。(ブルンジを知らない人のために、この国はルワンダの隣国です)。空港ビル内に入った時、ブルンジの文化についてあなたが抱く第一印象はどのようなものでしょうか。「この国の人々は何とすばらしい価値観を持っているのだろう」とか、ましてや「この国の人々は興味深い意味体系を持っているではないか」の類いでないことだけは請け合いである。それは、具体的で、観察可能なものであり、例えば、言語、食物、または着衣などである。文化は重層的になっており、例えれば、玉ねぎのようである。文化を理解するためには、重なり合っている層を一つ一つ剥離しなければならない。

外側の層にあるのは文化の産物である。一例は、マンハッタンの空高くそびえる超高層ビル群である。これらのビルは私的権力を誇示する記念柱であるのに対して、ビル間を通る公道は交通渋滞になる始末である。文化の産物は、社会がその深層の奥深いところに持っていて、直接的に目で見られない価値観（例えば、社会的・経済的な地位向上志向性、「多ければ多いほど良い」、地位や物質的な成功など）と規範の表現である。価値観と規範の層は、「玉ねぎ」の中の奥深いところにあるので、見つけるのが一層困難である。

それでは、価値観や規範が意識と無意識の中間に沈殿して行き、検討されることもない確信になるのはなぜだろうか。また、世界のさまざまな地域で価値観や規範が大きく異なるのはなぜだろうか。

定期的に解決される問題は、意識から消え去り、基本前提の一つになる。これは、しゃっくりを止めるために、できるだけ長い時間、息を止めようとする時まで酸素の必要性を考えることがないのと同じである。このような基本前提が意味を定義するものであり、それを集団が共有していくので、暗黙のものになるからである。

医師と患者間での議論を例に取り上げよう。患者は「どこが悪いのでしょうか」と医師に尋ねる。医師は「肺炎」とだけ答える。患者「肺炎の原因は何ですか」。医師「ビールスによって引き起こされるものだ」。患者は「面白い。ビールスの原因となっているものは何ですか」とさらに尋ねる。医師がひどく苛立っている様子を見せたので、議論はここで終わった。質問者が基本前提、またはコリングウッド(2)の表現を借りると、人生に関する絶対的前提条件を直撃した場合、頻繁に見られるのがこのような信号である。疑問の余地がなく、異論のない現実、これこそが玉ねぎの中核にある芯である。

(1) 国民文化、企業文化、そして職業文化

文化はさまざまなレベルで自らを表す。最高位のレベルにあるのが、**国民的**または地域社会の文化である。

例えば，フランスすなわち西欧の文化対シンガポールすなわちアジアの文化である。次に，特定の組織内部で見られる態度表明の方法は，**企業**または組織文化として記述される。最後に，マーケティング，研究開発，人事など，組織内に存在する特定の職能が持つ文化についても語ることができる。ある職能にいる人々は，ある種の**職業的**で道徳的な志向性を共有する傾向がある。本書が焦点を置くのは，最初のレベルである国民レベルにおける文化差である。

文化差は何も遠方にあるエキゾティックな国々に関してだけ存在するわけではない。われわれが調査をしていた間に，だんだんと明らかになってきたのは，国家間に存在するのと同じぐらい多く，いくつかのレベルで，アメリカの西海岸地域と東海岸地域の間に文化差が存在することである（もっとも本書の目的からして，アメリカについて言及する場合，そのほとんどは平均像である）。実例のすべてが示しているのは，西北系ヨーロッパ人（分析的，論理的，システム化と合理性）とラテン系ヨーロッパ人（強い人間関係志向，直感と感性の多用）の間には明白な文化境界が存在することである。隣同士のオランダ人とベルギー人の間ですら，著しい文化差が存在するのである。

平均的なベルギー人マネジャーは，組織についてファミリーと同じ考えを持っている。ベルギー人が経験する組織は，家父長的で，階層的なものであり，ラテン文化の多くで見られるのと同じように，父親がどうすべきかを決定する。だから，ベルギー人はオランダ人マネジャーを過度に民主的だとみなし，全員が全員に相談するなどということは，まったくのナンセンスだと決め付けるのである。オランダ人マネジャーがプロテスタントの倫理に一致した方法で思考するのに対して，ベルギー人はカトリック的に考えて行動するからである。オランダ人マネジャーのほとんどが権威に不信感を抱いているのに対して，ベルギー人マネジャーは権威を尊重する傾向がある。

ヨーロッパ統合に関する議論のほとんどすべてが、技術的・法律的問題を扱っている。だが、これらの問題が解決されると、本当の問題が出現して来ることになる。ヨーロッパ内部ほど、文化差のあるところは他に見当たらないからである。フランス人とビジネスをしようと思うならば、最初に学ばなければならないのは、ゆったりと時間をかけて昼食を取ることである。ヨーロッパ共同体（ＥＣ）の創設者であるジャン・モネが、かつて明言したことは、「ヨーロッパを統合するという難問に再び直面することがあれば、その時には、たぶん文化面から始めることになるだろう」というものであった。文化こそが物事の起きる背景的脈絡である。したがって、脈絡がなければ、法的な問題ですら重要性を欠くことになる。

4　文化差の根本原因

あらゆる文化は自文化を他文化と区別している。その区別は、ジレンマとして表れる何らかの問題に対して、文化が選択する特定の解決方法によるものである。このような問題は、以下の三分類で見るのが都合良い。すなわち、他人との人間関係から発生する問題、時間経過から発生する問題、そして環境に関係する問題である。以下に続く章で詳論する著者たちの研究は、これら三つのカテゴリーにより文化を検討したものである。さらに、このような普遍的な問題に対してさまざまな文化が選択した解決方法を検討した結果、著者たちは文化の基礎的な次元を七つ確認できた。そのうちの五つは、第一のカテゴリー（人間関係）に属するものである。

(1) 人間関係

価値志向性には、人がお互いに付き合う方法に該当するものが五つある。著者たちが出発点として依拠したのは、パーソンズによる人間関係に関する五つの価値志向性である。[3]

普遍主義対個別主義

普遍主義的なアプローチは、およそ以下のようなものである。「良いこともまた正しいことの意味は明白なのだから、これらを常に適用して生きる」。個別主義的な文化では、人間関係に付きまとう義務と個別の事情がはるかに大きく配慮される。例えば、常に従わなければならない良い方法が一つだけ存在すると仮定する代わりに、個別主義的な考え方は、友情には特別な義務感があり、それゆえ何事にも優先するという論法である。抽象的な社会生活上の基準はあまり配慮されないのである。

個人主義対共同体主義

人は自分を本質的に個人と見なしているのだろうか、それとも、集団の一部として見なしているのだろうか。さらに、個人の望み次第で共同体に貢献するようになるのだから、個人を尊重して大事にすれば良いのだろうか。それとも、個人の多くが支えて共有しているのが共同体なのだから、共同体を第一に考えて大事にすれば良いのだろうか。

感情中立的対感情表出的

対人間における相互関係の本質は、客観的で公平無私であるべきなのだろうか、それとも感情表出は寛容されるのだろうか。北米や西北ヨーロッパにおいて、ビジネス上の人間関係は手段的であるのが典型であり、すべては目標達成のためである。したがって、頭脳が感情を抑制する。これは感情が論点を混乱させると思われているからである。この仮説が物語ることは、われわれ人間が自分たちの作った機械に似るべきであり、そうすればもっと効率的に機械を操作することができるという考えである。しかし、視点をさらに南下すると、別の文化の多くにおいて、ビジネスは人間の行う事柄であり、あらゆる種類の感情表出が適切なものと思われている。例えば、大きな笑い声、会議のテーブルにドンドンと音を立てて、こぶしを打ち付けること、また交渉途中で激怒して会議室を立ち去ること、などはすべてビジネスの一部である。

関与特定的対関与拡散的

人が全人的にビジネス関係に関与している場合、契約によって規定されている特定的な関係の代わりに、実質的で個人的な接触が存在する。多くの国において、関与拡散的な関係は好まれるだけでなく、またビジネスが着手される以前に必要とされるものでもある。あるアメリカ企業が南米の顧客から契約を勝ち取ろうとしていたケース（第7章参照）では、関与拡散的な関係の重要性を軽視したことが、商談の失敗となった。このアメリカ企業は、弁舌さわやかに、よく考え抜かれたプレゼンテーションを行い、顧客に自社製品の優秀性と低価格を明瞭に提示できたと思った。ところが、競争相手のスウェーデン企業は、この顧客をよく知るために一週間を費やした。最初の五日間、スウェーデン人たちは自社製品以外の話題について話したのである。最終日になって、ようやく製品紹介が行われた。その製品は、アメリカ企業のものと比較すると、少々見劣りがする上に、わずかではあるが高価格であったにもかかわらず、スウェーデン企業は、拡散的関与方法が功を奏して、受注を手にしたのである。特定の国々でビジネスをするためには、顧客を技術的な詳細データや見栄えの良いスライドで圧倒するだけでは不十分だということをこのスウェーデン企業は以前から理解していたからである。

達成型対属性型地位

達成という言葉の意味は、最近成しとげたことや記録として残っていることに基づいて、人物が判断されるということである。属性型地位の意味は、出自、家系、性別ないしは年齢、さらには（有力者を知っているという）コネおよび学歴（例えば、東京大学だとかオート・エコール・ポリテクニク〔フランスの官吏養成機関である政治行政高等学院〕の卒業生）などによって地位が付与されることである。

初対面でよく尋ねられる質問は、達成型文化では、「**何を勉強しましたか**」というものであるのに対して、属性型文化では、「**どの学校で**勉強しましたか」というものになりがちである。属性型文化の人々は、質問相手の出身大学が評判の良くないところだとか、あまりよく知られていない学校だとわかった場合に限り、何を勉強したかという質問をする。そうすることで、質問相手の面子を立てられるからである。

(2) 時間に対する態度

社会によって、**時間**に対する見方もまたさまざまに異なっている。ある社会では、誰かが過去に達成したことはそれほど重要ではない。重視されるのは、将来発展するために作り上げてきた計画がどのようなものかということである。別の社会では、今日現在というより、むしろ過去の業績の方が強い印象を与える。この違いは、企業活動に大きな影響を与える文化差である。

時間に関して、アメリカン・ドリームは、フランス人にとって悪夢に転じる。アメリカ人は一般的にゼロからスタートするので、問題となるのは、現在の業績と将来に向けて「うまくやりとげて成功する」ための計画である。この考えは昔ながらの清貧（ancien pauvre）を好むフランス人にとって、にわか成り金（nouveau riche）としてしか映らない。フランス人は、過去に対する非常に強い思い入れを持っており、アメリカ人と比較すると現在や将来についての関心は低いからである。

アメリカ、スウェーデンおよびオランダのような文化では、時間は直線的に経過していくもので、本質的に異なる事象の連続体として認識される。別の文化は、時間が円環的に移動するものとして考えており、過去と現在が循環的に未来の可能性と一緒になっていくのである。時間に対する考え方の違いは、計画策定、戦略、投資、および人材育成についての見解（社内育成対外部からの移植）などにかなりの相違を生むことになる。

(3) 環境に対する態度

重要な文化差の一つは、**環境**に対する態度の違いにも見られる。ある文化は自分たちの生活に影響を与える主要な原因や善悪の源が人の中に潜んでいるものと見ている。このような文化では、モチベーションや価値観は人間の内面から発生するものと考えられる。別の文化は世界を個人以上に強力なものと見ている。このような文化では、自然は恐れ、見習うべき対象として見られるのである。

ソニーの会長であった故盛田氏は、ウォークマンという製品を考えつくに至った経緯を次のように説明している。同氏はクラシック音楽の愛好家で、通勤途中で他人に迷惑をかけずにクラシック音楽に聞き入る方法を模索していたのである。ウォークマンという製品は、自分の外にある世界に何かを押し付けるようなものでないばかりか、外界と調和する方法でもある。ところが、盛田氏と対照的に、ほとんどの西洋人がこの製品を使用する際に考えることは、「他人に邪魔されずに音楽に聞き入ることができる」というものである。

もう一つの例は、鼻や口を覆うガーゼ・マスクの使用である。東京では、特に冬季に、多くの人がこのマスクをしているのを見ることができる。マスク着用の理由を尋ねると、解答として返ってくるのが、風邪やインフルエンザにかかった時、マスクをすれば空気感染で他の人々にうつしたり、空気を「汚染」したりしないで済むからというものである。ロンドンでは、環境によって「汚染」されたくないから、自転車・オートバイに乗る人たちやジョギング・ランニングをする人たちがマスクをするのである。

5　本書の構成

本書は、「唯一最善の経営方法」が存在しない理由と共に、国際経営で直面する困難なジレンマのいくつかを調和できる方法を中心テーマとしている。本書が初めから終わりまで読者に与えようと努力しているのは、自文化に対する深い洞察と共に他文化との相違点の洞察である。

第2章から第8章は、読者を他の人々との関わりに焦点を絞った文化多様性の世界に導くものである。人との関わりについて、文化はそれぞれどのように異なるのだろうか。文化差は組織や国際経営の実践にどのような影響を与えるのだろうか。従業員間の人間関係は、どの程度まで文化差に影響されるのだろうか。また、従業員たちは対立解消をどのように学び取るのだろうか。

第9章と第10章は、人との関わりと同様に、組織に影響を与える時間と環境に対する文化的態度の違いを議論するものである。

第11章は、人、時間、そして環境についての文化差に関する一般的な仮説が組織文化に与える影響を議論する。この章は、組織を緩やかに四類型に分類して、その結果を階層制、人間関係、組織目標、および組織構造について検討する。

第12章は、マネジャーが特定時点のいくつかにおいて組織介入を用いて、組織の国際化過程を準備する方法を考察する。この章の目的は、国際化で生じるジレンマを創造的な方法で扱うことと共に、国際化の将来は、両極端の間のバランスを達成することにかかっているというメッセージを繰り返すことである。

この章で明らかになってくることは、集権化対分権化という論争それ自体が実際のところまったく間違った二分法だということである。国際組織が持つ分権化された能力をすべて利用するために必要なのは、スキル、感受性、そして経験なのである。

第13章で分析するのは、文化差に根ざすジレンマを解消するためのさまざまな手段である。この分析は、ケース・スタディによって行われるものであり、さまざまな文化背景を持つプロフェッショナルたちが出会った時に生じる問題の多くを引き出すものである。

第14章と第15章は、同一文化内で見出される多様性を議論する。われわれの調査結果から発見したことが示すのは、アメリカ合衆国内および南アフリカ連邦に存在する民族的差異と共に、性別、年齢別、職能別、および産業分類別の文化的影響である。著者たちの結論は、自らの環境に対して人々が与える意味を規定する重要な要因の一つが、国ごとの文化であるのは確かだが、他の要因も無視すべきではないというものである。

本書は、文字どおり本当の国際的な組織を実現可能にしようという試みである。国際的な組織に関与する国民文化は、それぞれが特有の洞察力と長所を持って世界規模の問題解決に貢献してくれるから、各国が最善を尽くしたものであれば、それが何であろうと企業としても頼りにして利用できるという長所があるので、このような組織はトランスナショナル〔国家超越的〕組織という名称で呼ばれることが多い。

参照文献

（1）Schein, E., *Organisational Culture and Leadership*, Jossey-Bass, San Francisco, 1985.（清水紀彦・浜田幸雄訳、『組織文化とリーダーシップ』、ダイヤモンド社、一九八九年）

（2）Collingwood, R.G., *Essays on Metaphysics*, Gateway, Chicago, 1974.

（3）Parsons, T., *The Social System*, Free Press, New York, 1951.（佐藤勉訳、『社会体系論』、青木書店、一九七四年）

第2章 組織作りに唯一最善の方法は存在しない

どんなに客観的にまた同型的に組織を作ろうとしても、組織の持つ意味が異文化の人にとっても同じとは限らない。感じ取られる意味は、後に検討するように、文化選好にかなり左右されるからである。組織に付与される意味と同様に、組織の構造、慣行、そして方針などの概念もまた文化的に規定されているのである。

文化は共有された意味のシステムである。文化が命ずるのは、注意する対象、活動する方法、大事にする価値などである。文化こそが、このような価値観をヘールト・ホフステッド[1]が「メンタル・プログラム」と呼ぶものへまとめあげていくのである。組織内の人間行動は、このようなプログラムが動かしているものである。

人は自らの経験を組織化して、何か意味あるものにしようとする習熟した方法を各人の中に持っている。このように経験を重視する方法は現象学的アプローチと呼ばれ、人が身の回りの現象を認識する方法は一貫したもので、秩序があり、意味を作り出すものだという立場である。

異文化出身の同僚が組織の持つ意味について当人なりの解釈をする一方で、同一組織について自分たちは自分たちなりの解釈をする。このように解釈が異なるのは、なぜだろうか。別の物の見方から何を学べるのだろうか。異文化出身の同僚には当人なりのやり方で貢献させられるのだろうか。

国際的な組織を理解するための現象学的アプローチは、伝統的なアプローチとまったく対照的である。伝統的なアプローチでは、マネジャーや研究者が組織の定義を一方的に決定したのである。伝統的な研究は、組織が持つ物質的で検証可能な特徴に基礎を置くと共に、人、場所、時間などの子細を問わず、あらゆる場合において組織を共通に定義できるという仮説を持っていた。観察した「物」の間で見られる法則と共通の特性を探し求めるという伝統的アプローチに代わって、われわれが探求するのは、人が経験したことについて持つ認知を文化が構造化する際に用いる一貫した方法である。

1　学問的権威者が語ること

フレデリック・テイラー、アンリ・ファヨール、ピーター・ドラッカー、マイケル・ハマー、ジェームズ・チャンピーそしてトム・ピーターズといった経営学の権威者たちは、一つだけ共通のものを持っている。彼らは全員が（と言っても最初の二名は亡くなっているが）意識的か無意識的に、管理と組織に関する唯一最善の方法が存在するという印象を与えている。このような仮説がどんなにアメリカ的なものか、またファヨールの場合にはフランス的なものかを明らかにしよう。この点は、前世紀からそれほど大きく変化したわけではない。経営管理の複雑さを軽減する道具箱を経営者に与えることができるようになるのは、望ましくないことだろうか。もちろん、それは望ましいことである。マネジャーが複雑さを制限するために道具に手を伸ばしたがるのは理解できるが、残念にも、このような唯一最善を求めるアプローチは、イノベーションも異文化間での成功も制約する傾向を持つ。

これに対して、一九七〇年代の研究によれば、ある種の経営方法が持つ効果は、企業が経営されている環境に依存することを示している。

近年のいわゆる「条件依存」モデルによる研究のほとんどは、組織構造の主要な類型がどのように経営環境に関する主要な変数に対応して変化するかを研究している。このような研究例は、環境が本質的に単純で安定的な場合、階層の多い高層型の階層制が生き残る傾向があるのに対して、環境が複雑で不安定な場合、階層の少ないフラット型の階層制の方がもっと有利に事業を進める傾向があることを示してきた。このような研究は主に一国、それも通常は、アメリカ合衆国に限定されたものである。そして、組織構造と環境の両方はそれぞれ測定され、その結果から、環境の不安定性がX量あると、階層レベルをY量にするし、さらに業績をZ量にするということを説明している。しかし、日本企業がアメリカ企業よりずっと階層の多い高層型の階層制を持ち、とても不安定な経営環境で事業を行っているという事実は、ほとんどの場合、一切触れられていないのである。

注目すべきは、条件依存モデルによる研究もまた特定の条件における唯一最善の方法を探し求めているということである。このような研究は、自らの普遍主義が科学的なものだと未だに信じているが、実際のところ、それは文化選好である。「唯一最善の方法」は切望であって、事実ではない。ミシェル・クロジェ(2)というフランスの社会学者は、一九六四年に出版された著書で、組織とその社会・文化的環境を関係づける研究を発見できなかったと述べている。もっとも、同一性を捜し求める者はたいていの場合それを見つけるものである。共通の対象と過程を検討し続けることに固執すれば、例えば、化学に従った石油精製を例に取れば、パイプが世界のいたるところで同一の機能を持っていると見出されることだろう。化学工学の原理が世界中で同一ならば、原則のすべてが世界中で同じではないだろうか。これはもっともらしい方程式のように思われる。

しかし、タルコット・パーソンズ(3)というアメリカの社会学者が提起したのは、組織が単に環境に対してだけでなく、組織に参加している従業員が持つ物の見方に対しても適応しなければならないという考えであった。従業員が持つ認識や異文化に対する配慮という考えが経営関連の文献に現れてきたのは、最近になってからのことである。

2　文化的影響を無視した例

ある会社の事業活動を国際化しようとしている経営管理チームの会議を実例として、以下において取り上げよう。このケースは北米の人的資源担当マネジャーとのインタビューの要約であり、本書のいたるところで言及されるケースである。ケースは現実のものだけれども、企業名や個人名は架空のものに置き換えてある。

ミズーリ・コンピュータ（ＭＣＣ）社

ＭＣＣ社は、一九五二年に創業され、とても成功しているアメリカ企業である。同社は中・大型のコンピュータを開発、製造、販売している。同社は現在のところ北米、南米、ヨーロッパ、東南アジア、オーストラリアそして中東などで多国籍企業として事業を展開している。販売活動は地域別に構造化されている。製造工場は、ミズーリ州セント・ルイス市とニュー・ジャージー州ニューワーク市の二か所にあり、最も重要な研究開発活動はセント・ルイス市で行われている。

製造、研究開発、人事および財務などはアメリカ本社で調整されている。事業単位が扱うのは、地域別の販売責任である。この分権的な組織構造は、例えば会社のロゴ・マーク、それに使う文字の種類、製品の種類、および財務基準など、集権制が課す制限的なものをいくつか遵守しなければならなかった。労働条件、職能分類、および人事計画などの標準化は、集権的に中央で調整される一方で、雇用は地域別の支社が行っていた。地域別支社は、それぞれ自前の人事部と財務部を持っていた。経営陣は、隔週ごとに会合を持つので、今週はグローバリゼーションに関する諸問題が焦点となっていた。

国際化

ジョンソン氏はこの日の経営幹部会議をいつもより用心していた。同氏は世界的な規模で人事問題を統括する人的資源担当副社長として、深刻な問題に直面していたからである。経営陣は、グローバリゼーションの気運が日ごとにますます活発化していくのを認識していた。顧客が国際的な規模で需要を増大するだけでなく、それに応じて多くの国で同社の生産設備を整える必要性もますます生じたからである。

今朝、同社の新しいロゴ・マークがお披露目になった。これは、MCC社のイメージを世界規模で象徴化するためのものである。議題にのぼっている次の項目は、世界規模のマーケティング・プランであった。

スミス氏は同社の最高経営執行責任者の地位にあり、ビジネス・スクールのMBAプログラムで学んだ普遍的に適用できる経営管理の道具を実践に役立てられるチャンスが到来したと考えたのである。すなわち、同氏はグローバルな企業イメージとマーケティングに加えて、グローバルな生産管理、財務管理、および人的資源管理などが同社の国際的な新展開を支えると考えたのである。

ジョンソン氏は次のような同僚のプレゼンテーションを聞いて、鳥肌が立つのを覚えた。「海外支社の組織もフラット型で階層の少ないものであるべきだ。これを実現するためのすばらしいテクニックは、プロジェクト型組織のやり方に従うことであり、このやり方はアメリカで大成功を収めた実績がある」。ジョンソン氏はこのアプローチが南ヨーロッパや南米で受け入れられるか否か質問したが、これらの文化地域への導入にあたっては余分に時間をかけて事にあたるという簡単な答えで軽くあしらわれてしまった。それは、寛容にも六か月という時間的猶予が与えられるのだから、フラット型組織の導入に最も熱心でないと思われる文化地域でさえ、コミュニケーション・ラインが短縮化されるというフラット型組織のすばらしさを理解して、評価するようになるだろうという内容であった。

最終的に、このプランは、全体にわたって業績給に基づく報酬システムの力によって支えられると共に、より効果的な組織構造も加味されたので、従業員もまた正しい目標に向かって指揮されると想定されたのである。

ジョンソン氏は最後の試みとして、議論に登場した経営管理テクニックや経営方針に関する道具を使って計画を実行するにあたって、もっと「人間的な」側面を重視することを主張したが、無駄に終わった。財務担当マネジャーのフィンリー氏が、経営陣にみなぎる意見を代表して次のように述べたからである。「われわれ全員がよく承知しているのは、メディアが拡大するのにつれて、文化差が減少していることである。われわれは世界のリーダーであるから、ミズーリを縮図にしたような環境を将来的に作り出すべきである」。

ジョンソン氏は翌週にヨーロッパで開かれる同社の国際会議の見通しを考えると気が重くなるのであった。

ジョンソン氏が経験からわかっていたことは、本社のこのような立場をヨーロッパ人の人的資源マネジャーたちに伝達すると大問題になるということであった。同氏はヨーロッパ人と共感を共にする一方で、アメリカ本社の経営陣が本社の経営方針を世界中に徹底する場合に、傲慢な態度で押し通す意図がまったくないことも知っていた。次に控えている会議から最良の結果を得るために、ジョンソン氏は何をしたらよいのだろうか。このケースの続きは、第4章でさらに展開される。

3　文化は経営活動の添え物？

文化は未だに、ほとんどのマネジャーがまるでメインコースに加えて注文したサイド・オーダーのような贅沢品と思われている。実際のところ、文化は企業のあらゆる側面に意味を浸透させ、放射するものである。したがって、文化はビジネス関係の全分野を形成するのである。文化の重要性に関して、オランダ人共著者はシンガポール在住のオランダ人駐在員と交わした会話を思い出す。経営管理や組織に関する技法を実行に移す際に、進出国の文化に適応する方法について、この駐在員に質問すると、彼はとても驚いた表情を見せた。この人は答える前に、なぜこのようなばかげたことを質問されたのか、その理由を見出そうとしていた。「ひょっとして、お宅は人事屋さんかね」と言った後に、この人は深い印象が残る精油工場の中をすべて見学させてくれた。見学終了後に彼が言ったことは、「我社の製品や使っている技術の一体どこに、進出国の文化を考慮に入れる余地があると言うのかね」というものであった。

実際のところ、連続処理技術を使っている企業が、夜になると家に帰るシンガポール人従業員のほとんどの願望に適応することは困難なことであろう。言い換えれば、製品、技術、および市場などの変数の方が文化よりもはるかに大きな決定要因であると現実がわれわれに見せつけていると思われる。ある意味で、この結論は正しいものである。統合化された技術は、それ自体の論理を持っており、プラントの所在国と無関係に操業されるからである。ところが、文化はこのような法則と競合しないし、排除もしないのである。文化は単に技術が用いられる社会的な脈絡を提供するだけである。精油工場はまさに精油工場に過ぎない。しかし、その所在国の文化は、精油工場を帝国主義的な陰謀とか、貴重なライフラインとか、経済的離陸の最後のチャンスとか、中世ふうの支配者を支持する母体とか、ないしは西洋に対抗する武器として見ているかもしれないのである。これらの見方はすべて文化的な脈絡次第なのである。

組織は工場、施設、または製品のような物質的な次元において、どれもが同じようなものだという立論はまったく可能であるが、組織を取り巻く人間的な文化が組織に読み込まれる際の意味は、それぞれがまったく異なったものである。著者たちがベネズエラ人のプラント・オペレーターにかつてインタビュー調査を行った時に、この会社の組織図を見せながら、当人の上下にどれくらいの組織階層があるか示すように求めた。驚いたことに、この人は組織図に存在する以上に多くの階層を示したのである。そこで、著者たちは彼がこれら多くの階層をどのように理解しているか尋ねた。彼の説明は、「組織図上で私の隣に記載されている人は私より年上だから、実際は私より上位にいる」というものであった。

著者たちの異文化訓練ワークショップで行っている訓練の一つは、会社の在り方に関するものであり、以下に示す両極端な考えを参加者に選択してもらう。質問は二通りあり、参加者本人がほとんどの場合正しいと思う選択と、参加者の出身国にいる人のほとんどが賛成すると本人が思う選択の、二通りに回答してもらう。

A　会社は効率的に職能や仕事を遂行するために設計されたシステムである。人が雇われるのは、このような職能を機械やその他の道具の助けを借りて遂行するためである。したがって、従業員は遂行する仕事に対して給与を支払われる。

B　会社は共に働く人々の集まりである。従業員は他の人々や組織と社会的な関係を持っている。組織の機能は、このような社会関係に依存している。

図表2・1（次ページ参照）が示しているのは、広範囲に分布している国別に分類した回答である。フランス、韓国、または日本の約三分の一をわずかに上回るマネジャーたちだけが、会社を社会集団というよりも、むしろシステムとして見ている。これに対して、イギリスやアメリカのマネジャーたちは、かなり均等に二分されている。ロシアや東欧の数か国では、大多数のマネジャーが会社をシステムとして見ることに好感を示している。

会社についてのさまざまな解釈は、個人と集団の間の相互関係に与える重要な影響を示している。定型的な組織構造や経営管理技法は、同型的に見える。実際、同型性を達成するために、技術は熱心に模倣されるのだが、工場や装置が文化的に異なった意味を持つのと同様に、社会関係に関する技術も文化的に異なった意味を持つのである。

図表2.1　どちらの会社が普通なのか

数値は，会社が社会集団というよりもシステムであるという考え方に賛成する回答者の百分率である。

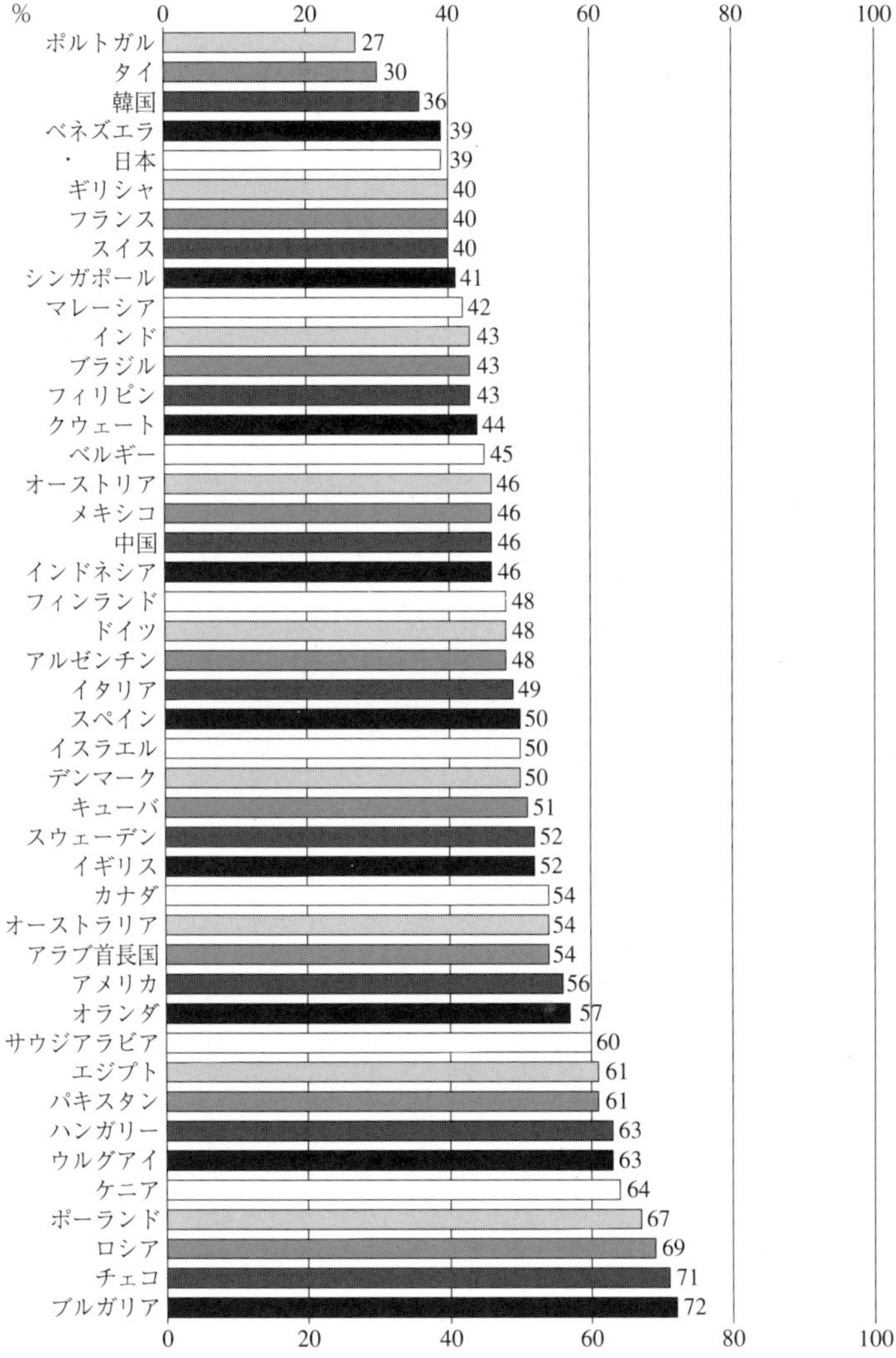

4　文化を研究するためには自然科学と別のアプローチが必要

組織に関する道具や技法のすべてが**パラダイム**（仮説の集合）に基づいている。よく当然に思われている仮説の一つに、社会的現実は「外在的に存在する」というものがある。これは、物理学的な実験で扱われる物質が「外在的に存在する」のとまったく同様に、社会的現実がマネジャーや研究者の主観から分離して存在するという主張である。物理学の研究者は、自分たちの好きな名称を実験中の物質的要素に付与できる。生きていない物は、口答えしないし、自分を定義しないからである。

しかし、人間の世界はまったく異なったものである。アルフレッド・シュッツ[4]が指摘したように、人が別の社会システムに遭遇すると、そのシステム内にいる人たちはすでに自らに名称を与えていると共に、生き方とか、現世の解釈方法などを決定しているのである。研究者はこのような人たちにレベルを貼って分類できるものの、定義が一致しない限り、彼らが研究者の定義を理解したり受け入れてくれたりするという期待はできない。彼らの持つ常識的な考えや、習慣となっている物の見方を取り去ることができないからである。別の社会システム内にいる人々は、パターン化された意味と理解を持つ全体システムとして、研究者の目前に現れるのである。唯一可能なことは、理解の努力をすることであり、具体的には、彼らの思考方法から始めて、それから理解を構築することである。

その結果、組織は荒波の中にいる船のように、単に環境に反応するだけのものではなくなる。組織は積極的に自らの環境を選好して、解釈して、選択して、創造するのである。

5　要約

個人や組織が自らを取り巻く環境に与えている**意味**を考察せずに、個人や組織が行動する際に当然のように従っている理由が何であるかを理解するのは不可能である。一例をあげれば、「複雑な市場」という言葉は、文化的な認識として、それほど客観的な記述ではない。まず、誰にとって複雑なのだろうか。エチオピア人またはアメリカ人にとって複雑なのだろうか。例えば、自らの過ちを検討するために設けられるフィードバック・セッションは、アメリカ経営文化によれば、「有益なフィードバック」となるが、ドイツ経営文化では「失敗を強制的に認めさせること」になる。ある文化において精神を奮い立たせるものが別の文化では精神を抑圧するものとなるのである。

組織とその構造は、このように客観的な現実以上のものである。すなわち、これらは現実に存在する人々が持っている心のモデルから生じる達成感または不満感から成り立つものである。

「組織作りの唯一最善の方法」が存在するというよりも、そのための方法は数多く存在する。これらの方法を文化の観点から見ると、そのいくつかはとても適切で効果的であるが、異文化の反応を明らかにしたいという意欲と共に能力がある場合、これらの方法すべてがインターナショナル・マネジャーに複数の代替案を与えるのである。

参照文献

（1）Hofstede, G., *Culture's Consequences*, Sage, London, 1980.（万成博・安藤文四郎監訳、『経営文化の国際比較：多国

籍企業の中の国民性』、産業能率大学出版部、一九八四年)

(2) Crozier, M., *The Bureaucratic Phenomenon*, University of Chicago Press, 1964.

(3) Parsons, T., *The Social System*, Free Press, New York, 1951.(佐藤勉訳『社会体系論』、青木書店、一九七四年)

(4) Schutz, A., *On Phenomenology and Social Relations*, University of Chicago Press, 1970.(森川眞規雄・浜日出夫訳、『現象学的社会学』、紀伊國屋書店、一九八〇年)

第3章 文化の意味

魚が水の必要性に気づくのは、水中から出た時だけである。人にとっての文化も魚にとっての水のようなものである。文化は人の生存を支えている。文化を通して、人は生きて呼吸している。しかし、例えば、あるレベルの物質的豊富さのように、ある文化が必要不可欠に思うものは、別の文化ではそれほど重要でないかもしれない。

1 文化の概念

社会的相互関係、すなわち、意味のあるコミュニケーションが前提とするのは、相互関係にある人々の間で取り交わされる情報を処理するための共通方法が存在することである。このような情報処理の共通方法がとても重要になるのは、文化境界を越えてビジネスを行ったり、経営を管理したりする場合である。当事者間の相互依存は、当事者双方が一緒になってそれぞれの異なる意味体系を結合して一本化して形成されるという事実による結果だからである。これは言い換えると、状況について一つの集団となって同一の定義を共有したのと同じだからである。

このような考えの共有化はどのようにして生じるのだろうか。また、組織メンバー間の相互関係に与える影響はどのようなものだろうか。ビジネスや経営管理において、意味のある相互関係が成立する絶対条件は、お互いに対する相互期待が存在することである。

ある寒い冬の夜にアムステルダムで、オランダ人共著者は葉巻を売っている店に入る人を見ていた。この人は、着ているバーバリーのコートとべっ甲でできた眼鏡フレームから、裕福な人だとわかった。彼が買ったのはタバコ一箱だけでマッチ箱はおまけのものだった。それからこの紳士は新聞スタンドに寄り、オランダ語の新聞を買って、ショーウィンドウの並ぶ商店街近くの風の来ない角地へと足早に歩いて行った。オランダ人共著者は、この紳士に近寄り、その場所で一緒にタバコを吸ってもよいか、またこの紳士が買った新聞の第二分冊を読ませてもらえないか尋ねたのである。この紳士は信じられないよう目でオランダ人共著者を見つめて、「新聞に火を付けるために、この場所が必要なのだがね」と言い放った。それから、この紳士は、喫煙者ではないと言って、オランダ人共著者にタバコの入った箱を軽く投げてよこしたのである。オランダ人共著者が一歩下がって見ると、彼は新聞紙に火を付けて、炎の上に手をかざしていたのである。この紳士はホームレスの一人であり、暖を求めていたが、一箱のマッチを買うのが気恥ずかしくて、タバコを買ったのだと後になってオランダ人共著者は気づいた。

この状況下で観察された人物は、共著者の期待を満足させていない。この人物の行動に関して共著者が持っていた期待は、当人よりも自分自身について多くのことを語っている。人が期待することとは、自分自身の文化背景や経験したことに付与する意味に依存するからである。期待は、具体的で明示的なレベルから暗黙的で潜在意識的なレベルに至るまで、多様なレベルにおいて発生する。共著者はこの人物の着衣や外見が持つ「意味」だけでなく、新聞やタバコといった単純なレベルにおいても誤認したのである。われわれが、このようなシンボルを観察する場合、シンボルは何らかの期待を引き起こす。コミュニケーションの受け手の持つ期待が送り手の期待と一致した場合に、意味の相互共有性が成立するのである。

相互共有的な考えが存在するということは、文化について考える時に最初に心に浮かんでくることがらではない。異文化訓練ワークショップで、次のような質問を参加者にしてから開始することがよくある。「文化という概念はあなたにとって何を意味しますか。その内容をできるだけ多く区別できますか」。著者たちはこれまで二〇年間にわたって、文化の概念に関して複数の集団や個人が同一の回答をした例にお目にかかったことはほとんどなかった。これは文化という概念が持つ包含性を示している。おそらく、回答するのがもっと難しいのは、「文化という概念に含まれ**ない**ものを何か指摘できますか」という質問であろう。

2　文化の重層性

(1) 表層：明示的文化の産物

第1章で触れたブルンジへの緊急着陸の例に戻ってみよう。文化レベルに関して、あなたが最初に遭遇したことはどのようなことでしたか。あなたの関心を最初に引いたのがブルンジの人々の持つ規範と価値観でなかったことだけは、最も確かなことでしょう。(ブルンジの人々は、実際、フツ族とツチ族という大いに異なる二大部族から構成されているので、人々の規範と価値観は、両部族のものを奇妙に結合したものである)。また、意味の共有化や価値志向性といったものでもなかったことでしょう。それよりも、一個人として、新しい文化を体験するということは、あまり難解でなく、より具体的なことである。このレベルは、**明示的**文化から成り立っている。

明示的文化は、言語、食べ物、建造物、住宅、記念碑、農業、寺社、マーケット、ファッション、そして芸術など観察可能な実体のことである。これらの実体は、文化のより深いレベルのシンボルである。偏見が始まるのは、ほとんどの場合、シンボルに関すると共に観察可能なこのレベルからである。したがって、バーバリー・コートの上記例のように、明示的文化に関して発言される意見は、人が判断しようとしている共同体というよりも、**自分自身の**文化背景について多くを物語っているということを忘れてはならないのである。

一群の日本人マネジャーたちがお辞儀をしているのを見た場合、人は明らかに、身体を曲げるという純然たる行為としての明示的文化を観察している。しかし、その人たちに「なぜお辞儀をするのか」という質問を尋ねれば(もっとも、この質問を日本人は歓迎しないかもしれないが)、人は文化の次の深層に入り込んで行くのである。

(2) 中間層:規範と価値観

明示的文化は、もっと深層にある文化、すなわち文化を構成する集団がそれぞれに持つ規範と価値観を反映している。**規範**は、何が「善」であり、「悪」なのかに関して集団が持っている共通の意味である。規範は成文法のように公式レベルでも、また社会的なコントロールのように非公式レベルでも発展する。他方において、

図表3.1　文化のモデル図

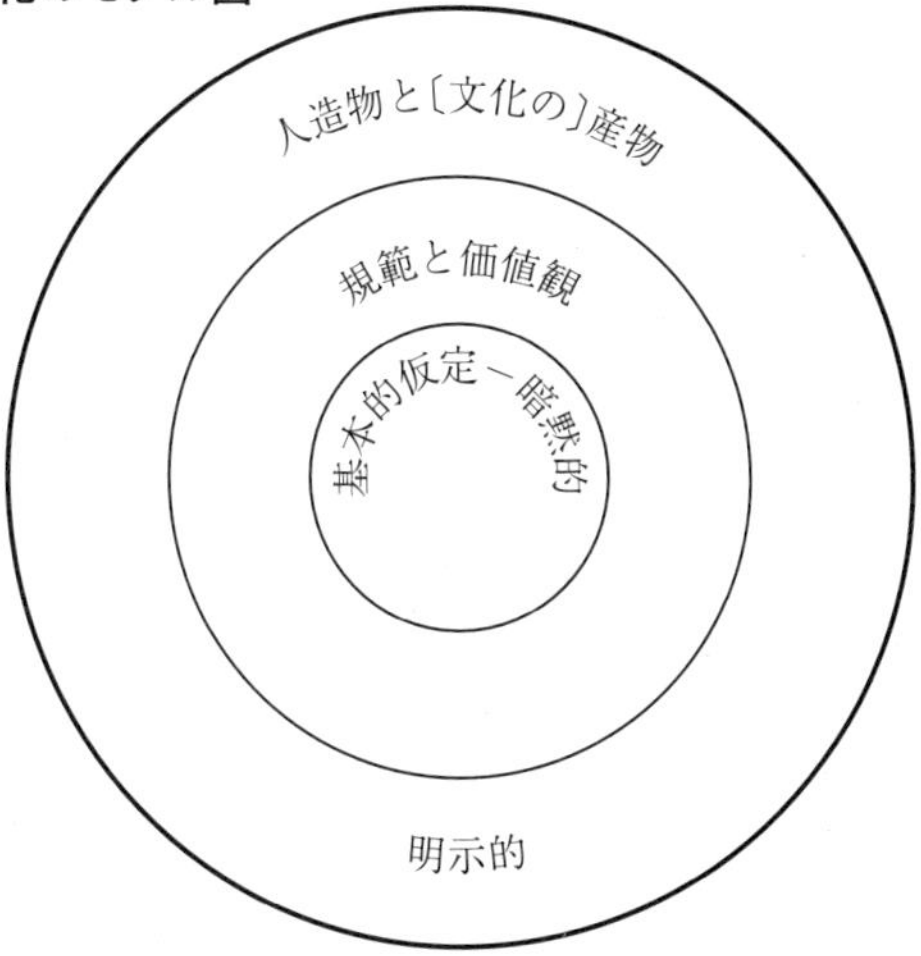

価値観は「善悪」の定義を決定するものであるから、集団が共有する考えと密接に関連しているのである。

文化が比較的に安定するのは、規範が集団の価値を反映している時である。そうでない場合、不安定につながる緊張が発生するのは、最も確実である。東欧において過去数年にわたって、共産主義に根ざす規範が社会の持つ価値観と一致しなくなった過程を世界中の人が見てきた。共産主義体制の崩壊は論理的な帰結である。

規範は、意識的または潜在意識的に、「これこそ私が従って行動**すべき**ものだ」という義務に関する感情を人に与える。これに対して、価値観は、「これこそ私が行動**したいと願い望んでいるものだ**」という願望に関する感情を人に与える。価値観は、既存の代替案の中から選択肢を一つだけ決定する基準として役立つ。それは個人や集団が望ましいことに関して持っている概念である。例えば、ある文化の人々は、「一生懸命に働くことは社会の繁栄にとって不可欠である」という価値観に賛成するかもしれない。しかし、集団が容認している行動規範は、

「集団にいる他のメンバーよりも、一生懸命に働いてはいけない。というのは、一生懸命に働くと、おれたち皆がもっと働くだろうと期待されるから、結局のところ今よりも貧しくなるという結果に終わるだろう」というものかもしれない。この例のように、規範は価値観と異なるものである。

お辞儀をするのは挨拶を交わしたいからだと、ある日本人は言うかもしれない。これは価値観について語っている。ところで、お辞儀をする理由はよくわからないが、他の人もそうしているから、皆がお辞儀するのだと別の日本人は言うかもしれない。この場合は、規範について語っているのである。

集団がその文化的伝統を発展させて洗練したものにするには、安定した特徴のある規範や価値観が持つ意味を共有化する必要がある。

さまざまな集団が、意識的または潜在意識的に、善悪や正誤の定義を別々に選ぶのはなぜだろうか。

(3) 中核：存在についての仮定

文化間に存在する価値観の基本的相違に関する質問に答えるためには、人間存在に関する中核問題に戻る必要がある。

人々が苦闘する最も基本的な価値は、生存である。歴史的にも、現在でも、人は文明が日夜、自然と戦っているのを目撃してきた。オランダ人は上昇する水位と、スイス人は山々や雪崩と、中央アメリカや中央アフリカの人々は干ばつと、そしてシベリアの人たちは厳しい寒さといった具合である。

このような地域に住む人々はそれぞれ、手に入る資源を利用しながら、自らが直面する自然環境に最も効果的に対処するための方法を見つけ出すために自らを組織化したのである。このように連続的に発生する問題は、実際のところ自動的に解決されるようになる。「文化（culture）」という語は、「耕作する（to cultivate）」という動詞と同じ語源に由来するので、人々が自然に働きかける方法を意味している。日常生活の問題の多くが自明のことのように解決されるので、解決されたことは人の意識から消滅してしまうからである。そうでなければ、人は気が狂ってしまうことだろう。例えば、三〇秒ごとに酸素を取り入れる必要性があり、それに集中しなければならないと想像してみて下さい。規則的な呼吸をするという解決案は人の意識から消滅して、絶対的仮定というシステムの一部になるのである。

何が基本的仮定の一つであるか否かをテストする最善の方法が存在する。質問が回答者に混乱やいらだちを引き起こした時、それは基本的仮定を突いているからである。例えば、ある日本人が別の日本人より深くお辞儀をしているところを目撃したとしよう。日本人はなぜお辞儀するのかと、再度尋ねたところ、私たち日本人にもよくわからないけれども、他の人たちもそうしているのでお辞儀するのです（規範）という回答かまたは、わたしたち日本人は権威に対する敬意を示したいのです（価値観）という回答のどちらかであったとしよう。その後に、「あなたがた日本人はなぜ権威を尊敬するのか」というオランダ人が典型的に尋ねる質問が続いたとしよう。日本人の反応が困惑かまたは、（いらだちを隠すための）微笑みのいずれかであるのは最も確かなことである。基本的仮定を質問した場合、それは以前に尋ねられたことが一度もなかった質問をしているのである。したがって、基本的仮定の質問はより深い洞察へと導くかもしれないが、それはまた迷惑を引き起こしているのかもしれない。アメリカ合衆国またはオランダで、なぜ人は平等であるかという質問を尋ねてみれば、著者の言っている意味を理解されることだろう。

人間集団は問題解決過程の有効性を増大するために人々を組織化する。さまざまな人間集団が地理的に異なる地域で発展してきたので、論理的仮定についても異なったものを形成してきたのである。

ある特定の組織文化や職能文化は、集団がそれ自体に対して投げかけられた挑戦や問題を解決するために、何年にもわたってそれ自体を組織化してきた方法にすぎないというのが著者たちの理解である。ある文化で変化が生じるのは、昔からのやり方がもはや機能しないことに人々が気づくからである。したがって、共同体の存続が危険に瀕していると人々は気づいており、その存続を望ましいと考えている場合、文化を変えることは困難ではない。

この（自然）環境との基本的な関係から、人、そして人の後に共同体が、人生の中核的な意味を把握するのである。この最も深層にある意味は、環境に対してルーティン化された反応の結果、意識的な探求から逃げ出して、自明のことになってしまったものである。この意味において、文化は自然以外の何物でもない。

3　文化は活動を方向づける

文化が何であるかを誰もわざわざ言葉に表そうとしないという意味で、文化は意識下に存在するものである。しかし、文化は行動の根源を形成しているのである。この特徴こそ、ある人類学者が文化を水面下に最大部分を隠している氷山に例えた理由である。

文化は人為的なものであり、他の文化にいる人々が確認でき、慣習となって、若い人たちや新たに参入した人たちに受け継がれて学び取られる。文化が人々に与えるのは、意味を持った脈絡であり、この脈絡の中で、人との出会い、自分たち自身に関する考え、そして外界との直接的接触などが生じる。

クリフォード・ギアーツの言葉によれば，文化は人々が「人生に対する姿勢について，自分たちの知識をコミュニケートして，永続させ，発展させる」手段のことである。したがって，「文化が意味から作られた織物であるということは，人類が自らの経験を解釈して，自らの行動を導くことを基にしているからである(1)」。

共同体内での習慣的な相互接触は，やがて慣れ親しむようになる形式と構造を持つようになる。これらは，**意味体制**と呼ばれるものである。これらの構造が人々の直面する状況に課せられるのであり，状況それ自体が構造を決定することはない。片目をつぶるウィンクを例にとって説明しよう。ウィンクは目に入ったゴミに対する身体的な反射作用であろうか。それとも，将来のデートへの誘いであろうか。それとも，誰かが人をからかっているのだろうか。または，おそらく緊張感が原因の顔のけいれんかもしれない。ウィンク自体は現実であるが，それに付与される意味は観察者によって異なるものである。付与された意味はウィンクが意図した意味と一致することもあれば，そうでないこともある。しかし，効果的な社会的相互関係は，付与された意味と意図した意味が一致することに依存しているのである。

さまざまな文化がお互いを区別できるのは，それぞれの文化が自らの環境に付与して，共有化した意味に違いがあるからである。文化は「物」，すなわち，それ自体の物理的現実性を持った実体ではない。むしろ，文化は相互関係にいる人々によって作られると同時に，さらに継続していく相互関係を決定するものである。

4　「正規分布」としての文化

ある文化に属する人々が必ずしも，同一の人造物，規範，価値観，および仮定を全員で共有しているとは限

図表3.2　正規分布としての文化

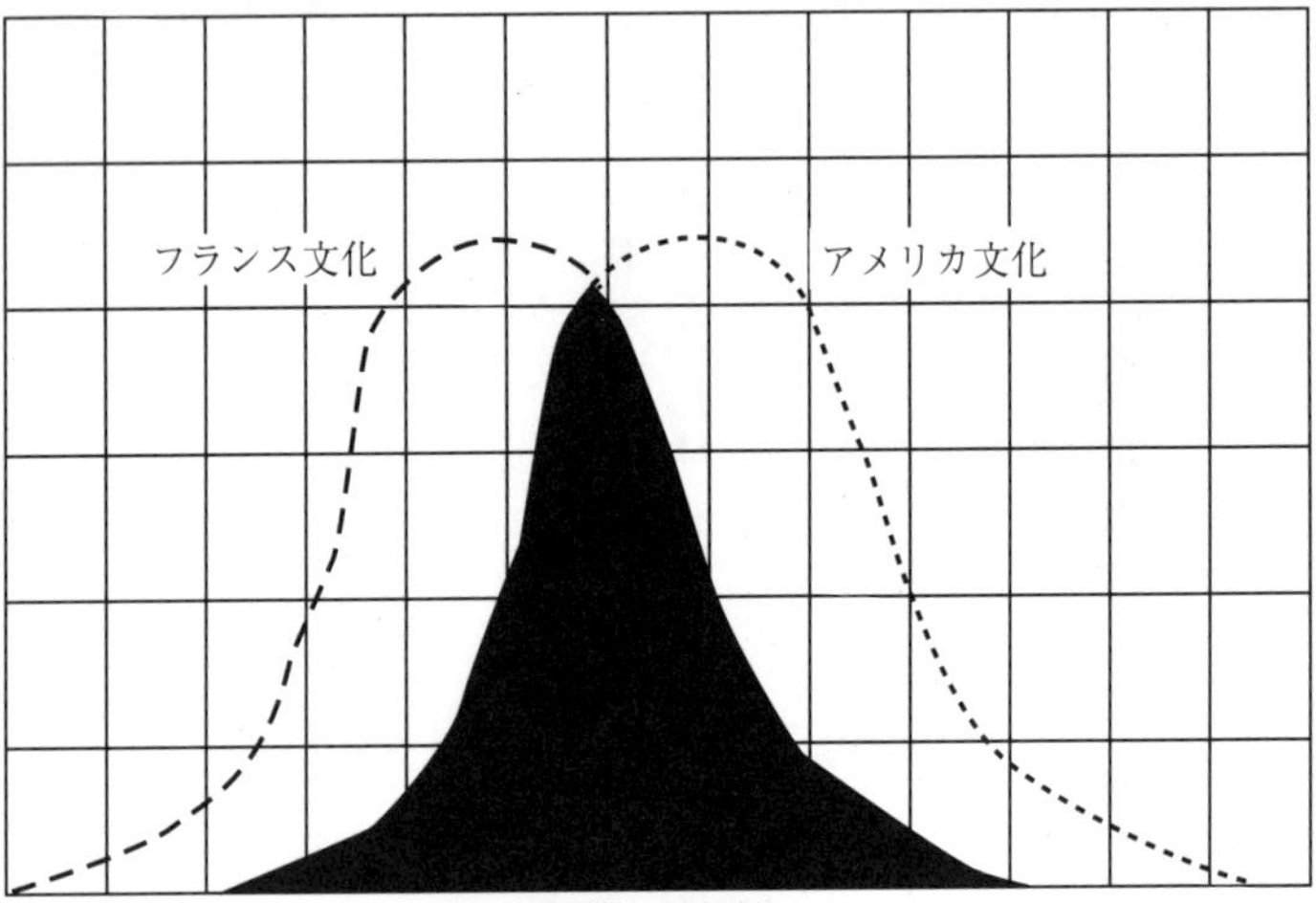

らない。それぞれの文化内で、これらが幅広く広がっているからである。この広がりには、平均を中心とした一定のパターンが存在する。そこで、ある意味で、平均を中心とした変動は正規分布として見て取ることができる。この考えに従えば、ある文化を別の文化と区別するためには、これらの文化が別々に正規分布の一端の極限に位置していてくれると都合がよい。

原則として、それぞれの文化は、それを構成する人々の変動を全体として示すものである。したがって、アメリカ合衆国とフランスの間には大きな変動があるが、多くの類似性もまた存在するのである。「平均的」、すなわち「最も予測可能な」行動は、図表3・2が示しているように、これら二か国間では異なったものとなっている。

平均が何らかの意味で大きく異なる複数の文化は、極限の観点から見れば、お互いの文化について多くを語っている。アメリカ人はフランス人が図表3・

図表3.3　正規分布としての文化

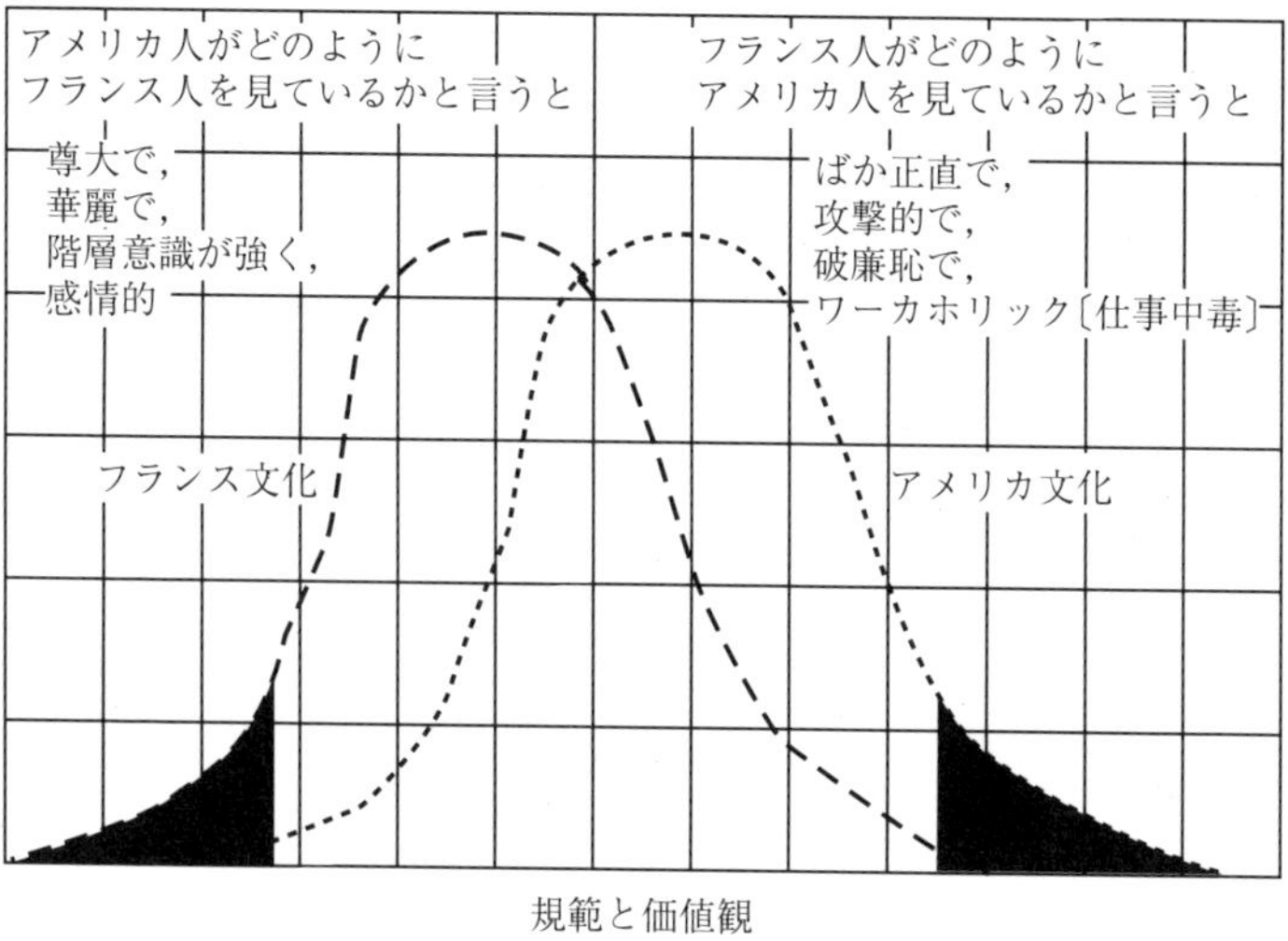

3にある左寄りの正規分布の左端に示されているような行動特性を持っていると述べるかもしれない。これに対して、フランス人は同図にある右寄りの正規分布の右端を示して、似たようにアメリカ人を風刺するだろう。これこそが、同一性というよりむしろ差異にわれわれが気づくという証拠である。

行動に関して極端で誇張された形式を用いることは、**ステレオタイプ**〔固定観念〕と呼ばれる。ステレオタイプは、われわれが慣れ親しんでいるというよりも、むしろ驚くようなことを表示したごく当然の結果のことである。しかし、ステレオタイプを実行するには、危険を伴う。第一に、ステレオタイプは、ある環境における平均的な行動に関するごく限定された見方である。したがって、それは観察下の文化だけでなく、思いもかけずに、観察者までも誇張と風刺の対象にしてしまうのである。

第二に、違いがあることは悪いことであると同一視されることがよくある。一例をあげれば、「あいつらのやり方は明らかにおれたちのとは違うから、正しいはずがない」。最後に、ステレオタイプは、同一文化にいる人々でも各人が必ずしも同じ文化規範に従って行動しているのではないという事実を無視している。個人のパーソナリティーが、それぞれの文化システムで介在しているからである。

5　人類共通の問題やジレンマに対する解決方法は、文化によって異なる

組織の中で働いている人々にとって、組織が持つ意味の変動を説明するためには、さまざまな文化にとっての意味の変動を考察する必要がある。すなわち、組織に影響を与える文化カテゴリーを確認して、比較できるならば、国際ビジネスにおいて管理しなければならない文化差を理解するのに役立つであろう。

あらゆる文化において、解決されなければならない一般的で普遍的に共有された人間に関する問題が、限られた数だけ存在している。これらの問題を解決するために文化が選ぶ特定の解決方法によって、文化は別々に区別できるようになるのである。人類学者のフローレンス・クラックホーンとフレッド・L・ストロードベック(2)は、このような人間問題のカテゴリーを五つ確認しており、すべての社会は解決方法に関して、考えられるあらゆるものに気づいているが、異なった優先順位で解決方法を選好すると論じている。その結果、どの文化においても「支配的な」、すなわち、好まれる価値志向性が存在することになる。人類が直面する基本的問題は、この分類に従えば、以下の五つである。

一　個人が他者と持つ関係はどのようなものか（関係志向）

二　人間生活の時間的焦点はどのようなものか（時間志向）
三　人間の活動様式はどのようなものか（活動志向）
四　自然と人間の関係はどのようなものか（人間―自然志向）
五　生得的な人間性の特徴はどのようなものか（人間性志向）

クラックホーンとストロードベックの議論を要約すれば、人類が向かい合ってきて普遍的に共有されるようになった問題は、仲間、時間、活動、および自然との関係から発生してくるものである。問題状況の一つ一つについて、文化が選択する特定の解決方法の配列が、文化を別々に区別するのである。解決方法は、人々が人生一般に対して、そして仲間、時間、および、特に自然などに対して与えた意味に依存する。

著者たちが行った調査では、文化の次元を七つに区別している（第1章参照）。この分類もまた、他者、時間、および自然との関係に対して社会が持つ異なった解決方法に基づくものである。以下の章は、これらの文化次元の内容と共に、これらの次元が異文化マネジメントに与える影響を説明する。

文化を縦軸と横軸から成る平面図の上にある動きのない点として認識することに夢中になるという危険を冒す代わりに、文化は好まれる一端からその反対の極まで**ダンスをする**ように行ったり、来たりすると著者たちは考えている。このように考えれば、文化カテゴリーから反対の極を除外してしまうという危険を冒さなくて済むのである。似たような研究の中でも最もよく知られているのは、ホフステッドの相互排反的な文化カテゴリーの五つであるが、彼の研究も含めて、類似した研究の多くが文化カテゴリーから反対の極を除外している。著者たちは、むしろ、文化カテゴリーが反対の極を「管理」しようとしていると共に、価値観の次元が新しい意味を生み出すために社会システム内で自己組織化していると考えている。文化は、言い換えれば、選別された弧が一緒になって結合した円である。したがって、この第2版では、マネジャーが**統合と共に調和を求めている**価値観の程度を測定するための新たな質問を紹介している。また、著者たちは、一見すると対立している価値観を調和させる自然の傾向を持つ文化のほうが、このような傾向に欠けている文化よりも経済的に成功する確率が高いという仮説を検証しているのである。すべての文化が直面するジレンマは似たようなものであるが、発見する解決はそれぞれ異なっており、反対の価値観を創造的に超越したものである。

6 要約

この章で述べたことは、共通の意味がどのように発生して、明示的なシンボルを通して、それらがどのように映し出されるかということである。文化はいくつかの層に分かれて、その姿を見せるというのが著者たちの理解である。表層は〔文化の〕産物や人造物から成るものであり、もっと深いところに存在する人生についての基本的な価値観や仮定を象徴化している。文化を形成する重層は相互に依存していないものの、相互補完的な関係にある。

共有化された意味こそが、文化の中核に存在して、同一文化内にいる人々に組み込まれていくものであるが、この人々を超越するものである。言い換えれば、ある集団が共有化している意味は、その集団内だけに留まり、ものごとを特有に解釈させるが、その集団が存続に関する問題についてより効果的な「解決」を切望している場合、共有化された意味は変更されやすいのである。

人類が直面している普遍的な問題三つに対する解決は、文化を別々に区別するものである。時間、自然、および他者に対する関係という問題は人類が共有するものであるが、その解決方法は共有されないのである。解決方法は、問題解決にあたっている集団が持つ文化背景に依存しているからである。文化カテゴリーは、文化が選択する解決方法から表れるものであり、以下に続く七つの章の主題でもある。これらの章では、職務関連の人間関係、経営管理の手段、および組織構造に関して文化カテゴリーが持つ意味も検討される。

参照文献

（1）Geertz, C., *The Interpretation of Cultures*, Basic Books, New York, 1973.（吉田禎吾他訳『文化の解釈学』、岩波書店、一九八七年）
（2）Kluckhohn, F. and Strodtbeck, F.L., *Variations in Value Orientations*, Greenwood Press, Westport, Conn., 1961.

第4章 人間関係と規則

人間がいたるところで直面している挑戦には、三つの源泉がある。人間は、友人、従業員、顧客、および上司などの他者と人間関係を持っている。これが第一の源泉である。また、人間は時間と老化を管理しなければならない。これが第二の源泉である。そして、人間は、外界にある自然が温和なものであろうと脅威を与えるものであろうと、どうにかしてこの自然に慣れなければならない。これが第三の源泉である。

第1章ですでに確認したのは、人間が他者とどのように関係を持つかということに関連した五つの次元であった。これらの次元を要約する場合、かなり深遠だと思われるかもしれないが、抽象的な言葉を用いて要約した方が理解を容易にする。これらの次元は、丸括弧内にあるその簡約と共に、以下に再録されている。

一　普遍主義対個別主義（規則対人間関係）。
二　共同体主義対個人主義（集団対個人）。
三　感情中立的対感情表出的（感情表出の範囲）。

四　関与特定的対関与拡散的（関与の範囲）。
五　達成型地位対属性型地位（地位が付与される方法）。

これら五つの価値志向性はビジネスや経営管理の仕方と共に道徳的なジレンマに直面した場合の反応に大きな影響を与える。これらの次元において相対的に占める位置が、一生を通して、その人の信念と行動を導くものである。例えば、誰もが直面する状況の中には、確定されている規則がまったく合致しない特異な状況が存在することもある。そのような状況において、「正しい」と思われることを実行したら良いのだろうか。それとも、状況が示す諸般の事情に適応したら良いのだろうか。また、難問山積の会議にいる場合、自分の感情が激しく高ぶっているのを見せて、その結果、自らを危険にさらすのだろうか。それとも、「感心するほどの自己抑制」を見せるのだろうか。また、難問に出会った場合、それを理解するために、バラバラに分解するのだろうか。それとも、すべては他のすべてと関連しているという理解をするのだろうか。また、どのような根拠に基づいて、地位や権力に対する尊敬を示すのであろうか。その根拠は、自らが達成したものなのだろうか。それとも、年齢、学歴、または家系のように、他の事情によるものなのだろうか。これらの例はすべてジレンマであり、その答えは文化ごとに異なるものである。文化の目的の一部は、混乱した状況を作り出さないように、答えを与えると共に、行動を導くことにある。

第一の次元である普遍主義対個別主義という他者との関係を検討する前に、第2章からミズーリ・コンピュータ（MCC）社の人的資源担当副社長であるジョンソン氏に再登場してもらおう。ジョンソン氏は同社の人的資源政策に関する国際会議の議長をつとめることになっている。この国際会議には、一五か国に及ぶ海外子会社の代表者たちが集まって、業績給の給与体系を同型的に促進する合意を検討する予定になっている。以下は、MCC社の企業活動に関する背景説明と共に、同社の経営方針に基づいた主要な指令の要約である。

一九七〇年代末から、MCC社は、二〇か国以上で企業活動を行っている。海外での売上高が伸びるにつれて、トップ・マネジメントは国際的な調整をますます痛感するようになった。海外における成長は確固たるものであったが、成長を予測するのが不可能だったからである。同社はそれゆえに業績達成を測定すると共に報酬を与える社内手続きを世界的な規模で調整する決定をした。もう一つの議題は、国別の事業活動を管理する場合、その一貫性を高めるというものであった。この議案は国ごとの違いを完全に無視するというものではなかった。例えば、ドイツに勤務するジェネラル・マネジャーは五年間駐在しているのに対して、シンガポールに勤務するマーケティング・マネジャーは七年間駐在している。

合意された事項は、MCC社が世界規模で操業している工場全体に波及する経営方針の原則を数多く導入することであった。これらの原則が目論んでいたのは、MCC社の社員ならば世界のどこで働いていようとも、会社が支持していることを社員全員に理解させるために、「MCC社における仕事の仕方」についての定義を共有できるようにすることであった。経営原則の中には、人的資源、販売、およびマーケティングに関して、本社が調整する経営方針がいくつか含まれることになっていた。

この経営原則は顧客にも利益になると想定された。というのは、顧客もまた、多くの場合、国際化していたからである。顧客は、ますます国境を越えて行われるようになってきた取引に対して、MCC社が今後も高水準のサービスと効率を提供できるかを知りたがっていた。MCC社も事業活動している国にかかわらず、一貫性があると共に広く認められる水準に到達したいと思っていた。同社は経営方針を標準化するという経験をすでにしていたからである。

報酬体系　二年前に激しい競争に直面した同社は、中型コンピュータの販売と共に保守サービスを行う要員に対して、差別度の多い報酬体系を適用することに決定した。その理由の一つは、アメリカの販売要員のモチベーションがこの報酬体系で増大するかどうかを見極めることにあった。これに加えて、最も良い販売成績のセールスマンたちが依願退職して、同社給与を上回って支払う競争相手の会社に移るのが頻繁になったと同社が気づくようになったからである。そこで、二年間という試行期間を設けて、一五人のセールスマンを対象にセント・ルイス地区で、この報酬体系を実験的に実施するという決定をした。

業績給の実験　この実験は、以下の要素から成り立つものであった。

●セールスマン各人に対して、四半期ごとの売上総額によって左右されるボーナス制度が導入された。その内容は、次のようなものである。売上高第一位のセールスマンは給与と同額（一〇〇％）のボーナスがもらえる。第二位になった人は給与の六〇％のボーナスがもらえる。第三位と第四位の人は給与の三〇％のボーナスがもらえる。第五位以下のセールスマンにはボーナスが支給されない。

●セールスマン全員の基本給は、業績給の導入により、一律に一〇％減額された。

試行期間の初年度を通して、業績給の影響を受けた従業員の間では、継続的に業績給の議論がなされていた。五人のセールスマンが同社を辞めた。この報酬体系は自分たちを不当に処遇していると確信したというのが、その理由であった。この結果のせいで、売り上げ総額は増大しなかった。このような思いがけない出来事があったにもかかわらず、経営陣は、この種の変化が必要であると共に、受け入れられるには時間がかかるという信念から、この実験を継続したのである。

1　普遍主義対個別主義

アメリカにあるMCC本社は、当然のことであるが、普遍主義的な文化の中で事業活動を行っている。ところが、普遍主義的な解決はこの地においても個別主義的な問題に遭遇するのである。普遍主義対個別主義というこの第一の次元は、人が他者の行動をどのように判断するかを明らかにする。判断には、「純粋」であるが代替的な類型が二つある。一方の極で遭遇する判断類型は、人が生活している文化によって普遍的に合意されている基準を固く守るという義務である。例えば、「偽らざるべからず、盗まざるべからず、己の欲するところ人にもこれを施せ」（黄金律）などが一例である。これに対して、他の極で遭遇する類型は、自分たちが知っている人々に対する個別的な義務である。例えば、「Xさんは自分の親友だから、彼に嘘をついたり、物を盗んだりしないのは、当たり前だ。親切とは決して言えないようなことをお互いにすれば、二人とも傷つくだけだ」というのが一例である。

普遍主義的な、すなわち規則に基づいた行動は、抽象的になりがちである。スイスやドイツのような規則に基づいた社会で、交通信号が赤の時に通りを横断してみなさい。通る車が通りにまったくなかったとしても、信号を無視して横断した人はひんしゅくを買うことだろう。普遍主義的な行動は、同一の規則が適用される人は皆、同一に扱われるべきだという意味合いで平等の意味をもまた持つ傾向がある。ただし、状況はカテゴリーが命令するのである。例えば、あなたが「施し」をしようとしている「対象」が、人としてカテゴリー化されていなければ、規則は適用されないかもしれない。最後に、規則に基づいた行為は、規則を弱めるかもしれない例外に対して、抵抗する傾向がある。例えば、違法行為に対して例外を多く認め始めると、法体系が崩壊するからである。

個別主義的な判断が焦点を置いているのは、今問題になっている状況が持つ例外的本質である。例えば、ある人物は、「公民権保持者」ではないが、自分の友人、兄弟、夫、子供、または自分にとって特に重要な人のどれかに該当するので、自分の愛情やまたは嫌悪を当然のように要求する特別な存在である。したがって、**規則が何と言おうとも**、この人物を支持し、保護し、またはことによれば無視しなければならないというのが一例である。

ビジネスマンであれば、どちらの類型の社会出身であろうと、お互いに相手の社会を腐敗したものと思うことだろう。すなわち、普遍主義者は個別主義者のことを「あいつらは信用できない。あいつらはいつも仲間を助けるからな」と言い、個別主義者は普遍主義者について逆に「あいつらは信用できない。あいつらは友人ですら助けないからな」と言うのである。

実際には両方の判断類型が使われており、ほとんどの状況で両方の判断類型がお互いを強め合っている。仮に女子社員が職場で嫌がらせに遭っているとすれば、これは良くないことだと誰しも思うだろうが、その理由は異なったものである。例えば、「嫌がらせは道徳的でないし、会社の諸規則に違反している」という理由やまたは、「嫌がらせに遭っているジェニファーにとって、それはひどい経験であり、本当に彼女を打ちのめしている」という理由から、嫌がらせが悪いと思うのである。普遍主義者が嫌がらせを否定する主要な理由は、規則違反ということである。その例は「女性が職場における嫌がらせなどを相手にする必要はない。嫌がらせは違法だからである」というコメントに表れている。個別主義者は、嫌がらせがかわいそうなジェニファーに精神的苦痛を引き起こしているという事実を前にして、嫌がらせをもっと悪く思う傾向がある。

現実の問題は必ずしも上記例のように簡単に意見の一致を見るものではない。普遍主義的に想定されている規則を実際に適用してみると、個別主義的な利害関係があるケースをうまく扱えないことが時々ある。規則があらかじめ想定しているよりもはるかに複雑な事情が存在するからである。そこで、セント・ルイス市に本社があり、多数の国で働く同社従業員にほぼ同一の経営方針のガイドラインを課そうとしているミズーリ・コンピュータ（MCC）社の冒険的試みについてさらに考察を進めよう。

MCC社は近年、規模は小さいが成功しているスウェーデンのソフトウェア会社をその傘下に収めた。この会社は三年前に現社長とその長男カールの二人が創立したものであり、大学を卒業したての長女クララと末息子ペーターが一二か月前に加わった。MCC社は同社を傘下に収めて以来、かなりの額の資本を同社に投入しただけでなく、MCC社製コンピュータの販売・保守サービスに関するスウェーデン国内の営業権までも与えた。これらが功を奏して、同社の業績は伸びたのである。

MCC社がこの経験から確信したのは、セールスマンに対する報酬はますます激化する市場競争を反映したものでなければならないということであった。そこで、MCC社は報酬の少なくとも三〇％が個人の業績に依存したものでなければならないと宣言した。この年の初めに、カールはとても裕福な女性と結婚した。結婚生活は幸せで問題のないものだったので、カールの販売成績に良い結果が出るようになった。カールがたやすく三〇％のボーナスを得るのは間違いのないことであった。もっとも、彼の妻の所得と共にＭＣＣ社に会社を売り渡した時の受け取り分を追加した総収入からすれば、このボーナスは取るに足らないものであった。

ペーターは対照的にあまり幸せでない結婚をしており、また貯金もそれほど持っていなかった。ペーターはごく平均的な売り上げ成績しか上げられず、お金に余裕がないにもかかわらず、収入が減少するのは確実であった。また、クララは大学在学中に学生結婚をして二人の子持ちとなっていたが、今年になって飛行機事故で夫を亡くしていた。この悲劇的な出来事が原因で、彼女の売り上げもそれほど良いものでなかった。

販売に関する国際会議において、ＭＣＣ社の国別マネジャーたちは給与とボーナスの範囲額について自分たちの原案をそれぞれ提示した。スウェーデン子会社の社長が考えていたのは、報酬は業績に応じて与えられるべきだということと、えこひいきは避けるべきだということであった。同社には、血縁のない社員が多く働いていたからである。しかし、自分の子供たちの人生で起きた例外的な事情から、売り上げコンテストが彼らにとって不公平なものになっていることもわかっていた。報酬が与えられると動機づけになるということ以上に、報酬をもらえない方がもっと深く傷つくからである。そこで、スウェーデン子会社の社長は、アメリカ本社からの人的資源担当副社長とイギリス支社代表の二人に状況を説明しようとしたが、二人ともこの話に懐疑的であり、逃げ腰であった。結局、子会社の社長は二人の要求に従うことにした。

ところが、フランス、イタリア、スペイン、そして中東からの支社代表たちは皆、事情を知って、信じられないという表情で目を見はったのである。この問題に関して、この人たちはスウェーデン子会社社長の後ろ盾になろうとしていた。社長の家族が後に語ったところでは、家族は当時がっかりしていたという。家族が会社に加わった理由は、業績に応じた報酬をもらいたいということではなかったからである。

MCC社のケースは今後も続くが、このエピソードが語ることは、普遍主義者と個別主義者の観点が必ずしも容易に一致するものではないということである。自国文化、自分のパーソナリティ、宗教、および大切に思っている人たちとの絆などが、あるアプローチよりも別のアプローチを好むようにしているからである。

2　国ごとに異なる普遍主義対個別主義的な志向性

この普遍主義対個別主義という文化次元に関する調査研究の多くは、アメリカ合衆国で行われたものであるから、アメリカの文化的な好みが影響している。しかし、研究者たちの間で形成されて来ているコンセンサスは、普遍主義が近代化そのものの特徴の一つであり、より複雑で発展した社会の特徴だということである。研究者たちに言わせると、個別主義は小規模で、全員が全員を個人的に知っているような農村がその大部分を占める共同体の特徴の一つである。これらのことが暗に意味するのは、普遍主義は洗練されたビジネス慣行と調和するので、すべての国家がアメリカ合衆国にもっと似ることで豊かになれるかもしれないということである。

著者たちは、このような結論を受け入れるものではない。その代わりに、文化的な好みがそれぞれ持つ長所を理解する過程において、文化的なジレンマは解消されなければならないというのが、著者たちの考えである。すなわち、富創出や産業発展は、個別的なケースや事情を多く包含して維持しながら、より良い普遍的な原則を数多く発見していく進化的な過程である。

以下のストーリーは、スタウファーとトビー(1)というアメリカ人研究者二名が創作したものであり、著者たちが異文化訓練ワークショップで用いている別種の練習問題である。練習問題はジレンマの形態を取っており、普遍主義と個別主義の反応を測定するものである。

あなたは親友が運転する自動車に同乗している。親友は歩行者をはねてしまった。最高制限速度時速二〇マイルの地域を親友は少なくとも時速三五マイルで運転していた。このことを知っているのは、あなただけである。他に目撃者はいない。親友が雇った弁護士が言うには、親友が時速二〇マイルで運転していたとあなたが宣誓のうえ証言すれば、親友を深刻な事態から救えるかもしれない。親友は自分を守るために、どのような権利であなたに期待するのだろうか。

1a　親友には、私が低い方の速度を証言するだろうと期待する、友人としての権利が明白にある。

1b　親友には、私が低い方の速度を証言するだろうと期待する、友人としての権利がいくらかある。

1c　親友には、私が低い方の速度を証言するだろうと期待する、友人としての権利などまったくない。

宣誓証人としての義務と親友に対する義務を考慮すると、あなたは、どうしようと思いますか。

1d　親友は時速二〇マイルで運転していたと証言する。

1e　親友は時速二〇マイルで運転していたと証言しない。

図表4.1　自動車と歩行者

数値は，個別主義的な社会集団よりも普遍主義的なシステム（すなわち，cまたはbにeを加えた回答）に賛成する回答者の百分率である。

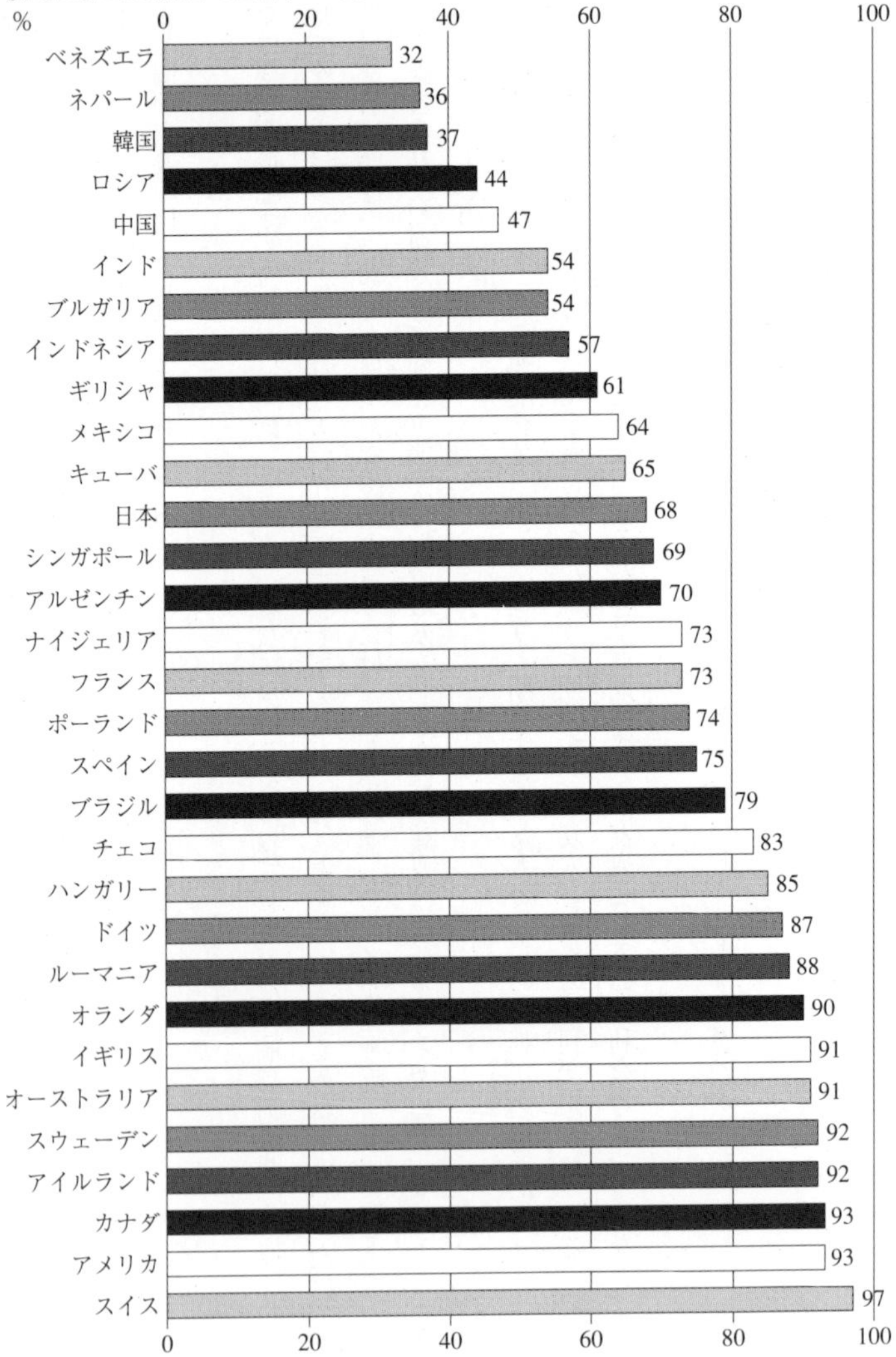

図表4・1が示すのは、上記の質問に対する回答を国籍別に分類した結果である。この図は、親友には権利がまったくないか、または、いくらかあるという回答と宣誓証言しないという（すなわち、cまたはbにeを加えた）回答の回答者数を百分率で表示したものである。北米の人々とほとんどの北欧の人々が、この問題に対するアプローチに関して、ほぼ完全な普遍主義者として浮上してくる。この比率は、フランス人と日本人の場合七五％以下に落ちるが、ベネズエラでは三分の二の回答者が、自分の親友を守るためには警察に嘘をつくと回答している。

事故の深刻さが増大するにつれて、自分の親友を助けようとする義務感が減少するのは、著者たちが主催するワークショップで普遍主義者の回答に何度もくり返し起きていることである。それは、「法律が無視されたので、重体となった歩行者が法律を支える重要性を強調しているのだ」と普遍主義者たちがひとり言を言っているように思えるものである。このことが示唆するのは、普遍主義が個別主義を排除するために用いられることはめったになく、むしろ普遍主義は道徳的な推論過程において最初の原則を形成するものだということである。個別的な結果が普遍的な法則の必要性をわれわれに思い出させるからである。

個別主義者の文化は、対照的に、歩行者のけがの状態が深刻なものになるにつれて、自分たちの親友を支持する傾向がかなり強くなるものである。それは、「親友は法律が絡んだ深刻なトラブルに巻き込まれているので、今まで以上に私の助けを必要としている」という考えを個別主義者たちが支持しているように思えるものである。普遍主義者たちはこのような態度を腐敗したものと見なすだろう。例えば、人が皆、自分の親しい者のために偽証し始めたならば、一体どうなるのだろうか。社会が崩壊することだろう。まさに、この議論には一理ある。しかし、個別主義は心情と友情の論理に基づいているので、これがまた、立派な市民が第一にすることは法を守ることだという主な理由となるのである。でも、いくら自分の子供を愛していて、立派な市民になってもらいたいからといって、子供たちに民法の法律書を買い与えるだろうか。また、法律が腐敗したエリートの手に落ちて、その武器となるならば、一体どうなるのだろうか。

著者たちが主催している異文化訓練ワークショップでかなり以前に、上記のジレンマを提示したことがある。もっとも、何を腐敗と呼ぶかは、参加者が選択できるようになっていた。フランス人の参加者グループの中に、一人だけイギリス人女性のフィオナがいた。フィオナは歩行者の負傷状態を尋ねることから、このジレンマを議論し始めた。この情報がなければ、質問に回答するのは不可能だと彼女は主張した。フランス人グループがフィオナになぜこの情報が不可欠なのかとその理由を尋ねている時、フランスの航空会社に勤めるドミニクが不意に自分の意見をさしはさんだ。「それは当然のことよ。だって、歩行者が重傷だとか、仮に亡くなったならば、親友には私の支持を期待する権利が絶対にあるからよ。さもなければ、これほど断言するだけの自信はないわ」。フィオナはいらだちをわずかに覚えたにもかかわらず、「あら、これは驚きだわ。私が考えていた理由は、あなたが今話したこととまるっきり正反対ですもの」と笑いながら語った。

この実例は、われわれがこれら二つの原則のどちらか一つに自分たちの回答を「固定」していることを示している。そこで、普遍と個別の対立は理想的に解決されるべきであり、言い換えれば、例外的なケースのすべてが人道的な規則によって判断されるべきだということは、どの国でも意見が一致するかもしれない。出発点が国ごとに異なっているからである。

図表4・1が示すように、普遍主義者はプロテスタント文化に広汎に存在しており、プロテスタント信者は、成文の戒律に従うことで神と関わるのである。したがって、神とその信者の間にいる人間の仲介者、例え

ば、告白を個別に聞き、人間の持つ原罪を許したり、人の過ちを特別に許したりする裁量権を持つ人などはまったく存在しない。このような宗教的特徴を持続しているのは主にカトリック文化であり、これは人との関わりが多く、個別主義的である。したがって、人々は戒律を破ってもなお、自分たちが戒律を破ることになった特別な事情に対する深い同情を見つけられるのである。神はカトリック信者にとって、自分たち自身のような存在なのである。さらに、自分が運転する自動車の直前を横断するようなばかな歩行者をはねてしまった不運な親友のためならば、なおさらのこと、あなたが偽証することを神はおそらく理解して下さることだろう。

普遍主義が強い文化の国々は法廷を用いて、紛争を調停しようとする。近年に出版されたアメリカの自動車保険に関する本で、『車でひいてくれ、お金が要るから』という表題を持つものがある。まさに、アメリカ合衆国は地球上で最大の訴訟社会という評価をされており、人口一人当たりの弁護士数は相対的に個別主義的な日本よりもかなり多いのである。国が普遍的になるほど、真理を守るための制度がもっと必要になるのである。偶然にも存在するのは、普遍主義とペット・フードの国民一人当たり支出の間にある強い相関関係である。後者はペットを飼っていることと同じ意味ではない。例えば、個別主義のフランスでは普遍主義のドイツ以上に多くの犬が飼われているが、フランスの犬は家族の中に組み込まれていて、残飯を食べるからである。弁護士の食べるものが何であるかもまた、強い相関関係とはまったく無関係である。そこで、強い相関関係が存在する理由は、普遍主義的な社会におけるヒューマニティに対する信頼が欠如しているからである。犬は弁護士と同様に自己防衛のために必要な制度であり、人間不信と戦う方法の一つなのである。

しかし、国々が多少とも普遍主義的であるのは、規則が**対象とするもの**に依存している。フランス人マネジャーとイタリア人マネジャーは交通事故の練習問題について共に個別主義者であるが、以下に議論するレストランで出される料理の味と同じぐらい重要なテーマについて、彼らがエッセイを書くと、真理に対する普遍主義的な義務が存在すると考えている。

スタウファーとトビーが考案したシナリオを次に考察してみよう。

あなたは新聞記者で、新たに開店したレストランの批評記事を毎週掲載していると仮定しよう。あなたの親友は貯金をはたいて、レストランを新規開店したばかりである。あなたはこのレストランで料理を食べたが、味は悪いと本当のところ思っている。

あなたが書く批評記事の中で親友のレストランだけ手加減してもらえると、親友はどのような権利であなたに期待するのだろうか。

1a　親友には、私が書く批評記事の中で親友のレストランだけ手加減してもらえるだろうと期待する、友人としての権利が明白にある。

1b　親友には、私が書く批評記事の中で親友のレストランだけ手加減してもらえるだろうと期待する、友人としての権利がいくらかある。

1c　親友には、私が書く批評記事の中で親友のレストランだけ手加減してもらえるだろうと期待する、友人としての権利などまったくない。

新聞の読者に対する義務と親友に対する義務を考慮すると、あなたが書く批評記事の中で親友のレストランだけ手加減しますか。

図表4.2　味の悪いレストラン

数値は，手加減した批評記事を期待する権利は友人にないという回答と偽りの批評記事を書かないという回答（すなわち，c またはbにeを加えた回答）に賛成する普遍主義的な回答者の百分率である。

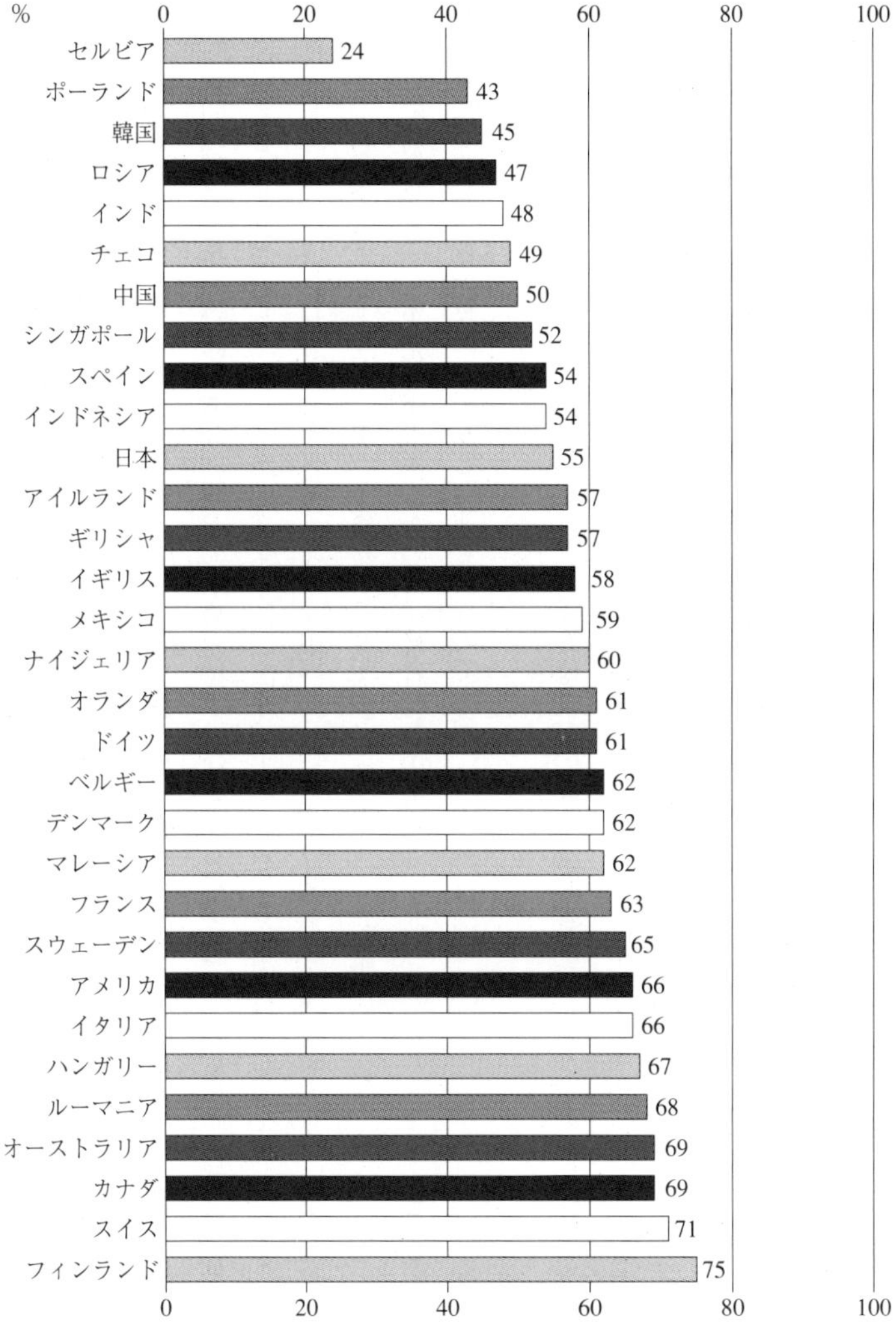

1d　はい。
1e　いいえ。

この二番目の例題で、普遍主義者の観点からすれば、新聞記者としてあなたが批評記事を書いているのは、万民、すなわち新聞の読者全体のためであり、親友のためだけではない。したがって、あなたの義務は「真実をかたよらずに伝える」ことである。いくつかの文化では、法律的手続きよりも味の良さの方を普遍化することがより重要なことのように思われている。このような文化にとって、歩行者を事故に置き去りにする方が、料理の味を間違えて判断することよりも、ずっと容易なことである（図表4・2参照）。

この普遍主義対個別主義という次元を探求するために、著者たちが用いている第三のジレンマは、ビジネスがらみの極秘審査に関する守秘義務のルールと関連したものである。

あなたが保険会社に働く医師であると仮定しよう。あなたは親友の健康診断をした。親友が高額の保険を必要としていたからである。検査の結果、親友はかなり良い健康状態にあるとわかったが、取るに足らないことの一・二点で、あなたは疑念を持っていた。これらの点が診断困難だったからである。

あなたが持つ疑念を弱めて親友が有利になるようにしてもらえると、親友はどのような権利であなたに期待するのだろうか。

1a　親友には、私が持つ疑念を弱めて親友が有利になるようにしてもらえるだろうと期待する、友人としての権利が明白にある。

図表4.3　医師と保険会社

数値は，親友を有利にするために自分が持つ疑念を弱めないという回答(すなわち，cまたはbにeを加えた回答)に賛成する普遍主義的な回答者の百分率である。

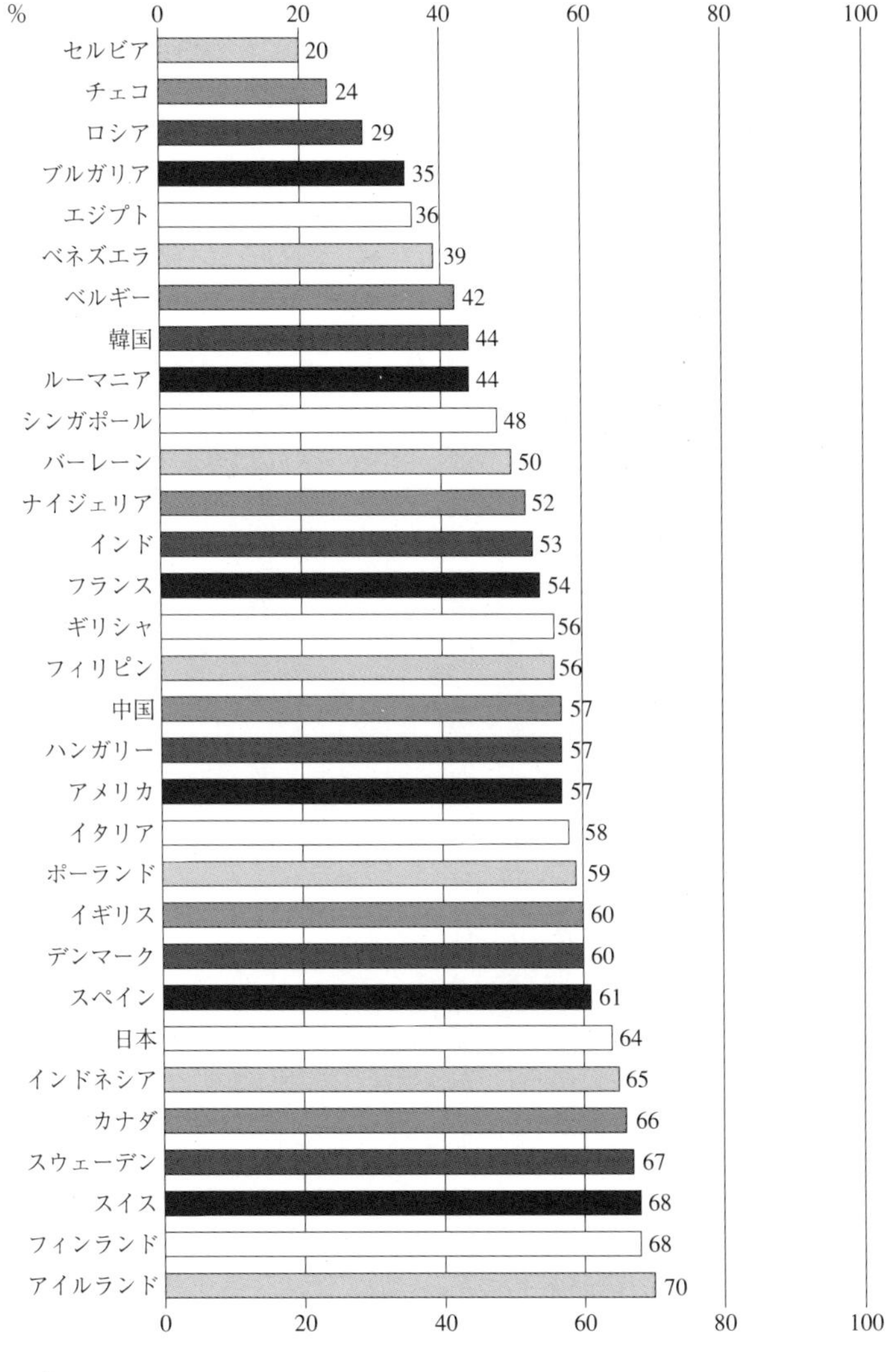

1b　親友には、私が持つ疑念を弱めて親友が有利になるようにしてもらえるだろうと期待する、友人としての権利がいくらかある。
1c　親友には、私が持つ疑念を弱めて親友が有利になるようにしてもらえるだろうと期待する、友人としての権利などまったくない。

保険会社に対する義務感と親友に対する義務感を考慮すると、親友を助けますか。
1d　はい。
1e　いいえ。

このジレンマと前二問の評点の間には、興味深い相違がいくつか存在する。特に、日本人とインドネシア人は、前出の質問において状況的な倫理を示していたが、企業活動の守秘義務に関する質問になると、強度の普遍主義的な立場へと飛躍している。このジレンマが扱っている状況は特定の親友よりも広いものであるという理由から、このような飛躍が起きたと考えるのはまったく有り得ることである。このジレンマが焦点を置いているのは、集団ないしは会社に対する忠誠対当該集団外の一個人だからである。

このジレンマはまた、次の第5章で考察される共同体主義対個人主義の諸問題も提示している。これらの文化次元は他の次元とも相互に関わると共に、人間関係にも関わるものであるから、さまざまな国ごとの集団が与える意味を解釈する場合、用心しなければならない。

3　国際経営における普遍主義対個別主義

企業がグローバル化すると、普遍主義的な思考方法に移行する動きが生じるのは、ほとんど不可避的である。結局のところ、製品やサービスがますます広汎に世界の人々に提供されるようになっていくからである。この購買意欲こそが、普遍的な魅力を持つ「証明」である。それに続くのが、製品の製造方法であり、生産に携わる人々の管理であり、そして顧客までの商品流通である。これらもまた普遍化されなければならない。そこで、普遍主義対個別主義のジレンマが現れる領域のいくつかから、次のような例を考察してみよう。

- 契約
- ビジネス出張には時間をかけること
- 本社の役割
- 勤務評定と報酬

(1) 契約

契約の重要性は普遍主義的な文化における生活様式の一部である。契約は原則の一致を記録するのに役立つだけでなく、当事者がそれぞれに実行を約束したことを成文化するものでもある。契約はまた、一致したことに対する同意であることから、当事者が商取引で自分の約束を守らない場合、頼みの綱となることも暗に意味する。交渉過程に弁護士を入れることは、いかなる契約違反も高くつくことになることと、たとえ初めにした約束が後に不都合になったと判明しても、その約束を守らなければならないことを当事者たちに通告するのと同じである。

ビジネスの相手が個別主義者ならば、この人たちは法的効力のある契約をどのように見ているのだろうか。個別主義的な人々が約束を守るのは、別の理由からである。個別主義者は同僚との個人的な関係を持ち、同僚には特に敬意を払っているからである。そこで、厳しい条件と罰則条項が含まれている契約を取り交わす場合、このような法的制限を加えなければ、当事者の一方が他方をだますだろうと契約者が思っているというメッセージを暗に伝えているのと同じである。したがって、信頼されていないと感じた人たちは、それに応じて、信頼できなくなるような行動をするのである。または、二者択一的に個別主義者は普遍主義者を相手とするビジネス関係を停止するかもしれない。このような取引相手の警戒心は個別主義者の感情を傷つけているし、良好な仕事上の関係を進展させるには、契約条件が厳し過ぎるからである。

普遍主義的な文化が個別主義的な文化の多くとビジネスをする場合に足をすくわれるとても危険な落とし穴は、普遍主義的な文化が人間関係の重要性をしばしば無視することである。普遍主義者は契約を最も信頼の置けるものとして見る傾向があるが、個別主義者は契約をおおざっぱなガイドラインないしは近似的なものとしか見ないのである。個別主義者は契約内容をできるだけ曖昧にしたいと望んでいるので、自分たちを縛るような条項に反対するのである。これは必ずしもごまかしが差し迫っている兆しではなく、紛争当事者双方を調停するための選好である。その証拠に、日本の経済力が台頭するのを目前にすれば、普遍主義的な立場が優れたものだという自動的な仮定は、もはや成り立たないのである。顧客や従業員との良好な関係を樹立して持続するためには、契約が要求する**以上のこと**をすることである。その上に、人間関係には、契約にしばしば欠けている柔軟性と持続性が必要なのである。アジア、アラブ、およびラテン系のビジネスマンが契約に期待するのは、状況が変化した場合、契約条件を緩和してもらうことである。

カナダのボールベアリング製造業者とアラブの機械製造業者の間で取り交わした一〇年間有効の契約で、ボールベアリングの年間最低買い取り量が合意された。約六年後になって、中東からの買い注文が途絶えるようになった。カナダ企業の最初の反応は「これは契約違反だ」というものであった。

アラブの顧客へ訪問すると、カナダ側の混乱は増大するだけであった。契約は明らかにアラブ側から一方的に破棄されており、その理由は契約締結にあたったカナダ側の担当者が会社を辞めて、いなくなったからだというものであった。いわゆる普遍的に適用可能な法規というものは、アラブ人の観点から見れば、もはや妥当に思われなかったのである。この論理に対してカナダ人たちは何か反論できただろうか。さらに、カナダ人たちは購入されたボールベアリングがまったく使用されていなかったことを発見したのである。次第に明らかになったのは、ボールベアリングが購入されていた理由は、単にカナダ人の契約担当者に対する個別的な忠誠心からであり、法的な義務感からではなかったのである。

(2) ビジネス出張には時間をかけること

アメリカ人、カナダ人、イギリス人、オランダ人、ドイツ人、またはスカンジナビア人などの普遍主義者が、個別主義の文化を商用で訪れる場合、商談に普通よりも多くの時間をかける方が賢明である。個別主義者は商談を急がされると疑いを持つからである。親密にしなければならないと思っている取引関係を構築するためには、契約合意に至るまでの所要時間を少なくともいつもの二倍かけることが必要である。健全な人間関係と信頼の基盤を創り上げることが重要なのは、製品の品質が人間関係の質と同一視されるからである。ロールス・ロイス社は近年トヨタ自動車に対して、同社を買い取ってもらうための条件提示を打診して、その最終期限を伝えたところ、トヨタ側はすぐにこの話から降りてしまった。似たようなことが韓国のサムソン〔三星〕社とオランダのフォッカー社の交渉でも起きたことがあった。オランダ側が最終期限を設定するとその直後に、サムソン社は交渉から降りてしまったのである。信頼に満ちた人間関係に裏打ちされた取引関係を構築する過程は、かなりの時間がかかるものであるが、個別主義者にとって、自分の取引相手と親密になるためにかける時間は、将来のトラブルとその処理にかかる時間損失を避けられるという意味で、時間の節約なのである。今の時点でも進んで関係構築に時間をかけようという気にならなければ、移り変わりの激しいビジネスの関係は長続きしそうもない。

(3) 本社の役割

普遍主義が強い西洋の上記の国々において、本社はグローバルな観点から、マーケティング、生産、および人的資源管理などの鍵を握る傾向がある。著者たちの経験では、本社からの訓令が個別主義の強い国民文化内での事業活動をその進出国に合わせたやり方に作り上げるのに失敗した例を多く見てきた。進出企業内に存在するさまざまな集団が進出国に合わせた独自の基準を勝手に作り上げ、次にこれらの基準が自らの連帯の基盤となって、本社中央からの勅令に対して抵抗するようになるからである。海外子会社と本社の間には、海外子会社が作り出した境界が階層的に存在するようになるので、組織の分化が意図的に必要になる。

個別主義者の集団は人間関係、特にリーダーとの関係を通して満足を求める。一般的に、個別主義が強いほど、雇用者と従業員の間のコミットメントは深くなる。個別主義的な文化にいる雇用者は、例えば、安定雇用の保証、給与、社会的地位、好意、および心の支えなど、従業員に幅広く満足を与えようと努力するからである。したがって、人間関係は親密で長く続くのが典型的である。また、欠勤率も低く、労働に対するコミットメントも長期的である。進出国にいる現地責任者は、このような良いことのすべてが、企業を所有する外国人の信用ではなく、自分の信用を高めるものであって欲しいと願うのである。メキシコ国内に支店を多く持つアメリカの銀行を対象として行われた調査は、メキシコ人銀行員が強度の個別主義者であり、普遍主義的な圧力を最小化するために、アメリカ合衆国内にある銀行本店からできるだけ離れて自ら遠ざかる傾向があるのを発見した。(2)

頻繁に発生するようになるのは、海外子会社が本社からの指令に従っている**ふりをする**ことであり、それは一種の儀礼的な「アメリカ・インディアン雨乞いダンス企業版」となっていくのである。すなわち、海外子会社は本社からの指令を鋭意検討中としている限り、検討しているふりを続けられるが、検討の末に、雨が降るような結果がなにか出るなどとは初めから思ってないのである。本社の関心が他のことに移れば、海外子会社はすぐに元に戻って、普通の生活が始まるのである。

(4) 勤務評定と報酬

本社は、人的資源の分野に関する方針として、進出国すべてにおいて一律に適用されるような人事体系を規定することがよくある。このような普遍主義的な人事体系が持つ論理は、確かに「文化超越的」である。すなわち、すべての職務は、その内容を記述されなければならないし、採用予定者は全員がこのような職務記述に該当する資格を持っていなければならないし、現職者は全員が労働契約に明示されているやり方で業績評価されなければならない。これらは明らかに公正で普遍的な管理方法のように思われる。このような総合的な人事体系は、企業が全般にわたって、また特にアメリカの多国籍企業が急速に成長した第二次世界大戦後以降に生じたものである。アメリカ合衆国内にいた多数の労働者が、勤務評定と昇進の公正な方法を要求しており、やがてこのような要求が残りの先進工業国に広まったのである。労働組合がこのような評価方法をしばしば支持したのは、恣意的な懲罰や労働組合活動妨害に対する保護と思ったからである。おかげで、労働者が解雇されるのは、仕事を規定通りにできなかったというような、当人に明らかな落ち度がある場合だけになった。就業規則には、従業員の多くを対象にした保護が含まれるようになったのである。その結果、マネジャーは一貫した行動をとらなければならなくなった。すなわち、マネジャーはある場合に厳しい処罰をして、別の場合には大目に見るようなことができなくなったのである。

アメリカ陸軍のヘイ（HAY）大佐が考案した報酬体系の一つは同氏の名を取ってヘイ職務評価システムと呼ばれ、多能的な業績に対する基本給を評価するためにビジネスの世界でも現在広く使われている。この評価システムにおいて、職能と職務はそれぞれが従業員、直属上司、および似たような職務を別の事業所で遂行している人々を含む評価審査員団の助けを借りて評点を与えられる。こうすることで評価システムの内的整合性が維持されると共に、給与や訓練を変更せずに、評価システムの移植が企業のネットワークを通して子会社の間ですら容易にできるのである。わずかな変更が進出国の経済状態に合わせて任地国手当てという形で通常行われるものの、他の点では一様性が保たれる。このすべてが非常にもっともらしく聞こえるものである。このような手続きすべてが期日までに完了した書類作業でうまく機能しているように思えるものである。しかし、個別主義の強い社会で実際に起きるのは、一体どのようなことだろうか。

以下に述べる出来事は、実際に多国籍企業の石油会社で起きたことである。ベネズエラ人マネジャー・グループに対するプレゼンテーションの初めから終わりまで、本社から派遣された代表たちは、本社における研究開発職能に関するヘイ職能評価システムの新展開を説明していた。代表たちが説明したのは、職能が担当者と明確に分離されることが少なくなるので、今後、「ベンチマーク」が職能レベルを決定することになるというものであった。ベネズエラ人マネジャーたちは一斉に大きな拍手をしてプレゼンテーションの締めくくりを飾るという形式的な反応を見せただけであった。

昼食も十分に取り、ワインも三杯目を空けるぐらいになると、ベネズエラ人マネジャーのうちの数人が饒舌になった。彼らは本社からの派遣団に研究開発職能に関するベネズエラ流の評価方法について知りたいか否か尋ねた。すなわち、「ベネズエラ支社で行っていると報告している評価方法と実際に行っている評価方法のどちらを聞きたいですか」と彼らは尋ねた。ベネズエラ人マネジャーたちの「基本方針」がどのようなものであるかはすでに気づいていたので、本社からの代表たちは実際に行っている評価方法について尋ねた。

現実に行われている評価は、複雑な評価システムよりもはるかに簡単なものだと判明した。それは次のようなものである。六人からなる経営責任者チームが毎年、勤務評定の終了後に一同に会する。経営チームは会議を開いて、昇進させるのに最も適当と思われる候補者を決定する。選ばれた従業員はすぐに人事部に駆け込み、本社が要求している職務記述書を用意する。この時点で、人事部はすでに本社に対して特定の職能に関する評点がどのようなものであったか、報告を済ませているのである。

この例は因果関係を逆転させている点で興味深いものである。職務記述と勤務評定がこれらに最も良く適合する人物を「選ぶ」代わりに、非公式的かつ直感的に、まず特定の人物が選ばれてから、担当する職務についての記述と勤務評定が行われるのである。

このようなやり方は、普遍的なものが主になって個別的なものを導く過程の方が、個別主義的な人々が普遍的なものを導いたり選んだりする過程よりも必然的に、良いものかどうかという論点を巧みに避けるものである。進出国のベネズエラ人経営責任者は、この点を「**私の**部下たちの昇進を決めるのは、ヘイ大佐なのか、それとも私なのか」と如実に語っている。同様の質問と循環性は、第8章で業績と達成を考察する際に再出する。

4　普遍主義と個別主義の調和

著者たちが確認した七つの文化次元は、すべて二分法的な次元であり、その第一の次元が普遍主義対個別主義である。これらの両極端なものは、どのような人にも、ある意味で常に共存しているのを見出せる。たとえあなたが普遍主義者であったとしても、例題にあった自動車事故の運転者を親友の代わりに自分の父親とかまたは愛娘に置き換えて考えると容易に気がつくように、対立矛盾するジレンマの一方と他方は、互いにとても近いものである。異文化接触を実りあるものにしようとするならば、双方が病的とも言えるような行き過ぎを避けるべきである。図表4・4がこのことを説明しており、その方法論は第13章で説明する。

図表4・4は**悪循環**の始まりを示している。普遍主義と個別主義の間を循環的に流れる論理に従って理解できるのは、普遍主義的なアプローチは個別主義の行き過ぎを避けるのに役立つのがせいぜいだということと、また同様に、普遍主義の行き過ぎを避けるために、個別主義的な立場を取る必要があるということぐらいであ

図表4.4　普遍主義と個別主義の調和

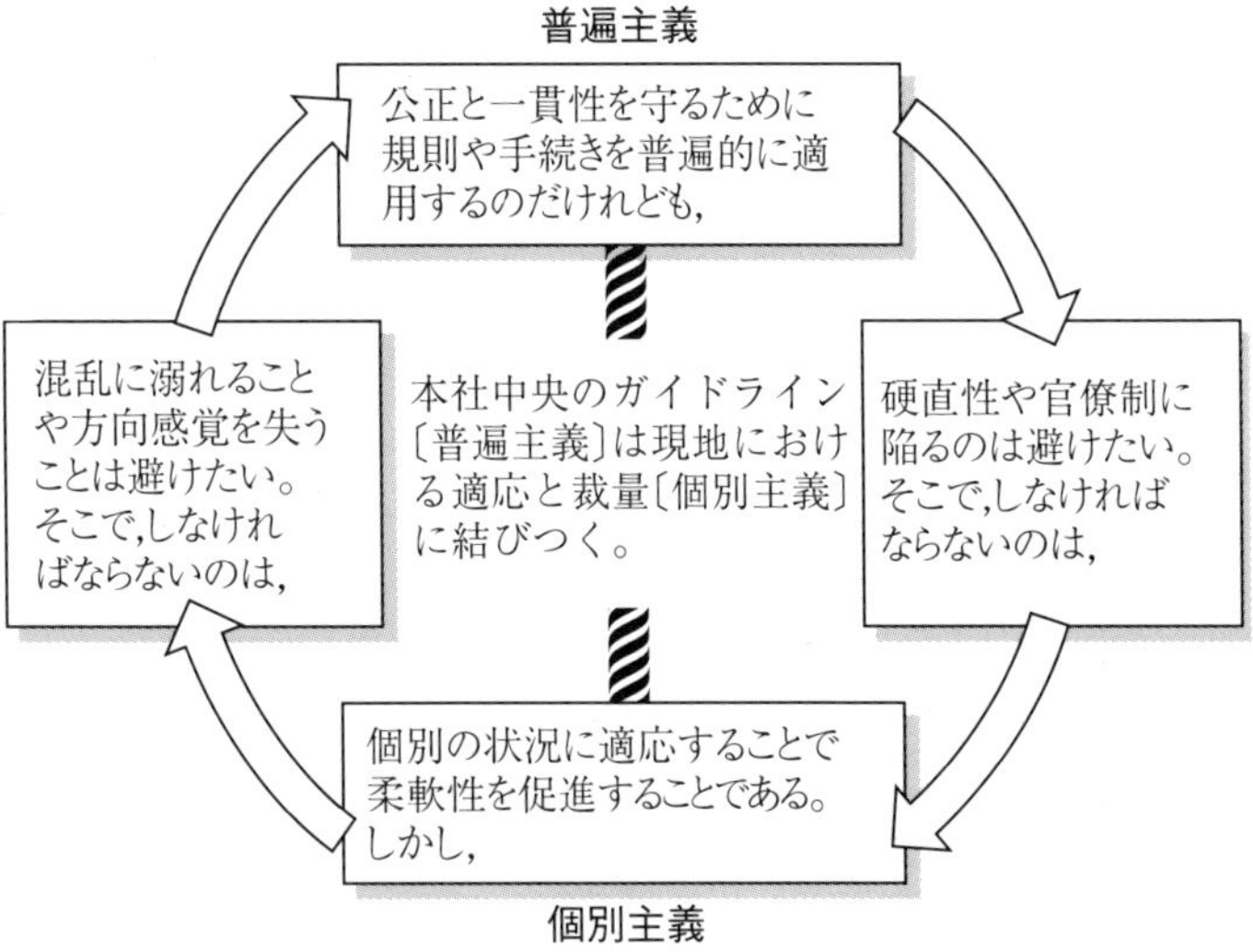
普遍主義
公正と一貫性を守るために規則や手続きを普遍的に適用するのだけれども,
硬直性や官僚制に陥るのは避けたい。そこで,しなければならないのは,
個別の状況に適応することで柔軟性を促進することである。しかし,
混乱に溺れることや方向感覚を失うことは避けたい。そこで,しなければならないのは,
本社中央のガイドライン〔普遍主義〕は現地における適応と裁量〔個別主義〕に結びつく。
個別主義

る。実際のところ、普遍主義的な立場は個別主義的な立場からの反対を奨励しているのである。

ところが、普遍主義と個別主義の両方が一緒になって効果的に働くようになると、**善循環**について語れるようになる。善循環になると、異文化接触はシナジー化でき、どのような文化でも独力で達成できる以上のはるかに高度なレベルへ到達できるようになる。

あるケースでは、善循環による解決によって会社を一段高いレベルに引き上げたことがある。ヨーロッパでマイクロプロセッサーを販売するセールスマンのグループが不平をもらしていたのは、ヨーロッパのさまざまな顧客が要求していた別々の仕様品をアメリカ本社が製造しなかったため、ヨーロッパにおける潜在的な市場の大部分を失ってしまったというものであった。カリフォルニアにある本社でインタビュー調査をしてみると、別々の仕様品には規模の経済が働かないこと、およびヨーロッパ向け仕

図表4.5　悪循環

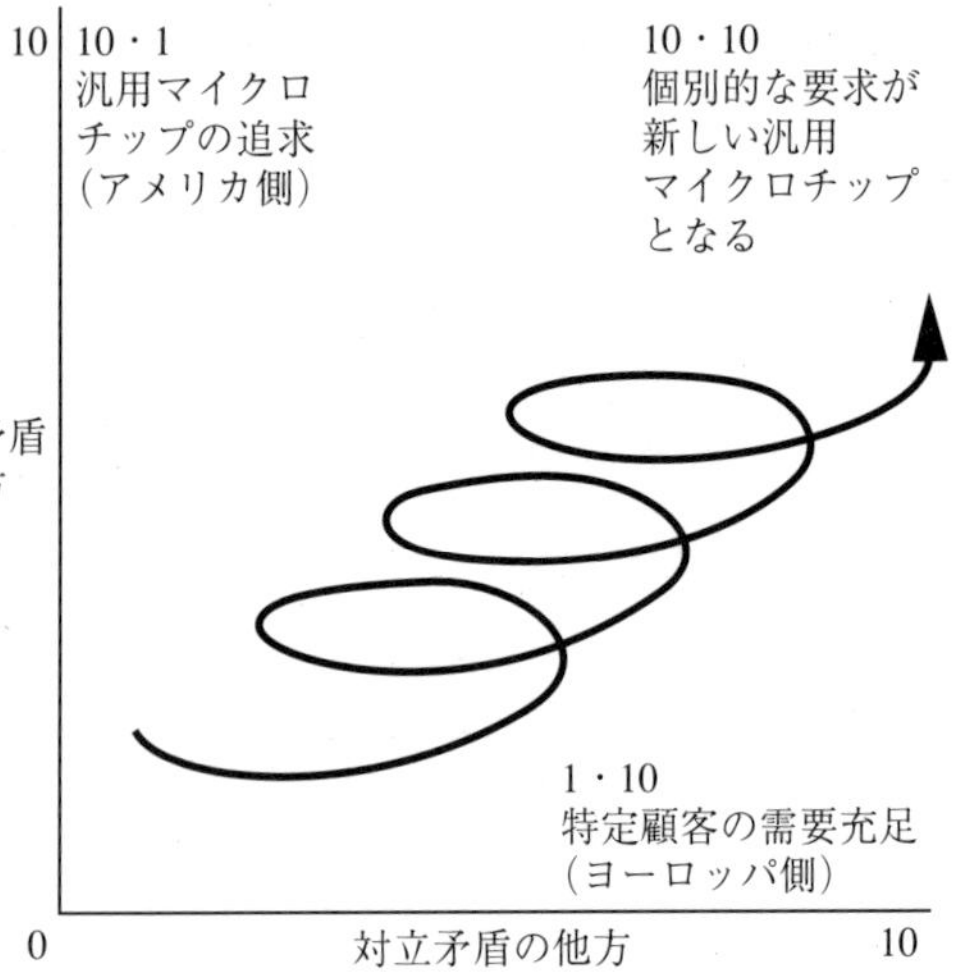

様品の総生産量がマイクロチップ生産設備の持つ生産能力を下回っており、同社は似たようなことで過去に苦い経験をしたことがあることなどを理由にあげて、ヨーロッパの同僚たちがどうしてこのようなことを理解できないのか、アメリカ側は理解に苦しむと言っていた。ジレンマが抱える多くの問題の本質を探求するには、ジレンマを対立矛盾する一方と他方の立場として図表4・5のように単に図示するだけでは、十分でないのは明らかである。

両極端に分かれているジレンマを解決しようとすると、妥協を探すことがある。しかし、妥協は単に対立矛盾する一方だけを選ぶ場合よりも悪い選択の場合がよくある。例えば、どの用途にも普遍的に使える汎用マイクロチップを一種類だけ生産する代わりに、二種類生産する場合である。こうすると、規模の経済とほとんどの顧客の両方を失うことになる。最良の解決方法は、ジレンマを縦軸と横軸の二軸として作り上げて、それぞれの軸で一〇点になる解決案を発見するように努力することである。上記の例で言えば、どの用途にも普遍的に使える汎用マイクロチップの売り込みは、ヨーロッパにおける個別的な需要を充足する過程と何らかの方法で結び付く必要がある。

著者たちのワークショップにおいて、アメリカ人参加者が提案した解決案は、ヨーロッパの顧客企業数社から研究開発担当者を招いて、次に予定されている（汎用）マイクロチップを共同開発させるというものであった。ヨーロッパ人参加者が次に考えたのは、アメリカ本社の研究開発担当者を連れて来て、ヨーロッパにいる現地の研究開発担当者と一緒に働かせる方が好ましいというものであった。共同開発という原理は同じであったが、出発点が異なっていたのである。アメリカ人は普遍的な立場から出発して、顧客が持つ個別的な需要から何らかのインプットを得ようとした。ヨーロッパ人は最初に自分たちの個別的な欲求が持つ価値観をカリフォルニアの普遍的なルールのいくつかに沿ってテストすることで、大いに気楽になったのである。しかし、アメリカ人とヨーロッパ人の双方が共に目標にしていたのは、大量に「世界中のどこでも普遍的に売れる」ような独創的で、個別特定的な、注文生産用のマイクロプロセッサーを新たに創り上げることであった。

(1) 製薬企業の合弁事業のケース

ジェディ・チョック氏は、ニュー・ジャージー州にある大手製薬企業に勤める中国系アメリカ人（第二世代）社員であり、日本の東京に駐在していた。彼に与えられた主な目標は、日本にある製薬企業大手数社のうちの一社と合弁事業を始めることであった。四年にわたる交渉の後、契約を締結するという最高の瞬間がやってきた。ニュー・ジャージー州にある本社の弁護士たちが十分に準備をしたのは明らかで、「調印式」の一週間前に契約書をジェディに送ってきていた。

四年にわたる日本勤務を経験したので、ジェディはアメリカから送られてきた契約書を受け取った時、ショックを受けたのである。「契約書の枚数すら、数えられませんでしたよ。契約書の枚数があまりにも多過ぎたからです。しかし、今でもよく覚えているのは、契約書を机の上に置いて、その分厚さを測った時のインチ数です。契約書を一インチずつめくるごとに契約相手の日本人も一人ずつ絶望して、調印式の部屋から立ち去るのではないかと想像しました。契約相手は一〇人のグループで来るものと思っていましたので、少なくともじっくりと話ができる日本人を最後の一人だけは確保できると思いました。その人が契約書に署名することになるわけですが、せかさなければならないと思いました」と彼は著者たちに語ったのである。

ジェディ・チョックは本社に電話して、助けを求めようと決心した。本社法務部は、取り決めがとても複雑なので、契約書は想定し得る多くの場合を含む必要があると彼に伝えたのである。さらに、法務部にアドバイスを定期的に与えているコンサルタント会社が語ったのは、アジア人全般にわたって、また特に日本人には、自分たちが開発したものとアメリカ合衆国から来たものを明確に区別せず、まったくいいかげんにやっているという評判があるというものであった。したがって、「今、痛みを感じても、合弁事業の取り決めを明確にしておいた方が、後になってから意思疎通の過ちのせいで問題に遭遇するよりはずっと良い。日本側が契約を締結すれば、相手も本気だという証拠である」と本社法務部は言い出す始末であった。

ジェディは絶望したが、何をすべきかを決心する時間は後一日だけ残されていた。最終合意の会議は明日に迫っていたからである。とても良い人間関係を構築しておいた日本側の社長に電話して、事の次第を説明すべきか、それとも、ただ会議を進行するだけで済ますべきか、ジェディは悩んでいた。「何をしても、自分の経歴に傷が付くのは間違いないだろう。契約書に署名するよう日本側パートナーに迫れば、それは何年にもわたる交渉でも信頼関係がほとんど発展しなかった証拠と見なされることだろう。そうなれば、最終合意の会議は延期され、最悪の場合、合弁事業をめぐる取り引きは終了となることだろう。また、契約書を数ページのものに削減して、「契約意思確認状 a letter of intent」として日本側に提示すれば、本社全般にわたって、またさらに悪いことに法務部全体が私に牙をむいて跳びかかって来るので、自分の経歴を危険にさらすことになるだろう」とジェディは自分の直面するジレンマをとても明確にまとめあげて著者たちに見せたのである。ジェディの立場だったならば、あなたはどうしますか。

文化の持つダイナミックスに気づいているだけでは、何の助けにもならない。（日本人とアメリカ人の間にある文化差に気づいてなければ、事態はさらに悪化したはずだということを覚えておいてもらいたい）。アメリカ人は普遍主義的になる傾向があるので、日本人が契約書に署名すべきだと信じ込んでいると語るだけでは十分でない。また、日本人は問題を取り上げる場合、個別主義的になる傾向があると語るだけでも十分でない。文化を超えた有効性は、正反対の価値観を理解できる度合いだけで測定されるのではない。それはまたジレンマを調和させる能力、すなわち前出のマイクロプロセッサーのケースに示されているように、対立矛盾する価値観が両方共に働くようにできる度合いによっても測定されるのである。

典型的な普遍主義者はどのような論理で契約書に署名してもらいたいと思うのか、という質問を尋ねる方がジェディにとって賢明かもしれない。実のところ、アメリカ人の立場は、「契約相手に対する信頼は万全でないので、法的拘束力のある契約の裏付けが必要だ」というものである。日本人も契約書によく署名するが、日本人にとっての契約書に署名する論理は、「契約相手を信頼できれば、ただ契約書に署名するだけです。そうすれば、相手側はこれを当社が取引関係を尊重しているしるしとして見るからです。両社の関係が十分に良好ならば、契約書の詳細な事項は、例えば、事態が特別に変化したような場合でも、後からでも容易に変更できる」というものである。

著者たちがジェディに与えるアドバイスは、以下のことを実行することである。最初に、文化差を論点にして、自分の直面している問題がどのようなものか、例えば、「アメリカ本社から送られてきたのは、一一〇〇ページにのぼる契約書であった。これは明らかにアメリカではごく普通の取引慣行であり、御社を侮辱するつもりなどまったくないものである」と日本側に話してみることである。これを実行することで、契約相手もジレンマを共有するようになるからである。次に、「私の立場だったならば、あなたはどうしますか」という質問を尋ねることで、日本側の論理を見つけ出し、それを尊重するように努めることである。

実際にあった日本側からの回答は、「チョックさん、日本に今後どれくらい駐在される予定ですか」という別種の質問であった。ジェディの答えは正直であると同時にすばらしいもので、「この合弁事業が成功するまでです。坂本社長」というものであった。「それならば、契約書に署名しましょう」と日本側は返答したのであった。

5 自己点検用テスト

個人が文化と調和する度合いを測定するために、著者たちは個人が対立矛盾する価値観の一方と結び付く度合いだけでなく、ジレンマを調和する傾向もまた測定する質問を多く作り出した。著者たちが現在検証している仮説は、富の創造がジレンマを調和する能力と高い相関関係を持っているか否かというものである。第一の次元に関する質問は次のようなものである。

ＡＢＣ鉱業が海外のバイヤーと年一〇回の分割払いという支払条件でボーキサイトを売る長期契約を締結した半年後に、ボーキサイトの国際価格が暴落した。その結果、バイヤーは国際市場価格よりトン当たり四ドル安い価格で代金を支払うはずだったのに、今や逆に三ドル高い価格で代金を支払うはめになってしまった。そこで、バイヤーはＡＢＣ鉱業にファックスを送り、契約を再交渉したい旨を伝えた。バイヤーからのファックス通信文は、「いくら弊社が取引実績のない新規の取引相手だとしても、契約に盛られている支払条件が現在では非常に高額になったので、価格急騰分を弊社単独で負担することはできない」と締めくくられていた。ＡＢＣ鉱業の交渉担当者たちは、この事態について白熱の議論を戦わせていた。この議論から、次のような意見が提案された。

一　契約は契約である。契約は契約条項に記載されていることを正確に規定するものであるから、たとえ国際市場価格が上昇したとしても、当社は文句を言うつもりはないし、またバイヤーも文句を言うべきではない。バイヤーは一体どのようなパートナーシップについて語っているのだろうか。当社は商取引をして、交渉を行い、商談に勝ったのである。これ以上話すことはない。

二　契約は基本的な取引関係を象徴するものである。契約は取り引き本来の目的を正直に表明したものである。事情が変わって、契約の精神もお互いに変化した場合、取引関係を保持するために契約条件は再交渉されなければならない。

三　契約は基本的な取引関係を象徴するものである。契約は取り引き本来の目的を正直に表明したものである。しかし、このように厳密な契約条件は、あまりにも柔軟性がないためにもろいので、激動する経済環境で持ちこたえられるものではない。今後も生き延びられる柔軟性を持っているのは、相互依存の暗黙的な形態だけである。

四　契約は契約である。契約は契約条項に記載されていることを正確に規定するものであるから、たとえ国際市場価格が上昇したとしても、当社は文句を言うつもりはないし、またバイヤーも文句を言うべきではない。しかし、当社はバイヤーが被ることになる損失の埋め合わせをする契約条件が入った二番目の契約を検討するだろう。

回答者は自分が最も好む回答に1の数字を、次に好むものに2の数字を記入して下さい。同様に、職場の親しい同僚が好むと思う回答を指摘して下さい。

この種の質問は、普遍主義対個別主義に関する回答者の選好を評価するために尋ねられているのである。ちなみに、回答一は完全な普遍主義者であり、回答二は完全な個別主義者であり、回答三は個別主義が普遍主義的な志向性と調和したものであり、回答四は普遍主義が個別主義的な志向性と調和したものである。著者たちが現在行っている調査は、回答三と四が文化超越的な関係を成功させるために最も有効であるという仮説を支持する証拠を見つけようとしている。

この章を終えるにあたって、ＭＣＣ社のジョンソン氏のケースに戻ってみよう。

●業績給を世界中の、特に個別主義的な文化にある子会社に導入しようとした場合、どういうことが起きると思いますか。

●基本給の三〇％、六〇％、および一〇〇％のボーナスは、他の社員の給与から持って来るものだが、これは公正だと思われるという意見を信じますか。

●高業績のセールスマンたちは、自分たちにボーナスを支給するために給与を減額される社員がいることを知ることで、仕事のやる気が出るようになるのだろうか、それともやる気がなくなるのだろうか。

●このような報酬体系の変更を現地法人の経営陣は心から全面的に協力するだろうか、それとも変更を避けるための手段を探すのだろうか。

●現地法人の経営陣は、特定の販売地域で良い業績をあげたセールスマンを選び出すために、販売領域を再編成する権限を持っているのだろうか。

6　普遍主義的文化および個別主義的文化でビジネスをするための実際的な秘訣

(1) 文化差を認識すること

普遍主義者

一　焦点は人間関係よりも規則にある。

二　法的な契約は容易に作成されるものである。
三　信頼される人物は、口約束や契約を守る人である。
四　真実または現実は一つだけ存在する。
五　取引は取引である。

個別主義者

一　焦点は規則よりも人間関係にある。
二　法的な契約は容易に修正されるものである。
三　信頼される人物は、相互依存の変更を認める人である。
四　現実についての観点は、関与者の数だけ多く存在する。
五　人間関係は進展するものである。

(2) ビジネスをする場合の秘訣

普遍主義者とビジネスをする場合（個別主義者用）

一　関係者がおとなしく聞き入るぐらいの内容を持った「合理的」で「専門家的」な議論とプレゼンテーションを用意することである。
二　人間味のない「さあビジネスに取り掛かろう」的な態度を無礼なものと受け取らないことである。
三　疑わしい場合、弁護士と共に訴訟の法的根拠を注意深く検討することである。

個別主義者とビジネスをする場合（普遍主義者用）

一　ビジネス関連の目的がないと思われるような「個人的でとりとめのない話」や「ビジネスに無関係の話」を用意することである。
二　親しみを感じさせる「知り合いになる」ような態度を軽視しないことである。
三　法的な「安全装置」が個人に対して持つ意味を注意深く考慮することである。

(3) 管理する場合および管理される場合

普遍主義者

一　一貫性と一定の規則に従った手続きを守るように努力することである。
二　ビジネスのやり方を変更する方法を正式に制定することである。
三　管理システム自体が従業員を修正するようにシステムを変更することである。
四　変更を公に知らせることである。
五　全員を同じようなケースのように扱うことで公正を求めることである。

個別主義者

一　社内でネットワークを非公式的に構築して、自分だけが理解していることを数多く作り出すことである。
二　慣れ親しんだ活動のパターンを非公式的に変更するように努力することである。
三　人間関係を修正することで管理システムも修正されるようになる。
四　自分一人で静かにレバーを引くことである。

五　皆それぞれに特別な長所を持っているケースのように扱うことで公正を求めることである。

参照文献

(1) Stouffer, S.A. and Toby, J., "Role Conflict and Personality", *American Journal of Sociology*, LVI-5, 1951, pages 395-406.

(2) Zurcher, L.A., Meadows, A. and Zurcher, S.L., "Value Orientations, Role Conflict and Alienation from Work: a Cross-Cultural Study", *American Sociological Review*, No.30, 1965, pages 539-48.

第5章 集団と個人

一人一人が個人として欲求することは、所属集団の利益と利害対立を発生することがよくある。これが五つある人間関係に関する文化次元の二番目のものである。ちなみに、各人が個人として欲求するものを見つけ出し、お互いの相違点を交渉してから、人間関係が作られるのだろうか。それとも、このような段取りで人間関係が作られる以前に、公共利益とか集団利益のような考えが共有されているのだろうか。

個人主義は「自己に対する最も重要な志向性」として、また共同体主義は「共通の目標および目的に対する最も重要な志向性」として論述されている（パーソンズとシルス）[1]。第一の文化次元とまったく同じように、思考過程の中に最初に置かれるのが個人主義的なアプローチなのか、それとも共同体主義的なアプローチなのかは、文化によって異なるのが典型的である。もっとも、これらのアプローチは推論過程において両方共に存在するものである。三万人のマネジャーが次の質問に回答して、これらのアプローチの違いを示している。もっとも、個人主義対共同体主義の区別は、普遍主義対個別主義の例題と比較すると、それほど明確に表れていない。

二人の人が生活の質を向上する方法を議論していた。

A　一方の主張は、「人ができる限り多くの自由と共に自己啓発の機会を最大限に与えられれば、その結果として生活の質が向上されるのは明白である」というものである。

B　他方の主張は、「人が自分の仲間である人々を絶えず世話していれば、たとえそれが個人としての自由と発展を妨げたとしても、生活の質は全員に対して向上される」というものである。

AまたはBの主張のうち、たいていの場合、最も良いと思うのはどちらですか。

図表5・1が示すように、高評点の個人主義者はルーマニア、ナイジェリア、およびカナダであり、これらの国々に続くのがアメリカ、チェコ、およびデンマークである。以上の国々のすべてにおいて、回答者の六五％以上がAの回答に賛成している。低評点のヨーロッパの国は、四一％を示すフランスである。これは驚きに思われるかもしれない。しかし、思い出して欲しいのは、フランス人は全員が八月になると、同じ日に休暇を取ることである。また、フランス人は友人や家族と一緒に休暇を楽しむために地中海クラブに入会する。オランダでは、休暇を取る日はまちまちになっている（そうしないと、職場の同僚のような関係者と休暇先で遭うかもしれないからである）。フランス人にとっての共同体は、フランス国と家族である。フランス人が個人主義者になるのは、これらを除いて、社会的に人と出会う場合である。特に興味をひく結果は、上記の質問に対する回答を見る限り、日本人はフランス人よりも集団志向ではないということと、同様に、中国人がほんの

図表5.1　生活の質

数値は，個人の自由（回答A）に賛成した回答者数の百分率である。

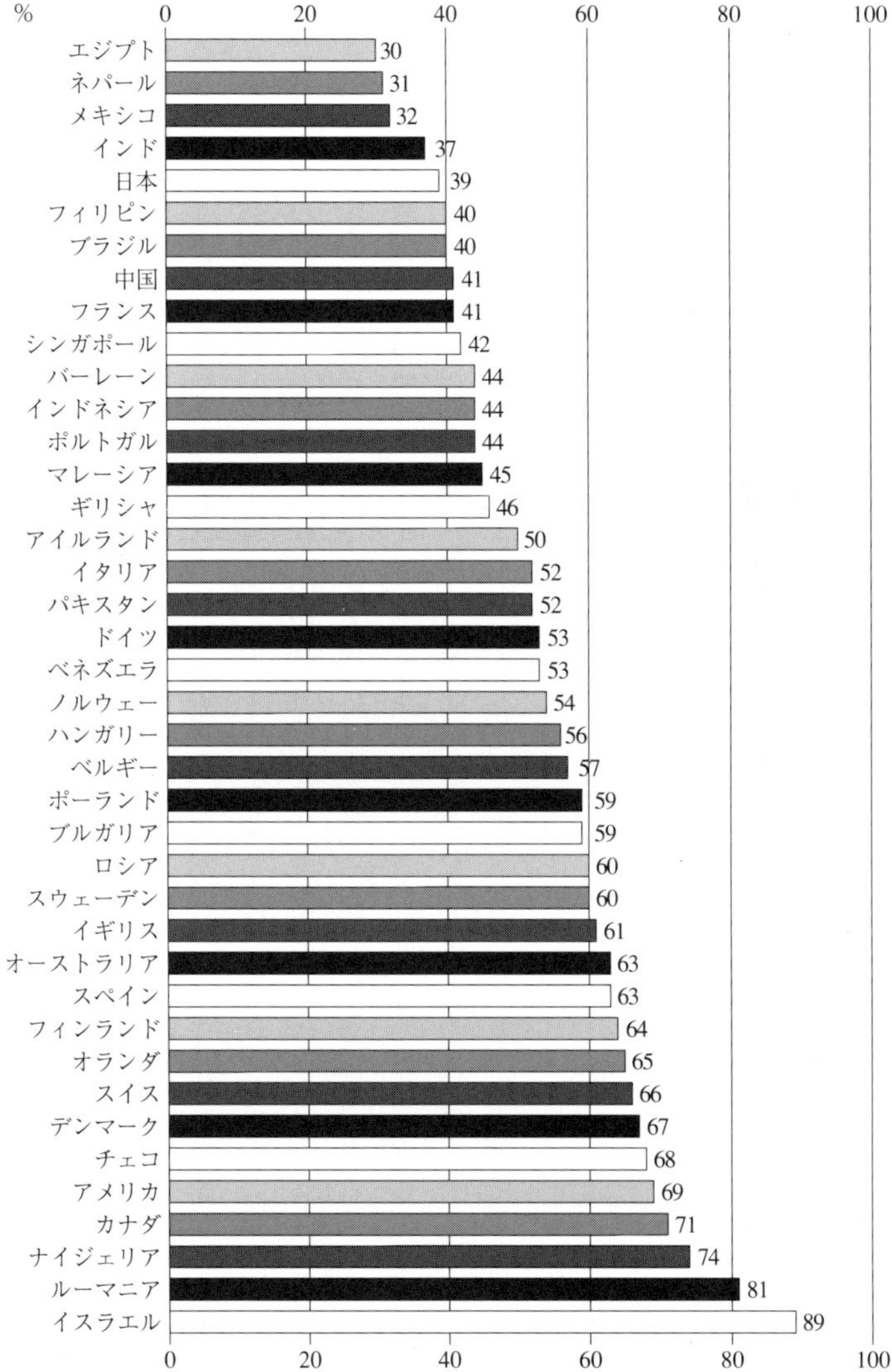

わずかだけインド人よりも個人主義的だということである。

1　個人主義と共同体主義の概念

個人主義は近代化した社会の特徴と見なされることがよくある。それに対して、共同体主義がわれわれに思い出させるのは、伝統的な社会の多くと共産主義者による実験の失敗の両方である。アジアの「四小龍」として知られる韓国、台湾、香港、シンガポールなどの中進工業国が経済的に成功するか否かは将来わかることだが、その成功は個人主義の成功とその不可避性の両方についても深刻な問題を投げかけている。

普遍主義と個別主義の場合と同様に、個人主義と共同体主義の次元も対立的でなく、相互補完的な文化選好だと言う方がおそらく真実に近いことだろう。個人主義と共同体主義の次元はそれぞれ、例えば、個別的な実例からその限界を学んだ普遍主義の例のように、両方を統合する過程によっても、また集団が必要としていることを自発的に代弁する個人によっても効果的に調和できるのである。

さまざまな国の国内で個人主義的または共同体主義的な好みが国際経営に深刻な影響を与えている。交渉、意思決定、およびモチベーションなどは最も危機に直面している領域である。例えば、広く認められた功績に対する昇進や業績給などの慣行が仮定しているのは、個人が集団の中で差を付けてもらいたがるということと共に、同僚たちも差が生じることを承認しているということである。このような慣行はまた、共同作業に対するどのようなメンバーの貢献も容易に識別できるという仮定と共に、貢献度の高い人を選び出して、褒賞を与えても問題を生じることがまったくないという仮定に立っている。実際のところ、これらの仮定は何一つ共同体主義の強い文化では妥当しない。

このテーマに関して著者たちが学んだ考えのほとんどは、個人主義的な西洋で、特に英語で書物を書いた理論家たちに由来するものである。ちなみに、大文字で書かれる「I（私）」という語は、英語の中でも最も多く使われる文字である。したがって、個人主義の高まりが文明の向上の一部であるなどという考えは、それ自体が議論無用の事実というよりも、むしろ文化的な信念として扱われなければならない。しかし、明らかに個人が自分を取り巻く共同体から浮上するためには、何世紀もの時間がかかったのである。個人と社会の間にある関係の本質は、少なくとも西洋においてルネサンス以降、大きく変化したということが通説となっている。ルネサンス以前の社会で個人を規定していたのは、元来、自分を取り巻く共同体、すなわち家族、氏族、部族、都市国家、または封建集団などであった。

個人主義は、ルネサンス、大航海時代、オランダの黄金時代、フランスを中心とした啓蒙思想運動、そしてイギリスやアメリカの産業革命など、激しい革新の時代の初めから終わりまで先頭に立って指導的な役割を果たした。この理由を説明するために、因果関係の議論がすべての範囲に及んで行われてきたのである。

(1) 個人主義と宗教

個人主義と共同体主義はプロテスタント─カトリックの宗教的な分水嶺に従って存在するという証拠がかなりある。カルビン派教徒たちは神と共に教徒の間でも、相互に個人責任を負う契約ないし誓約を交わしている。ピューリタン〔清教徒〕たちは各人が独立した存在として神に接して、仕事を通して神から義として認めてもらえるように努力する。ローマ・カトリック信者は、信仰のためのコミュニティー、すなわち教団として、常に神と接する。著者たちの調査が発見したのは、カトリックが集団選択に関して高い評点を得るのに対して、プロテスタントは著しく低い評点しか獲得していない。ヘールト・ホフステッドの研究[2]がこれを確認している。同氏の研究においても著者たちの発見と同様に、ラテン系のカトリック文化は、個人主義に関して、環太平洋地域のアジア文化と並んでおり、プロテスタントの西洋諸国、例えば、イギリス、スカンジナビア、オランダ、ドイツ、アメリカ、およびカナダよりも低い評点しか獲得していない。

(2) 個人主義と政治

個人主義は多くの国々の歴史において、さまざまな政治派閥によって採用されたり、反対されたりして来たので、個人主義的な倫理の力は今日では、その提唱者の運に頼っている。アメリカ合衆国において個人主義は勝利を味わったが、フランスのカトリック的な伝統は未だに個人主義に強く反対している。もっとも、一八世紀のフランスは、ボルテールとルソーによって個人主義の快楽にひたったことがある。後に一九世紀になると、フランスの社会主義者たちは、伝統的な政治・社会構造から新たに独立する輪郭を描くと共に、宗教、経済、および知識人の階層制が持つ権威を拒否しながら、個人主義の持つ肯定的な効果を指摘した。フランスのビジネスは、財界寄りであったフランス自由党が政権を担当していた一九四〇年に、突然フランスがナチスの手に落ちたという史実によって将来にわたる影響を受けたのかもしれない。イギリスの個人主義は、幸運にもサッチャー元首相と彼女が主導した革命によって、商業に対しては少なくとも影響を与えた。

2　近代化は個人主義を意味するだろうか

個人主義、すなわち自己志向性が近代社会の重要な要素の一つであると論じたのは、フェルディナンド・テンニエスであった。[3]テンニエスが論じたのは、近代化の過程でゲマインシャフト〔共同社会〕からゲゼルシャフト〔利益社会〕へと社会が変化して現れて来ることであった。ゲマインシャフトは、家族を基盤とした親密な社会的脈絡のことであり、その中で個人は明確に社会と分離されていない存在である。ゲゼルシャフトは、各人が仕事をすると共に責任が分離されている職場である。アダム・スミスもまた、分業を個人化として見た一人である。[4]マックス・ウェーバーは個人主義に多くの意味があることを発見した。例えば、オートノミー（「自律」の意味）、プライバシー、および個人の啓発の機会などである。[5]

西洋諸国の多くでは、天才がいて、その一人一人がビジネスを新たに創造したり、新製品を発明したり、高給に恵まれて、人類の未来を形成するのを当然のように思っている。でも、本当にそうだろうか。どれくらいの栄誉が天才と呼ばれる人たちのものだろうか。また、どれくらいの栄誉が組織化された社員たちのものだろうか。ノーベル科学賞が一人の人に授与されるのが例外的になってきているのはなぜだろうか。創造力あふれる天才が一人いて、いろいろなアイディアを結び付ける場合、このようなアイディアが共同体から出て来たものでなければ、一体どこから来たものだろうか。人間は本当に自力で成長するものだろうか、それとも両親、教師、家族、そして友人などが手助けしているのだろうか。

このような個人主義対共同体主義の次元を探求するジレンマは以下に提示されており、その結果はさまざまな文化の人々が仕事をする適切な方法について異なった選択をすることを示している。

図表5.2　どちらの仕事

数値は，個人的な栄誉をもらえると答えた回答者数の百分率である。

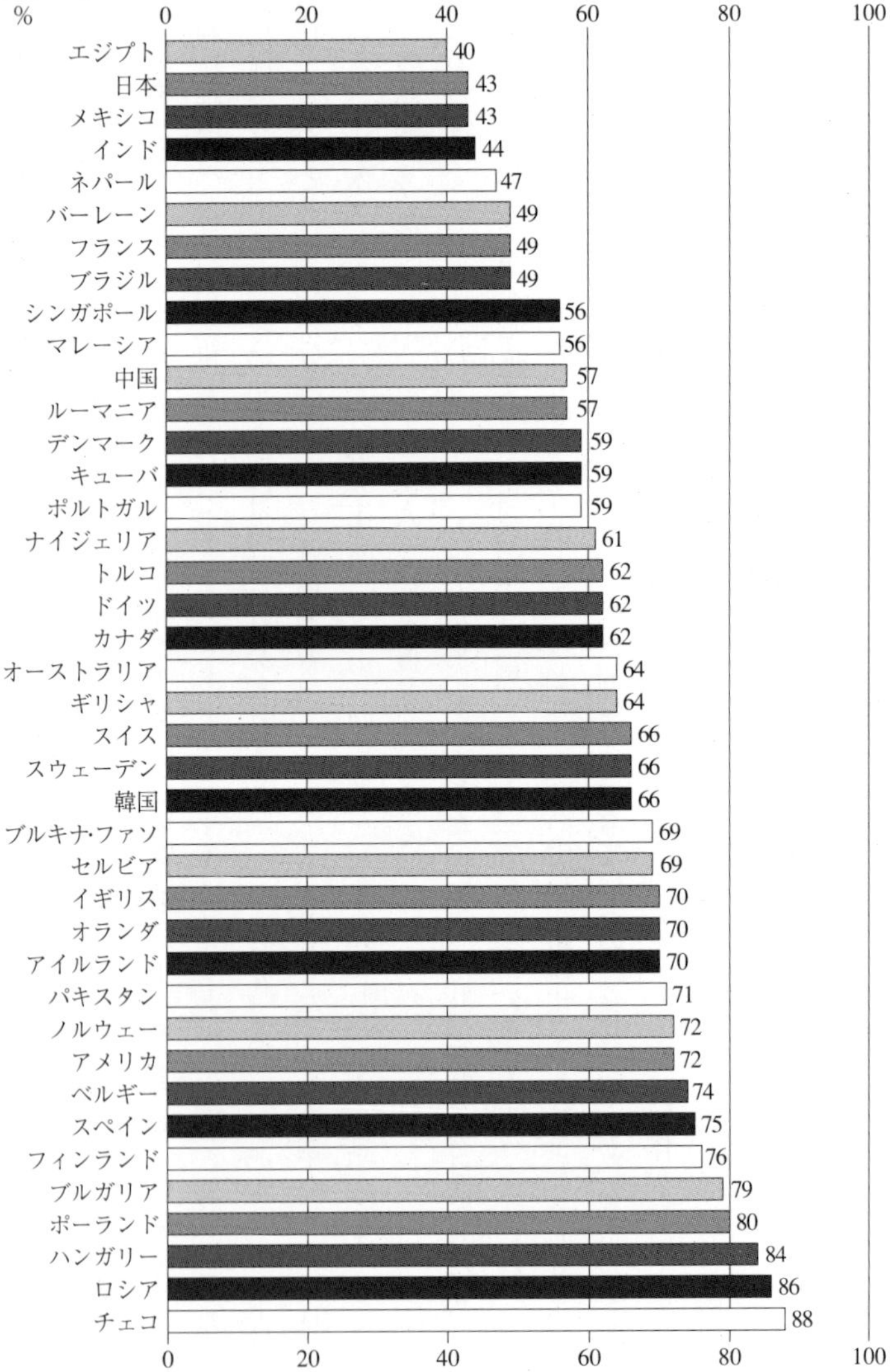

あなたの働く組織で頻繁に見られるのは、どちらの仕事ですか。

A　全員が一緒に働くので、個人的な栄誉はもらえない。

B　全員が一人一人で働くことを許されているので、個人的な栄誉をもらえる。

図表5・2はこの質問への回答結果を示すものである。この結果は、回答者が国別に大きく分かれていた前出の例題結果と異なっており、Bの回答を選択した国々の中で、最高評点は八八％であった。しかし、国別評点の範囲がとても大きなものであることに変わりはない。日本人は四三％だけが、仕事とは一人一人で働くことが許されているものと思っている。これに対して、その対極にいるのが約九〇％のチェコを筆頭としたポーランド、ブルガリア、ハンガリー、およびロシアなどの国々である。これらの国々が近年経験した政治体制の変革とこの結果が強い関係にあることは言うまでもない。

3　同一化するのはどの共同体なのか

個人は各人が自己志向的または共同体志向的のどちらかなのだが、この議論を一般化する場合に注意しなければならないことは、どの「共同体」に特定の文化が同一化するかということである。この調査結果において、評点が大きく変動しているのは、さまざまな文化が同一化しようとして選択した共同体が数多く存在することに関連していると著者たちは思っている。例えば、以下の例題を取り上げて説明しよう。

設置された機械の一つに欠陥が発見された。その原因は、設置作業に従事したチームの一員の不注意によるものであった。この過ちの責任を取るにはさまざまな方法がある。

A　不注意による欠陥を招いた当人が、責任を取る人物である。

B　チームとして働いたのだから、集団が責任を取るべきである。

あなたの社会で普通行われる責任の取り方は、これらA、Bの方法のどちらですか。

この例題は前出の例題と一貫した評点の多くを引き出すものであるが、多くの変化も見つけることができる。この変化は「共同体」すなわち「集団」という概念が持つ異質性と関連している。そこで、それぞれの社会に関して、個人が最も親密な一体感を持つ集団を特定する必要がある。個人は職能別労働組合、家族、会社、宗教、専門職業、国家、または国家機関と同一化したいと思っているからである。例えば、フランス人は国家、家族、幹部などと同一化する傾向がある。日本人は会社と、旧東欧圏は共産党と、そしてアイルランドは、ローマ・カトリック教会と同一化する傾向がある。共同体的な目標が産業界にとって良いものになるか、または悪いものになるかは、当該する共同体、それが産業に対して持っている態度、およびビジネスの発展に対する関連性など次第である。

図表5・3が示すように、ロシアと東欧のマネジャーに対する共産主義組織の影響は、この点に関して、極端に制約されたものとなっている。彼らは、個人が責任を取るべきだという回答で最高評点を示しているから

図5.3　誰のせいなのか

数値は，個人的な責任を取ることに賛成した回答者数の百分率である。

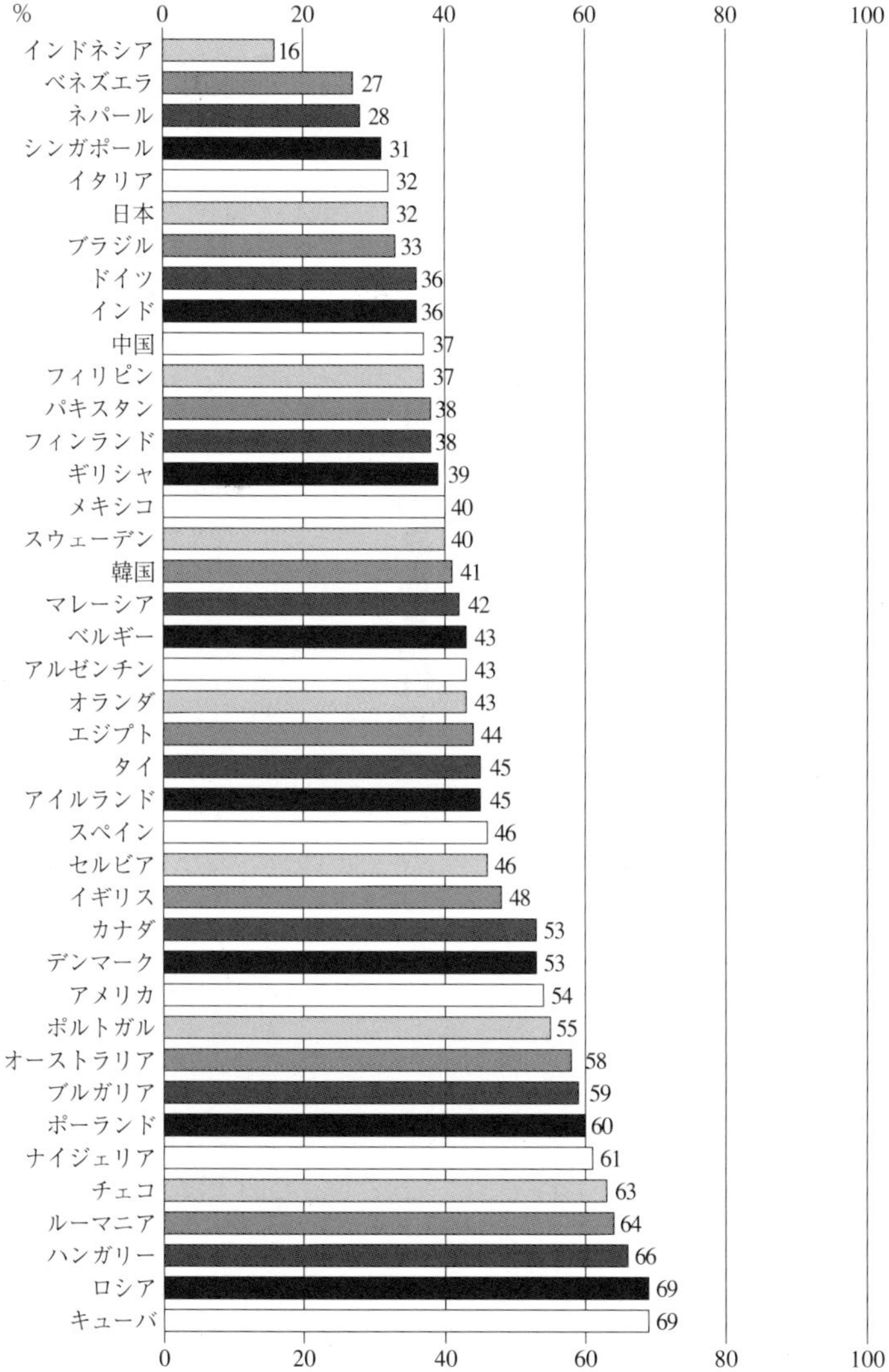

である。アメリカは、いくつかのヨーロッパの国々よりもかなり下回り、全体の中間よりわずかに上位の五四％である。日本は個人主義が三二％であるのに対して、インドネシアは一六％しかなく、共同体の栄誉を取っている。例題にある状況へのアプローチは、当然のことながら、第三者との関係によって異なったものになる。例えば、アメリカ人は批判された場合、間違いにつながるアイディアを出したのは誰だと尋ねながら、ビルがピートのおなかに肘鉄を食らわせるような確率がかなり高いのである。それに対して、イタリア人の場合は、間違ったアイディアを出したのがジョルジョだという事実が厳にあろうと、当人は集団から侮辱を浴びせられながらも歩いて立ち去ることだろう。

4　個人主義は会社での必要条件なのだろうか

フランス人が個人主義を強く否定的に経験するのに対して、ドイツの楽観主義的な哲学は、ジンメルの言葉によれば、個人主義を「個人と社会の有機的結合」として見る。(6) アメリカ合衆国は、移民してくる人々に与えられる膨大な土地を持ち、世界における個人主義の最大級の象徴として見られることが多いように、実際に著者たちの調査で用いた個人主義対共同体主義尺度のほとんどにおいて、最高か、またはそれに近い評点を示している。ドゥ・トクビルは一九世紀のフランス貴族であり、アメリカ人は「自己に対する強い自信、または自分自身の努力と財産への信頼」を誇示していると記述している。ちなみに、アイゼンハワー大統領に対して報告義務のある「国家目標委員会」は、個人の自己実現の可能性こそがアメリカ文明の中心目標であると訴えたことがあった。

しかし、アメリカ国内ですら、個人主義の有用性について反対意見の声が聞こえる。ハーバード大学の社会学者であるダニエル・ベル氏は、モダニズムと同氏が名づけた消費主義型の個人主義がアメリカ産業のインフラストラクチャーを弱体化していると非難した。(7) 情報化社会が発展するにつれて、共同体精神を持つ人たちの方が情報をより早く周知伝達できる。情報は物質的な製品にはできない方法で共有できるからである。ベルとネルソンが見ているのは、上位の集団目標に焦点を置きながら、個人主義を排除した「部族的兄弟愛」から個人主義を含んだ「普遍的な他人愛」へと移る変化なのである。(8)

個人主義と共同体主義の統合に関する洞察力に満ちた呼びかけは、一九世紀フランスの社会学者であるエミール・デュルケイムから来たものであった。デュルケイムは共同体主義が原始的形態と共に近代的形態も取ると理解した。共同体主義の原始的形態では、誰もあえて逸脱しようと望まない共同体的な良心を社会が持つ。個人が共同体によって支配されているからである。デュルケイムはこれを機械的連帯と呼び、機械的連帯は産業が必要としている分業に適応するのが遅いので、衰退し始めると理解した。この考えは個人主義的（およびプロテスタント）諸国が早くから経済的に成功したことの説明を助けるものである。

しかし、デュルケイムは、原始的形態の後に現れて来るより洗練されたもので、独立した人間存在を自発的に統合する形態であり、彼が有機的連帯と呼んだものもまた見ていたのである。分業の拡大は同じ社会にいる人々の間で共有される共通の特徴を徐々に減少させるので、社会的統合の新しい形態が必要になるからである。この統合には、有機体が成長する際に見られるような分化と統合のような生物型統合も含まれる。一九六五年にポール・ローレンスとジェイ・ローシュ(9)が発見したのは、不安定な環境でも成功を収めていた創造的なプラスチック製造業の数社が分化と統合の両方を高度に並行して行っていたことである。この知見は有機的成長モ

図表5.4　個人主義と共同体主義の調和

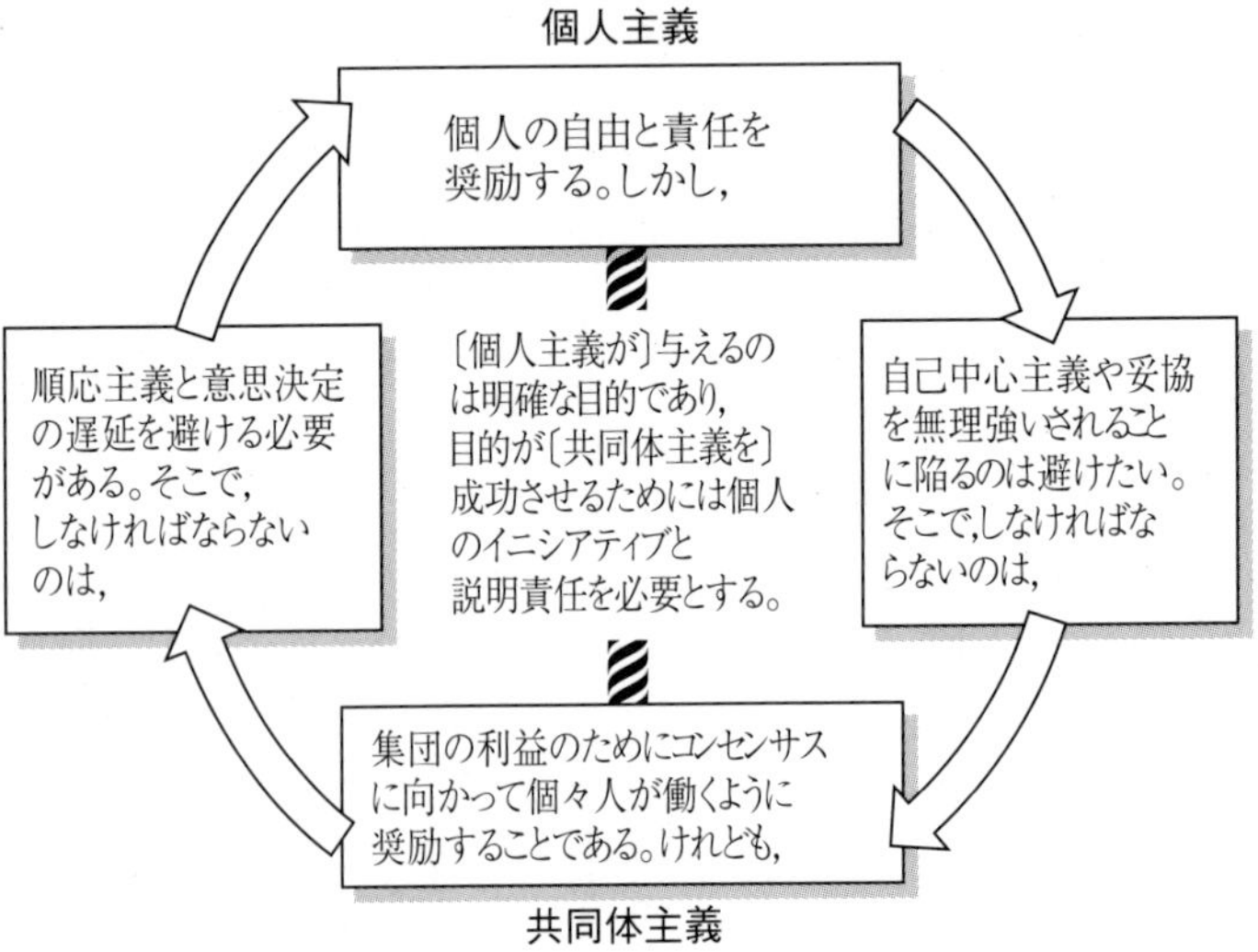
個人主義
個人の自由と責任を奨励する。しかし，
自己中心主義や妥協を無理強いされることに陥るのは避けたい。そこで，しなければならないのは，
集団の利益のためにコンセンサスに向かって個々人が働くように奨励することである。けれども，
共同体主義
順応主義と意思決定の遅延を避ける必要がある。そこで，しなければならないのは，
〔個人主義が〕与えるのは明確な目的であり，目的が〔共同体主義を〕成功させるためには個人のイニシアティブと説明責任を必要とする。

デルの証明であり、ますます複雑化し分化していく相互依存的な社会において、個人主義と共同体主義の統合がますます必要になることを指摘したものである。個人主義と共同体主義を統合する問題は、二つの出発点を持つ根本的に循環的なものとして見ることができる(図表5・4参照)[10]。

人は誰もがこれらのサイクルを通過していくが、異なった出発点から始めるので、サイクルを手段または目的として考えるようになるのである。個人主義的な文化は、個人をその「目的」として見ているので、共同体内での取り決めを改善することが、その目的達成の手段になると見るのである。共同体的な文化は、集団それ自体をその目的として見ているので、個人的な能力を改善することが、その目的達成の手段になると見るのである。しかし、個人主義と共同体主義の関係が本当に循環的であれば、ある要素を目的として、また別の要素を手段として分類するのは、恣意的な決定である。定義に従えば、円形には始まりも終わりもないからである。また、あらゆる「目的」は、別の目標の手段にもなるからである。

このような考えは著者たちが持っている以下の確信にとても近いものである。個人主義は集団の役に立って、その目的を達成する。また、集団目標が個々人にとって明白な価値を持つのは、個々人が意見を求められて、集団目標を作り上げる過程に参加する場合のみである。したがって、個人主義と共同体主義の調和は容易ではないが、可能である。

親ならば誰でも以下のことを直感的に知っている。子供が一八歳になれば独立するように子育てをしていますか。それとも、子供が家族の良き一員となるように育てていますか。これらの質問に対する回答が共に「イエス」であるということは周知のことである。世界中の親たちは子供が自立的な人間になると共に、家族の良き一員となる選択をするように成長することを願っている。個人主義と共同体主義の調和についての本質は、この例でも再び見出されるのである。すなわち、一方の価値は、一見したところ対立しているように見える別の価値が持つ質を向上させるのである。

5　国際経営における個人主義対共同体主義

個人主義または共同体主義の程度の違いによって引き起こされた実際の問題には、どのようなものがあるのだろうか。ＭＣＣ社と不運なジョンソン氏に関する継続中のケースを考えてみよう。

ミラノでの会議の初めから終わりまで、ジョンソン氏はセールスマンに動機づけを与える給与案のアイディアを数々と提案していた。同氏はこのような会議の運営方法にいら立つようになったので、今後の会議について、運営方法のガイドラインを導入することを決めた。同氏はシンガポールとアフリカからの代表がいつも集団となって会議に現れるのが嫌いだった。彼らは代表を一人だけに制限すべきだというのが、同氏の考えであった。そうなれば、シンガポールのシン氏は、彼の上司がいつも同じ人物を代表に選んで、会議のたびに違った人が代表に選ばれることはないと保証できるのだろうか。

このような提案は、マネジャーの何人かの間ではあまり好評ではなかった。前出のシン氏、ナイジェリアのヌエレ氏、そしてフランスのカラミエ氏などは、ジョンソン氏の提案理由を知りたがっていた。シン氏が理由を尋ねたわけは、議題にはさまざまな問題が上っているので、これらの問題について知識を持っている代表が別々に多く出席すべきだというものであった。議論は空回りし続けて、一時間が経過した後に、ジョンソン氏はヨーロッパのマネジャーのほとんどが自分の後押しをしてくれるという自信から、自分の提案を投票にかける動議を提出した。

しかし、この動議もまた論争の種となってしまった。カラミエ氏は失望して、「このように微妙で重要な問題に関して、この決定を少数派に押し付けようとしていることにショックを受けた」と語った上に、たとえもう一時間かかったとしても、この動議に関しては全会一致の決定で望むのが正当であると発言した。シン氏もこの意見に賛成して、「投票は些細な質問のために取っておくべきだ」と発言した。ジョンソン氏は支持を求めるかのようにドイツとスカンジナビアの代表たちを見たのだが、驚いたことに、彼らも全会一致の決定にチャンスを与えるべきだという意見に賛成したのである。オランダのマネジャーが投票の是非について投票すべきだという提案をするに至っては、ジョンソン氏はがっかりし過ぎて、返答さえできなかった。最後に、ナイジェリア代表たちが、この動議についての議論と投票を少なくとも次の会議まで延期すべきだという勧告を行った。出席者たちは自国のオフィスに戻ってから同僚の考えを引き出すには、他にどのような方法があるのだろうかと考えており、ジョンソン氏もしぶしぶ、この勧告に同意することにした。報酬体系についてさらに議論することもまた、延期されることになった。

(1) 代表

上記のケースから明らかなように、共同体主義的な文化が好むのは、複数代表制である。シンガポール、ナイジェリア、およびフランス代表が求めていたのは交渉団であり、交渉団はそれぞれの子会社にある全部署の利益を代表した縮図になっているのである。予期しなかった要求に直面した場合、共同体主義者は、いったんオフィスに戻って上司や同僚と相談したいと思うのである。例えば、日本人がたった一人で重要な交渉に行くことはめったにないことである。しかし、アングロ・サクソンにとって、選挙区の住民のために自分の個人的良心に基づいて、単独代表として投票することは、議会制民主主義の礎石である。強度の共同体的な文化にとって、議会に出席している人々は代議員であり、彼らを束縛するのが彼らを議会に送り込んだ人々の願望である。

(2) 地位

お供がいない人は、共同体主義的な文化で地位のない人と思われる。誰からも注目されず、誰もカバン持ちをしてくれない場合、その人が要人であるはずはない。例えば、あなたがお供も連れずにタイに到着すれば、タイの人々は自国におけるあなたの地位とパワーを本気で過小評価するかもしれない。

(3) 通訳者

アングロ・サクソンの交渉で、通訳者は、ある言語の言葉がインプットされると別の言語の言葉がアウトプットされるブラックボックスのようなもので、中立的な存在と思われている。共同体主義的な文化で活躍する通訳者は、たいていの場合、自国民から成る集団のためにだけ働くので、彼らを長時間にわたる小声でのひそひそ話に引き入れて、文化差と共に言語差から生じる誤解を仲介しようとする。したがって、頻繁に見られるのは、通訳者が交渉団における最上位の交渉者となって、通訳者というよりむしろ解釈者になっていることである。

(4) 意思決定

共同体主義的な意思決定は、長時間かかるのが典型的であり、コンセンサスを達成するために全員を説得するための持続的な努力が行われる。反対論者の意見を投票で否決するようなことは、英語圏の西洋民主主義国家では頻繁に起きるが、これ以外の国々では受け入れられない。そこでは、関係者全員に詳細にわたる相談があるのが普通であると共に、集団目標に賛成することを求める圧力が加えられるので、たいていの場合、コンセンサスが得られるようになる。関係者の集団や本社が最初から相談を持ち掛けられていなかった場合、初めの頃に得られた「イエス」の回答が後になると容易に「ノー」に変わることもある。相談の過程で持ち出される細かな点についての反対の多くは、個人的な理由や原理・原則の違いによるというより、むしろ実行面での違いによるのが典型的であるから、コンセンサスは多くの点で修正されるのである。しかし、相談を持ち掛けられた人々は、コンセンサスを実施しなければならないのが普通だから、コンセンサス実施の後半段階にものごとはスムーズかつ容易に運ばれるようになるのが典型的である。（個人主義者の観点から見た）「浪費した」時間は、新しい手続きが目論見通りに動き始めるようになると、時間の節約になるのである。日本の稟議過程は、提案が回覧され、それに賛成する意思決定参与者が捺印するというものであり、共同体主義的な意思決定のもっとも有名な実例であるが、意思決定の遅延を長期間にわたってもたらすこともある。

ある日本の会社がオランダ南部での工場建設を依頼してきた。日本で通例となっているように、この依頼は詳細に至るまで細かな注意を払って行われた。しかし、設計段階において発覚したのは、建築制限の一つが考慮されていなかったことである。法律で要求されている工場の高さの下限は、設計よりも四センチメートル高いものであった。そこで、新たに設計をし直すことになり、東京にある本社の多くの人々と広汎に相談する必要が生じて、全員の承認を取りつけるために、結局一センチメーターごとに一か月を要した。

しかし、アメリカ人や西北ヨーロッパ人が、いくら個人主義に慣れ親しんでいるといっても、このような遅延をあまりにも簡単にばかにすることはできない。アメリカ人やヨーロッパ人は、仕事の段取りで上記例と正反対の方向へ行くという間違いをするからである。個人主義的な文化における意思決定過程は、たいてい短時間のものであり、「孤独な個人主義者」が運命を左右するほんの数秒の間で「永続性のある決定」をするのである。このような意思決定は、迅速な審議・検討とか、『一分間マネジャー』などを作るけれども、マネジャーたちは、自分たちが決して望んでいないような、または賛成していないような決定が下されると、組織ぐるみで共謀してその決定を無効にしてしまい、その数か月後にこのようなことが発覚することがよくある。意思決定にかかる時間を節約すると、実行問題が原因で起きる大きな遅延を伴うことがよくある。

個人主義的な社会は、個人の意見に敬意を払うので、全員の意見が同じになるように投票を求めることがよくある。このような投票のやり方の欠点は、短時間のうちに、投票前の元の意見に戻ってしまうことである。共同体主義的な社会が直感的に投票を控えるわけは、多数派意見による決定に反対する人々が投票に敬意を払わないからである。共同体主義的な社会が好むのは、コンセンサスに到達するまで審議・検討することである。最終結果は、それを得るまでに長時間かかるが、非常に安定したものである。個人主義的な社会によくあるのは、決定と実行の間の不一致である。

6 個人主義、共同体主義およびモチベーション

個人と集団の間の関係は、人々に動機づけを与えることにもまた重要な役割を果たしている。前出のジョンソン氏が信じきっていたのは、自分もMCC社も社員に動機づけを与えるものが、例えば高業績の社員に支払われる割増しの金銭的報酬のように、何であるか知っているということだった。ミズーリー州にある本社での会議で明白に思われていたことが、今となってはジョンソン氏も疑念を抱くようになっていた。前出のような議論があった後で、ジョンソン氏は何にでも不動の自信を持てるのだろうか。

ジョンソン氏は、会議に参加する代表の人数問題に関して、海外子会社から要請があれば、それぞれに三名

までを上限とする代表派遣を認めるという妥協を最終的に何とかして取りつけた。この決定は投票によって賛成されたものでなく、全員の同意によるものであった。これでようやく、ジョンソン氏は、業績給、ボーナス、および能力給の導入を翌年に向けて取り組むことが開始できるようになった。

そこで、ジョンソン氏はいつもしているように、アメリカにおける状況を概説することから話し始めた。新しい報酬体系がアメリカ本社で初めて導入されてから、三年の月日が経過していた。同氏の説明によれば、概して、新報酬体系の実施とコンピュータの販売実績の間に関連性があることが見出せたが、製造部門における同様の報酬体系の実施は惨めなほどに失敗したことを陳述しなければならなかった。そこで、別種の業績に基づいた報酬体系が現在テスト中であり、この改訂された報酬体系から何らかの問題が生じるという予想はまったく存在していなかった。「要約すると、この新報酬体系を全世界にある我社の子会社に導入する必要があると強く確信するものである」とジョンソン氏は一同に語ったのである。

西北ヨーロッパの代表たちは、思慮深く考えた肯定的なコメントを表明した。次に、イタリア代表のジアリ氏が、業績に基づく報酬体系に関する自分の経験を述べ始めた。イタリアでは、業績給の実験は、実施後最初の三か月間、期待以上にうまく行ったが、その次の三か月間の結果は、悲惨なものであった。最初の三か月間に最高の業績を出したセールスマンの販売実績が、劇的に下がってしまったからである。「このセールスマンと何度も話し合った後に、何が原因で彼の業績が下がったかの理由をとうとう発見した。最初の三か月の高業績に対してボーナスを支給されたこのセールスマンは、他の同僚の手前、罪悪感を覚えるようになったので、その後に極端なまで一生懸命になって、次の四半期にボーナスが支給されないようにしたからである」とジアリ氏は述べたのである。

ジアリ氏は、この業績給実験を実施する翌年に向けて、まず、イタリア市場を九つの販売地域に分割すべきだという同氏の結論を述べた。次いで、一販売地域内にいるセールスマン全員が、自分たちの地域であげた販売実績に対して支払われるボーナスを高業績者に限って個人配分するかまたは全員平等に配分するか、どちらかの配分方法を決定することが子会社に認められるべきだという主張説明が続いた。そうこうしているうちに、オランダ代表から、「こんなばかげたアイディアはこれまでに聞いたことがない」という無遠慮な反論が出された。

この事例が示すように、動機づけには少なくとも二つの源泉がある。人が働くのは、外発的な金銭的報酬を目的とする場合と同僚からの肯定的な配慮と支持を目的とする場合である。多くの共同体主義的な文化において、この二番目の源泉が強力なので、高業績者たちは、個人として報奨金を受け取るよりも、自らの努力の結果を同僚たちと共有することを好むのである。

西洋の動機づけ理論は、個々人が低次の段階にあるがゆえの原始的な社会的欲求から抜け出して、一人一人が欲求階層の頂点にあるまばゆいばかりの自己実現段階へと成長すると仮定している。言うまでもなく、この理論がアメリカや西北ヨーロッパではどんなに良いものであっても、世界中で共感されるものではない。最高位の善に関する日本人の考え方は、最も重要な志向性が他人と自然界に向けられているので、自然のパターンと共に調和して、また自然のパターンの中で調和する関係である。

7　組織構造の違い

個人主義的な文化において，組織（ギリシャ語のオルガノンorganon，すなわち道具が語源）は基本的に道具である。組織が熟慮して組み合わされたり，考案されたりしているのは，その所有者，従業員，および顧客などの一人一人に役立つためである。組織メンバーが組織との関係に入るのは，そうすることが各人の利益になるからである。組織とメンバーの結び付きは抽象的で，法的であり，契約によって規制されるものである。組織は，そこで働く人々が自分のためにしたいと望んでいることを行う手段でもある。組織メンバーが協力するのは，各人の個別的な利益が危機に直面している限りである。各人は分化され専門化された職能を遂行して，その代償に外発的な報酬を受け取る。権威は，個人が自分だけの持つ職務遂行スキルから発生するものだから，個人が持つ知識も組織という道具を有効的に働かせるように用いられる。

共同体主義的な文化において，組織は，その創立者が創造したものでも道具でもなく，むしろ組織メンバー全員が共有している社会的脈絡であるから，これほど，メンバーに意味と目的を与えるものはない。組織がよく大家族，共同体，または氏族に例えられるのは，このような共同体がそのメンバーを発展させて，養育すると共に，メンバー以上に長生きするからである。組織の成長と繁栄は，個人投資家にとっての思いがけない幸運，またはトップ・マネジャーにとっての役得と思われることもないが，それ自体が重要な目的なのである。これらの考察は，第11章で掘り下げて検討する。

8　個人主義と共同体主義の調和

ここで再び前出の図表5・4に戻ってみよう。図表5・4が示しているのは、一方の価値観が表面上対立しているように見える他方の価値観とお互いの極端さを避けるように結び付いているので、**悪**循環である。したがって、個人主義者は共同体を好まないと信じ込むこともまた過ちである。個人主義的なアメリカ人は、いろいろな集団に好んで顔を出すことでは、特に抜きん出ており、おそらく他のどの文化よりも多くのボランタリー団体を作り上げて来ている。例えば、飲酒運転に反対する母の会から始まり、ミシガン州兵軍に至るまで、アメリカ人はいとも簡単にこの種の集団を形成する。しかし、「ボランタリー団体」は無償のものであり、その始まりはボランタリーの個人によるものであり、後にこのような人々から団体が形成されたとその名称が明示している。共同体主義的な日本は、対照的に、個人一人では成熟した状態と見なされることはない。成熟した個人を意味する日本語の言葉は、「他人の間にいる人」〔すなわち、人間〕と翻訳される。初めに集団あき、である。だから、個人としての自分は集団のためにもっと良く役立つためにどうしたら良いかということを考えるようになる。集団に役立つという能力から、自分の地位を得るようになるからである。

しかし、個人または共同体のいずれかを優先させるとしても、ある国がこれらの価値観を両方とも包含することの妨げにはならない。次の重要な事例を考察してみよう。

ジーン・サファリはアメリカの多国籍企業が日本に持つ子会社で働いている日本人従業員の一人がしでかし

た重大な過ちを調査していた。部品の一つが逆さまに組み込まれていたので、部品全体を製品から引き出して、すべてをやり直さなければならなかった。その費用は高価になった。

ジーンは日本人の工場長にどの従業員が過ちをしでかした人物なのかを尋ねた。ジーンが見つけられたと思いますか。ジーンに対して取られていた日本側の対応はどのようなものだったと思いますか。工場長はどの従業員が過ちをしでかした人物なのかまったくわからないと主張したので、彼女は驚きあきれかえった。「作業グループの全員で責任を取りました。過ちをしでかした特定の女子従業員が誰だったか、同僚たちも私に話しませんでしたし、また私も尋ねませんでした。現場監督者でさえ、誰なのか知りませんし、またたとえ知っていたとしても、彼も私には話さないでしょう」と工場長はジーンに語った。

しかし、全員が責任を取ったならば、事実上、誰も責任を取ってないのと同じだとジーンは論じた。従業員たちがお互いに出来の悪い仕事を単にかばい合っているだけだとジーンは思ったからである。

「そのような考えは、われわれが理解していることとは違います」。工場長は丁寧だがきっぱりした口調で語った。「私の理解では、問題の女子従業員は、作業での過ちを知ると気が動転して、早退して帰宅したぐらいでした。それどころか、辞表も出そうとしました。同僚が二人がかりでなだめて職場に連れ戻さなければならなかったぐらいです。作業グループの全員はこの従業員が間違いをしでかしたと知っているので、当人はそれを恥に思ったのです。また、作業グループの全員は当人が新人であるのに、自分たちが十分に助けてやらなかったか、または注意して様子を見てやらなかったか、または当人に適切な訓練がされていなかったことを自分たちが理解していなかったことも承知しています。これが作業グループの全員が謝罪した理由なのです。ここに全員からの嘆願書があります。作業グループの全員があなたの面前ですすんで謝罪する所存です」と工場長は続けてジーンに説明した。

「いいえ、そんな事はして頂かなくても結構です。このような間違いが再発することを止めたいだけですから」とジーンは語った後に、どうしたら良いものか途方に暮れた。

ジーンは誰が間違いをしでかした張本人なのかを知りたいとあくまで主張すべきなのか。また、張本人は処罰されるべきなのだろうか。


作業グループが過ちをしでかした人物を明らかにしないからといって、過ちの実行犯が何の処罰もなく事態から逃れられると思い込むのは、間違った考えである。それは、作業グループが高品質と高生産性を支持しているか、または反対しているかによって異なるからである。グループが経営目的を支持している場合、共同体は団結しているので、「集団を失望させる」ような人々は、恥の文化にいれば恥を経験することになる。この実例にいる過ちをおかした従業員がすでに恥を経験したという証拠は有り余るほどある。当人は同僚と顔を合わすよりもむしろ早退して帰宅したぐらいであった。どの程度まで他のメンバーがこの従業員に仕事を教えて助けてあげるべきだったかという問題もまた、作業グループが最も良い情報を持っていることの証拠である。日本の脈絡では、現場の人々に任せておくのが最良なのである。

この事例は、異なった価値観の調和が生じた実例である。個人主義的な仮定は、過ちをしでかした個人が過ちのために処罰されるべきであり、処罰され反省するから、良いメンバーになるというものである。これに対して、共同体主義的な論理はその逆であり、同じチームのメンバーであるということによって、個々人が支えられているので、メンバーの各人がより良い労働者になるというものである。したがって、過ちがあった場合、直接に関係するグループだけがそのことを知っていれば良いのである。恥を避けることと同様に、グループが個人のしでかした過ちの面倒を見るので、何もさらに個人を処罰する必要がないという事実にこそ、異なった価値観の調和が存在するのである。

9　自己点検用テスト

個人と集団が調和する度合いを測定するために、著者たちは異文化マネジメント訓練の参加者たちの多くに一連の質問に回答するように依頼している。以下の例題もまた、二つの回答は個人主義かまたは集団主義のどちらか一つを選択する極端な択一型の回答であるのに対して、別の二回答が調和型の回答となっている。調和型の回答は、一つが個人主義から始まり、集団主義を含んでいくものであるのに対して、もう一つは集団主義から始まり、個人主義と調和していくものである。あなたならば、どの回答を選択しますか。

マネジャーが数人集まって、成功した企業の最も重要な基準は、企業間での緊密な協力なのか、または激しい競争なのかを議論していた。以下は、それに関する意見である。

一　競争は、成功した国民経済または企業のすべてが持つ最高の価値である。主要な当事者が企てる協力の試みは、たいていの場合、当事者の一人かまたは複数人との共同謀議に終わる。

二　競争は、成功した国民経済または企業のすべてが持つ最高の価値である。その理由は、競争が競争相手

図表5.5　競争か，または協力か

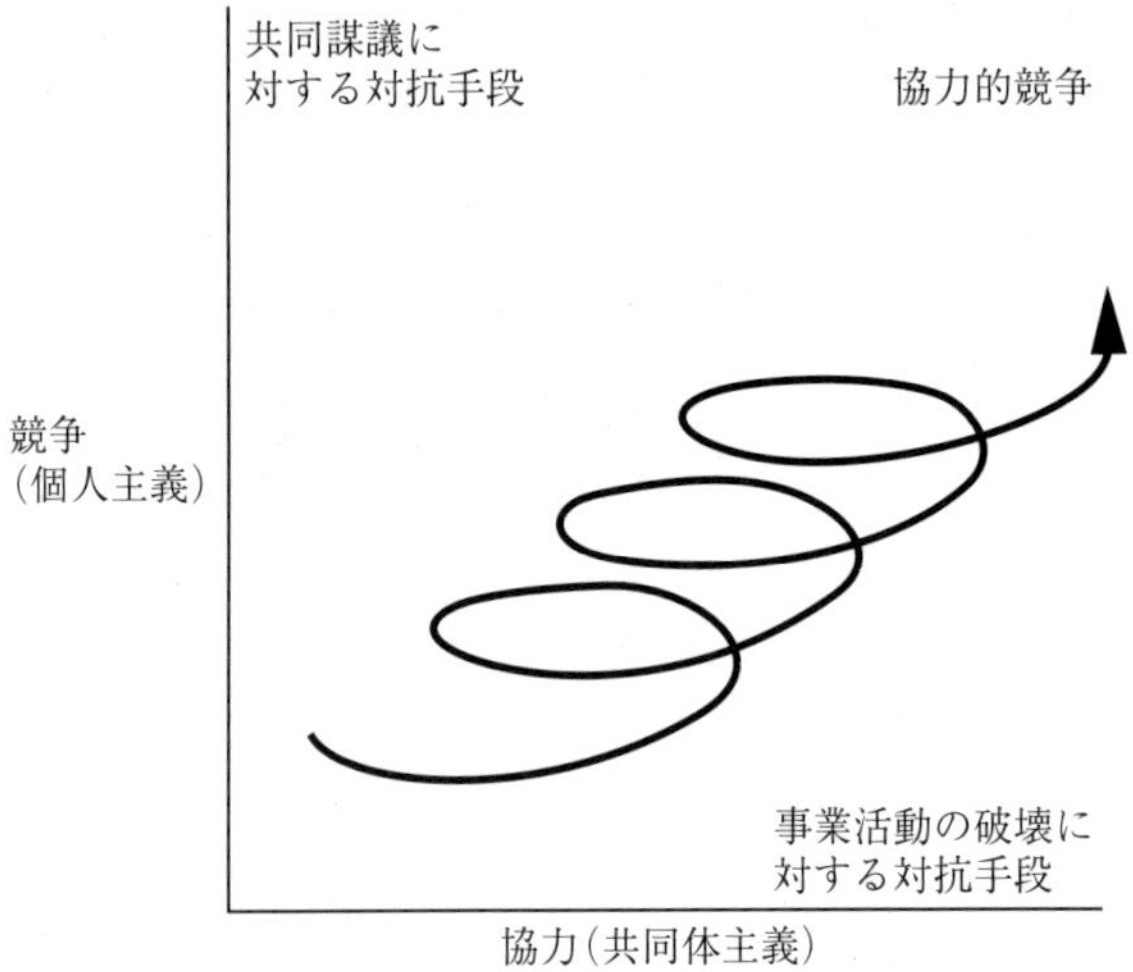

よりも顧客のために役立ち、このようにして公益を保証するからである。

三　利害関係者間での協力が、最高の価値である。その理由は、共有化された目的が会社を部外者に対して著しく競争的にするので、それによって個人的利益が実現されるからである。

四　利害関係者間での協力が、最高の価値である。個人的な対抗意識や出世競争などは、効果的な事業活動を破壊するぐらい深刻なものである。

回答者は自分が最も好む回答に1の数字を、次に好むものに2の数字を記入して下さい。同様に、職場での親しい同僚が好むと思う回答を指摘して下さい。

ちなみに、回答一は競争的な個人主義に賛成して、共同体的な協力に反対するものであるのに対して、回答四はその逆になっている。また、回答二は競争的な個人主義に賛成することから始まり、共同体的な協力に結び付くことによって、「競争的協力」と呼ばれる完全無欠の状態へと調和する。回答三は同じ最終結果を提唱しているが、そこに至るらせん状の動機は左回りであり、協力的な集団から競争的な個人へと移動するものである。

図表５・５は、初期段階の競争結果が、新たな競争段階の開始前まで、協調的に統合されていることを示している。

10　個人主義的文化および共同体主義的文化でビジネスをするための実際的な秘訣

(1) 文化差を認識すること

個人主義

一　多用するのは「私」を主語とする表現である。
二　意思決定は会議の場で代表が行う。
三　人々が理想とするのは、一人で物事を成しとげることであり、個人的な責任を取ることである。
四　休暇は、夫婦のように二人一組か、または一人で取ることすらある。

共同体主義

一　多用するのは「われわれ」を主語とする表現である。
二　意思決定は代表団が行うのではなく、組織に任せられる。
三　人々が理想とするのは、集団で物事を成しとげることであり、連帯責任を取ることである。
四　休暇は、まとまった集団としてか、ないしは親類縁者と取る。

(2) ビジネスをする場合の秘訣

個人主義者とビジネスをする場合（共同体主義者用）

一　即断即決を準備しておき、相手側から突然の提案があった場合、本社に任せないことである。

二　交渉担当者は派遣した人々から全面的に任されているので、引き受けた大仕事の途中でその人々のところへ相談に戻るのはとても気の進まないことである。

三　最も手強い交渉は、会議の準備をしている間に、たぶん組織内ですでに行われたものである。個人主義者は、このようにして練られた交渉案件に対する解決案を相手側に売り込むというきつい仕事をする。

四　一人で商談を進めることの意味は、交渉担当者がその勤め先の会社から高く買われており、そうような評価をもらっているということである。

五　目的は、迅速な取引をすることにある。

共同体主義者とビジネスをする場合（個人主義者用）

一　合意や協議にかかる時間に対して忍耐することである。

二　交渉担当者は暫定的に合意しているだけであるから、上司との協議後に引き受けた大仕事から身を引くかもしれない。

三　最も手強い交渉は、対面中の共同体主義者とのものである。あなたの会社に対して複数の利害関係者が要求している点に関して、共同体主義者があなたに譲歩するように何とかして説得しなければならない。

四　助っ人に囲まれて商談を進めることの意味は、交渉担当者が勤め先の会社で高い地位にいる人物だということである。

五　目的は、永続的な関係を構築することにある。

(3)管理する場合および管理される場合

個人主義者

一　個人の欲求を組織の欲求に適合しようとする。

二　業績給、個人別勤務評定、目標による経営（ＭＢＯ）のような個人を対象にインセンティブを与える方法を導入する。

三　離職率および職業移動は高いと予期される。

四　高業績者、英雄、およびチャンピオンを特別に賞賛するために探し求める。

五　人々に自由を与えて、一人一人がイニシァティブを取るようにする。

共同体主義者

一　集団の中で個人のパーソナリティと集団の権威を統合しようとする。

二　団体精神、モラール、集団のまとまりに配慮する。

三　離職率および職業移動は低い。

四　集団全体を激賞して、えこひいきをしないようにする。

五　全員が満足するような最高目的を掲げる。

参照文献

（1）Parsons, T. and Shills, E.A., *Towards a General Theory of Action*, Harvard University Press, Cambridge, Mass., 1951.（永井道雄他訳、『行為の統合理論をめざして』、日本評論新社、一九六〇年）

（2）Hofstede, G., *Culture's Consequences*, Sage, London, 1980.（万成博、安藤文四郎監訳、『経営文化の国際比較：多国籍企業の中の国民性』、産業能率大学出版部、一九八四年）

（3）Tönnies,F., *Community and Society*(trans. C.P. Loomis), Harper & Row, New York, 1957.（杉之原寿一訳、『ゲマインシャフトとゲゼルシャフト』、岩波書店、一九五七年）

（4）Smith, A., *The Wealth of Nations*.（大河内一男監訳、『国富論』、中央公論社、一九八八年）

（5）Weber, M., *The Theory of Social and Economic Organisation*, Free Press, New York, 1947.

（6）Simmel, G., *The Sociology of Simmel*(trans. K.H. Wolff)Glencoe, Illinois, 1950.

（7）Bell, D., *The Cultural Contradictions of Capitalism*, Basic Books, 1976.（林雄二郎訳、『資本主義の文化的矛盾』、講談社、一九七六年）

（8）Bell, D., and Nelson, B., *The Idea of Usury*, Chicago University Press, 1969.

（9）Lawrence, P.R. and Lorsch, J.W., *Organisation and Environment: Managing Differentiation and Integration*, Irwin, Homewood, Illinois, 1967.（吉田博訳、『組織の条件適応理論』、産業能率短期大学出版部、一九七七年）

（10）Hampden-Turner, C., *Changing the Corporate Mind*, Basil Blackwell, Oxford, 1991.

第6章 感情と人間関係

人間関係では、理性と感情の両方が役割を演じる。このどちらが支配するようになるかは、人が**感情表出的**、すなわち、感情を表に出した場合、その反応として相手からもおそらく感情的な対応をされるか、または人が**感情中立的**であるかどうか次第である。

1　感情表出的文化対感情中立的文化

感情表出に関して中立的な文化のメンバーは、自らの感情をうっかり相手側に漏らすことはなく、注意深く感情をコントロールすると共に抑制し続ける。対照的に、感情表出が激しい文化において、人々は笑い、微笑み、しかめ面、にらみつけ、およびジェスチャーなどで自らの感情を包み隠さずに表に出す。これは自分たちの感情を即座に表現する手段を見つけようとしているからである。注意すべきことは、このような文化差を過剰解釈しないようにすることである。感情中立的文化は、必ずしも冷淡だとか、無感情なものではなく、また感情の動きが不活発だとか、抑圧されたものでもない。人が表出する感情の量は因習の結果ということがよくある。感情がコントロールされる文化において、抑圧できない喜びや悲しみは、それでも騒々しく知らされることになる。感情が増幅される文化において、喜怒哀楽は心に刻みつけておくために一層騒々しく知らされなければならないことだろう。皆が大袈裟に感情を表出する文化において、最大級の感情の高ぶりを適切に表す言葉や表現を見つけられないことがあるのは、そのような言葉や表現がすべて使い尽くされているからである。

著者たちの主催するワークショップにおいて質問される感情表出的文化対感情中立的文化という表題を持つ例題は、仕事に関連する何かによって気分を害された場合、参加者がどのように振る舞うかを尋ねるものである。参加者は自分たちの感情をあからさまに表に出すだろうか。図表6・1は、感情表出が受け入れられる程度について、四九か国の相対的位置を示すものである。感情表出を最も受け入れないのはエチオピアと日本であり、著者たちのデータベースによれば八〇%近い評点で、感情中立的な志向性を示している。ヨーロッパ諸国の間では、評点にかなりのばらつきがあり、オーストリアが最も感情中立的（五九%）であり、スペイン、イタリア、およびフランスが最も感情表出的（一九%、二三%、および三〇%）である。香港とシンガポールは、共に日本やインドネシアよりもずっと低い評点を示していることに注目されたい。これは大陸別に一般化できるようなパターンが存在しないことを意味している。

理性と感情は結合しているのが典型的であると当然視されている。人が意見を表明する場合、自分の思考や感情に対する確認を聞き手の反応の中に見つけようとするからである。その際のアプローチが感情表出的な場合、人が探し求めているのは、「この議題に関して、私はあなたと同じ感情を抱いていますよ」という**直接的な**感情的反応である。また、アプローチが感情中立的な場合、人が探し求めているのは、「私はあなたの理由

図表6.1　仕事中に感情を傷つけること

数値は，あからさまに感情を表に出さないという回答をした回答者数の百分率である。

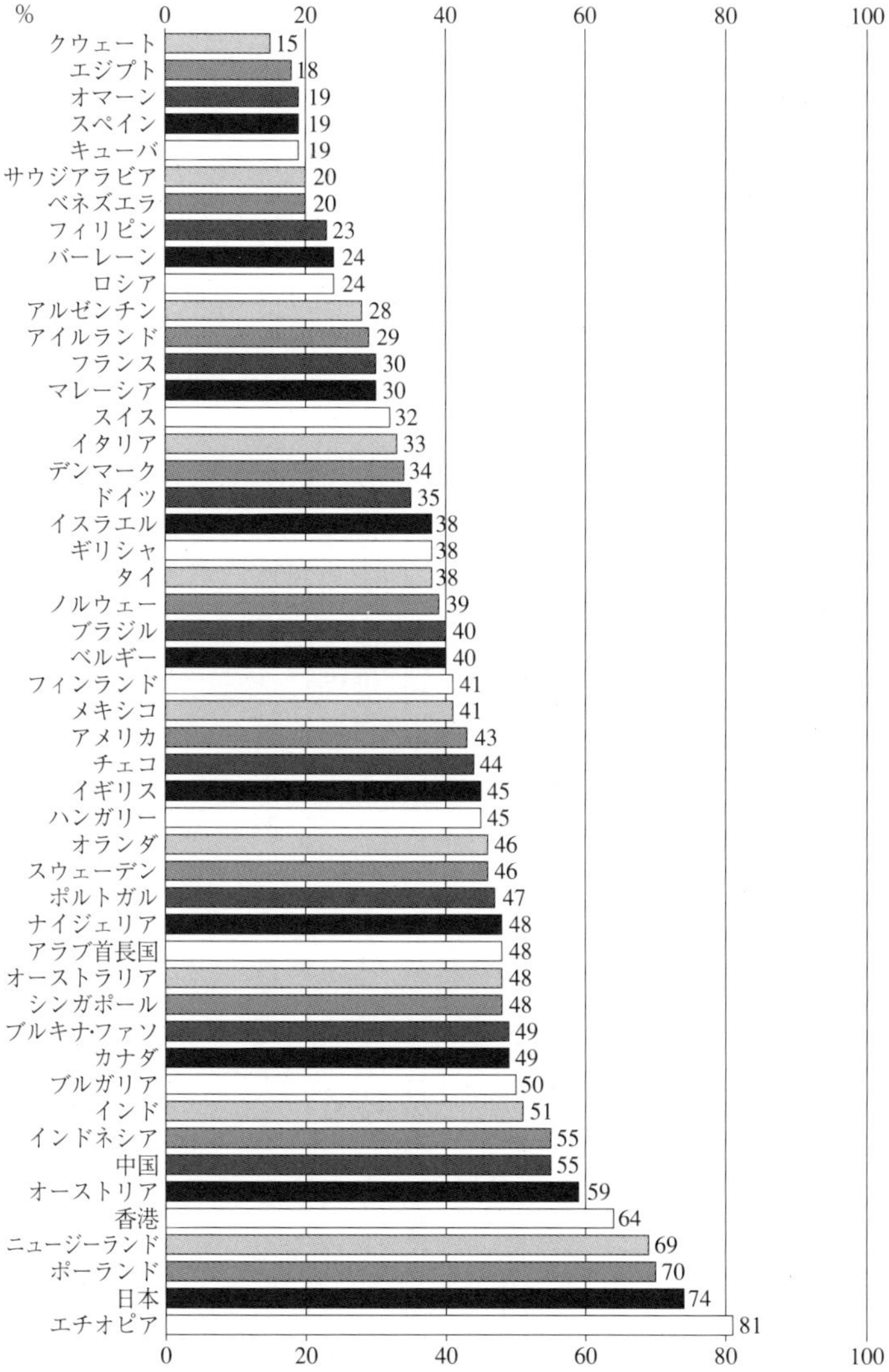

説明または提案に賛成だから、あなたの意見を支持しますよ」という**間接的な**反応である。どちらの場合も共に、探し求められているのは他者からの承認であるが、同じ目的のために異なった経路が使われているのである。間接的経路は、知的な努力が成功したならばという条件付きで感情的な支持を与えるものである。直接的経路は、事実前提に関して人が抱いている感情をあからさまに表出させ、そうすることで感情と思考を別のやり方で「結合」させるものである。

思い出して頂きたいのは、MCC社のイタリア代表が行った提案である。あの提案は、ボーナスを獲得することに貢献した個々人を認める一方で、セールスマンたちに個人別のインセンティブを取るか、またはチーム全体に支給されるボーナスを共有するかについて、集団として決定させるものであった。第5章で、オランダ代表のベルグマン氏がこの考えを「気違い沙汰」と呼んだことも同様に思い出して頂きたい。以下は、その続きである。

声を張り上げて、ジアリ氏の同僚であるパウリ氏が、「何だと。気違い沙汰とは何だ。われわれは提案の長所と短所を注意深く検討した上で、そうすることがバイヤーに大きな利益となると考えたのだ」と発言した。

「どうか興奮しないでもらいたい。われわれは分別ある議論をすべきであり、感情的になって的外れの言動をして、本題から外れることがあってはならない」とジョンソン氏は懇願した。

ベルグマン氏がイタリア代表の提案を気違い沙汰と思った理由を説明する機会が与えられる直前に、イタリア代表の二人は会議室から退室してしまった。「これこそが典型的なイタリア的反応と私が呼ぶものだ。イタリア提案を気違い沙汰と思った理由について、私の論述を展開する機会が与えられる直前に、彼らは退室してしまったからだ」とベルグマン氏は同僚たちに向かって寸評した。

残りのマネジャーたちは椅子に座ったまま落ち着かない様子で悩んでいた。どうしたら良いかわからなくなっていたからである。ジョンソン氏は立ち上がり，会議室を出て，イタリア代表たちに話しに行った。

イギリス人，アメリカ人，または西北ヨーロッパ人が「興奮しやすい」イタリア人についてジョンソン氏やまたはベルグマン氏と同感するのは容易なことである。結局のところ，新しい報酬システムはうまく機能するか，または機能しないかのどちらかである。この事実はどんなに人の感情が強くとも変えられないことである。新報酬システムの成否は，まず試してみて，その結果を観察するという問題だからである。このアプローチによれば，感情的に中立であることは目的に対する手段である。感情的になる時は，新報酬システムがうまく動くかまたは動かない時であり，その時点で喜びかまたは失望のどちらかが適切になる。結局，感情をコントロールすることは，文明のあかしではないだろうか。

このような説明は，人がどの文化規範にも十分な理由を提示できることを示している。イタリア代表たちが怒った理由は，彼らが自分たちのセールスマンたちと感情的に同一化しており，同僚と共に顧客のために一生懸命に働くことが優秀なセールスマンの動機づけになっていることを直感的に知っていたからである。イタリア代表たちは，セールスマンたちが仕事のがんばりに対して感情的な報酬を感じるだろうということを自分たちも知っていると共感していたのである。したがって，ベルグマン氏の「理性的判断」はイタリア代表たちにとって的外れのものであった。一体，いつから仕事で見出される内発的な喜びが「事実」に関する問題になったのだろうか。仕事の喜びは，個人的であると共に文化的な奥深い問題である。パスカルは「心は理性には知りえない独特の理由をいくつも持っている」と書いている。ところで，彼はフランス人であった。

一九九六年後半にイタリア最高裁判所が下した判決は、夫婦喧嘩の場合、激怒しやすい気分の中で殴打が何度も行われない限り、夫がその妻を殴ることを許すというものであった。この判決結果についてどう思いますか。イタリアの判事は、夫が妻を激しく殴打したので、妻が入院しなければならないぐらいだったという隠しようのない証拠を見つけていた。それにもかかわらず、「組織立った意識的な残虐行為」はなかったという判決であった。被害者のアンナ・マンニーノ夫人は最終判決を聞き、とても喜んだのである。というのは、夫人は自分の伴侶を「模範的な夫」と悟ったからである。夫人は一度も自分の伴侶を非難したことはなく、非難したのは病院だけだったのである。

2　文化によって異なる感情表出の程度

目に見える「大げさな感情表出」の量は、文化間で大きな差がある。例えば、交通事故で相手に悪態をつくフランス人は、心底から激怒していて、暴力を使う寸前のように思われるかもしれない。実際のところ、フランス人は最初に、事実に関する自分の見解を述べているだけに過ぎず、次にお返しに相手からも非難の言葉が自分と同じように続いてくることを予期しているだけかもしれない。フランス人はこのような表現を用いた結果、暴力に及ぶことはまったくないのである。激情には受容可能なレベルの規範が存在するし、またこれらのレベルはある国よりも別の国の方がはるかに高いのである。

例えば、アメリカ人は感情表出の側にいると見られる傾向がある。この理由はおそらく、膨大な数の移民と広大な国土のため、アメリカ人が何度も繰り返して、社会的な障害を突き崩さなければならなかったことによるものだろう。愛称を使う習慣（例えば，チャールズの代わりに「チャック」，ロバートの代わりに「ボブ」），「スマイル」のボタン・バッジ，引っ越してきた新住民に対する地元商店からの試供品や割引券などが入った歓迎袋，および心のこもった肩の張らない人間関係が形成されるスピードなどのすべてが，一生涯において数回，新しい隣近所と打ち解けた交際を繰り返さなければならない必要性を証明している。

このようなことはスウェーデン，オランダ，デンマーク，ノルウェー等の小国における生活体験と非常に異なったものである。これらの国々では自分が成長を共にした同世代の人たちと家の外で出会わないようにすることは困難である。また，友情は人生の早い時期から始まって，長年にわたり継続するから，相対的によく知らないよそ者に感情をあらわにしなければならない必要性がほとんどないのである。

感情中立性という規範を持つ人々は，職場において怒ったり，大喜びしたり，激情を示したりすることは「非プロフェッショナル的」として片づけてしまう傾向がある。ＭＣＣ社のパウリ氏が失っていたのは，明らかに「冷静さ」であり，真っ先に冷静な外見が望ましいのが当然だと思う判断である。実際のところ，パウリ氏はおそらくベルグマン氏が感情的に死んだも同然であるか，または偽りで固めた仮面の後ろに自分の本当の感情を隠していると見なしたのであろう。第７章において，感情表出がどれくらい特定的なのか，または拡散的なのかを検討し続ける際にわかるように，感情表出の問題が内包しているのは，本当のところ，二つの問題である。すなわち，感情はビジネス関係で**表出**すべきものだろうか。それとも，感情が論理的説明をだめにしないようにするために，感情は論理的説明の過程から**分離**すべきものだろうか。

アメリカ人は感情を**表出する**が，感情を「客観的」で「合理的」な決定から**分離する**傾向がある。イタリア人と南ヨーロッパの国民は一般的に感情を**表出して**，感情を客観合理性と**分離しない**傾向がある。オランダ人とスウェーデン人は感情を**表出せず**、感情を客観合理性と**分離する**傾向がある。繰り返すが、このような違いに「善」も「悪」もない。抑制された感情は、「合理的」になろうとするあらゆる努力にもかかわらず、判断を歪めるという主張もできる。また、ほとばしるような感情の発露は、どの出席者にもきちんと考えることを困難にさせるという主張もできる。同様に、理性を感情から隔てる「壁」なるものを嘲笑したり、どちらかが壁から漏れることも頻繁に発生するので、壁はもっと厚くて強いものでなければならないという主張もできる。

北ヨーロッパ人は、テレビに出ている南ヨーロッパの政治家を見ていて、その手を振るしぐさやその他の身振りを良くないものと思う。日本人も同様に思う。「口を開けているのは、死んだ魚だけ」という日本のことわざは、「空の船ほど大騒音がする」という英語のことわざと似たものである。

(1) ユーモア、控えめな言葉、または風刺などに用心すること

ユーモアの使用が許されることに関しても、文化はそれぞれ異なっている。イギリスやアメリカにおいて著者たちがワークショップを始める際によく用いるのは、検討したい主要な点についてからかっている風刺漫画を見せるかまたは逸話を話すことである。これはいつも成功を収めている。そこで、ドイツにおいてワークショップを開催した初期の頃に一会場で、いくらか自信を持って、ヨーロッパの文化差を嘲笑する風刺漫画を見せたことがあった。笑ったものは一人も居らず、それどころか聴衆はノートを取り続け、風刺漫画を理解したというよりも一層当惑したように見えた。研修の日々を重ねるうちに、バーでは笑い声も多く聞こえるようになり、実際、そのうちに研修の最中ですら笑い声が聞こえるようになった。これは、プロフェッショナルな状況において、見知らぬ者同士ではユーモアの使用が許されないというだけのことだったのである。

イギリス人がユーモアを多用するのは、上流階級ぶった上唇の裏に抑えられた感情を開放するためである。イギリス人はまた控えめな表現をこっけいに思う。例えば、イギリス人が誰かのプレゼンテーションは「関心をなくさせる」ものであったと話していたり、または「大喜びを少し和らげたくらい」その発表を良いものと思ったと語っている場合、それは感情的な表現を**コントロールする**と同時に、一方で笑いの形で感情的開放を引き起こす方法でもある。イギリス人は、こうすることによって二通りにユーモアを使うのである。日本人の上司はイギリス人と同様に、例えば、「ご親切にもこんな取るに足らないことにわざわざご面倒をおかけすることになりまして、とても恩義を感じます」というように大げさに敬意を表することで、無能な部下を叱責する。感情表出的な言語では、この表現は「早くしろ、さもなければ……」という意味に翻訳されるものである。

この種の控えめな表現は、不運にもさりげないしゃれや冗談と共に用いられるので、外国人が通常の会話で十分上手にその国の言語を話せたとしても、外国人にはほとんどいつも意味が通じないのである。ユーモアは言語依存的であり、言葉の意味をすばやく理解することにかかっている。例えば、「She was a good cook, as cooks go, and as cooks go she went.〔彼女の料理が上手だというのは、本職の料理人と比べた場合だから、本職の料理人と比べても、彼女の料理は上手だった。〕」という英語の文章がある。この文章のこっけいさがわかるのは、「as (something) goes」という口語的表現に慣れ親しんでいて、「他のもの (something) と比較した場合」という意味だとわかっており、さらに、この文章の場合「went」という言葉が (goesという現在形でないから) 読み手を驚かす仕掛けになっていることを理解する人だけである。外国人がこのように感情の動きを開放するのは難しいだけでなく、控えめな表現が本当に目的としているものは皮肉であると理解することも難しいのである。英語や日本語は、例の如く、不明瞭な言語として見られがちである。したがって、文字どおりのことと正反対の意味を持つような表現はどんなものでも外国人のマネジャーには難しいので、使用を避けるべきである。同じ言語の者たちだけで全員が笑っていれば、外国人は自分だけがのけ者にされて、残りの者たちが楽しんでいる感情的開放を奪われたと感じるのである。

3　異文化間コミュニケーション

感情表出的および感情中立的アプローチの違いが原因で発生する文化境界を越えたコミュニケーションの問題がさまざまに存在する。ワークショップにおいて、著者たちは参加者に異文化間コミュニケーションの概念を記述するように求めることがよくある。参加者があげるのは、コミュニケーションの手段である言語、身振り・手振り・顔の表情などのボディー・ランゲージと共にメッセージやアイディアの交換のような一般的な定義である。コミュニケーションが基本的に**情報交換**であるのは当然であるが、情報には言葉、アイディア、または感情などが含まれる。次いで、情報は**意味の伝達媒体**でもある。コミュニケーションが可能になるのは、ある程度まで意味体系を共有している人々の間だけであるので、こうなるとまた、文化の基本定義に戻ることになる。

(1) 言語媒体によるコミュニケーション

西洋社会は広汎に言語表現による文化を持ち、コミュニケーションをする際に、紙、フィルム、および会話などが用いられる。西洋で最もよく売れているコンピュータ・ソフトウェアの上位二種は、ワードプロセシン

図表6.2　言語媒体によるコミュニケーション・スタイル

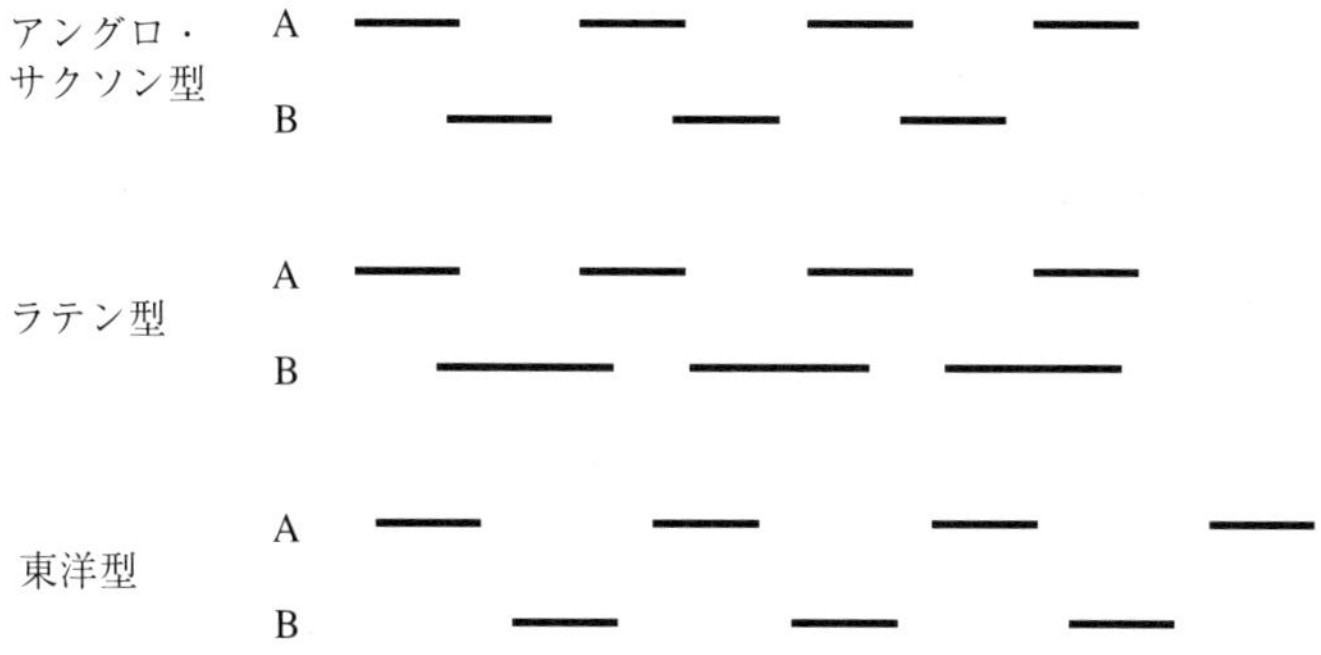

グとグラフィクスであり、これらは言語媒体によるコミュニケーションを支援するために開発されてきたものである。西洋人はしゃべるのを止めると、途端に落ち着かなくなったり、不安になったりする。西洋人は話し合いについてもまったく異なるスタイルを持っている。アングロ・サクソン型は、Aさんがしゃべり終わると、Bさんが話し始めるというものであり、途中で口を挟むのは礼儀から外れる。さらに言語に頼るラテン型は、このアングロ・サクソン型よりわずかだがまとまったスタイルであり、Aさんが話している最中にBさんは頻繁に口を挟むし、またAさんも同様にBさんが話している最中に口を挟むというものである。これは、相手が話していることにどんなに自分が興味を持っているかを示すために行われるのである。

図表6・2に示されている沈黙のコミュニケーション・パターンは、東洋の言語のものであり、西洋人をおびえさせる。沈黙の一瞬はコミュニケーションの失敗と解釈されるからである。しかし、これは西洋人の誤解である。役割を逆転すればわかるように、相手の東洋人が当人の言いたいことを言い終える時間が与えられていない場合や、または相手の東洋人が話していたことを消

図表6.3　口調

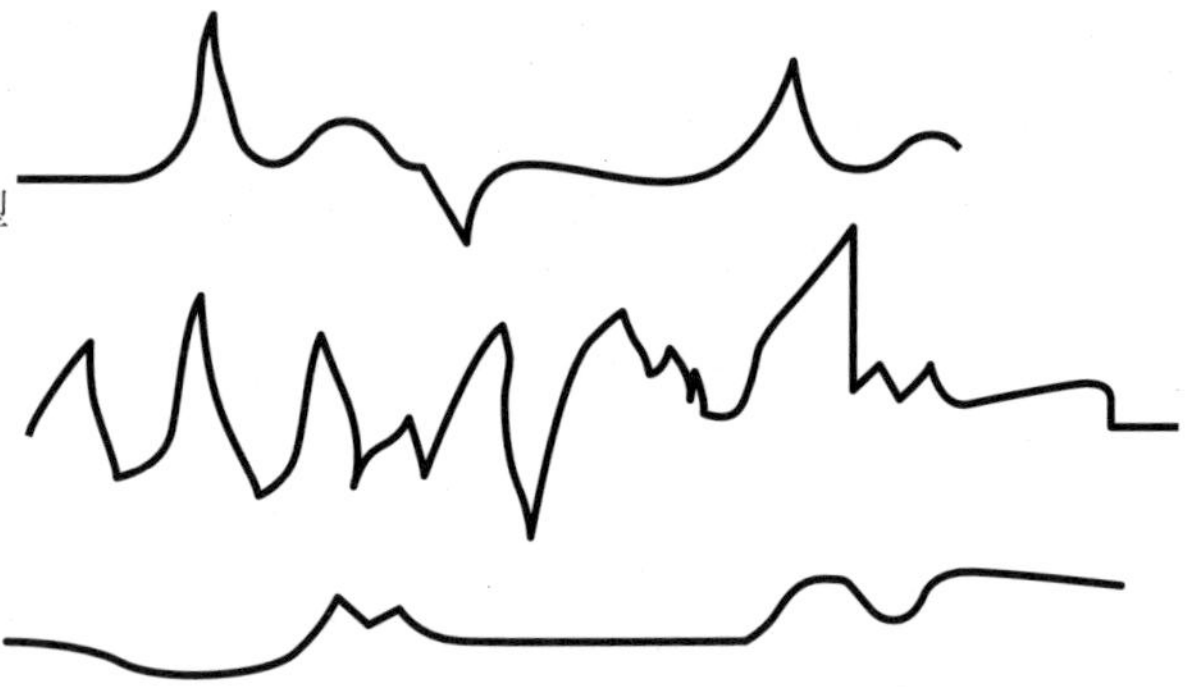

化する時間が自分に与えられてない場合、どうやって西洋人は自分の意思を明確に伝えることができるのだろうか。自分から話し始めず、情報処理に時間をかければ、相手の東洋人に対する尊敬のしるしともなる。

口調　口調が原因で、異文化に根ざす別の問題が発生する。図表6・3が示すのは、アングロ・サクソン、ラテン、および東洋の言語の典型的な口調のパターンである。感情中立的な社会のいくつかにとって、会話における口調の高低が暗に物語るのは、話し手が真剣ではないということである。ところが、ラテン系の社会のほとんどで、この「大げさな」コミュニケーション方法が意味するのは、話し手が話題に心から関心を持っているということである。東洋の社会ははるかに単調なスタイルを持つ傾向がある。それは自己抑制的であり、それによって敬意を示すのである。よく観察されることは、地位の高い人ほど、声が低くて単調に話すことである。

あるイギリス人マネジャーがナイジェリアに駐在して発見したことは、重要な問題に関して、大声で話す方がとても効果的になることであった。ナイジェリア人の部下たちは、いつもは自己抑制を効かせた上司から予期できないようなこの種の感情的爆発があると、これが彼の重大な関心事である証拠として見たからである。ナイジェリアで成功を収めた後、彼はマレーシアに配属させられた。怒鳴ることは、この国では面子をつぶすことであったから、現地の同僚たちは彼の言うことを本気に取ることはなく、その後、彼は転勤させられてしまったのである。

使用言語　言語媒体によるコミュニケーション過程の最も明白なものは、使用言語である。リズム、ペース、またはユーモアに関わらず、この点は考慮される必要がある。英語圏の国々は、自分たちの言語を三億人以上の人が理解するという圧倒的な利点を持っている。しかし、よく知られているように、イギリス人とアメリカ人ですら一つの共通言語を別々に用いており、脈絡を変えてまったく違ったように使用しているし、また、一つ一つの言葉の意味が大きく違っていることもある。英語を母国語とする者はまた大きな欠点にも直面する。それは、英語以外の外国語を修得して話せるようになるのがとても困難だということである。英語以外の言語を話す国民は、自分たちがあきらめて英語に切り替えて話をするまで、英語圏の者に何度も繰り返して自分たちの言葉を発音させるからである。外国語で自分自身を表現することは、異文化を理解するための十分条件でないにしても、必要条件である。

(2) 非言語媒体によるコミュニケーション

コミュニケーションの少なくとも七五%が非言語媒体によるという調査結果がある。これは、すべての文化の中でも、言語によるコミュニケーションを最も重視する諸文化を対象に調査した結果得られた下限の数字である。西洋社会において、視線を合わせる**アイ・コンタクト**は興味を確認するために重要である。しかし、その程度は社会ごとにはっきり異なっている。ペンシルバニア大学ウォートン・スクールへイタリア人の客員教授が来て、驚いたのは、学生の多くが彼に挨拶をすることであった。表現力に富むイタリア的性格から、同氏は実際に学生の一人を捕まえて、自分が誰か本当に知っているかどうかをこの学生に尋ねた。学生は恐る恐る知らないと答えたのであった。「それでは、なぜ私に挨拶したのか」と同氏が尋ねると、「先生が私のことを知っているような目つきをしていたからです」と学生は答えたのであった。この客員教授は、アメリカにおいて知らない者同士間でのアイ・コンタクトがほんのわずかな瞬間だけ続くことになっていると悟ったのである。

著者たちが運営する異文化マネジメント訓練機関で働く同僚のレオネル・ブリュー氏は、キュラソー（カリブ海にあるオランダ領の島）とスリナム（南米にある旧オランダ領）の両地で育った人物である。少年の頃に、彼がアイ・コンタクトを避けようとしたところ、（ある文化ではボディー・ランゲージがとても効果的なので）キュラソー人の祖母は彼の頬をたたいて、「私の顔を見て話をしなさい」と叱ったという話をしてくれたことがある。キュラソーにおいて、老人に対する尊敬にはアイ・コンタクトも含まれるのである。レオネルは素早くこのことを学び取り、スリナムに行った時に、尊敬の念を示すためにスリナム人の祖母の顔をじっと見つめたところ、この祖母もまた彼をたたいたのである。スリナムでは、子供が尊敬の念を示す場合、アイ・コンタクトをしないのが当たり前だったからである。

他人の体に**触れること**、自分と他人の間で保たれるのが普通になっている**距離空間**、そして**プライバシー**に関する仮定などはすべて、感情表出的な文化または感情中立的な文化の程度の違いを表すものである。例えば、アラブ人の女性がバスから降りる時に、親切心から助けようとしても、相手の手や体に触れてはならない。間違えたならば、その結果、契約を失うことになるかもしれないからである。

4　感情中立的文化と感情表出的文化の調和

過度に感情中立的や感情表出的な文化は、お互いにビジネスをする際に問題を起こす。感情中立的な人は心のない氷のように冷たい人だと容易に非難されるからである。また、感情表出的な人はコントロールの効かない一貫性のない人として見られるからである。このような文化が出会う場合、最も重要な点はお互いの違いを認識することであり、次いで感情や無感情に基づいて判断をしないようにすることである。

うわべは正反対の価値観が切り離される時に起きることを理解すれば、調和の力を見せられるようになる。すなわち、「感情中立的な」ブレーキなしで表出される感情は、コントロールできない「ノイローゼ」にほとんど等しいし、過度に感情中立的な人は冷凍人間になって、感情を表出しないがために心臓発作を起こして死ぬかもしれない。

昔からある木製のローラー・コースターに乗ることは、ほぼ一〇〇年間にわたって遊園地の主要なアトラクションであった。ここ一〇年来、興行主たちは「手に汗握るホワイト・ナックル・ライド」でさらに大きなスリルを与えようとして来た。このような乗り物の工作技術が設計技師に要求しているのは、連続的な加速とひねり回転が含まれた設計であり、それは次のスリルが来る前に一息ついて回復するのがやっとなぐらい乗客を興奮させるものである。西洋人の恐い物好きの乗客は、金切り声をあげたり、自分たちの腕を振ったりして、この経験が意図している興奮に参加するのである。

最新のエレクトロニクスや安全対策に支えられて、このホワイト・ナックル・ライドは今やビッグ・ビジネスになったので、アメリカやヨーロッパの専門製造業者が自社の設計提案を輸出したがっていた。カリフォルニアのある会社は、日本で自社のローラー・コースターをいくつか設置していた。安全性が十分に証明された設計であったにもかかわらず、日本に設置された乗り物の乗客が頭にけがをするという事故がずっと続いていた。観察から明らかになったのは、西洋人がもっと背筋を伸ばして、腕を振れる姿勢を取るのに対して、日本人の乗客は半分お辞儀したような姿勢で自分たちの頭を低くしたままか、または前方に突き出したままでいることが多かったので、体を押さえておくように設計された棒状の安全装置に自分たちの頭をぶつけていたのであった。その結果、娯楽用乗り物の安全性に関する日本の法律は、設計変更による解決案を日本人の相対的な感情中立性に配慮する程度まで要求しているので、頭のけがを防ぐために費用のかさむ改造が必要となったのである。日本人の感情中立性とは、当たり前のことであるが、スリルを経験することが日本人にはまったくないという意味ではない。日本人は単に頭を低くすることによって感情をコントロールしようとしているだけなのである。

5　自己点検用テスト

以下の質問を考えてみて下さい。

ある会議で、あなたが行った提案は常軌を逸脱したものだと取引先から言われたので、大変に侮辱されたと感じている。そこで、あなたの反応は、以下のどれでしょうか。

一　取引先の言葉に自分の心が傷つけられ、侮辱されたという感情をおくびにも見せない。そうすれば自分の弱みとして見られて、将来もっと自分の立場を悪くするからである。

二　取引先の言葉に自分が傷つけられたという感情をおくびにも見せない。そうすれば取引関係を駄目にするからである。今はこのようにしておいて、後になってから取引先にどんなに傷つけられたかを話せるようになれば、当時の自分の感情をわかってもらえるかもしれない。自分の感情を見せるのは、どちらかといえば、取引先がわれわれのビジネス関係をより良いものにするチャンスを持っている時である。

三　取引先にメッセージが伝わるように、侮辱されたという自分の感情を明確に見せる。自分がメッセージを明確に伝えられるようになれば、将来一層大きな感情の乱れがあった場合、自分でそれをコントロールできるようになると思うからである。

四　取引先にメッセージが伝わるように、侮辱されたという自分の感情を明確に見せる。取引先が行儀よく振る舞えない場合、それから生ずる重大な結果の責任を負うのは取引先の方だからである。

回答者は自分が最も好む回答に1の数字を、次に好むものに2の数字を記入して下さい。同様に、職場の最も親しい同僚が好むと思う回答に1の数字、次に好むものに2の数字を記入して下さい。

ちなみに、回答一は感情中立性を好み、感情表出に反対するものである。回答四が明らかに示しているのは、感情的爆発が取引関係にどのような結果をもたらそうとも、感情を突然に爆発させることを好むものである。また、回答二は将来において感情をもっと効果的に見せるために、感情中立的な出発点を支持するものである。回答三は将来の感情的な相互関係を安定させるために、感情表出的な出発点から始めるものである。

6　感情中立的文化および感情表出的文化でビジネスをするための実際的な秘訣

(1) 文化差を認識すること

感情中立的文化

一　自分の考えていることや感じていることを表に出さない。
二　顔の表情や体の姿勢で緊張感を（思いがけずに）表に出すこともある。
三　押さえられてきた感情が時たま爆発することもある。
四　冷静で沈着な振る舞いが尊敬される。
五　体に触れること、ジェスチャー、または顔の表情を強く出すことなどは、タブーであることが多々ある。
六　演説は単調に読み上げられる。

感情表出的文化

一　自分の考えや感情を言語媒体と共に非言語媒体を用いて表に出す。
二　感情を包み隠さずに表現することが緊張を緩和する。
三　感情は容易に、情緒豊かに、激しく、そして何の抑制もなくほとばしる。

四　熱のこもった、活気にあふれた、生き生きとした表現が尊敬される。
五　体に触れること、ジェスチャー、または顔の表情を強く出すことなどは、普通のことである。
六　演説は流暢にまた印象に残るように熱弁を振うものである。

(2) ビジネスをする場合の秘訣

感情中立者とビジネスをする場合（感情表出者用）

一　会議や交渉の途中で休憩を求めることである。無表情の相手とポーカーゲームをしている途中で、お互いに関係修復をしたりして、休めるからである。
二　できるだけ多くのことを事前に書類にしておくことである。
三　相手側の発言に感情がこもっていないからといって、相手が関心を持っていないとか、退屈しているということではない。ただ自分たちの手の内を明かしたくないだけなのである。
四　交渉は全体として、検討している対象、すなわち提案に焦点を置いており、交渉相手の個々人に対する関心はそれほどないのが典型的である。

感情表出者とビジネスをする場合（感情中立者用）

一　相手側が派手に場面を作り出し、わざとらしい演技をし始めた場合、自分のいつもの調子を忘れてはいけない。冷静になって熟考し、厳しく状況判断をするために休憩することである。
二　相手側が好意を表明している場合、暖かく返答することである。
三　相手側の熱意、容易な賛同、または猛反対などは、相手側がすでに腹を決めてしまっているということではない。

四　交渉は全体として、交渉相手の個々人に対する関心に焦点を置いており、検討している対象、すなわち提案に対する関心はそれほどないのが典型的である。

(3) 管理する場合および管理される場合

感情中立者

一　暖かな、表現に富む、または熱狂的な行動を避ける。これらの行動は自分の感情をコントロールできないからだと解釈して、高い地位に矛盾すると思われるからである。

二　広汎に事前の準備をした場合、「ポイントから外れない」ようにするのが容易になるので、検討している議題の感情中立性を保てる。

三　相手の人が喜んだり怒ったりする場合のちょっとした合図を探す。そして、そのような合図が重要だという認識を高める。

感情表出者

一　客観的だとか、曖昧だとか、冷淡な振る舞いを避ける。これは軽蔑、嫌悪、および社会的距離のような否定的評価として解釈されるから、「ファミリー」からこのようなものを締め出すのである。

二　誰の仕事やエネルギーや熱意が、どのプロジェクトにつぎ込まれたかを発見した場合、粘り強くがんばった人を評価することが多い。

三　脅威に思ったり、強制されることなく、「過度」の激情に耐え忍ぶ。そして、激情を和らげる。

第7章 関与する程度

他の人々と付き合う際に自分の感情を表に出すかどうかということと密接に関連するのは、他者と関わる場合、生活の**特定**領域と共にパーソナリティの単一レベルで行うか、または**拡散的に**生活の複数領域と共にパーソナリティの複数レベルで同時に行うかという程度差である。

1　関与特定的文化対関与拡散的文化

関与特定的志向の文化において、マネジャーは部下との仕事上での関係を切り離して、他の付き合いからこれを**分離**する。例えば、あるマネジャーが集積回路の販売の監督にあたっているとしよう。彼が自分の下にいるセールスマンの一人とバーだとか、ゴルフコース上だとか、休暇中だとか、または地元の日曜大工関連商品（DIY）ストアだとかで、たまたま出会った場合、彼の持つ職務権限がこれらの場における関係に拡散することはほとんどないだろう。実際、マネジャーは、もっと上手な日曜大工としてそのセールスマンの言うことに従ってみたり、ゴルフが上達するためのアドバイスを求めるかもしれない。マネジャーと部下のセールスマンの二人は、それぞれが分離している領域を持っており、お互いに出会った領域はそれらがたまたま重なったものとして考えられる**関与特定的な**ケースなのである。

しかし、いくつかの国々では、あらゆる生活空間とパーソナリティのあらゆるレベルが他のすべてにまで浸透する傾向がある。例えば、フランスのご重役殿（Monsieur le directeur）などは、どこで出会っても、身のすくむような権威者である。会社経営を担っている場合でも、高級フランス料理に関する自分の意見の方が部下の意見よりも良いに決まっていると皆から思われたがるのが一般的である。重役であることが、衣服の好みの良さや市民としての価値観などのすべてにまで染み渡っており、また通りを歩いていても、社交クラブや商店の中にいても、自分を知る人たちから尊敬されたいと多分思っているに違いない。評判が常に生活の他の領域にまで、ある程度まで漏れるのは当然のことである。この程度こそが、特定性（小）対拡散性（大）として測定されるものである。

クルト・レビンというドイツ系アメリカ人の心理学者は、パーソナリティを一連の同心円を使って、「生活空間」として、またはその間に存在する「パーソナリティ・レベル」として表した。[1] 最も個人的でプライベートな空間は、円の中央近くに存在する。他者と共有される最も公共的な空間は、外周に存在する。アメリカへ亡命したドイツ系ユダヤ人学者だったので、レビンはUタイプ（アメリカ人）生活空間をGタイプ（ドイツ人）生活空間と比較対照することができた。これらは次ページの図表7・1として示されている。

レビンのパーソナリティ同心円図が示しているのは、アメリカ人がUタイプの円において、プライベートな空間よりずっと大きな公共のための空間を持っており、また円それ自体が多くの特定目的を持った区画に分け

図表7.1　レビンのパーソナリティ同心円図（著者たちによる翻案）

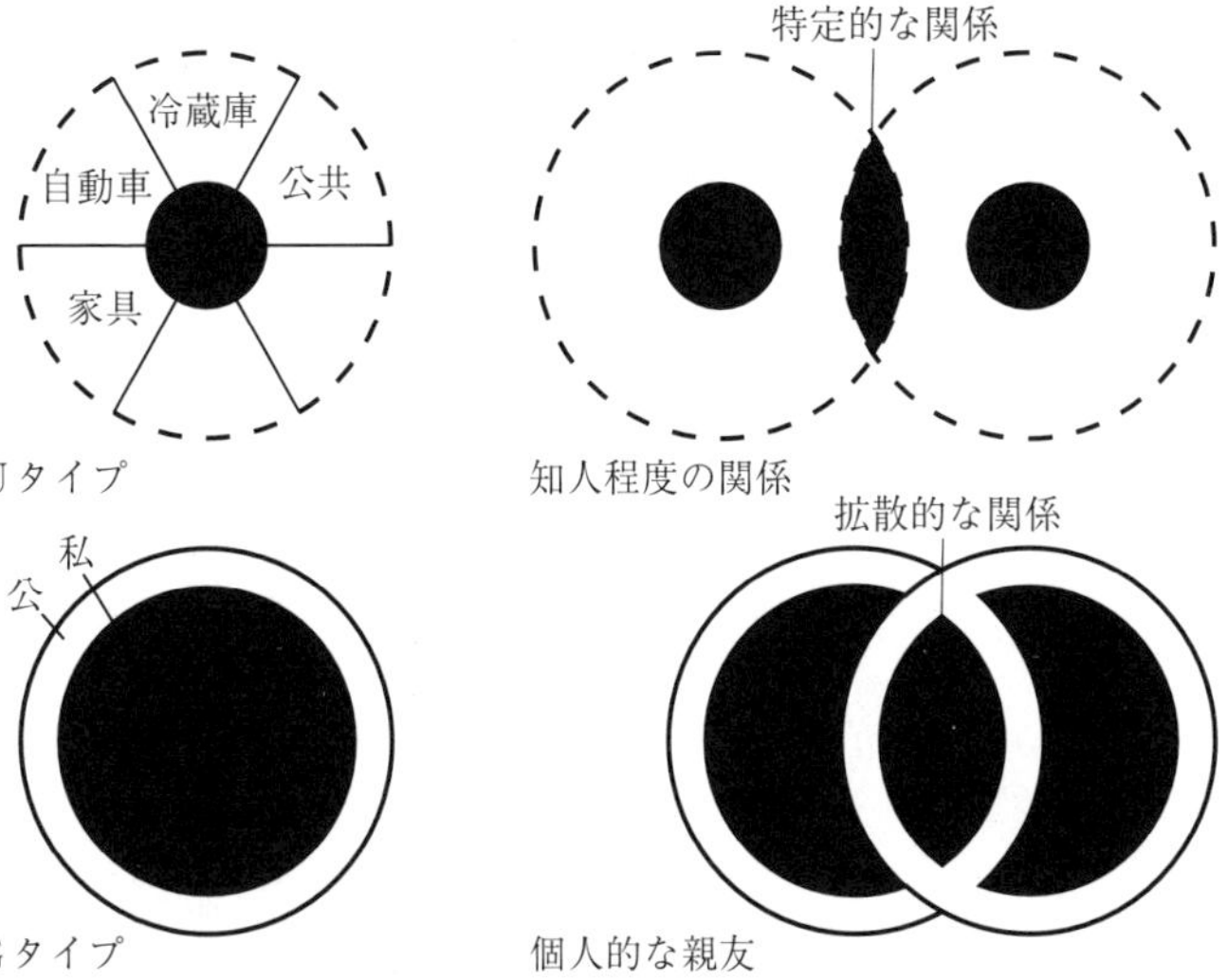

られていることである。アメリカ人は、職場で、ボーリング同好クラブで、PTAで、相互扶助を目的とした団体で、コンピュータ・ネットワークに不法に侵入するハッカー仲間の間で、そして海外戦役経験軍人会などのそれぞれにおいて地位と名声を持つことができる。これらの生活空間のどれかに入ってくる仲間が、必ずしも自分の親友だとか生涯の友であるとは限らない。テーマがコンピュータとかボーリングでなければ、彼らは遠慮なしに訪れて来ないからである。アメリカ人のパーソナリティが（図では点線で示されているように）とても親しみやすくて近づきやすいという理由の一つは、公共のための空間にある公共用の区画に他人が立ち入ることが、それほど大きなコミットメントと思われないからである。他人を「知っている」のは、限定された目的のためだからである。

これをGタイプの円と比較してみよう。この円において、生活空間への接近は太線で守られており、立ち入ることが難しいので、相手の許可を必要とする。公共のための空間が比較すると小さいからである。プライベートな空間は大きくて**拡散的**であり、友人が一度立ち入りを認められた場合、プライベートな空間の全領域かまたはほとんどすべての領域に招き入れてもらえる。その上に、自分の地位や名声は、空間を越えてプライベートな空間にまで及んで来る。ミューラー博士は、大学にいても、肉屋に行っても、自動車修理工場に行っても、ミューラー博士である。その妻もまた、市場に行っても、地元の学校に行っても、どこに出かけてもミューラー博士夫人なのである。彼女は拡散的に夫とだけでなく、夫の職業や肩書きとも結び付けられているのである。これと対照的に、アメリカにおいてイギリス人共著者は卒業式後のレセプションで、ハムデン-ターナー博士として紹介されたが、ほとんど同じ人たちと同席する結果になった数時間後に開かれたパーティでは、単にチャールズ・ハムデン-ターナーとして紹介されるようになった。その席では、「私のとても良く知っているお友達のチャールズ……（お名字は何でしたかしら）をご紹介しますわ」と紹介されたこともあったぐらいである。アメリカにおいて、肩書きは、**特定**の場における**特定**の職業を示す**特定**のラベルに過ぎないのである。

このような理由のすべてから、アメリカ人はドイツ人が非常に違っており、よく知り合うのが難しいと思うことがある。ドイツ人はアメリカ人をほがらかで、おしゃべりだが、みかけばかりで中身がなく、アメリカ人の心に存在する公共のための生活空間にある角の方にドイツ人を招き入れて、周辺的な存在として見下していると思うこともある。

「生活空間」の間にある境界や障壁には、また物理的な次元も存在する。オランダ人共著者が思い出すのは、ペンシルバニア州フィラデルフィア市にあるウォートン・スクールに大学院生として着いた頃のことである。

ビルという名の新しくできたアメリカ人の友人は、オランダ人共著者の引っ越しを助けるために寮から走って出てきた。暑い夏の日に一生懸命に手伝ってくれたお礼に、ビールでも飲んで、しばらく休んでいって欲しいと話した。それから、自分の手を洗いに行き、冷蔵庫からビールを出してビルのところに戻ったところ、その必要はまったくなく、ビルはすでに冷蔵庫を開けていて、一人で勝手にビールを飲んでいたのである。ビルにとって、冷蔵庫はオランダ人共著者が持っている公共のための空間に属するものであり、その中にビルを招き入れたからであった。ところが、オランダ人共著者や同国人のほとんどにとって、冷蔵庫は明らかにプライベートな空間に属するものであった。数日後に、オランダ人共著者は、似たような出来事で驚かされることになった。町の端から端までを横切るような交通手段の有無について尋ねていたところ、デニースという名の同級生が自分の自動車の鍵を投げてよこして、用事が終わってから彼女に電話するようにと言って、その場を立ち去ったのである。オランダ人共著者には信じられないことであった。彼にとって、自動車は間違いなくプライベートな空間に属するものである。ドイツ人の知り合いが持っているメルセデス・ベンツを借りようと試したことが一度でもあれば、この話にうなずかれることでしょう。

アメリカでは、人々が比較的に移動しやすいので、家具、自動車などは公共のためのものに準ずるのである。引越をする人たちは「ガレージ・セール」を開催して、近所や道行く人が見るだけでなく買うように、庭にいくつも出したテーブルの上に個人的な品物まで並べるのである。アメリカ人は性に関する個人的体験にもオープンなことがある。お酒のふるまわれるパーティで、性をめぐる夫婦間の不一致について、まったくの赤の他人から告白を受けながら、存分にもてなされることも希ではない。浮気の冒険談が頂点に達するまでに、告白している当人は聞き手になっている人の名をとっくに忘れてしまっているのではなかろうかという疑念すら抱かれる始末である。ジュールズ・ファイファーが描くアメリカの風刺漫画は、バーナード・マージェンデイラーという主人公らしくない主人公を使って読者に向かって、この点を説明させている。[2]

「**驚くようなすばらしい**娘と出会った。友達の皆や職場の同僚にも話したし、街を歩いている赤の他人のところにまで行って、彼女のことを話したぐらいだ。彼女のことを話したのは、ほとんど**全員**なのだが、当の本人を除いただけだ。どうしてかって。惚れている弱みがわかれば、彼女の立場が強くなるからだよ」。

明らかにこの主人公が持つ公共のための空間は、彼のプライベートな空間を圧倒するものである。主人公は最初に告白しており、次にコミュニケーションを避けているからである。

フランスやドイツにおける状況は、まったく異なったものである。フランス人が持つ大きなプライベートな空間の重要性を正しく評価するためには、高い塀とよろい戸のついた窓に気づくだけで十分である。フランス人の家庭に夕食に招かれた場合、招待はもてなしが行われる部屋部屋にまで延長されるものである。だからと言って、招待客が家中をさまよい始めた場合、招いた人の感情を害することもある。例えば、招待者の奥方が自分の書斎に行って話題にのぼっていた本を探していたところへ、客がその後をついて書斎に入っていくと、奥方のプライベートな領域に不法侵入したと思われることもある。

同心円モデルは単に心の中に存在するだけでなく、実際に生活している空間にも適用されているのである。

関与特定性と関与拡散性という概念は、MCC社本社で報告されていた、ジョンソン氏（アメリカ人）、ベルグマン氏（オランダ人）、そしてジアリとパウリの両氏（イタリア人）間での論争を理解する助けになる。

ジョンソン氏とベルグマン氏の両人は、感情表出の許容レベルでは一致していない（ジョンソン氏の方が感情表出的である）けれども、理性を感情から分離することについては**一致している**。アメリカ人とオランダ人が共に信じているのは、理性的になる場合でも、また感情表出的になる場合でも、それぞれに特定の時、場所、および空間が存在するということである。彼らが混乱させられ、狼狽させられたのは、イタリア人の両氏が重大で、プロフェッショナルな問題に関する会議の最中に「むかっ腹を立てる」ようなことをしたからである。

話を続けてみよう。

本社からの代表として、ジョンソン氏は会議で進展したことに責任を痛感していた。ジョンソン氏には、イタリア人両氏の行動が奇妙なものに思えたのである。ベルグマン氏は新報酬体系の一貫性に関する重要な一側面を議論したかっただけなのに、イタリア人両氏はベルグマン氏の論点を説明する機会すら同氏に与えなかったからである。その上に、イタリア人両氏は自ら中身のある議論を提起することを拒否していた。

ジョンソン氏はジアリ氏の部屋に入り、「パオロ、一体どうしたんだね。ベルグマン氏の発言をあまりにも深刻に受け止めてはだめだよ。単なるビジネスをめぐる議論に過ぎないのだからね」と話した。

「単なるビジネスをめぐる議論に過ぎないだと。ベルグマンの発言は、ビジネスをめぐる議論とはまったく無関係だ。あれはオランダ人がわれわれイタリア人を攻撃する際の典型的なやり方だ。われわれにはわれわれなりに効果を出すやり方があるのに、あいつはわれわれを気違い呼ばわりした」と激怒を隠さずにジアリ氏はまくしたてた。

「そうは聞こえなかったよ。ベルグマンは、あなた方が提案したグループ・ボーナスというアイディアが気違いじみたものだと言っただけだよ。ベルグマンをよく知っているから言えるのだけれども、彼にはあなた方のことを指してあのように言う意図はなかったと思うよ」とジョンソン氏は話した。

「それがもし本当ならば、なぜあいつは無礼に振る舞っているのだ」とジアリ氏は口答えした。

ジョンソン氏はこの時点になってようやく、どんなにイタリア人の同僚たちの感情が深く傷つけられていたかに気がついたのである。ジョンソン氏はベルグマン氏のところに戻り、二人だけになって、ジアリ氏と交わしたばかりの会話について彼と話した。「感情を傷つけられたって。あいつらこそプロフェッショナルな議論に対応するために自己抑制することだ。どういう理由であいつらがあんなに短気になるのか、まったく理解に苦しむ。あいつらだってこの案件に関して我社が広汎な調査をすでに行ったことを知っているくせに、この始末だ。あいつらに最初からじっくりと聞かせてやることだ。このラテン系のやつらたちは決して事実に関わりたくないと思っている連中だということを覚えておかなければだめだ」とベルグマン氏は語った。

イタリア人の反応は、個人ボーナスとまったく異なるグループ・ボーナスに関する彼らの感情、自分たちのセールスマンと顧客に対する彼らの共感、および彼らの提案などが、**関与拡散的な一つのまとまり**になっていることを理解すれば、まったく自然に理解できるものである。イタリア人の「アイディア」を気違いじみたものだと言うことは、**彼ら**を気違い扱いすると共に、支社にいるイタリア人同僚が持つ文化的見解を彼らが代表する能力についても疑うことだからである。だから、彼らの感情は深く傷つけられたのである。彼らのアイディアは彼ら自身から分離されたものではないのである。彼らが「アイディアを思いつき」、またそのアイディアが「イタリア的思考」を代表する場合、提案は彼らの個人的名誉の延長なのである。

図表7.2　危険領域：関与特定性と関与拡散性の遭遇

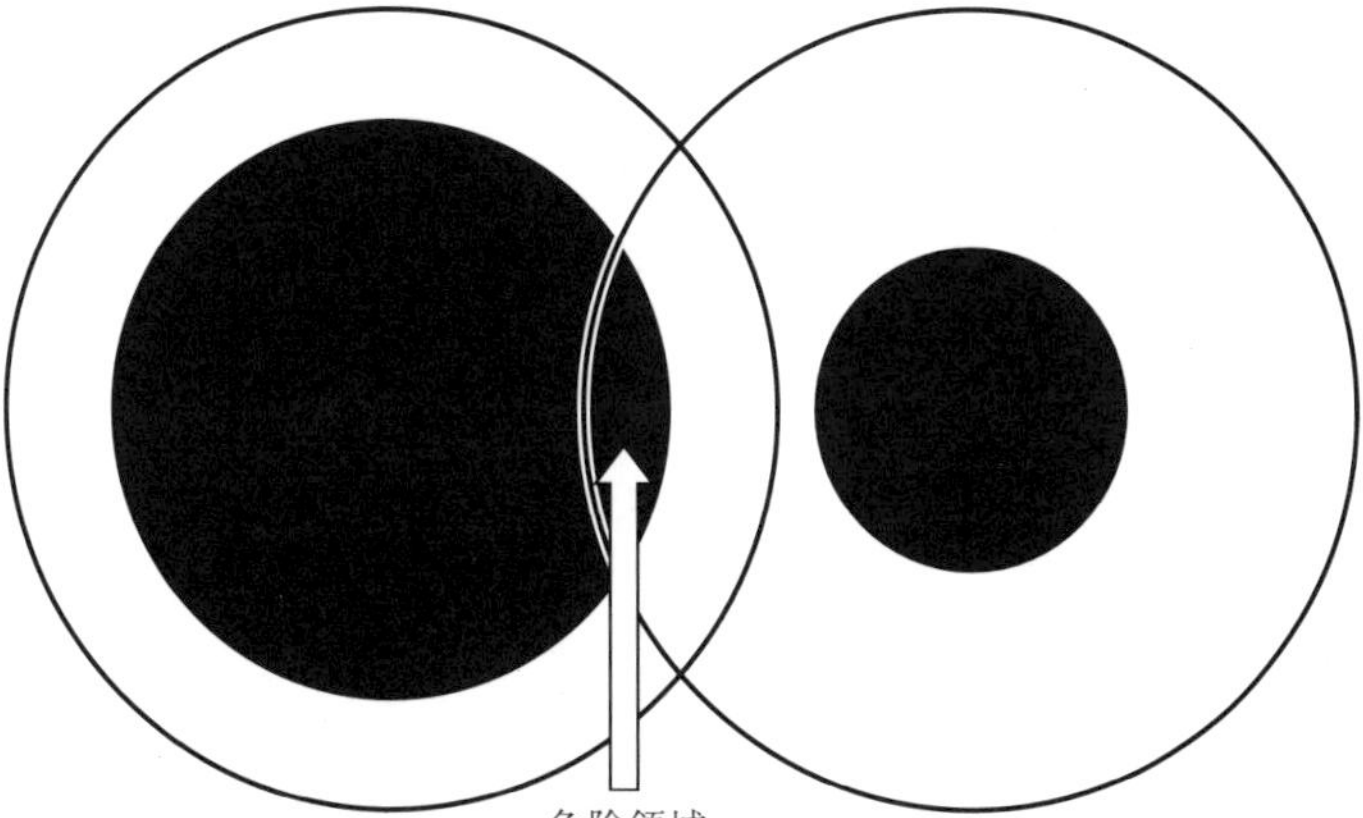

　Uタイプと Gタイプ間の重複部分に関する一つの問題は、Gタイプが非常に個人的なものとして見るものをUタイプは非個人的なものとして見ることである。グループ・ボーナスの効果に関するイタリア人の見解は、彼らが持つプライベートな空間についての関与拡散的な感覚と結び付いている。したがって、彼らの見解は、自分たちのプライベートな自己から離れた領域で起きている「単なるビジネスをめぐる議論」ではなく、感情も思考力も持つイタリア人になるための方法に触れる議論なのである。快楽と苦痛、受容と拒否などは関与拡散的なシステムにおいて幅広く、細かに区分されている。したがって、イタリア人マネジャーたちを「気違いじみたアイディアの発案者」として批判すれば、彼らが頼るシステム全体に深い影響を与えることになる。アメリカ人たちがドイツ人か、フランス人か、またはイタリア人の同僚を一人だけ自分たちの心に存在する公共のための空間にある一区画に「招き入れて」、自分たちのしきたりとなっている開放性と親しみやすさを見せると、その人はアメ

リカ人たちがプライベートな空間を拡散的に開放することを許したと勘違いして思い込むかもしれない。その結果、ドイツ人、フランス人、またはイタリア人同僚たちは、アメリカ人がすべての生活空間において同等の友情を示すように期待するので、アメリカ人が彼らに何の連絡もせずに彼らの住む町を訪れることがあれば、感情が傷つけられるのである。彼らはまたプロフェッショナルとしての批判にも感情が傷つけられる。その理由は、このような批判を親友による攻撃として受け取るからである。また、彼らが感情を傷つけられるのは、仲間内での尊敬が増大しない場合である。

(1) 面子を失うこと

関与特定的な文化は、プライバシーに関する領域が小さい上に、明確に公共のための生活と分離しているので、歯に絹を着せずに話をする自由がかなりある。「このことはあなた個人について、とやかく言っているなどと受け取らないでね」という表現はよく耳にするものである。関与拡散的な人たちとの関係において、このようなアプローチは侮辱になる。アメリカ人とオランダ人のマネジャーたちはとりわけ、自分たちと正反対の関与拡散的な同僚たちをいとも簡単に侮辱している自分に気づくことがある（ジョンソン氏がイタリア人とものめた上記の問題を参照されたい）。これはアメリカ人やオランダ人が面子を失うという原則を理解していないからである。面子が失われるのは、プライベートなことと思われていることが公にされる時に生じる。関与拡散的な文化では、面子を失わないようにすることが重要だからこそ、肝心の点に到達するために非常に多くの時間をかけるのである。そして、プライベートな敵対関係を避ける必要があるのは、関係者がものごとを個人的なこととして受け止めることが不可避だからである。オランダ人共著者は、ワークショップを終えた後に、オランダ人参加者だけにはコースについての批判を求めないようにしている。機銃掃射に遭ったのと同じような経験をしたことがあるからである。しかし、オランダ人参加者は後になってから、主催団体に次のワークショップ開催予定日を問い合わせて来る傾向がある。対照的に、イギリス人とフランス人のマネジャーたちは、肯定的な祝辞を並べた脈絡であたりさわりのない提案をいくつかするのだが、二度と連絡をして来ないのである。

国際的に名声のある大学で、オランダ人共著者は教壇に立って教えたことがある。教え子の一人にガーナ人の学生がおり、彼が提出したレポートを採点したところ、一〇点中四点以上の評価を与えられず、不合格にした。全員の成績が掲示板に貼り出された。この学生は自分の取った悪い成績には納得したけれども、この掲示は自分に対する公然の侮辱であり、尊敬を集めている教授がこのような悪態をさらすことは自分には信じられないことだと語ったのである。そこでオランダ人共著者が行ったことは、掲示板にはＩ（Incomplete履修未了）の表示を出して、成績管理システムに本当の成績を入れたのであった。

⑵国別の違い

関与特定性と関与拡散性という表題の下には、国別の違いが明白に存在する。その範囲は、次のような状況に対する反応が十分に示している。

上司が部下に自宅のペンキ塗りを手伝ってくれるように依頼した。頼まれた部下は、そんなことをする気にもならないので、同僚の一人とこの件を相談した。

A　相談を受けた同僚が話したのは、「手伝いたくなければ、ペンキ塗りを手伝う必要はないよ。上司は職場だけのことだ。会社の外では何の権限もないよ」というものであった。

B　相談を持ち掛けた部下が話したのは、「その気にならないのは事実だが、ペンキ塗りを手伝うことにするよ。あの人は上司だし、職場外のことだと言っても、そのことを無視できないよ」というものであった。

関与特定的な社会において、仕事とプライベートな生活は明確に分離されており、マネジャーたちは手伝いをする気など毛頭もない。オランダ人回答者の一人が観察に基づいて言っているように、「家のペンキ塗りは団体労働協約に含まれていない」のである。図表7・3が示すのは、家のペンキ塗りを手伝わないと回答したマネジャーの比率であり、約八〇%以上の比率があるのは、イギリス、アメリカ、スイス、および北欧のほとんどの国々である。日本のマネジャーたちの七一%は、同様にペンキ塗りなど手伝わないと回答しているが、関与拡散的なアジア社会の中国やネパールおよびアフリカ社会のナイジェリアやブルキナ・ファソにおいて、大多数がペンキ塗りを手伝うと回答している。(日本人の評点に驚かされたので、日本人回答者の何人かを再インタビューしたところ、日本では家にペンキ塗りなどすることがないという事実におそらく関係しているのではなかろうかという答えを得た。この結果は、著者たちが集めた実証データの持つ相対性を物語るものである)。国別の違いの範囲は、第3章や第4章で見られた基本的な文化境界と比較すると、それほど急勾配に傾斜がついているわけでもないが、それにもかかわらず国別の違いの範囲こそが、明らかに深層にあり潜在的になっている異文化理解不可能の原因である。

図表7.3　上司の家のペンキ塗り

数値は，上司の家のペンキ塗りを手伝わないという回答をした回答者数の百分率である。

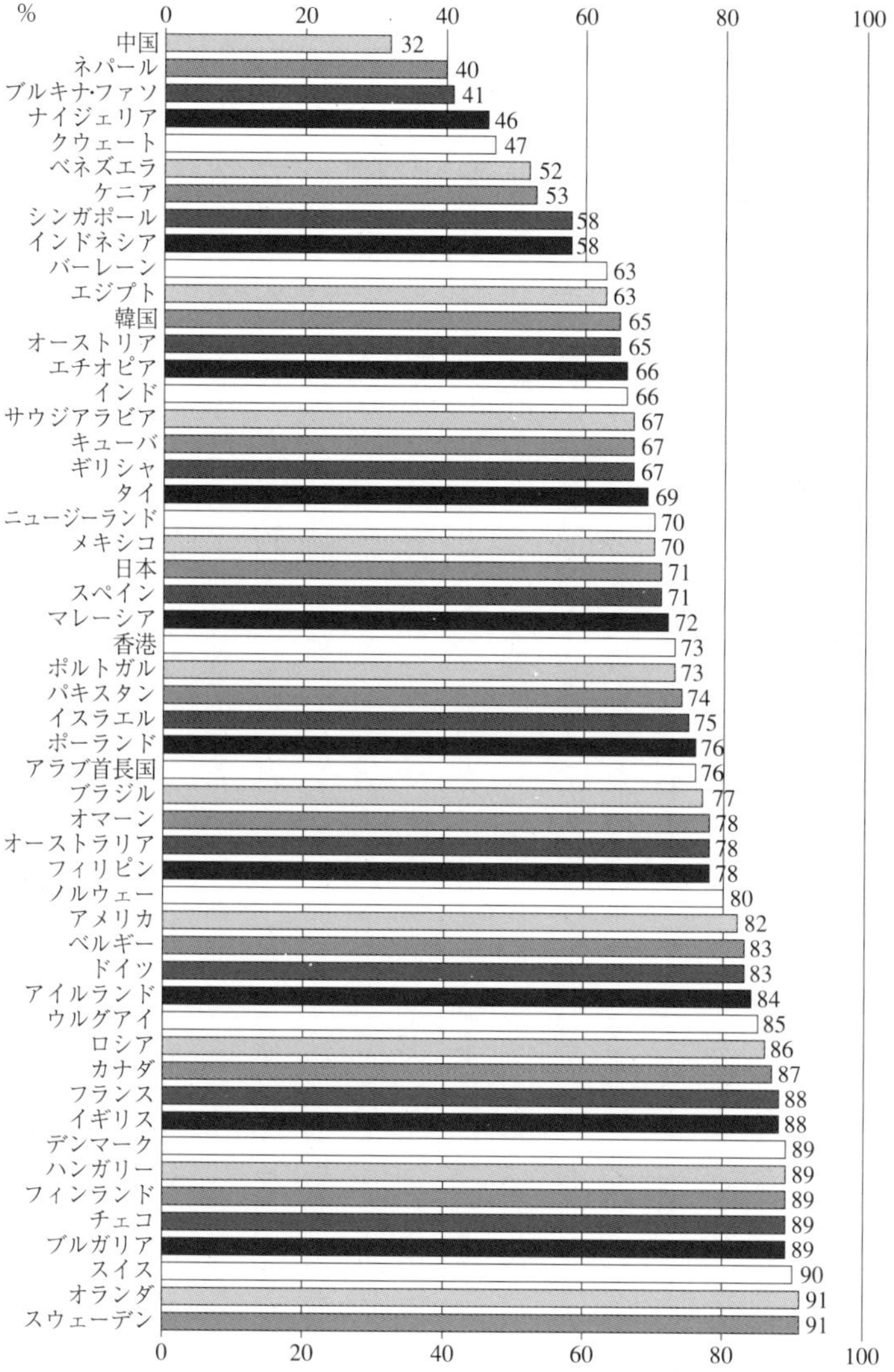

2　関与特定的―関与拡散的な文化境界での交渉

自文化よりもさらに関与拡散的な文化とビジネスをすると、多くの時間を無駄にしているように感じることがある。いくつかの国は、家庭生活からかけ離れて存在する「商売」とか「仕事」と呼ばれる精神的区分の一つでビジネスをすることを拒否するからである。関与拡散的な文化では、あらゆることがすべて結び付いているから、取引先はその相手の出身校、友人関係、人生、政治、芸術、文学、および音楽に関する知識まで知りたがるのである。このような詮索が決して「時間の無駄」でないのは、上記のような好みが取引相手の性格を明らかにして、友情を形成するきっかけを作るからであり、まただまされるようなことをほとんど不可能にするからである。アルゼンチンの顧客との契約をめぐって、技術的に優れた製品を売り込んでいたアメリカ企業をスウェーデン企業が打ち負かしたという第1章にあった例のように、関与拡散的な文化では関係構築を行う先行投資は、取引以上かまたは、取引と同じぐらいに重要なことである。スウェーデン人たちは売り込み旅行に一週間全部をつぎ込み、その初めの五日間はまったくビジネスと無関係なことに費やした。彼らは、ただ顧客が持つ関与拡散的な生活空間を共有しただけであり、それは共通の関心事について話をするということであった。「プライベートな空間」との関係が確立された**後になって**初めて、アルゼンチン人たちは喜んでビジネスについて話すようになったのである。それでも、一つだけでなく、いくつもの生活空間を含んだ話をしなければならなかったのである。対照的に、アメリカ人たちは商談にたった二日をつぎ込んだだけだったので、自分たちの製品の方が優れていて、出来の良いプレゼンテーションをしたとわかっていたのだが、契約を断られてしまったのである。

図表7.4　周辺を回るか，または肝心の点にまっすぐに進むか

関与拡散的，
すなわち高コンテクスト文化
（一般的なことから始まり，
特定的なことへ進む。）

関与特定的，
すなわち低コンテクスト文化
（特定的なことから始まり，
一般的なことへ進む。）

これは実は優先順位の問題である。まず、関与特定的であり、また感情中立的な提案をすることから接触を始めて、後になってからこの提案に取引相手が関心を持ったかどうかを調べるというやり方がある。または、自分が持つ複数の生活空間に招き入れてから、信頼できるようになった人たちと接触を始めて、それからビジネスに移っていくやり方がある。どちらのアプローチも共に、その文化で生きている人々には十分に道理にかなったものであるが、どちらのやり方もお互いをだいなしにするものである。例えば、アメリカ人の売り込みチームは、アルゼンチン側の「個人に関する」質問と「話の腰を折る脱線」によって絶え間なく話が中断されたので、会社所有の専用ジェット機がスケジュール通りに到着して彼らを本国に帰還させるという時になって、自分たちがビジネスの本題を十分に説明していないことに気づいたのである。アメリカ人たちにとって、アルゼンチン人たちは肝心の点から外れないようにできないか、またはその気がないように見えたのである。アルゼンチン人たちは、自分たちから見れば、アメリカ人たちがあまりにも直接的で、非個人的で、そして押し付けがましいと思ったのである。アルゼンチン人たちが驚いたのは、アメリカ人が論理を用いて誰でも強制的に自分たちの意見に賛同させられるという明確な信念を持っていることであった。

言い換えれば、関与特定性と関与拡散性は、他の人々を理解するための戦略のようなものである。図表7・4の左側にある図が示しているのは、日本、メキシコ、フランス、および南ヨーロッパとアジアの多くの国に共通する関与拡散的な戦略の典型的なものである。この図において、よく知らない人の「周辺を回る」ことをしながら、この人物をいろいろな方面から深く知るようにして、信頼関係が打ち立てられた後になってから初めて、ビジネスに関する特定事項に触れるようになる。右側の図では、取引関係者は「まっすぐに肝心な点に」、すなわち商取引の感情中立的で「客観的な」側面に向かって進むが、他のことが関心をひく**場合**、取引を促進するために、これらのことをよく知るように「周辺を回る」のである。

どちらのアプローチも共に、時間を節約すると主張する。関与拡散的なアプローチでは、不正直な取引相手と八年間もビジネス関係に従事させられるような罠に引っ掛かるようなことがないのは、付き合いの早い時期に取引相手の芳しくない面を見つけるからである。関与特定的なアプローチでは、取引の特定事項に完全に関与していない人を接待して時間を浪費するようなことは最初からしないのである。

関与特定的および関与拡散的文化は、それぞれが**低コンテクスト文化**および**高コンテクスト文化**と呼ばれることもよくある。コンテクスト〔脈絡〕が関連しているのは、効果的なコミュニケーションが起きる前に知っていなければならないことの程度だとか、話をしている当事者間で当然視されている知識共有の程度だとか、暗黙になっている共通の議論基盤を参照する程度などである。日本やフランスのような高コンテクスト文化の国々が固く信じているのは、よく知らない人とビジネスについてきちんとした話ができるようになる前に、この人が「必要事項に記入」しなければならないということである。また、アメリカやオランダのような低コンテクスト文化の国々が信じているのは、よく知らない人はそれぞれが規則作りに参加しなければならず、そうすることで一緒に仕事を始める取り決めが少なくなるほど、仕事がしやすくなるという考えである。低コンテクスト文化は、適応しやすく、柔軟な傾向がある。高テクスト文化は、内容豊富の上に繊細であるが、「荷物」を多く抱えているので、完全に同化しない限り外国人にはまったく居心地が悪いところである。これについては証拠が増えており、例えば、日本の企業に働く西洋人はどうしても「インサイダー」になれない。また同様に、外国人が何千という関与拡散的なコネクションを持っていても、フランス文化の豊かさの中で完全に受け入れられたと感じることは困難である。

関与特定的な文化は、対象物、特定事項、ものごとを直視した後になってから、これらがどのように関連するかを考察する傾向がある。関与拡散的な文化の一般的傾向は、関係性やコネクションを直視してから、分離している部分のすべてを考慮する。このように、両文化の位置関係は循環的になっているのである。

3　関与特定的―関与拡散的志向がビジネスに及ぼす影響

アメリカ人がＭＢＯ（目標による管理）や業績給を従業員の動機づけを行うためのお気に入りの仕掛けとして選択することは、彼らの関与特定的志向を部分的に証明するものである。ＭＢＯにおいて、従業員は、まず「目標」、すなわち特定事項について同意しなければならない。監督者Ａが部下Ｂと同意するのは、Ｂが次の四半期に同意した目標に向かって働くということと、同意した目標を部下の仕事を評価する際の基準として用い

図表7.5　関与特定的－関与拡散的な循環

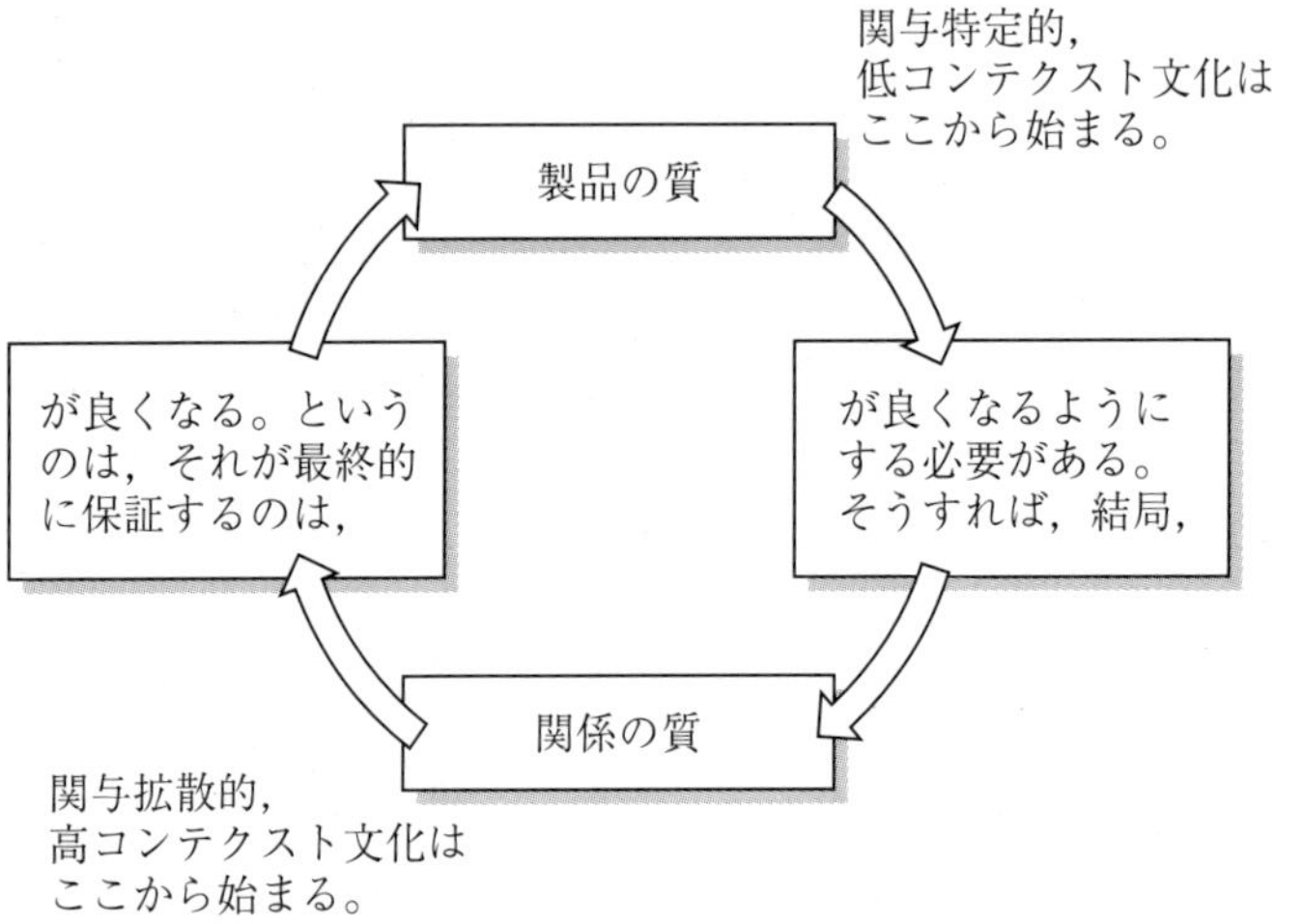
関与特定的，
低コンテクスト文化は
ここから始まる。
製品の質
が良くなるように
する必要がある。
そうすれば，結局，
関係の質
が良くなる。という
のは，それが最終的
に保証するのは，
関与拡散的，
高コンテクスト文化は
ここから始まる。

るということである。妥当な目標が満足のいくように達成されれば、AとBの間に生産的な関係を作っていく。これ以上に公正で論理的な管理方法があるだろうか。世界全体がこの管理方法を採用することになぜ同意しないのだろうか。

　この管理方法が関与拡散的な文化に気に入られないのは、正反対の方向から問題に接近するからである。すなわち、**生産高を増減するのは、AとB間の関係であり、その逆ではないからである**。目標や特定事項は、評価が行われる頃までに陳腐化する。約束通りに仕事ができなかったBは、条件が変わった環境で仕事をしていれば、もっと価値あることをしていたかもしれない。結び付きが強くて長続きのする関係だけが、この種の予測不可能な変化に対応できるのである。契約や細かな活字で印刷された書類などは、このような文化において顔をそむけられるのである。

　例えば、日本の企業文化が西洋人にとってまったく馴染みのない用語を用いるのは、明らかに関与拡散性を関与特定性の前に置く目的があるからである。日本企業で使われる「受け入れ時間」という用語は、提案された変更を実施する前に議論するのに必要な時間のことである。また、根回しというローマ字でも世界に通用するようになった用語は、文字どおり低木や背の高くなる木の根を移植する前に切りまとめることである。この言葉が指しているのは、変更を実施する前に幅広く相談することである。これらのすべてが、図表7・4ですでに見たように「肝心の点に到達する前に周辺を回ること」を作り上げている。

業績給が関与拡散的文化で評判が悪いのは、この報酬体系が勝手気ままに人間関係を分断するからである。業績給は、本当のところ、他のセールスマンが助けてくれていたり、上司がやる気を起こさせてくれたり、または手を取るように効果的な営業の仕方を教えてくれていたとしても、「今月の売り上げ実績に責任があるのは自分だけだ」ということを語るからである。報酬のほとんど、またはすべてを自分自身のものとして請求することは、自分が関与拡散的に接触して、プライベートな生活空間を共有している上司や同僚に対する好感や尊敬などの感情も一緒にして、人間関係の重要性を否定することである。

「ビジネスと楽しみを混同するな」とか「職場でおしゃべりするな」という規範は、関与特定的な生活空間を別個に分離しておきたいという要望が、いくつかの文化に存在することを証明している。十分論証できることは、人々の生活が分離された区分を持った蜂の巣状になっているならば、彼らを強制して従属化することは困難だということである。このような状況で誰かが支配できるのは、人々の生活に占める領域の一部だけだから、彼らは他の領域にある資源を使うことができる。関与拡散的文化は「一つのバスケットの中に卵を全部」入れているのである。すなわち、ここでも再び、関与特定的文化と関与拡散的文化の違いは絶対的ではなく、

相対的な分離であると物語っているのである。ほとんどの文化において、生活空間の間には、少なくとも「万里の長城」が常に存在するのである。

関与拡散的文化が低い離職率を持ち、従業員の配置転換をあまり行わない傾向があるのは、「忠誠心」が重視されていることと人間の絆が多岐にわたっているからである。したがって、高給（すなわち、特定事項）を提示して他の会社から従業員を「ヘッドハント」、すなわち、誘い出す傾向はないのである。関与拡散的文化において企業乗っ取りが稀なのは、人間関係に亀裂が生じるためと、（ほとんどの場合が主力銀行である）株主が企業側と長期的関係を持っていると共に、会社間で株の持ち合いをしているので、株価の動きによって企業乗っ取りに食指を動かすことが少ないからである。

(1) 勤務評定の落とし穴

関与特定的文化では、人を批判することは容易であり、批判の対象となっている人物の生活空間全体を荒らすことなく行われる。しかし、西洋人の上司が勤務評定の間に行った批判に激怒した部下が、その上司を殺害するにまで発展した悲劇的な事件は少なくとも二つ存在する。

事件の一つは、オランダ人医師が企業内の診療所で働く部下の中国人医師の勤務評定をしており、部下の欠点について「率直な議論」をしていたというものである。オランダ人医師の見解では、このような欠点は会社の訓練コースで容易に直せるというものであった。しかし、このオランダ人医師と緊密に働いて来て、彼を「父親の典型」のように慕っていた中国人医師にとって、批判は残酷な非難であり、全面的拒絶であり、相互信頼を裏切るものであった。翌朝、中国人医師は自分を批判したオランダ人医師を刺殺したのであった。オランダ人医師の亡霊が、自分は中国人の同僚のことを決して大した奴でないなどと悪口を言った覚えはなく、困っていたのは彼が処方する薬だけだったと抗議していることは容易に想像できる。

もう一つの事件は、イギリス人マネジャーが中央アフリカにおいて従業員を一人解雇したので、残りのアフリカ人従業員全員による黙認のような形で、後に毒殺されたというものである。というのは、解雇された従業員は腹を空かせた子供を多く抱えていたので、社員食堂から肉を盗んでいた。関与拡散的文化において、「窃盗」は家庭事情から簡単に分離できるものではないので、西洋式に「職場での犯罪」を「家庭問題」と分離するという習慣は受け入れられるものではない。

しかし、注意しなければならないのは、関与拡散的文化を「未開」のものと見なしてはいけないことである。日本企業は、大家族を抱える労働者には給与額を増額した上に、住宅探しを手伝い、割引価格でレクリエーション施設、休暇、および消費財を提供しているぐらいである。文化における関与拡散性を調べるために、著者たちが使っている別の質問は、次のようなものである。

A　何人かの人たちは、会社には社員の家探しをする責任があるのが普通だと思っている。したがって、会社は社員の家探しを助けなければならない。

B　他の人たちは、家探しの責任は、家探しをしている従業員当人だけが負うべきものだと考えている。会社が家探しを助けてくれるならば、これほど有りがたいことはない。

図表7・6が示しているのは、家探しは会社の責任とは思わないという回答をしたマネジャーの百分率であ

図表7.6　会社は家探しを助けるべきか。

数値は，家探しが会社の責任とは思わないという回答をしたマネジャー回答者数の百分率である

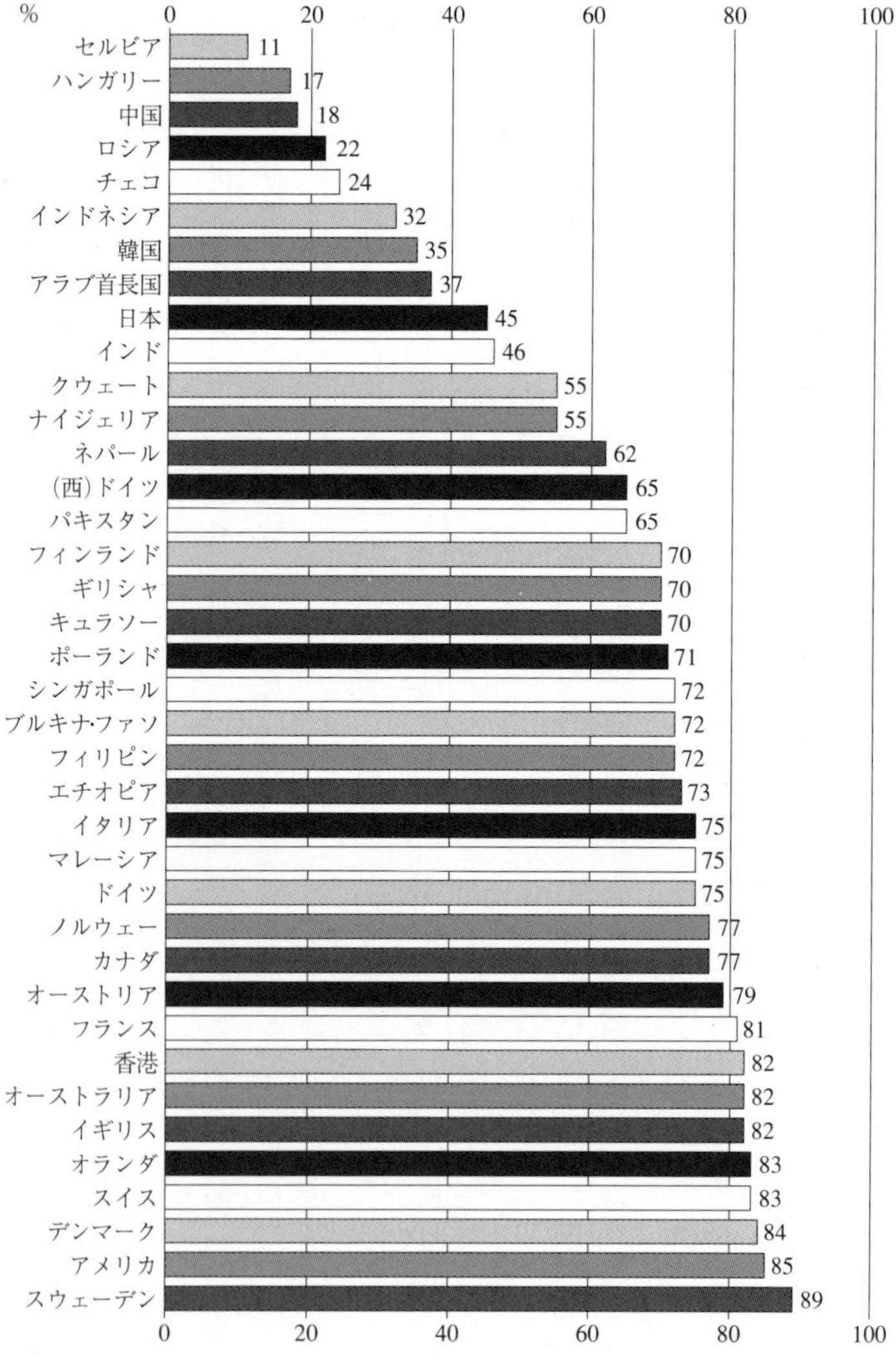

る。家探しは会社の責任とは思わないという回答をした日本人マネジャーは四五％だけであるのに対して、アメリカ人マネジャーは八五％がそのように答えている。北欧諸国すべてにいるマネジャーの大多数は、会社が家探しを助けてくれると期待してないが、アジアの国々のほとんどにおいて過半数以上のマネジャーは会社に家探しを期待している。例外はシンガポールだけであり、西洋の原則が広汎に普及しているからと思われる。また、興味深いので注目してもらいたいのは、図の上の方に現れているヨーロッパ諸国が共産党政権の影響を受けた国々だということである。

日本の消費者が西洋からの輸入品を受け入れないのは、舶来品の価値が特定なものだからである。これに対して、日本企業が生産する商品は、日本社会に恩恵を広く行き渡たらす拡散的なものである。だから、本田技研の作るスクーターを一台買うということは、それ以上のことであり、日本社会のための経済・社会発展を「獲得する」という意味であり、高度に関与拡散的な概念が潜んでいるのである。

4　感情と関与の組み合わせ

感情表出性（高―低すなわち感情中立性）、すなわち感情のレベルと感情の及ぶ「広がり」、すなわち範囲（複数の生活空間に拡散的に行き渡るか、または特定のままでいるか）を組み合わせると、さまざまな組み合わせができるのは当然である。例えば、取引相手は感情的になりやすく感情を表に出すが、**あなた**とだけは関与しないようにしているということもあり得る。また、別の取引相手は冷静で感情中立的だが、あなたのプライベートな生活空間に深く関与しているかもしれない。さらに、他の取引相手は感情表出的で深く関与するタ

図表7.7　感情の象現

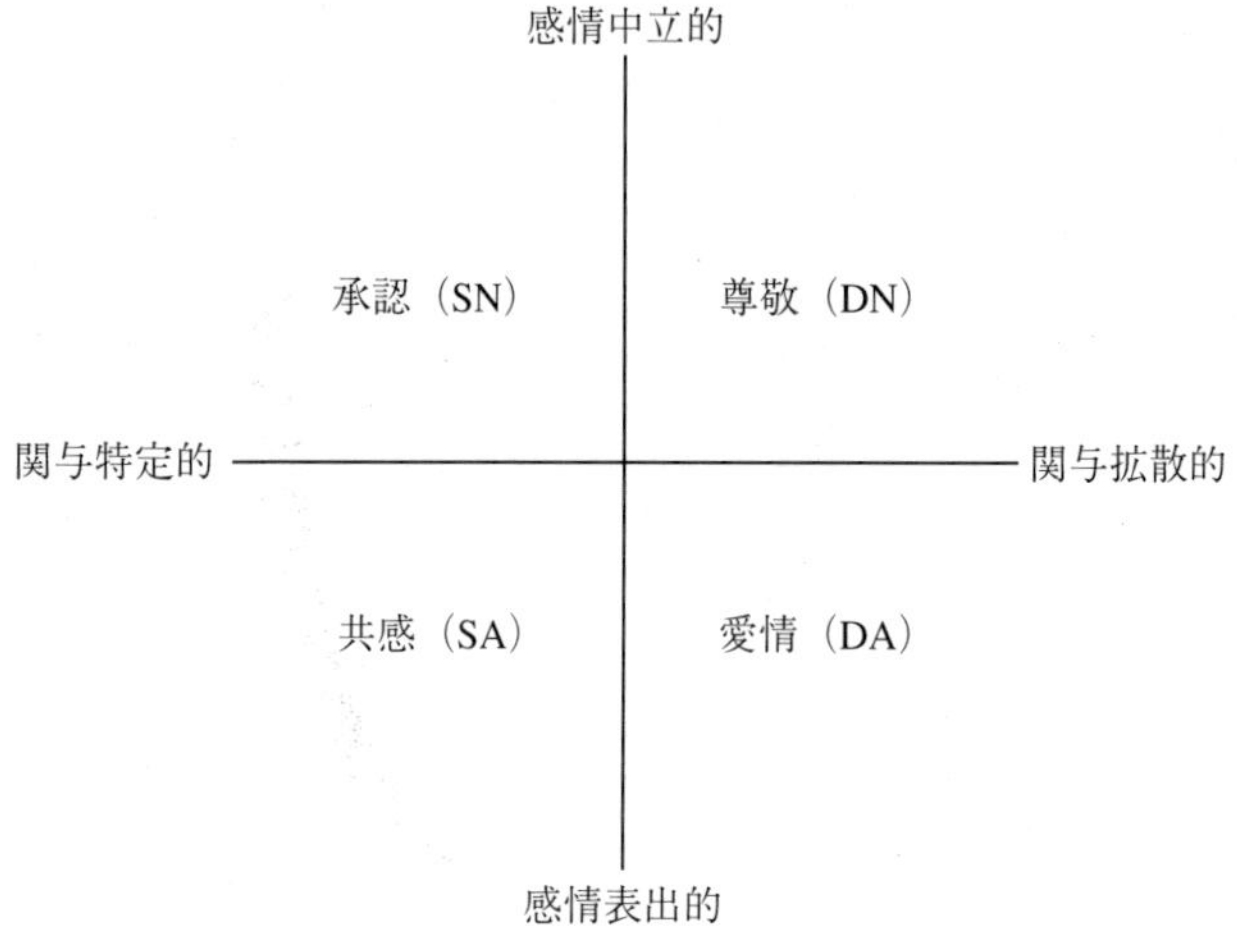

原典：Talcott Parsons, The Social System, The Free Press, New York, 1951.

イプか、または感情中立的で関与しないタイプかもしれない。このような四つの組み合わせは、タルコット・パーソンズが記述したものであり[3]、図表7・7が示すように、四種類の主要な反応をもたらす。

関与拡散的―感情表出的な（DA）相互関係において、期待される人間関係上の報酬は**愛情**であり、これは生活空間の多くに拡散的に行き渡る強く表出された快楽のことである。関与拡散的―感情中立的な（DN）相互関係において、期待される報酬は**尊敬**であり、これもまた生活空間の多くにわたって拡散していくが、それほど強く表出されることのない賞賛のことである。関与特定的―感情表出的な（SA）相互関係において、期待される報酬は**共感**であり、ある機会や仕事の出来栄えに特定して、強く表出される快楽のことである。関与特定的―感情中立的な（SN）相互関係において、期待される報酬は**承認**であり、職務、課業、または機会などに特定した、肯定的だが感情中立的な是認を表現することである。これらの四象現がまたそれぞれに否定的評価も持っているのは、当然のことである。それらは、**嫌悪（DA）**、**失望（DN）**、**拒絶（SA）**、**批判（SN）**である。愛情と共感は、嫌悪と拒絶の鏡映関係になっていることを覚えておくことは重要であるが、感情中立性の高い文化は、気持ちがこのように極端に動揺する危険にさらされることはない。

著者たちは、愛情、尊敬、共感、および承認などに関する国別の相対的な好みを測定しようとした。その際に使用したのは以下の質問であり、L. R. ディーンによる先駆的な研究で使用されたのと同じものである。(4)

あなたが自分の身の回りにいて欲しいと思う人物は次の四タイプのどれですか。それぞれのタイプに関する記述内容を注意深く読んで、自分の好みに最も近いと思われる人物像に丸印を付けて下さい。

A　あるがままの私を全面的に受け入れて、私の個人的な問題や私が幸せになることを気にしてくれている人物（関与拡散性と感情表出性の結合：愛情）。
B　与えられた自分の仕事をして、自分の個人的な問題の世話をやき、私にも同じことを自由にさせてくれる人物（関与特定性と感情中立性の結合：承認）。
C　自分自身の向上に努めて、人生の何たるかについて明確な考えと目標を持っている人物（関与拡散性と感情中立性の結合：尊敬）。
D　親しみやすく、生き生きとしていて、会話を楽しむためや打ち解けた交際をするために集うことを楽しむ人物（関与特定性と感情表出性の結合：共感）

図表7.8　自分の身の回りにいて欲しい人は誰か。
（回答選択肢AからDまでの回答に基づく。）

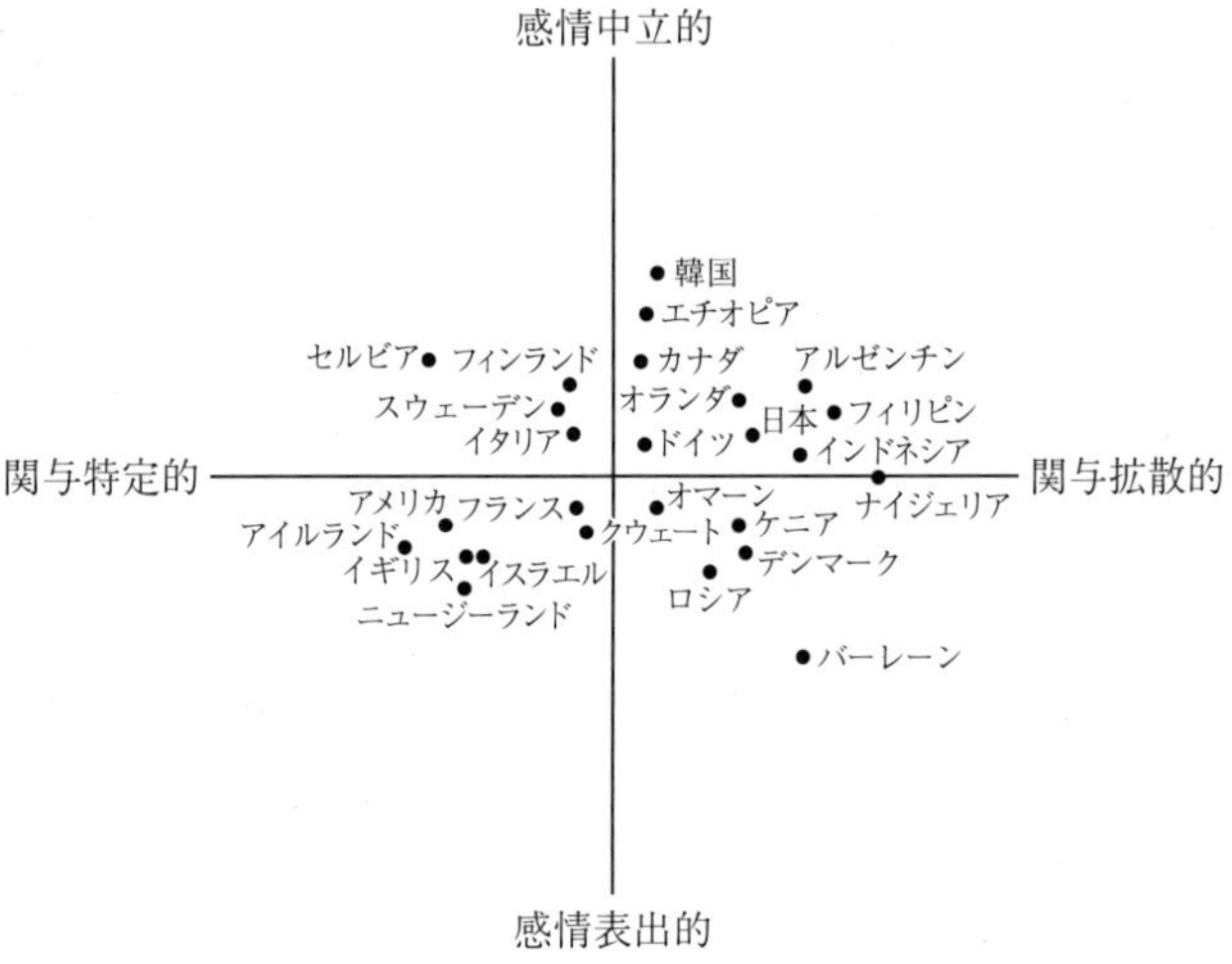

図表7・8が示しているのは、この例題における評点の国別分布である。アメリカ人のアプローチは、感情の次元においても、また関与特定性と関与拡散性間のバランスにおいても平均点にとても近いのが典型となっている。ドイツ人は、旧東ドイツでも旧西ドイツでも感情のレベルではとても似ているが、旧東ドイツ人は、ポーランド人や日本人とは比べ物にならないくらい関与特定的だと容易に判断できる。この例題もまた、大陸ごとに次元が分かれるような明快な法則があるような結果は出ていないけれども、最も重要に思われる地域別の文化差を描写しようとすれば、次のような区分が得られる（図表7・9参照）。

（西海岸の）アメリカ人が熱狂するものは、特定の争点や主張に限られており、例えば、州木となっている赤杉を絶滅から救う運動、生まれ変わりを信ずる宗教活動、巨大プロジェクト工学、バーチャル・リアリティー（仮想現実）などのように、あた

図表7.9　地域別の文化差

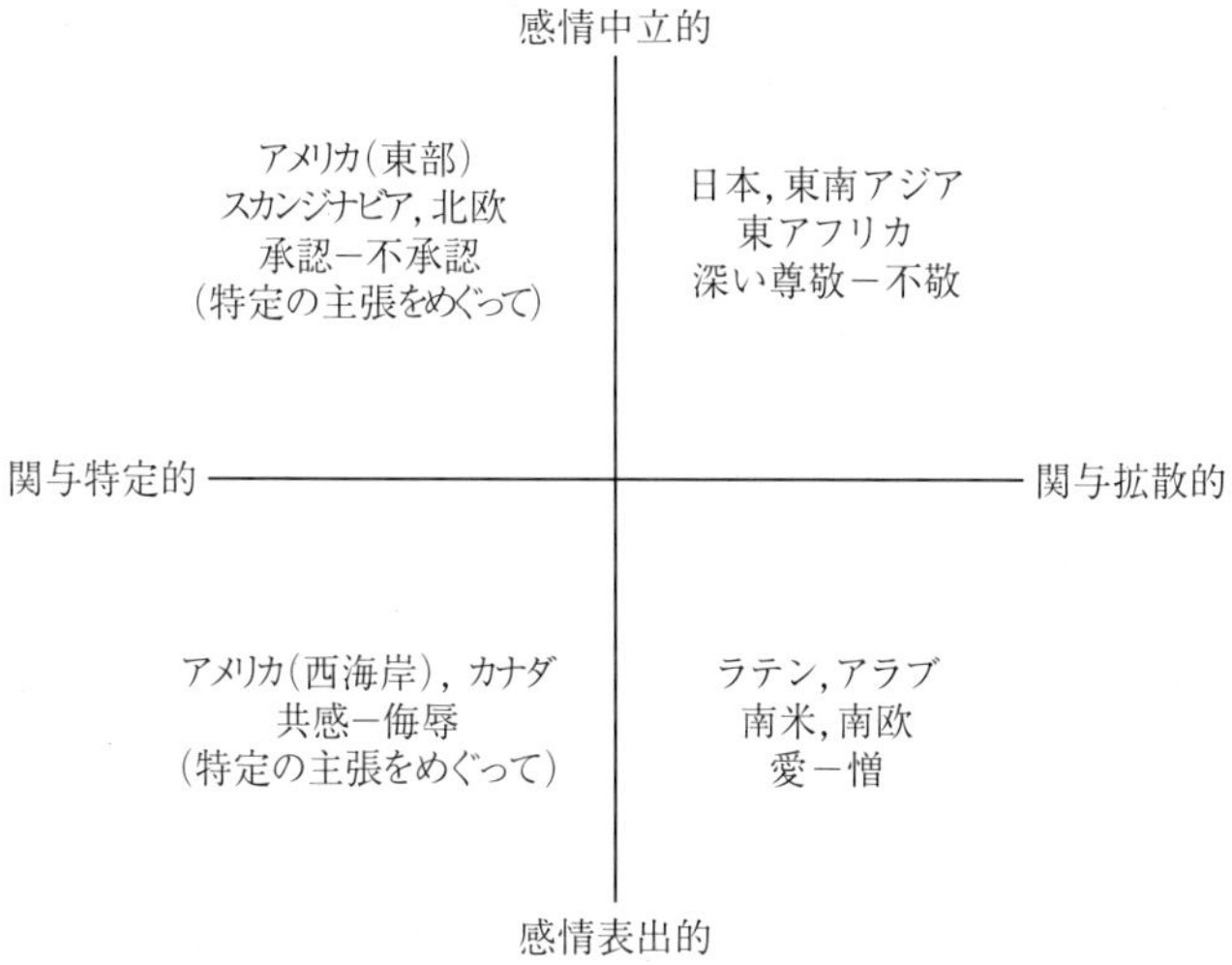

かも別々の箱に収められるかのように団体に所属する傾向がある。これに対して、ＤＡ（関与拡散的で感情表出的な）文化は、生活空間の間に落ち入るのである。例えば、ある家族の一員の名誉を傷つけることは、その家族全体に対して名誉を汚すことになるので、復讐を受けることになるのである。また、一〇年前までにさかのぼる反目が原因で、自分の叔父との間に確執を持っている人と同じ会社で働くことも不可能なのである。

　ある機会にオランダ人マネジャーとベルギー人マネジャーは、国家財政問題について議論し、とうとう最後まで意見が一致しなかった。オランダ人マネジャーは意見の不一致はそのままにして、自分の考え通りに別の区分に入れて、他の仕事に取り掛かろうとした。しかし、ベルギー人マネジャーにとって、彼らの間に存在する意見の不一致が、すべてに色を付けて見るようにしてしまったのである。オランダ人マネジャーは、国家財政問題で大変に間違った見解を持っていたので、信用の置けるパートナーになり得なくなったのである。オランダ人が他の仕事に取り掛かりたいと言った発言が、意見の不一致ですでに穏やかでなくなっているベルギー人の感情には意図的な侮辱に聞こえたのである。両者間での商取引は、急に取り止めになった。

北欧の人々、特にスカンジナビア人はアメリカ人よりも、いくらか関与特定性が低いが、感情表出を承認しない傾向が強い。しかし、彼らは日本人のように、感情の抑制を緩めるためにアルコール摂取を公認するのである。感情をあからさまに見せないのは、人々がお互いに感じ合う感情を持ってないという意味ではない。感情を伝えるためには「ピアノの弱音ペダルのような和らげた語調」が用いられるが、これらの小さな合図は、その解読方法を理解している受け手たちには当然に大音量で話をしているという意味である。

5 関与特定的文化—関与拡散的文化の調和

この課題こそが、個人の観点からも企業の観点からも、おそらくバランスを取るのが最も重要な領域であろう。極端な関与特定性は分裂に導くことになるし、極端な関与拡散性は視野狭窄に陥るので、これらが衝突すれば、物事は麻痺状態となるからである。最も効果的なのは、これらのアプローチが相互に影響し合うことである。例えば、プライバシーが必要なことは認識するが、プライベートな生活を完全に分離すると、疎外と皮相感に陥る危険がある。また、ビジネスはビジネスであるが、安定した深い付き合いの人間関係は強靭な結び付きを意味するのである。

相互に影響し合う必要性は、次のケースが示している。

企業合併の過熱した動きが航空産業を襲ったのは、一九八〇年代後半および一九九〇年代前半のことであった。英国航空（BA）のジョン・パーリッシュは自分の机に座ったまま、USエアー社との業務提携に関して近々予定されている議論で何をしたらよいか思いあぐねていた。マーケティング担当マネジャーとして、彼が悩んでいたのは、乗客調査の結果がグローバル化している乗客のために働いている自社の長期的発展を危険にさらすのではないかということであった。調査が明らかにしたのは、アメリカ人乗客がますます航空券に高価格を支払わなくなって来ていたことである。アメリカ系航空会社間の競争は、サービスの質というよりは価格の問題となっていたからである。

ヨーロッパにおいて、ビジネス・クラスの旅行はまだ高価格という特徴を持っていたので、競争は客席の足元の広さだとか、機内食の質だとか、旅行ルートを変更する際に適用される規則の柔軟性などに向けられていた。アメリカ人乗客とヨーロッパ人乗客とでは、航空会社のサービスを印象に残るぐらい異なった見方で見ているように思われた。業務提携の結果生じる業務活動のグローバル化は、両当事者にグローバル化している常連客が本当に期待しているものが何であるかを再考するよう強制することになるだろう。

ピーター・ブッチャーは、USエアー社におけるジョンのご同役であり、皮肉っぽい比較を我慢することができずに、「ジョン、アメリカの航空会社は乗客をニューヨークからロス・アンジェルスまで旅行の必要がある『肉片』として扱いがちだが、ヨーロッパの乗客はたった一時間のフライトに二〇〇ドルも余分に支払って、気持ち良く乗っていってくれるとでも君は言っているのかもしれないな」とよく言っていた。実際、BAでは四〇分以上かからないロンドンからアムステルダムまでのフライトでも乗客に温かい朝食を出しているのである。ジョンの返事は痛烈な皮肉交じりのもので、「昔に一度、アメリカのデトロイトからシカゴまで一時間ちょっとのフライトをファースト・クラスで行った覚えがあるな。朝の六時半に離陸して、シートベルトを緩めてからずいぶん経った七時頃に、朝食がいつ出されるのかなと思った。食べ物の匂いがまったく漂ってこなかったからだ。フライト・アテンダントにいつ朝食を出してもらえるのかと尋ねたら、彼女を驚かせてしまったみたいだった。二分後に、彼女は大きな笑みを浮かべながら戻ってきて、『袋に入ったプレッツエルかまたはポテトチップならばありますが、どちらがお好きですか』と尋ねたので、コーヒー一杯だけで十分だと答えたことがあったよ」。

航空会社に対する常連客の期待が世界中で多様化して来ている時代に、ジョンとピーターに対してどのようなグローバル・マーケティング・キャンペーンのアドバイスをしたらよいと思いますか

アメリカの乗客と航空会社が共に、関与特定的な関係にあるという認識を共有しているのは明らかである。すなわち、乗客は安全で、信頼でき、高価ではない方法でA地点からB地点まで行く必要のある人なのである。これ以外、議論の余地はないので議論は終わりである。ヨーロッパやアジアにおいて、関与は安全性と信頼性にとどまらず、それ以上のものとして認識されている。例えば、シンガポール航空のフライトに乗れば、航空会社と乗客は相互に全人格として関与する必要があることを理解できるようになる。この関与拡散的な関係は、すばらしい機内サービス、機内食、および**サービス**に関わる全般的な態度によって表されている。アメリカ系航空会社のほとんどとヨーロッパ系航空会社のいくつかでは、乗客も航空会社もできるだけ低価格で、安全に、しかも早く目的地に着く旅行以外のことに関与する必要性をまったく感じていない。まったく結構なことだ。

図表7.10　真実の瞬間

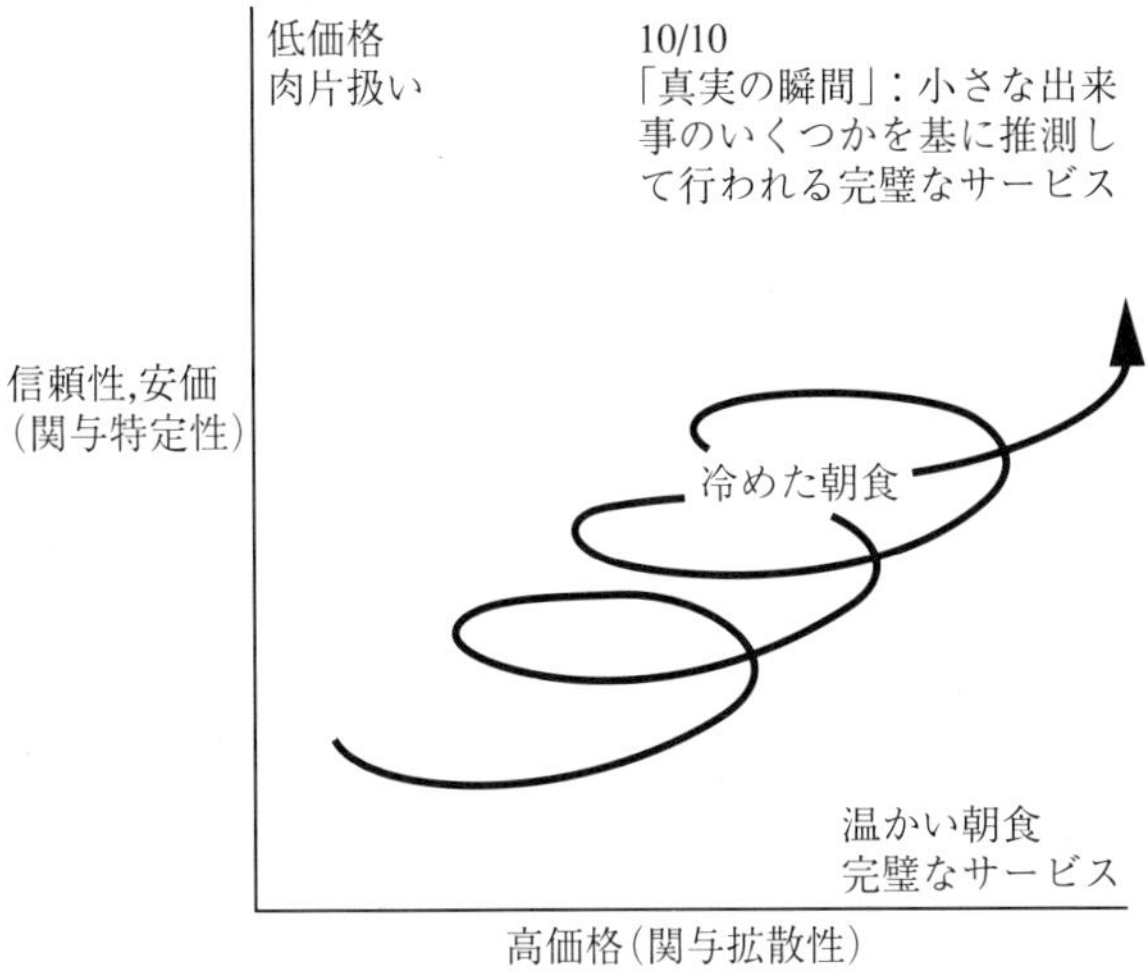

所詮、航空会社の選択を決定するのは乗客なのだから、他人がとやかく口出しすることではない。

しかし、ＢＡとＵＳエアーの業務提携の場合、これはそれほど簡単なことではなかった。グローバル化した顧客にサービスを提供するためには、どのレベルまで統合化を進める必要があるかを決定しなければならないからである。例えば、ＫＬＭオランダ航空とアメリカのノースウェスト航空は、フライト・スケジュールと共に財務システムと予約システムの一部を統合化することを決定した。しかし、ＫＬＭのサービスはノースウェスト航空のものとは未だにまったく異なるものである。

業務提携が専門技術の問題を越えて、機内サービスまで含むようになった場合、一体どうするのだろうか。妥協が望ましいものでないのは、乗客の多くが熱々のプレッツエルだとか冷めた朝食を好まないからである。ＳＡＳスカンジナビア航空は、機内食の選択を乗客に任せるというサービスをビジネス・

クラスに限って導入したことがあった。それでは、グローバル化した乗客にサービスする場合はどうしたらよいのだろうか。この興味をかき立てるような質問は、言い換えれば、「どのようにしたならば関与特定的なサービスの長所が乗客に対する関与全体的な（holistic）接客アプローチの質を向上できるか」というものになる。これらの矛盾対立する要求を調和させる方法は、図表7・10中の渦巻き状のグラフとして示されている。

6 自己点検用テスト

次の質問をよく考えてみて下さい。

マネジャーと財務分析の専門職からなるグループが、会社の組織有効性を監視する最善の方法を構成するものは、会社の利益なのか、またはこれまで続いている利害関係者との関係、特に会社と顧客間の関係なのかについて議論していたところ、次のような意見が提出された。

一　顧客との緊密な関係の中で行われるフィードバックこそが、企業活動の有効性に関する最も時機を得たアドバイスである。その包括的内容にこそ価値がある。利益が測定しているのは、取引関係から派生したものであり、取引関係につぎ込んだり貢献したりするものではない。

二　顧客との緊密な関係の中で行われるフィードバックこそが、企業活動の有効性に関する最も時機を得たアドバイスである。顧客が資金を生み出してくれて、それを使って利益を支払うのだから、顧客との関係の質が利益をあげることを予測するものである。

三　利益または株主価値こそが企業活動の有効性を測る最大基準である。これは企業の活力や他にもいる利害関係者による活動のすべてを正確で曖昧さのまったくない測度一つに変えたものだからである。

四　利益または株主価値こそが企業活動の有効性を測る最大基準である。これは労働者が資本のために働き、ビジネスは企業の所有者の一人一人を金持ちにするために存在することを正確で曖昧さのまったくない測度一つで宣言したものだからである。

回答者は自分が最も好む回答に1の数字を、次に好むものに2の数字を記入して下さい。同様に、職場の最も親しい同僚が好むと思う回答に1の数字、次に好むものに2の数字を記入して下さい。

この質問は、組織有効性を定義するために用いられるのに必要な基準への代替的な四アプローチを明確にするものである。組織が主として金もうけの機械だと思っている回答者は、回答四に賛成することだろう。回答一が関与特定性を拒否するのに対して、回答二は関与拡散的な出発点から始まって、調和に向かうものである。回答三は利益を上げることや株主価値のような関与特定的な観点から始まって、関与拡散的な責任を加えて調和に向かうものである。

7　関与特定的文化と関与拡散的文化でビジネスをするための実際的な秘訣

(1) 文化差を認識すること

関与特定性

一　人間関係を作る場合、直接的で、肝心な点に触れ、目的を持ったものである。
二　正確で、ぶっきらぼうで、明確で、透明である。
三　原則と一貫した道徳基準が、発言の向けられている人物とはまったく無関係に適用される。

関与拡散性

一　人間関係を作る場合、間接的で、肝心な点の周辺を回り、一見したところ「無目的」のように見える。
二　とらえどころがなく、如才なく、曖昧で、不透明ですらある。
三　高度に状況的な道徳性が、人物次第や脈絡に合わせて適用される。

(2) ビジネスをする場合の秘訣

関与特定的志向の人とビジネスをする場合（関与拡散的な人用）

一　商談相手の関与特定的な組織が持つ目標、原理原則、および数字目標を調べることである。
二　肝心の点に触れる場合、素早く、効率よく行うことである。
三　会議時間、休憩、および議題で会議を構造化することである。

四　肩書きを使ったり、議論している問題とは無関連なスキルを認めないことである。

関与拡散的志向の人とビジネスをする場合（関与特定的な人用）

一　取引をしたいと思っている関与拡散的な組織が持つ歴史、背景、および将来のビジョンを調べることである。
二　時間をかけて取り組み、成功に至る道は数多いことを思い出すことである。
三　会議の流れに任せ、時たまその過程に注意をひくことである。
四　どのような問題が議論されようと、相手の肩書き、年齢、家族背景などを尊敬することである。

(3) 管理する場合および管理される場合

関与特定的な志向

一　経営とは、目標と基準の実現のことであり、これらにより報酬が付与される。
二　プライベートな議題とビジネスの議題は、お互いに別々のものである。
三　公私の利害衝突がある場合、いい顔はされない。
四　明確で、正確な上に詳細な指示の方がもっとよく指示に従ってもらえるという保証があるか、または社員たちにはっきりした言葉で意見の違いを表明させると理解されている。
五　報告書は、報告書全体の要約をしたページから始めることである。

関与拡散的な志向

一　経営とは、継続的に改善を行うプロセスのことであり、それによって品質が改善される。

二　プライベートの問題とビジネスの問題は、相互に通い合うものがある。
三　一社員といえども当人の全体状況を考慮してやってから、判断を下すようにすることである。
四　はっきりしない、あいまいな指示の方が、微妙で敏感な解釈を許すので、それによって社員たちは個人的な判断を下せると理解されている。
五　報告書は、結論的概要で締めくくって終わらせることである。

参照文献

（1）Lewin, K., "Some Social-Psychological Differences between the US and Germany" in Lewin, K., ed., *Principles of Topological Psychology*, 1936.（外林大作・松村康平訳、『トポロギー心理学の原理』、生活社、一九四二年）
（2）Feiffer, J., *Hold Me.*, Knopf, New York, 1968.
（3）Parsons, T. and Shils, E.A., *Towards a General Theory of Action*, Harvard University Press, Cambridge, Mass., 1951, pages 128-33・（永井道雄他訳、『行為の統合理論をめざして』、日本評論新社、一九六〇年）
（4）Dean, L.R., "The Pattern Variables: Some Empirical Operations", *American Sociological Review*, No. 26′ 1961, pages 80-90・

第8章

地位を付与する方法

あらゆる社会がそのうちの何人かだけに高い地位を与えることで、このような人たちと彼らが行う活動に普通以上の注目をするように信号を送る。いくつかの社会は達成したことに基づいて地位を付与するのに対して、他の社会は年齢、社会階級、性別、学歴などを功績として地位を付与する。最初にあげた地位付与の類型は**達成型**地位と呼ばれ、次にあげたものは**属性型**地位と呼ばれる。達成型地位が**行為**を参考基準にしているのに対して、属性型地位は**存在**を参考基準にしている。

他人のことをよく考える場合に部分的に影響されるのは、(例えば、五年連続して、東部地区のトップ・セールスマンであるというような)当人の実績と同様に、以下のような属性である。

- 年齢(例えば、セールスマンとしての経験が長年ある)
- 性別(例えば、積極的で、とても男らしい)
- 社会でのコネクション(例えば、高い地位についている友人を持っている)

● 学歴（例えば、エコール・ポリテクニークの優等生）
● 職業（例えば、未来の花形産業はエレクトロニクス）

属性の中には、男性であるとか、白人であるとか、または高貴な生まれであるなどのようにビジネスの有効性とは論理的に結び付かないものがあるが、年齢と経験、学歴と職業専門資格というようにビジネスにおける業績を予測するのに十分に道理にかなったものがいくつか存在する。学歴と職業専門資格は、さらに、個人が幼い頃から受けた学校教育や訓練に関連しているので、達成とまったく無関係ということではない。ある文化が良い教育を受けた従業員に高い地位を与えるのは、学業で成功を収めた人物は企業で働いても成功するという信念からである。この考え方は期待を一般化したものであり、具体的には、リクルートした人物を組織の頂点に向かわせる「出世コース」とか「経営幹部候補」養成プログラムとして形を現すものである。

地位付与の問題に留意しながら、会議を中座したイタリア人マネジャーたちに苦戦していたジョンソン氏の努力がどうなったかを見るために戻ってみよう。ジアリ氏とパウリ氏が激怒して会議室を退室したのは、業績給への変更計画に関する両氏の修正提案をオランダ代表のベルグマン氏が「気違い沙汰のアイディア」と呼んだ時であった。その場を丸く治めるために、ジョンソン氏はシャトル外交に向かったのである。若き日のヘンリー・キッシンジャーのように（ジョンソン氏は弱冠三五歳である）、対立を解消するために当事者双方の間を行き来したからである。そうしたあわただしい中で、ジョンソン氏は自分がしていることはキッシンジャーのようなことではなく、どちらかと言えばドン・キホーテのようなことであると早くも感じ始めていた。

イタリア人マネジャーたちは、なだめられて落ち着いたという状態からほど遠いものであった。彼らの一人に至っては、「アメリカ人の若者崇拝には困ったものだ。まだ青二才のくせして、何でもわかったような顔をする」とまで不愉快げに酷評する始末であった。そこで、スペイン支社の人的資源担当マネジャーであるムニョス氏が仲介役を買って出たので、ジョンソン氏はすぐさまに同意した。ジョンソン氏の心に浮かんだのは、ムニョス氏が自分より約二〇歳も年上なので、経験不足という非難がまったくあたらないという事実を別にしても、スペイン文化の方がイタリア文化により近いかもしれないと思ったからである。

ムニョス氏が説得に成功するかもしれないという望みを持っていたものの、同氏が数分も経たずにイタリア人マネジャーたちを会議室に連れ戻したのを見てジョンソン氏はびっくりしてしまった。ジョンソン氏の考えでは、ムニョス氏は参列している人的資源担当マネジャーの中で最もプロフェッショナルな人物ではないが、明らかに関係修復に関するエキスパートであった。しかし、すぐに明らかになったのは、業績給への変更計画に関するイタリア人マネジャーたちの修正提案を今度はムニョス氏も支持するようになったことである。ムニョス氏が指摘して、イタリア人マネジャーたちも賛同した問題点は、現在討議中の業績給による報酬体系では、花形セールスマンがその上司たちよりも高給を取るようになることであった。このようなやり方で上司を攻撃することが部下に許されてはならないというのが、彼らの主張であった。ムニョス氏が説明したのは、スペインに戻れば、セールスマンたちがこのような形で上司に決まり悪い思いをさせることは、おそらく絶対にないだろうし、さもなければ、組織に対する忠誠心に欠けるものが仮に一、二名いる場合、このような連中が上司をはずかしめて辞職に追い込むことになるだろうというものであった。さらに、セールス・マネジャーは自分のチームの販売業績を平均以上に保つ責任の大半を負っているにもかかわらず、会社がリーダーを除いた残りのチーム・メンバー全員に報酬を与えるというのは控えめに言ってもおかしなことではないか、とムニョス氏は続けたのである。会議は昼食休みとなったが、ジョンソン氏はほとんど食欲がなかった。

上記のケースからわかるように、さまざまな社会がさまざまな方法で個人に地位を与える。ムニョス氏はイタリア人マネジャーたちと同じ理由から、ジョンソン氏があまり配慮しなかったことにもっと配慮したのである。すなわち、ムニョス氏たちはジョンソン氏が社内での出世コースに乗れるようにしてくれた特定の業績達成以上に、年齢と経験を尊重したのである。アングロ・サクソンの多くは、ジョンソン氏を含めて、達成したこと以外の理由で地位を付与されることはまったく古めかしく、ビジネスには不適当だと思っている。しかし、達成志向は本当に経済的成功に必要な特徴なのだろうか。

1 達成型地位と経済発展

達成志向に関する文献のほとんどは、達成を「近代化」、すなわち経済的およびビジネス上の成功の鍵として見ている。その理論内容は、ビジネスで達成したことに報酬を与え始めればすぐに、その過程が自己永続的になるというものである。人々が一生懸命に働くのは、自文化において自分自身が尊敬されるのを確実にするためである。だから、ハーバード大学教授のデービッド・マクレランドが一九五〇年代後半に自文化を定義したように『達成社会』が存在するのである。[1] 同書は、「達成に最も効果的な要因は何か」の実証調査に着手すると共に、その結果をビジネスに応用して従業員に地位を付与する国だけが、自国の経済を成功裏に運営すると期待できると論じた。これこそがプロテスタンティズムの真髄である。仕事を通して信仰上の義認を追求することは、ずいぶん昔に、達成者に宗教的支持と共に、さまよえる魂とも言える資本主義を与えたからである。

この見解に従えば、属性型地位を付与する社会が経済的に遅れているのは、地位を付与する際に根拠とする理由が商業的成功を促進しないものだからである。例えば、受動的な生き方に対して地位を付与するカトリック諸国、実利的な達成を妄想と結び付けているヒンズー教、そして世俗的な関心から分離する解脱を説いている仏教など、これらのすべてが経済発展を遅らせると想定される属性型地位の付与形態である。属性型地位は、後発先進国または開発途上国の特徴として見られている。実際に、属性型地位は「経済繁栄にとって危険な」ものと思われている。

達成型地位対属性型地位志向の程度をさまざまな文化で測定するために、次のような文章を用いて、回答者に5点尺度（1＝大賛成……5＝大反対）でしるしをつけるように依頼した。

A　人生において最も重要なことは、たとえ自分がものごとを成しとげられないとしても、本当の自分に最も良く合ったやり方で考えたり、活動したりすることである。

B　人が尊敬を得るのは、当人の家族背景によって大いに左右される。

図表8・1および図表8・2が示しているのは、これらの文章それぞれに反対意見を表明した回答者の百分率である。図表8・1にある国々の中で、「ものごとを成しとげる」ことに反対意見を表明しているのが少数

図表8.1　たとえ何も達成しなかったとしても，自分に合ったように活動する。

数値は，この文章に反対意見を表明した回答者の百分率である。

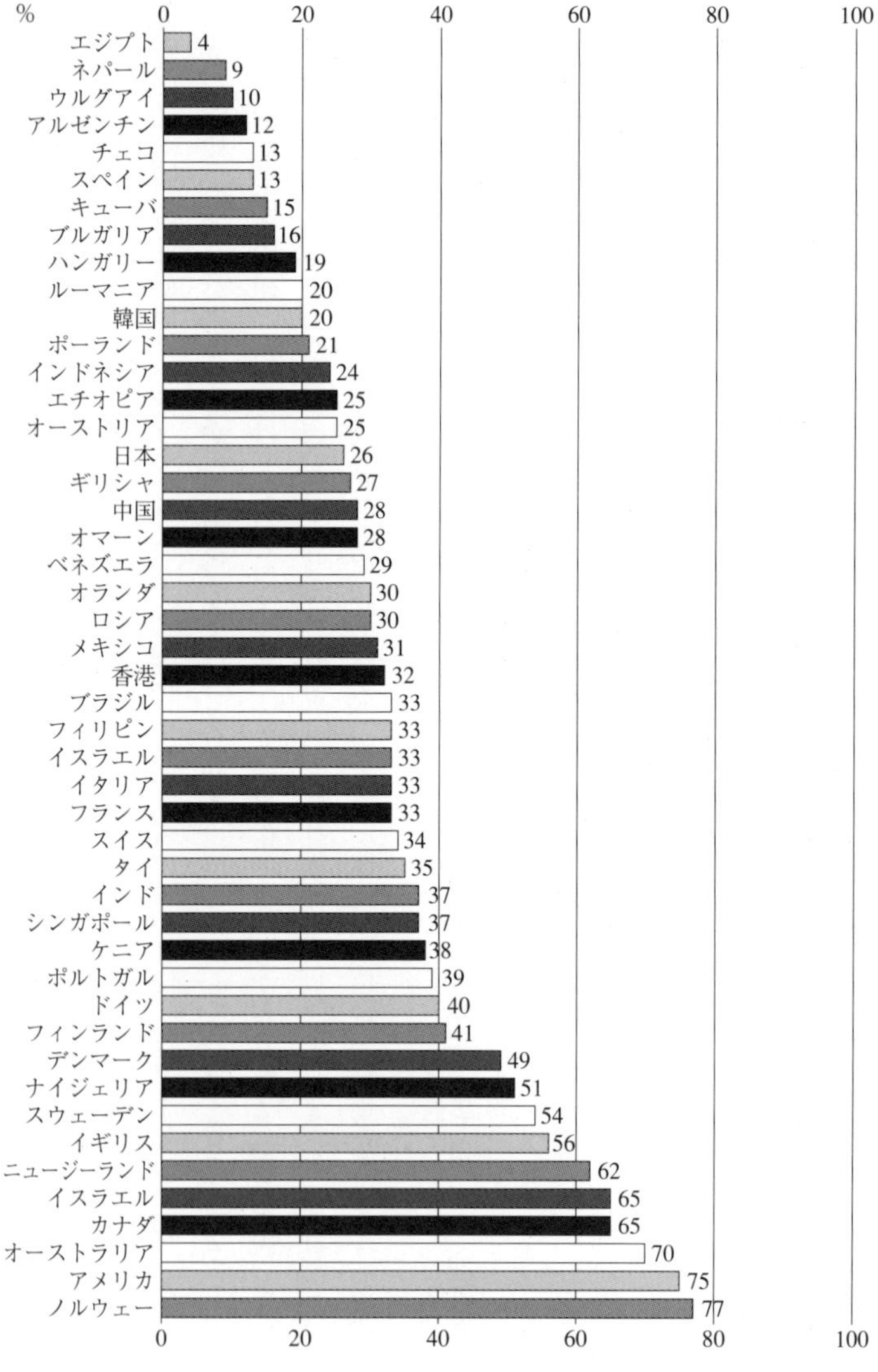

図表8.2　尊敬は家族背景に左右される。

数値は，この文章に反対意見を表明した回答者の百分率である。

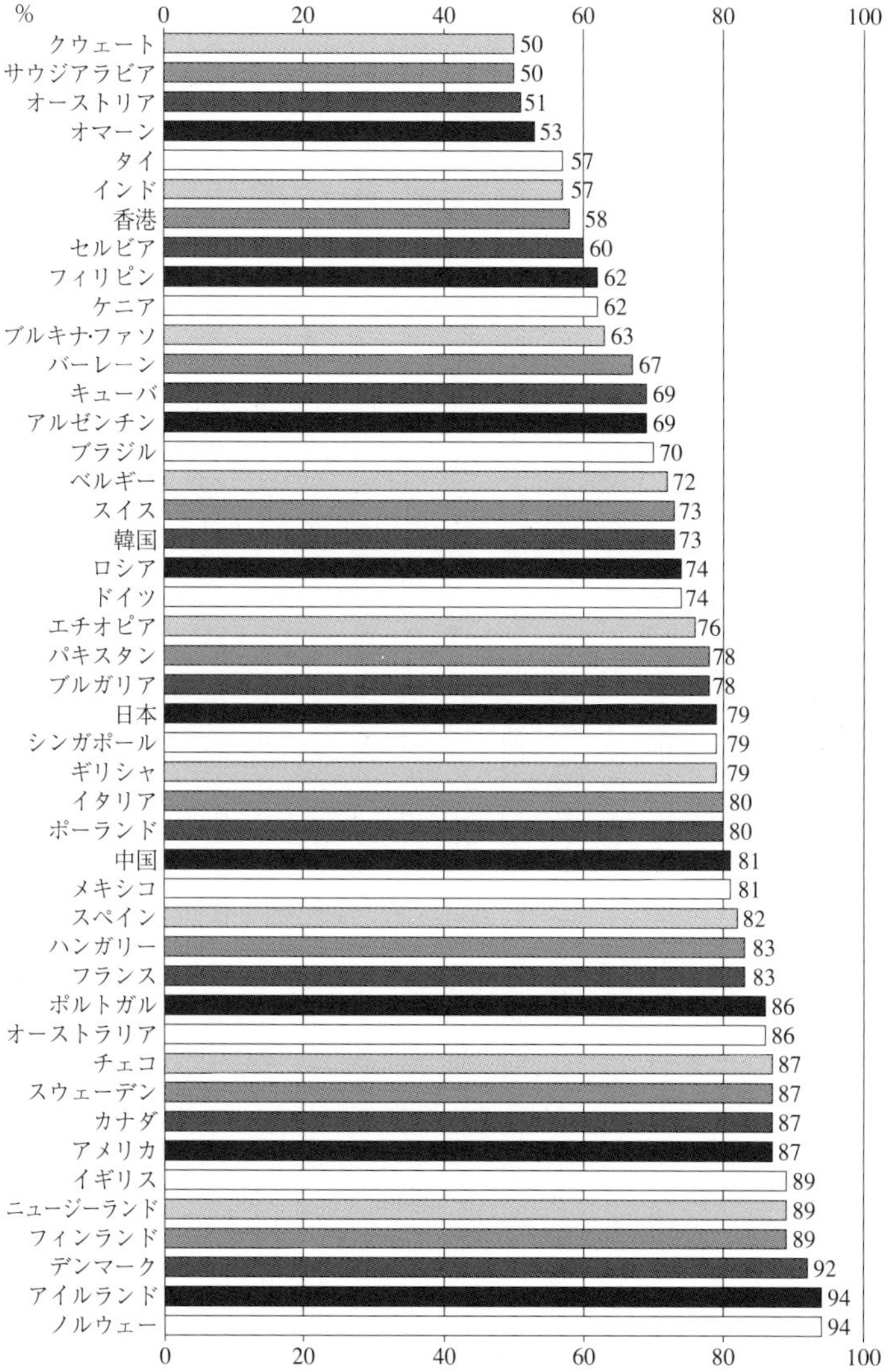

派になっている国だけが、広義の属性型文化の国である。大雑把に話せば、実際のところ一〇に満たない社会、すなわち英語圏とスカンジナビア諸国だけに、心の感じるままに生きる個人的な自由を犠牲にしてまで、ものごとを成しとげることに賛成する多数派がいるのである。アメリカ合衆国は明らかに地位付与が主として達成によって行われる文化の一つであり、それは図表8・2が示している。すなわち、アメリカ人回答者の八七%は、地位が主として家族背景によって左右されることに反対意見を表明している。また、図表8・1において属性型として分類された社会の多く（例えば、チェコ共和国など）でも、実際に、地位がほとんど出自によって左右されるという命題的質問に反対意見を表明するものが多数派になっていることを図表8・2は示している。すなわち、属性型地位付与はさまざまな側面を持っており、国ごとに異なっている。

両方の図表は、プロテスタンティズムと達成志向間には相関関係があり、カトリック、仏教、およびヒンズー教文化などは、かなり高い属性型地位の評点を示している。また、著者たちのデータベース全体を通して、達成型または属性型地位付与に対する支持と回答者の年齢、性別、または学歴間の相関関係は無相関であるが、これらの要因を分析するために利用できるデータは数か国に限定されたものであることを申し添えておく。

評点をよく見ると、達成志向が経済的成功の鍵であるという命題を論証するには難しい点が多々あることに気づくようになる。まず、プロテスタント文化はカトリック文化や仏教文化以上の成長率で早く経済成長しているとはもはや言えないからである。例えば、カトリック国のベルギーは、最もプロテスタント的な国のオランダよりも、人口一人当たりのGDP（国内総生産）がわずかながら高いのである。カトリック国のフランスとイタリアは、イギリスや一部のプロテスタント系スカンジナビアよりも高い成長率で早い経済成長をしている。日本、韓国、台湾、シンガポール、および香港などは、仏教と儒教が影響を与えた国・地域である。まだ明らかになっていないのは、日本の年功的昇進慣行が山のようにいる役に立たなくなった社員の重さで日本企業を押しつぶしたか否かということである。要約すれば、どちらの志向性が「高度」経済発展に関係しているかという問いは、近代化論者の主張が長年提唱されて来ているにもかかわらず、答えが明らかになっていないのである。

現在起きていると思われることは、非常に成功しているビジネス文化のいくつかで、経済活動として自らの将来に重要になるだろうと予測される領域の人物、技術、または産業などが地位を与えられていることであり、その結果このような人物や産業分野が特別の奨励策を享受していることである。すなわち、属性型の地位付与は、目標が目に見えるようになれば、それに向かう社会経済的な勢いが発生するので、達成型の地位付与と**一緒になって機能する**ようになるのである。

2　属性型地位と業績

アンドリュウは、イギリス人マネジャーであると共に訓練を積んだ地質学者であり、フランス系石油会社に二〇年間勤務しているが、未だに同僚の振る舞いにある一面によって混乱させられることがある。同僚のフランス人地質学者たちは、自分たちの専門分野に関して外部からの批判を絶対に許さないとわかったからである。勤め始めた頃、アンドリュウが門外漢の面前で何らかの技術的質問に対して即答できないことを認めると、彼は同僚たちから困惑した表情や渋い顔をされたものであった。一度彼が「調べる」必要があると言った時など、フランス人の同僚たちは明らかに彼の発言に困らされた様子であった。アンドリュウの考えに従えば、地質学者はその場で即答できる答えを持っていないか、または答えが存在しないような質問をよく尋ねられるから、自分は正直に本当のことを答えたということである。それこそが、アンドリュウを当惑させる原因であった。しかし、フランス人の同僚たちは、アンドリュウがこのような内幕を公に認めることをしたから、彼に小言を言うのであった。彼らの考えでは、アンドリュウは地質学者の専門性をおとしめているのである。

この経験談は、アンドレ・ローランがフランスのビジネス・スクールINSEADで行った研究によって支持されている。(2) ローランが発見したのは、フランス人とイタリア人のマネジャーが他にも多く存在する文化出身のマネジャー以上に「すべての答えを知っていること」を強調していたからである。

そこで、属性型地位付与が業績に与える影響に注目してみよう。フランス人地質学者たちは自らの属性型地位に従って生きる決心をしているので、次に地位が高業績を導くようになるのである。その結果、属性型地位と業績の関係は必ず的中する予言となり、自分たちに付与された属性型地位に従って生きることによって、実際に自力で地位を獲得する前に付与された属性型地位に「ふさわしい」人物になるのである。したがって、実際のところ、達成型地位と属性型地位は繊細に絡み合っているのである。

ヨーロッパ連合は属性型地位に備わった予言現実化的性格を示すとても良い実例の一つである。というのは、ヨーロッパ連合は達成したものが何もないうちに、世界におけるその重要性とパワーが公然と宣言されているからである。

属性型地位志向性と達成型地位志向性の絡み合いは、世界の経済リーダーである日本とドイツの特徴でもある。両国の文化は共に、**個人としての**達成を経済活動の担い手となっている人たちの学校時代のものだけに限定する傾向がある。学校を卒業して社会に出た後、マネジャーたちは協力することになっている。達成は、これらの文化では出世競争で有利になるためにお互いに押しのけ合う個人がする仕事ではなくなっており、若い頃に個人として優秀性を示した人たちがリードするグループ全体の仕事になっているのである。

このような違いを心に留めておかなければならないのは、前に提示したデータを検討する時である。属性型と達成型の地位付与は、相互排反的な面もあるが、必ずしもすべてにおいてそうとは限らない。「勝利者となってから成功」した場合のように、達成型地位が属性型地位を追いやることもあれば、また自社が初めから重要産業に狙いをつけていたところに、途中からやって来た「ナショナル・チャンピオン」の会社に勝ちをさらわれてしまった場合のように、属性型地位が達成型地位を追いやることもある。

オリベッティ社（イタリア）、ボッシュ社（ドイツ）、ジーメンス社（ドイツ）それにアルカテル社（フランス）などが製造する電子機器の方が、ハンバーガーの販売流通網を確立するとか、コーラの原液に水などを加えて小売り用ボトルに入れるという専門知識を深めることよりもＥＣヨーロッパ共同体にとってもっと重要なことだという考えは、まったく間違いではない。誤った判断であろうと正しい判断であろうと、それに基づいて、一般的に「重要」と信じられている産業に重要性を付与することがあるからである。少なくとも主張できることは、機械類の動きがますます電子的に監視され、制御され、取り替えられるようになって来ているので、一国経済が製造技術の競争力を維持したい場合、電子工学を修得しなければならないことである。このような場合に存在する選択は、製造技術によってもたらされた達成が衰退する**前後**いずれかの時点で電子工学に地位を付与するということである。悲惨な結果が出るのを待ってから進路変更をすると言い張るような文化は、自らを不利な立場におとしめるものである。ビジネスの成否を聡明に予測する際に必要なのは、ジョイント・ベンチャー、戦略的提携、パートナーシップなどが成功すると証明される**前から**、このような取引関係を大事にすることが必要なのとまったく同じように、いくつかのプロジェクトに最初から重要性を付与することである。

3 達成型文化と属性型文化間の交渉

達成型文化出身のマネジャーが極端にいら立つことがあるのは、属性型の交渉者チームに黒幕がいて、この人物がチームの背後に隠れながら付きまとって離れずにいて、またチームが彼にいちいち提案やその変更のお伺いをたてなければならない場合である。黒幕が何をしているかすら明らかでないからである。（たいていの場合、黒幕は男性であるから）彼は望みが何か口に出さず、交渉相手ではなく自分のチームが自分の意見に服従することを期待しているだけである。また、チームは賛成または反対を示すわずかな合図も見逃すまいとして黒幕を見つめ続けているのである。属性型文化出身の交渉者も同じように心が穏やかでなくなるのは、「達成型チーム」が、毎回のように攻撃的な若い男女を出席させて、交渉相手のチームが降伏することを期待して、その面前に置いた武器の一種のように、彼らにあるだけの知識をとうとうとしゃべらせる場合である。このような交渉は、むしろ、よちよち歩きの幼児とおもちゃの鉄砲でゲームをしなければならないようなものだから、権威や地位についてまったく何の理解も持ち合わせていない輩から多くの雑音が来るのである。

まったく、天才児だからと言って若者を一〇歳から二〇歳年上の人たちのところへ取引のために送り込むなどということは、属性型文化を侮辱することになるのである。その時の受け取られ方は、「この若者たちはわれわれが持っている経験のレベルになるまで、半分の時間で到達したとでも思っているのか。三〇歳のアメリカ人は五〇歳になるギリシア人ないしはイタリア人と交渉するのに十分過ぎるとでも言うのか」というものである。達成型文化が理解しなければならないのは、属性型文化のいくつかが、特に日本文化がその最たるものだが、重点的に力を入れているのは、社内の教育訓練であり、それによって年長者が勤続年数と共に仕事の経過を報告に来る部下の人数に応じて、本当に賢明な人たちだと社内に徹底していることである。属性型文化の持つ予言現実化的性格を妨害することは、その文化を侮辱することになるのである。すなわち、年長者は重視され続けるので、他者から尊敬されることが彼らの気持ちを高揚させると共に元気づけることになる。よそ者に期待されているのは、この仕組みを手助けすることであり、歯向かうことではない。

日本―オランダ間の交渉会議を考察してみよう。オランダ側の財務、マーケティング、そして人的資源の専門家たちが応対する同人数の日本側専門家たちと会った時に、オランダ側が取ったアプローチは事実を明らかにしてから、決定権を持つ人物を特定しようとすることであった。オランダ側から見れば、日本側は捕らえ所もなく、打ち解けることもなく、何も明らかにしないように思えたからである。日本側からすれば、リーダーとメンバー間にはオランダ側が詮索しようとしているような「事実」と呼べるほどのものは何も存在していないのであった。オランダ側の詮索は失敬なことだという印象を与えた。いずれにせよ、事実関係がどのようになっているかを話す選択をするのも、実際に話をするのも交渉チームのリーダーの仕事である。

オランダ・ロッテルダムで開催された日本―オランダのジョイント・ベンチャーに関する会議で、日本側参加者の一人が病気になった。オランダ代表団のメンバーの一人が接近したのは、与志氏という日本側代表の一人であり、同氏が流暢な英語を話すと共に、優れた専門技術の知識を持った人物であることから、同氏が特定議題のフォーラムの一つで病気になった人の代わりをつとめられないかを求めたのである。与志氏がためらっていたので、オランダ人代表は即答のないことに困惑していた。数分後に、日本側代表団のリーダーであるカミナキ氏が公表したのは、与志氏が病気になった人の代役を務めるということであり、それはカミナキ氏が与志氏をその職に任命したからだということであった。誰が決定者なのかが明らかにされたのである。

(1) 通訳者の役割

これだけでなく他の交渉においても、よく明らかになるのは、属性型文化出身の通訳者が達成型文化の基準に従えば、「プロフェッショナルらしくなく」行動することである。イギリス、ドイツ、北米、スカンジナビア、そしてオランダの価値観に従えば、通訳者は他のどの会議参加者と同様にその道の達人なのだから、通訳の達人としての極みは、ある言語で話されたことを正確に偏りのない通訳をして、別の言語を話す人たちに伝えることである。したがって、通訳者は感情中立的であり、現在使われている外国語を理解するのに役立ち、一当事者の目的のために意味内容を歪めて伝えて当事者の一方だけに利益を与えることのないブラック・ボックスのような存在であると思われている。

しかし、別の文化において、通訳者は他のこともしている。日本人の通訳者は、例えば、一五秒間ぐらいの英語による発言を「通訳」するのに一分以上かかることがよくある。さらに、通訳者と通訳を聞いている交渉チームの間で相手の交渉チームが発言したばかりのことについて、長いやり取りが行われることがよくある。日本側の通訳者は、言葉だけでなく、ジェスチャー、意味内容、および発言の脈絡までも含めた解釈を与える通訳者なのである。その役割は、自分のチームを助けることとおそらく西洋人の交渉担当者が行う敵対行為からチームを守ることとさえ含まれているのである。すなわち、日本側の通訳者は、自分の上司を無礼なことから守ると共に、チームに相手側の戦術に対する反撃方法をアドバイスしているのである。したがって、「通訳者」は属性型チームの強い味方になっているから、達成志向チームが文字どおりに完全無欠の通訳を求めている場合、自分側の通訳を連れて行くべきである。こうしたとしても本当の関係改善に結び付かないのは、アジア人の交渉チームが外国人は自国語を理解しないという考えから、会議の最中でも自分たちの間で話をすることにまったく慣れているからである。また、交渉相手の言語に流暢な人物を連れて行った場合、相手側は自分たちの間で会議をするために中座を余儀なくされることになる。このような場合、相互理解に対する「貢献」は評価されることがないのである。

(2) 肩書きの役割

名刺や正式の紹介状に肩書きを入れて使うことや肩書きに言及することは、複雑なことである。著者たちは両者とも、自分を紹介するために名刺を持ち歩いている。中東や南欧において、正規の学校教育で授与された正式の肩書きは自分の地位を高めるためにさまざまな脈絡のいくつかで関与拡散的に使用される。しかし、イギリスにおいて、自分自身を「博士」として紹介するのは、ビジネス・コンサルタントとして、学者的傾向がかなりあり過ぎるような印象を与える。コンサルタントがPhD、すなわち学術博士号を持っていても適切な資格とは思われないし、また博士号に注目された場合でも、このような学問上の地位をコンサルタントが主張することは必ずしも道理にかなっていないからである。したがって、博士号取得のような達成を大学で成しとげたとしても、その人物が企業に行った場合、当人が確実にできると思っている達成に取り掛かる資格すら与えられないこともある。

同様の状況が予想されるのは、達成型だが関与特定的な社会を持つアメリカ合衆国である。しかし、資格の「インフレーション」が存在するアメリカでは、近い将来に仕事につこうとする限り、著名大学の大学院レベルでの学位に注目が集まるのは道理のあることである。よく口にされる専攻分野で典型的なものは、MBA〔ビジネス・スクールでの経営管理学修士〕、社会学などである。

関与拡散的な文化において重要なのは、自分の地位を所属組織と結び付けることである。個人として達成したことは、実際に、組織から付与されている地位と比較されると割り引いて受け取られる。したがって、単に課長として自分のことを紹介するのではなく、例えば、マーケティングとか、財務とか、人的資源などの課長として自己紹介することが重要である。また、商談の多くが成約に至らず失敗に終わるのは、商談に行った代表者が本社で地位の高い人だと思われなかったからである。属性型文化が納得するのは、商談に来る代表者が会社から大変に尊敬されている人物であると共に、その人物が組織のトップかまたはそれに準ずる人物の場合である。

(3) 親会社との関係

個人主義的で達成志向的な文化の価値体系において、代表者の明確な「言葉」は、当人の代表する会社が既存のいかなる責務でも実行することを誓約するものである。代表者となっている人物に個人的な判断を下す権限が委譲されているからである。属性型文化において、代表者となっている人物は、組織の長でない限り、社内で広範囲に及ぶ相談をしないで会社に責務実行を負わせられるような個人で自由にできる裁量権をほとんど持っていない。属性型文化出身の人が本気で信じようとしないのは、達成型の代表者がこのような権限を持っていることである。その結果、契約は暫定的なものに終わり、本社に戻ってから本契約するという条件付きのものになるのが落ちである。このような理由から、「本社」での肩書きとパワーが属性型の交渉担当者には多少ものを言うから重要なのである。自分の地位が階層組織で高いものでなければ、どうして自社を代表して意見を述べられるのだろうか。勢いもあり、さらに賢い若者を代表として送り込めば、商談に全然真剣に取り組んでいないと受け取られることもあるので、属性型文化の国を訪れる場合、たとえ当人が製品について深い知識を持ってないにしても、年長者を送り込むことが重要である。また、同様に重要なのは、属性型文化の年長者が直々に会議に出席して、交渉相手の同輩たちと面談するように依頼することである。相手の地位が組織のトップ近くになるにつれて、交渉中に行われた約束が守られる確率も高くなるからである。

(4) 属性型地位を示すしるしは、注意深く序列化されている

組織内の序列がどのようなものであろうと、高業績の達成者に対する業績給やボーナスは、属性型文化にいる者の気持ちを動揺させるという理由が今ようやくわかり始めて来たところである。上司は、**定義によれば、**業績向上に責任を負っている人物なので、その相対的な地位はセールスマンのグループによる売り上げが伸びたとしても影響を受けることはないのである。しかし、報酬が増額される場合、割増し分は販売現場の最も近くにいるセールスマンに与えられるのではなく、属性型地位に見合った形で与えられなければならないのである。また、リーダーが自分自身の地位をおとしめるようなことを何かした場合、**そのせいで、部下も全員降格されるのである。**

タイに着任したばかりのイギリス人ジェネラル・マネジャーは、前任者が使っていた社用車を使いたくないと言い出した。タイ人の財務担当マネジャーは、それではどういう車種のメルセデス・ベンツならお気に召すのでしょうかと新任のジェネラル・マネジャーに尋ねたところ、新任のジェネラル・マネジャーの答えは、日本車のスズキかイギリスのミニ・クーパーのように、交通麻痺のバンコックで容易に運転できる自動車ならば、何でもよいというものであった。

三週間が経過したところで、ジェネラル・マネジャーは財務担当マネジャーを呼び、自分の頼んだ自動車が配車される予定見込みについて尋ねた。タイ人のマネジャーは一瞬自制心を失って、「メルセデス・ベンツの新車ならば明日にも差し上げられますが、スズキならばもっともっと時間がかかりますよ」と絶叫したのである。ジェネラル・マネジャーは、それでも彼に配車のプロセスを早められないかと依頼した。四週間目に、ジェネラル・マネジャーは、新車の購入注文書を見せてくれるように依頼したところ、購買部からの返答は、小型車の購入は時間がかかるので、メルセデス・ベンツを一台発注しておいたということであった。

ジェネラル・マネジャーの我慢も限界を超えてしまった。最初の経営会議で、彼はこの問題を提起して、説明を求めたのである。いくらか内気に見えるタイ人が大半を占める経営陣の説明によると、彼らは自転車に乗って職場に出勤することなどめったにないという婉曲的なものであった。

このケースで、メンバー各人の地位は相互依存的になっている。イギリス人ジェネラル・マネジャーがずっと高価な自動車を注文していた場合、他のマネジャーたちも全員が彼に一目置いて尊敬するようになっていたかもしれない。属性型の社会において、自分の「存在それ自体」が地位であるから、自分の生まれだとか学歴（すなわち、生まれ変わったもの）なども同様に自分にとっては生得的だから、これらを通して、生まれながらにして持っているパワーを顕在化するのである。属性型の地位は、単に「存在」しているものであり、地位を正当化する理由などまったく必要としないし、正当化することそれ自体が存在しないのである。例えば、男性優位、高齢者優先、または社会でのコネクション重視などは、「名」家出身の年長者に重要な地位を付与する文化において、正当化し、弁護する必要などないのが普通である。しかし、そうだからと言ってこのような文化が非合理的とか、または競争力に欠けるのではなく、単に地位を正当化する理由を進んで説明しないだけであるし、また正当化の理由説明も期待されてないというだけなのである。今までずっと何時でもこのようなやり方でやって来たのであり、このやり方が社員を加齢に応じて大いに教育する努力だという意味ならば、大変に結構なことであるが、だからと言って、それは年長者を最高の地位に優先的に付与する理由**ではない**のである。

達成志向の組織は、年長者が組織のために「多くを成しとげてくれた」という主張を盾にして、その階層構造を正当化する。熟練と知識によって正当化される年長者の権威が、組織のためになるからである。属性志向の組織は、「ものごとを成しとげるパワー」によってその階層構造を正当化する。これは、部下を**支配**するような強制的なパワーか、または部下と**協力**するような参画的なパワーからなるものである。属性型文化の内部には、大きな変動があるので、参画的なパワーにはよく知られている有利な点が多くある。パワーがどのような形態を取っていようとも、属性型の地位付与はパワーの行使を意味しており、またパワーは組織有効性を高めると思われているのである。属性型地位の源泉は多く存在するので、達成を基にした昇進方法を用いて属性型地位を変更しようとするのは危険なことである。

達成志向のスウェーデン人マネジャーがパキスタンでプロジェクトの一つを管理していた。空席を埋める必要があったので、スウェーデン人マネジャーは勤務評定を注意深く検討した後に、その将来が最も約束されているパキスタン人の部下二人の中から一人を選んで昇進させた。候補者に挙がった人物は両名共に、高学歴で機械工学の博士号を持ち、共にパキスタンにおけるこの分野の権威者として知られていた。両名共に優秀な仕事の業績を持っていたのだが、カーン氏が最近に達成したいくつかのことを基に選ばれたのである。

選ばれなかった方の候補者であるサラン氏は、このような結果が出されたことで非常に気が動転してしまったので、説明を求めにスウェーデン人の上司のところへ行った。しかし、ビジネス上の必要性からの決断だったという関与特定的な説明は、サラン氏をなだめることすらできなかった。というのは、このように自分の面子を失うようなことをされて、どうして黙って許せようかというのが、サラン氏の気持ちだったからである。

スウェーデン人マネジャーがこのエンジニアに理解してもらおうと努めていたのは、空席が一つだけしかなかったので、二人のうちの一人だけが昇進できるということであった。どちらか一人が傷つくことになるが、両名共に高い評価が与えられている社員であることには変わりなかった。スウェーデン人マネジャーの説得は進展しなかった。その理由は、スウェーデン人マネジャーも結局知ることとなるように、サラン氏が同じアメリカの大学からカーン氏よりも二年前に博士号を取得していたという事実にあったからである。サラン氏が期待していたのは、この事実があるからこそカーン氏よりも高い地位につくことであった。サラン氏の家族に至ってはスウェーデン人マネジャーの決定はまったく理解に苦しむものであった。一体どうして西洋人は属性型地位をこんなにも軽く扱うのだろうか。過去数か月に達成したことだけでなく、それ以外のこともっと考慮に入れるべきではなかったか。

理解しておかなければならない重要なことは、達成型と属性型の論理がまったく異なっていることと、どちらか一方は価値のないものだと決めつけて考えないことである。達成型の国では、分担させられている職務をどれだけ良く遂行したかによって担当者が評価されるのである。その人間関係は職能的に特定のものであるから、例えば、自分があなたと関係するのは、販売担当マネジャーとしてだけである。同じ役割にいる別の人物は、必ず自分と比較されると思わなければならないし、自分も同様にこの人物と比較されると思わなければならないのである。仕事の成功は、売り上げの増大として普遍的に定義されている。また、製造、研究開発、経営企画など他の部門との関係は、手段的なものである。彼らが開発したり、製造したり、企画した製品を自分が売るか、売らないかのどちらかである。というのは、**自分が**職能的な役割それ自体だからである。

属性型の文化において、地位が付与されるのは、他者から尊敬の念を「自然に」引き起こす人物、すなわち、年長者、男性、高度の資格を身につけている人、また国家的重要性があると思われる技術またはプロジェクトに不可欠な熟練技術を持っている人物などである。地位に対して尊敬の念を示すことは、抜群に優秀な人が自分に対する社会の期待を実現する助けとなる。地位は、担当している仕事や特定の職能と一般的に無関係である。仕事を担当している個人は個別的な存在であるから、他者と容易に比較されることはない。業績は、部下が示す忠誠心と愛社精神によって部分的に決定されるので、次から、部下は忠誠心と愛社精神を示すようになる。組織を擬人化して、そのパワーを行使するという意味で、**社員が**組織それ自体なのである。

西洋諸国の達成志向的な企業は、若くて将来を嘱望されているマネジャーにやりがいのある任務を与えて遠くにある外国へ送り込むことが多いが、達成したことがどんなに良いものであっても、現地の文化が彼らの若さや性別のせいで、彼らを受け入れないことがあるなどと気づいていない。若くて（弱冠二四歳）、才能がある女性のマーケティング・マネジャーはアメリカ企業に勤めており、アメリカとイギリスの両国で同社の勤務経験があった。イギリスにおける勤務二年目で仕事上の成功を収めたので、彼女はイギリスにおける最も将来を嘱望された女性マネジャーに指名されたぐらいであった。この信任投票は彼女の決断に影響を与えたので、トルコのアンカラに転勤して、マーケティング部長として同社の事業活動にあたるという提案を彼女は受諾したのである。彼女が一人で思い込んでいたのは、部下と同僚から常に支持と信頼を勝ち得られるということであった。

アンカラでの最初の数週間は、新任の者には当たり前のことで、現地でのビジネス活動、現地社員、現地流の仕事のやり方などをよく知ることであった。幸運にも、現地には彼女の顔見知りがいて、グズ・アキルという名のマーケティング・マネジャーの一人であり、彼女が以前ロンドンで勤務していた頃のアシスタントであった。二人は当時、仲良く一緒に働いたことがあった。

最初の数か月間できる限りがんばって働いたのだが、彼女は自分の権限が徐々に失われて行くのに気づいた。現地社員の中で最も勤務歴の長いハッサン（年齢六三歳）が公式的ではないものの、意識的に彼女から権限を段々と取り上げて行き、彼女の努力が無駄になるように周りの者に仕事をさせたのだが、ハッサンが持つマーケティングの知識は彼女のごくわずかに過ぎなかった。ハッサンが影響力を行使して、それがたいていの場合、満足の行く結果に終わらないのを彼女はただ見ていなければならなかった。グズを通して彼女が知ったことは、本社がこのようなハッサンの手配に応じて、彼女ではなく、ハッサンを通してますますコミュニケーションを持つようになって行ったことである。彼女は一〇年前に自分と同年配のアメリカ人男性マネジャーが、現地マネジャーを効果的に管理できないという理由で更迭されたこともあったと耳にした。この男性はアメリカに戻ってから競争相手の会社に勤めて、今ではとても効果的に働いているとのことであった。

このケースをサン・フランシスコで開催したワークショップで提示して、人事計画を普遍主義的システムに基づいて作成する危険性を指摘したところ、参加者の女性マネジャーの一人が「いつまでもこの問題に拘泥しないで、先に進むべきよ。講師のアドバイスは、性別と年齢に基づいて本社が差別的な人事を行うか、または海外の子会社にそうさせるというものよ。この国〔アメリカ〕でそんなことをしたら、それだけで告訴されるわ」という懸念を表明したのである。

文化選好は、法律の力と共に慣習の力を持つことが実際によくある。若い女性のマネジャーを単に若さと女性という理由からトルコへの派遣を拒否することはおそらく違法であるが、だからと言って彼女たちを送り込めば、彼女たちの落ち度がまったくないにしろ、自力で克服できないような困難に直面させることになるのである。彼女たちが達成するほど、属性型文化におけるやり方をますます破壊するように思われるからである。良い戦術の一つは、若い女性マネジャーを現地マネジャーのアシスタントかアドバイザーにすることである。そして、彼女が現地マネジャーの知識不足を補う一方で、ものごとを成しとげるために現地の年功制を使うのである。このような配属をする場合、達成志向的な文化における課長と同格の給与と評価が、おそらくカルチャーショック手当ても付け加えて、与えられるべきである。トルコで効果的な事業活動を求めるならば、トルコ人現地社員をアメリカ文化の規範で置きかえることはできない。それは長期的に見れば効果的でなくなるし、また短期的に見れば費用が高くつくからである。

4　調和に向けて

属性型または達成型のどちらか一方の地位付与が文化によって強調されているにもかかわらず、両方が一緒になって発展して行くというのが著者たちの考えである。属性型で「スタート」する人たちは、たいていの場合、地位だけでなく将来の成功や達成もまた与えられているので、これらが地位を作り上げるのに役立っているのである。また、達成型で「スタート」する人たちも、たいていの場合、すでに成功を収めている人物やプロジェクトに重要性や優先順位を与えることから始めるのである。その結果、すべての社会は属性型の地位を付与すると共に、曲がりなりにも達成型の地位も付与するのである。ここで再び、どこからこのサイクルが始まるかという質問に戻るのである。

ベリー・エレクトロニクス（ＢＥ）社が韓国において製造を開始したのは、一九八五年のことであった。民生用エレクトロニクス分野での目まぐるしく変化する市場価格は、サン・フランシスコに本社を置くこの会社に製造施設の分散化を余儀なくさせたのである。韓国支社を立ち上げる際にかなり深刻な額の損失を出した後に、ＢＥ社は損失を取り戻し始めて、一九八九年後半になると期待できる利益をいくらか報告できるようになった。一九九一年初頭にタイとベトナムによる競争のために利幅が圧縮されるようになったので、ＢＥ社はアジア地域の主要な競争相手をまねて、自社もビジネス・プロセスの再編をねらったリエンジニアリングをする決定をした。

この時になって初めて、ＢＥ社は経験を積んだアメリカ人マネジャーを本社から送り込んできた。彼らのアプローチは終始一貫したものであり、カリフォルニア州とマサチューセッツ州における類似した業務改革プロジェクトに成功した功績で社内の年間優秀マネジャー賞に輝いた人たちであった。継続的改善プログラムを基にして、韓国人マネジャーたちは「協力する」ように圧力を加えられた。最初にやってきたアメリカ人マネジャーが言ったことはソウルでは未だに覚えられている。すなわち、「社員の皆さん、われわれは今、火がついている台の上にいるのです。数字が物語っているのは、あまり多くの時間が残っていないということです。アジア地域にいる競争相手の会社は我社よりもずっと良い業績を達成しており、実際に比較した調査が示すには、カリフォルニア州とタイ国で操業していて、品質面で比較基準にした会社の方が、我社よりも品質で三五％良く、また労働者一人当たりの生産量で四二％も上回るという結果だったのです。したがって、皆さんにこのような数字を改善してもらい、利益を生み出す会社にするために六か月の時間的猶予をあげましょう。そして、この支社がＢＥ社の一員として、値打ちのある会社だということを約束するだけでなく、達成することで示しましょう」という演説であった。

とても失望するような結果が出た後に、二番目のアメリカ人マネジャーが送り込まれてきたが、彼も類似したアプローチを取ったので、何の違いも生じなかった。重要な韓国人マネジャーを対象に行ったインタビュー調査も役に立たなかった。赤字に次ぐ赤字は、「私たちは一生懸命がんばっているのだが、韓国では簡単に行かないのです。その理由の大半は過当競争にあります。今必要なのは離職者を抑えることで、そうすればもっとお互いを信頼できるようになると思います」というように弁護された。

ジェローム・ダン氏は、未だに赤字の止まらないＢＥ韓国支社を救済するように依頼された。同氏は南米およびアジアの両地域で企業業績の改善に優れた熟達技術を持つ人物としてその名が知られていた。同氏は韓国人マネジャーたちに同氏の前任者たちが取ったアプローチはまったく正しいものだったと話すことから始めた。すなわち、「われわれは今、火がついている台の上にいるのです。この工場はＢＥ社にとって、とても重要なので、この施設を救うために助けてくれるよう従業員の皆さんにお願いします。皆さんに協力してもらえるま

図表8.3　達成型と属性型の調和

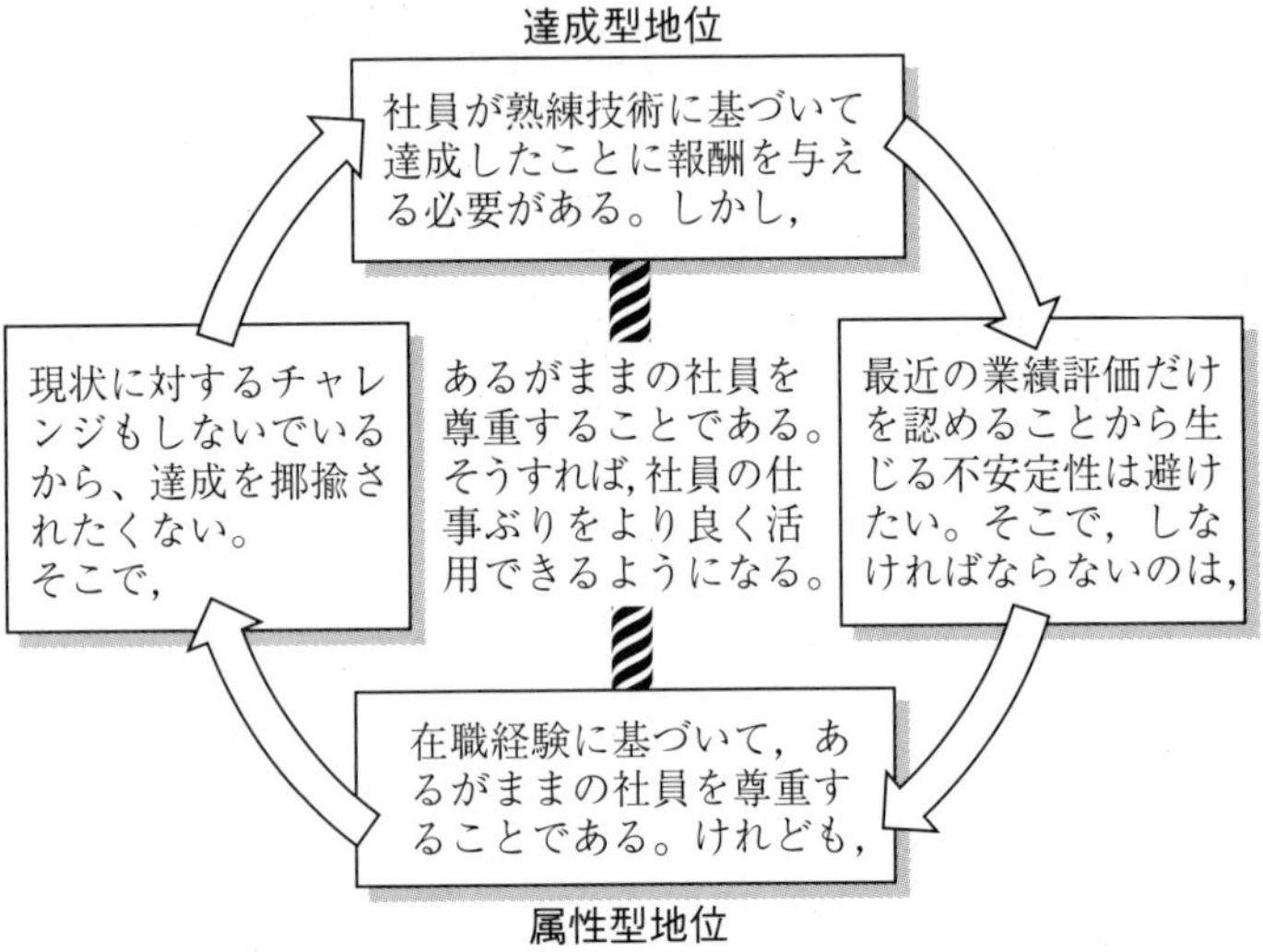
達成型地位
社員が熟練技術に基づいて達成したことに報酬を与える必要がある。しかし,
最近の業績評価だけを認めることから生じる不安定性は避けたい。そこで，しなければならないのは,
在職経験に基づいて，あるがままの社員を尊重することである。けれども,
現状に対するチャレンジもしないでいるから、達成を揶揄されたくない。そこで,
あるがままの社員を尊重することである。そうすれば,社員の仕事ぶりをより良く活用できるようになる。
属性型地位

で三年の時間的猶予をあげましょう。また、私の助けが必要な時は何時でも助けましょう」というものであった。

六か月も経たないうちに、ＢＥ韓国支社は黒字になった。品質は向上し、社員の志気も上がり、離職者は六〇％減という結果になった。ダン氏は何が起きたのか正確には知らなかったが、南米でも、今度はアジアでも同じことをしたのである。

韓国でジェローム・ダンは成功して、彼の前任者たちが失敗したのはなぜだろうか。アメリカ人マネジャーたちが行った最初の活動が、生産性を低減させるようなものだったからである。偉大なアメリカの伝統に従えば、業績改善担当のマネジャーたちがスタートするのは、図表８・３の一番上の位置からであり、部下たちが達成したことに応じてもらえる報酬に焦点を置いているからである。韓国人従業員たちが組織改善の開始以前からずっと心配していたのは、根本的な信頼が欠如しているように思っていたことである。彼らは過去の業績を基に判断を下されることを恐れていたのである。

ジェローム・ダンは韓国人の同僚たちに協力するための時間を三年間与えた。そうすることによって、同氏は直感的に地位を韓国側に与えたのである。これは韓国人従業員が必要としていた信頼を彼らに与えることになった。というのは、韓国人たちはBE社に勤務した年月を基に自分たちが尊重されるようになったと感じ始めていたからである。これが彼らをさらに、がんばって働かせるようにした理由である。属性型地位から達成が生まれたのである。

5　自己点検用テスト

以下の質問を考えてみて下さい。

従業員に地位を与える際の理由にはさまざまなものがある。例えば、何かを成しとげるのに成功したからということもあれば、社会システムが従業員に与える属性のせいであることもある。そこで、以下の意見をよく考えて下さい。

一　地位を付与する理由は、従業員の持つ永続的な属性、例えば学歴、年功、年齢、役職歴、および与えられた責任のレベルなどであるべきである。地位の変更は、必要に応じてとか、または最近の成功歴だけを根拠にして行われるべきではない。地位が反映するものは自分の存在に関する内発的な価値であり、最近にわかに立てた手柄ではないからである。

二　地位を付与する理由は、従業員の持つ永続的な属性、例えば学歴、年功、年齢、役職歴、および与えられた責任のレベルなどであるべきである。このように付与される地位は、予言現実化的な傾向があり、まず会社が人物を高く評価して多くを期待するので、達成とリーダーシップがその結果として生まれて来るのである。

三　地位は従業員が実際に達成したこと、すなわち実績の問題である。しかし、時が経つにつれて、実績による評判は永続的な属性になり、成功を更新させて行き、さらに多くのことが達成できるようになるのである。

四　達成ないしは成功こそがビジネスにおける地位を生む唯一の正当な源泉である。達成したことが最近のことであるほど、現在行っている挑戦にとって良くなると共に妥当する度合いが高くなるからである。また、生まれが卑しく、家族背景が名家でなく、それゆえに社会的成功を収める確率が低いと思われているにもかかわらず成功した場合、達成は有意義になる。

職場の最も親しい同僚が好むと思う回答に1の数字、次に好むと思われるものに2の数字を記入して下さい。

回答二と三を選択した回答者は、達成型地位と属性型地位を調和する意見を表明したのである。回答二が主張しているのは、社会が付与した属性型地位が達成と成功をもたらすというものである（上記の韓国のケースは類似した原理原則に基づいたものである）。回答三が主張するのは、達成型地位が社会の付与する属性型地位につながるという考えである。どちらの回答にも真実が存在するのは、自分の存在価値に関する予言実現化的な意味である。回答一は達成型地位を、また回答四は属性型地位をそれぞれに否定するものである。

6　属性型文化と達成型文化でビジネスをするための実際的な秘訣

(1) 文化差を認識すること

達成型地位志向

一　肩書きを使うのは、仕事を行う際に使用する能力に関連する場合だけである。

二　階層組織における上司に対する尊敬は、上司がどれだけ仕事を効果的に遂行するかということと、どれくらい十分な知識を持っているかということに基づく。

三　上級管理職のほとんどは、その年齢と性別がさまざまであり、特定の職務に熟達している

属性型地位志向

一　肩書きを広汎に使うのは、特に、組織内での自分の地位を明らかにする場合である。

二　階層組織における上司に対する尊敬は、組織やその使命に対する自分の関与の深さを示す測度として見られる。

三　上級管理職のほとんどは、男性であり、中年になっており、これまでの勤務歴でその資格を与えられた人たちばかりである。

(2) ビジネスをする場合の秘訣

達成型地位志向の人とビジネスをする場合（属性型地位志向の人用）

一　自社の交渉チームが、相手企業に合弁事業として協力してやって行くプロジェクトをうまく成功させると納得するだけのデータとか、技術顧問とか、問題点を熟知している人などを十分にそろえているか確かめることである。

二　交渉相手が、その本社において影響力を十分に持っていないという疑いがある場合、彼らの持つ知識、情報を尊重することである。

三　個人としての自分がどんなに有能かを示す肩書きを使うことである。

四　交渉相手が有利に、または期待以上にうまく交渉を進めたがっていることを過小評価しないことである。

属性型地位志向の人とビジネスをする場合（達成型地位志向の人用）

一　自社の交渉チームが、交渉を重視しているということを相手企業に印象づけるために、年配の上位役職者で、会社を代表する地位についている人物を十分にそろえているか確かめることである。

二　交渉相手が、たとえ知識不足であるという疑いがある場合でも、彼らの地位と影響力を尊敬することである。間違っても、そんなことを口にして、彼らに恥をかかせてはならない。

三　自社内での影響力を示すような肩書きを使うことである。

四　交渉相手が自らの属性型地位に見合った業績を実現したがっていることを過小評価しないことである。

(3) 管理する場合および管理される場合

達成型地位志向

一　マネジャーが尊敬されるのは、当人が持っている知識と熟達した技能に基づいている。
二　目標による管理（MBO）や業績給は効果的な管理の手段である。
三　決定に異論が出されるのは、技術的および機能的理由からである。

属性型地位志向

一　マネジャーが尊敬されるのは、年功に基づいている。
二　目標による管理や業績給は、マネジャーから直接与えられる報酬よりも効果的でない。
三　決定に異論が出されるのは、上位の権限を持つ人たちからだけである。

参照文献

（1）McClelland, D., *The Achieving Society*, Van Nostrand, New York, 1961.（林保監訳、『達成動機』、産業能率短期大学出版部、一九七一年）
（2）Laurent, A., "Managerial Views of Organisational Structure in France and the USA", *International Studies of Management and Organisations*, XIII, 1-2, 1983, pages 97-118.

第9章 時間管理の方法

マネジャーたちはビジネス活動を調整する必要があるためだけだとしても、時間に関する何らかの期待をお互いに共有するように求められている。文化が異なれば、人間関係についての前提も異なるのとまったく同じように、時間に対するアプローチも異なる。本章で検討するのは、異なった文化が過去、現在、および未来に対して与える相対的な重要性の違いである。例えば、達成志向的な文化は、大きな目標が実現されるのが未来であるという理由から、過去や現在以上に未来はより良いものでなければならないと思うのだろうか。それとも、関係志向的な文化は、現在の感情的な絆を緩めるかもしれない脅威として未来を見るのだろうか。時間に関する考え方の違いは、異なった結果をそれ自体にもたらす。特に重要なのは、時間に対する考え方が**順次的**、すなわち出来事は次々に連続して過ぎ去って行くという考えなのか、または**同期的**、すなわち過去、現在、および未来のすべては相互に関連しており、未来に関する考えと過去の記憶の両方が現在の活動を形成しているという考えなのかという違いである。

1　時間の概念

未開社会は、月の干満、季節の変わり目、日の出、日没などの「前」と「後」という簡単な考えで自らの生活を秩序あるものにしている。文明社会では、時間の概念がますます複雑になって来ている。時間に関する考えはさまざまあるが、そのすべてに共通するのは、二つの対照的な考え方である。一つの考え方は、時間が一直線に並んだ離散的な出来事のようなものであり、分、時、日、月、年という単位でそれぞれが終わりのない連続線上で過ぎ去って行くというものである。もう一つの考え方は、時間が円のように回転しているものだから、分が一時間の中で繰り返され、時が一日の中でまた繰り返され、日が一週間の中でまた繰り返される等々というものである。

ギリシャ神話に出てくるスフィンクスは、顔が女性、体はライオン、そして鳥の翼を持つという怪物であるが、テーベの都に向かう道を歩く旅人すべてに「朝に四つ足、昼に二本足、そして晩に三本足で歩き回る生き物は一体何か」と尋ねていた。この問いに答えられない旅人は、スフィンクスに食べられていた。しかし、エディプスが「それは人間のことだ」と答えたので、スフィンクスは自害して果てた。エディプスが理解したのは、この謎かけが時間に関連した隠喩であるということであった。四つ足は赤ん坊の這い回る様子であり、二本足は大人が歩く姿であり、最後の三本足は老人となって杖を突いて歩くさまである。時間は長期間にわたって連続して起きると考えることで、謎が解けたのである。エディプスが理解していたもう一つのことは、謎かけの中に時間の志向性が凝縮されていて、すなわち同期化されて入っていることと共に、言葉がこのようなことを可能にさせているということであった。

人類学者たちが長い間主張してきたのは、ある文化が持つ時間についての考え方と時間管理の方法こそが、その成員たちが見出す人生の意味と人間存在に関する本質を解く鍵だということである。クラックホーンとストロードベックは文化類型を次のように三つに識別している。[1] 現在志向文化は、相対的に時間感覚がなく、過去の伝統にも拘泥せず、未来を無視するものである。過去志向文化は、現時点において過去の伝統を維持したり、復活したりすることに大きな関心を持つものである。未来志向文化は、より望ましい未来を目論むと共に、その実現を目指すものである。未来志向文化のカテゴリーに属する人たちが主として、経済的および社会的発展を体験するのである。

時間は、組織が管理しなければならない要因の一つとして、見られるようにますますなって来ている。すでに存在しているのは、時間動作研究、製品市場化時間（time-to-market）、ジャスト・イン・タイム型生産方式などであり、製品も旧式化するかまたは、成熟化して、人間と類似したライフ・サイクルを持つという考えに沿ったものである。生き物の世界では唯一、人間だけが時間の観念を持っており、時間をコントロールしようとしているのである。人類はほぼ普遍的に過去、現在、および未来のカテゴリーで時間を考えるが、それぞれのカテゴリーに同じ重要度を与えていないのである。人間の時間観念が文化によって強く影響されるのは、時間が物体というより、むしろ抽象概念だからである。したがって、時間のとらえ方は、他者と一緒に行う自分の活動を計画して、戦略化して、調整する方法と絡み合っているので、自らの経験や活動を組織化する際の重要な次元の一つである。

人間が時間を測定する人工的な道具を作り出した時に、時間を経験することが具体化されたのである。これによって時間のまとまりと流れを区別できるようになったので、地球が太陽の周りを回転するのにかかる天文学的な時間の範囲の中で細かな区別をつけられるようになったのである。時間はこのように地球の動きによる固定的なものとして考えることもできるし、また主観的に経験するものとしても考えることができる。例えば、ジェット旅客機に搭乗すると、飛行機の位置が世界地図の上にときどき示されることがあり、飛行機が目的地に向かって、とてもゆっくりと這っているかのように見えることもある。

時間を経験することの意味は、過去の出来事を現在の時点で（順序が違っているものの）よく考えることもできるし、また将来のことを今からよく考えることもできるのである。このようにして、過去、現在、未来のすべてが圧縮されるのである。例えば、競争に勝つために今日の時点でどのような動きをしたら良いかを熟考できるのは、過去の経験に基づいているからと未来への期待を持っているからである。これは時間を使うことに関する解釈の一つである。

時間は個人だけでなく、集団全体または文化にとっても意味を持つものである。フランスの社会学者エミール・デュルケイムは、時間をある文化の成員が自らの活動を調整可能にさせるための社会的構成概念として考えた。(2)この考えは、ビジネスの脈絡において重要な意味を持っている。例えば、会議開催に合意した時間が大まかなことも厳密なこともあるからである。また、仕事を一つ完成するために配分した時間が、命に関わるほど重要なことも単なる目安に過ぎないこともあるからである。一例をあげれば、マイクロプロセッサーを機械に組み込む準備が完了する正確な時間に関して、相互調整を行う予想が初めから存在する。さもなければ、一方が他方に対して一日数千ドルにものぼる損害賠償金支払いを要求する罰則条項が契約に含まれるのである。また、作業進行を査察する間隔の長さがマネジャーの責任レベルを示す指標となることもある。マネジャーが査察に来るのは、三か月ごとか、または三年ごとなのだろうか。組織は遠く先を見ていることもあれば、月次報告に取りつかれていることもある。

2　過去、現在および未来に対する志向性

聖アウグスチヌスは自著『告白』の中で、主観的現象としての時間は抽象概念としての時間とかなり異なったものであると指摘している。抽象的な形式において、未来はまだ現在になっていないので知ることができないものであり、また過去も不可知である。記憶が部分的にも選択的にも存在しているとしても、過去はすでに過ぎ去ったものだからである。存在する唯一のものは現在であり、それこそが過去または未来へ通ずる唯一の通路である。アウグスチヌスは「現在は、それゆえに、三次元からなるものである。すなわち、過去の出来事からなる現在、現在の出来事からなる現在、そして未来の出来事からなる現在の三つである」と書き残している。

いつの瞬間でも現在だけが現実であり、過去や未来は現実であることを停止したか、またはまだ現実化されていないものであるという考えは、人間が過去と未来を**対象**として現在の時点で考えるという事実によって適格になったものに違いない。過去または未来という考えがどんなに不完全なものであろうと、これらの考えは人間の思考に強力な影響を与えているのである。これらの主観的に考えられる時間が人間の判断や意思決定に常に存在するからである。人間がその生活を意識的に適応させるのは、今取り組んでいる仕事が未来において成功する方向であるけれども、過去の経験がその未来についての認識と共に、現在の気分についても深い影響を与えている。潜在化した生産的な緊張関係が過去、現在、未来の間に存在しており、そこには未来が過去や

現在の経験から（もっとも、会社には記憶などまったく存在しないという批判がよくされるけれども、）利益を得られるかどうかに関する頭を常に悩ませる問題も一緒に存在するのである。三つの時間帯すべては、活動の中で結び付くのである。したがって、未来に対する期待が現在を決定するという命題は、現在の活動が未来を決定するという命題と同じぐらい真実であり、また現在の経験が過去についての見解を決定するという命題は、過去が今日の現状を作り上げたという命題と同じぐらい真実である。この論述は言葉をもてあそんでいるのではなく、時間に関する考え方を記述しているのである。現在の時点で自分自身をみじめに感じさせるのは、以前から長い間期待していた貸し金の返済が未来に繰り延べになった場合である。また、過去にしてしまったことをさらに正当化するような事実を現在の時点で発見した場合でもある。実際、創造性の重要な部分の一つは、過去と現在の活動を組み合わせて、未来についての推測を加えた新しい組み合わせを作ることである。

さまざまな人や文化が、過去、現在、および未来の志向性に多少なりとも引きつけられてきた。そのうちのいくつかは現在の時間だけで完全に生活しているか、または生活しようとしている。ヘンリー・フォードが語ったように、「歴史とは逃げ去るものである」から、過ぎ去ったことの探求はどんなによいことであっても忘れ去られるのである。また、現世に関する夢のいくつかは、これまでに存在したことがないものだから、自分自身で作り上げたイメージやあこがれから創造しようとした場合もあれば、または黄金時代の再来、例えばナポレオン伝説の再生だとか、西部開拓の挑戦に類似した新天地を求めるような場合もある。このような夢を持つ人たちが信じているのは、未来が自分たちのところへやってくるのは運命であり、さもなければ自分たちだけで運命を決めなければならないということである。その理由は、他の人たちが郷愁にひたって生きているのは過去であるから、それに向かって現在の時点で行われることのすべてが呼びかけているのである。

3 順次的および同期的に組織化された活動

これまで検討してきたのは、時間の概念から少なくとも二つのイメージが抽出できるということであった。時間は、規則的な間隔でわれわれの前を通り過ぎて行く順次的な出来事からなる一本の線として論理的に考えることもできる。また、過去、現在、および未来などの時間は、これらが共通に持つ季節の移り変わりや生活のリズムによって圧縮された循環的で反復的なものとしても考えることができる。そこで、一方の極に、時間を規則的な間隔で空白があいている破線として考える人がいるので、出来事は、間隔が起きる前後の間隔数によって組織化されると考えるのである。順次的に考える思想家に関する限り、あらゆることに時と共に場所が存在する。この順序を変更して混乱させると、順次的に物事を考える人を不安定にすることになる。イギリスで行列に割り込もうとすれば、規則正しく並んだ人の行列には断固として規則を守らせようとする人が何人もいることを思い知らされることだろう。行列での規則は、全員が自分の順番が来るまで待たなければならず、先着順であり、「礼儀」の一部なのである。昔ロンドンで、バスを待つ人の長い行列を見ていた時に、雨が大降りに降り始めたことがあった。全員が表情も変えずにずぶぬれになりながら立ち続けていて、雨を避けるひさしが傍にあったにもかかわらず、自分の順番を乱さないようにしていた。この人たちは雨に濡れないようにするという正しいことをするよりも、行列を乱さないということを正しく行う方を好んで選んだのである。オランダでも、たとえ女王陛下でも肉屋に買い物に行けば、番号札を取って待たなければならない。また、その番号が呼ばれる前に割り込むようなことをすれば、いくら高貴な方でも大きなトラブルを引き起こすことは請け合いである。また、たとえ緊急事態であっても問題外であり、順番は順番だというのが規則である。

Ａから B まで直線で結んだ距離を最小の努力で行き、最大の効果を得るというのが、効率として知られるものである。この考えは、大きな影響力を西北ヨーロッパと北米のビジネスのやり方に与えている。この考え方に内在する欠点は、「直線」が必ずしも何かを行う際の最善の方法ではないということであり、共有化された活動や相互的な関係が持つ効果性に気づいていないことである。

昔イタリアの肉屋で見たことがあるのは、肉屋がサラミを買い物客の一人の要望で包みから出した後に、「他に誰かサラミを買う人はいないかね」と叫んでいたことである。ここでは順次的な考えはまったく存在していないのである。買い物客は自分の欲しいものを買い終えると次々にきちんと支払いを済ませるので、欲しいものすべてを買い終えた客も同様にきちんと支払いを済ませているから、別の肉をもっと買おうとしている買い物客よりも先に店を出るのである。この方法はより少ない時間でより多くの客からの注文に答えるものである。

アムステルダムやロンドンの肉屋では、肉屋の店員は番号を呼び、買い物客の所望する肉の包みを一つ一つ開き、肉を切り、また肉を包み直した後に、次の番号を呼ぶのである。共著者の一人が昔、危険を冒して、「サラミの包みを開けているのだから、私にも一ポンドほど切っておいてくれないか」と声をかけたところ、他の買い物客も店員もびっくりしてしまった。このやり方は非効率であるかもしれないが、どこかのずる賢い奴に変更させるつもりなどまったくないのである。

しかし、同期的な方法は人々にさまざまな活動が進展する足跡を並行的に追うように求めるので、むしろ曲芸師が一度にボール六個を空中に投げて、リズムに合わせて捕まえては投げるというお手玉曲芸のようなものである。これに慣れていない文化には容易なことではないのである。アメリカの人類学者、エドワード・T・ホールは[3]、著者たちが同期的と呼ぶものを**多期的**（polychronic）として記述しており、並行して行われる活動の数を強調している。言い換えれば、最終的な、設定された目標は一つだけ存在するのだが、そこに到達するための踏み石は、無数あると共におそらく相互に互換性があるのだろう。だから、最終目標の途中で、「踏み石の間を飛び越える」ことができるのである。

対照的に、順次的な人たちは、最終目標までの各段階を完成するためにかかる所要時間を前もって計算した「臨界経路」を持っている。順次的な人たちは、このようにして作られたスケジュールや計画が予想もしなかった出来事によって混乱させられることを嫌うのである。『沈黙の言語』という自著の中でホールは、日本人の交渉担当者が大きく譲歩するのは、アメリカ側の交渉相手が東京から帰国する飛行機便の予約確認ができた**後**であるということを明らかにしている。自分たちの帰国スケジュールを危険にさらすより、アメリカ側が日本側の要求に譲歩することもよくあるからである。

同期的または多期的な時間形式は、これらに慣れていない人たちにとって異常なものである。オランダ人共著者は昔アルゼンチンで航空券発券カウンターに働いている女子職員から航空券を購入したことがある。この女子職員は、航空券を（間違いもなく）発券しながら、友人と電話で話していて、同僚が出産した赤ちゃんのことを誉めていたのである。一度に一つ以上のことを行う人たちは、意図せずに、一つのことだけをするのに慣れている人たちを侮辱することがある。

同様に、一度に一つのことだけを行う人たちも、意図せずに、同時に多くのことをするのに慣れている人たちを侮辱することがある。韓国人マネジャーの一人は上司に会うためにオランダに戻ったところ、ショックと共に失望を味わった経験談を次のように述べている。

「上司が電話している最中に、私は上司のオフィスに入ろうとしており、私がオフィスに入ると、上司は左手を少し私の方に向けて挙げて合図したのです。それからあたかも私などは上司と同室していないかのように、無礼にも上司は電話で話し続けたのです。五分後に電話での話を終えてからようやく、上司は立ち上がって、『キム君、会えてうれしいよ』と熱はこもっているが誠意のない挨拶で私を迎えたのです。こんなことってありますか」。

同期的な人物にとって、たとえ電話でずっと人と話していたとしても、自然にまた時を置かずして起きる挨拶をしてもらえないことは侮辱にあたるのである。自分の感情を「順序正しく並べて」、他のことが片付くまで感情が起きるのを延期させるという考え全体が、誠意の無さを物語っているのである。たとえ不意に来客があったとしても、来客に「時間をあげる」ことでどれだけ自分が来客を大切に思っているか示せるのである。

順次的な人たちは、時間枠の間に余裕がほとんどない、ぎっしり詰まった予定を立てる傾向がある。したがって、数分の遅れですら、その日全体の予定事項に影響を与えるので、無礼なことにあたる。あたかも自分が電車や飛行機になったように、予定通りに生きる人は「予定より遅れている」と文句を言うものである。このような人たちは、時間を使い切るべき商品として見ているので、遅刻は「時は金なり」という世界において、待たせている相手から貴重な時間を奪うことと思うのである。

同期的な文化が時間厳守にあまり固執しないわけは、時間経過の途中で合意した瞬間に到着する人物本位に時間厳守が定義されているからである。時の移り変わりが重要でないというわけでも、他のいくつかの文化的価値が時間厳守と競い合っているというわけでもない。個別的な関係（第4章の普遍主義対個別主義の論述を参照されたい）を持つ人たちに「時間を与える」必要がよくあるからである。また、友人や関係者と思いがけずに会った時に、感情面での快感を相手に見せる必要があるからである（第6章の感情表出的対感情中立的なアプローチに関する論述を参照されたい）。したがって、自分の立てた予定は友人・関係者を無視して通り過ぎる言い訳にならないのである。そんなことをすれば、自分の母親、婚約者、または友人たちをひどく立腹させることになる。フランスの人類学者レイモン・キャロルは、フランス人男性の恋人に置き手紙を残して、別の用事に出かけて行ったアメリカ人女性について語っている。[4] フランス人男性の恋人は、自分が今晩彼女に会いたいと思っていることを、彼女が他の計画を作りたくなくなるような形で知らせることができなかったのだろうか。フランス人男性は感情を害したことだろう。彼女が立てた予定は、彼らの間に自然に湧き起こった感情豊かで個別的な関係を邪魔すべきものではないからである。また、階層組織で際立った地位にいる人々もまた「時間を与え」られなければならないのは、見ず知らずの人と出会う場合である（第8章の達成型対属性型地位付与を参照されたい）。これらの理由すべてから、同期的文化において、人に会う時の約束時間はおよそのものになっている。約束時間に遅れても許される範囲は、ラテン系ヨーロッパにおける一五分から中東およびアフリカにおける半日または全日までである。会う約束をした人たちのほとんどが並行して他の活動もしているという事実を前提に考えれば、約束時間で待つことは重荷ではなく、さらに待っている相手が遅刻して来れば、計画していなかった活動をいくらかできる好都合になることもよくある。

また、食事の準備ですら時間の志向性によって影響されている。順次的で、時間厳守の文化では、適量分だけの食事が準備されるのが普通であるから、来客が時間通りに来ないと食事は冷たくなるか、または味が落ちるようになっている。同期的な文化では、多くの来客が思いがけずに立ち寄った場合に備えて十分以上の食べ物があるのが普通であり、時間が経っても味が落ちない料理かまたは、客の要望に従ってその場で調理される料理のどちらかが出されるのである。

4　時間に関する文化差の測定

本書において、時間に対するアプローチを測定するために用いた方法は、トム・コットルが作り出した「サークル〔円描写〕・テスト」である。(5) このテストで尋ねられる質問は、以下の通りである。

過去、現在、および未来が円の形をしていると思って下さい。白紙に、それぞれ過去、現在、および未来を示す円を全部で三つ描いて下さい。その際に、過去、現在、および未来の関係について自分が感じていることを最もよく示せるように、これら三つの円の配置も考えて円を描いて下さい。円を描く際に、どのような大きさの円を使っても構いません。円を描き終えたならば、それぞれの円に、過去、現在、および未来などの名称をつけて下さい。

コットルは、最終的に四通りの円形配置を発見して、研究を終了した。最初に発見したのは、時間帯間に関係がない配置である。著者たちの測定データに基づけば、これは典型的なロシア人の時間アプローチであるこ

図表9.1　過去，現在，および未来

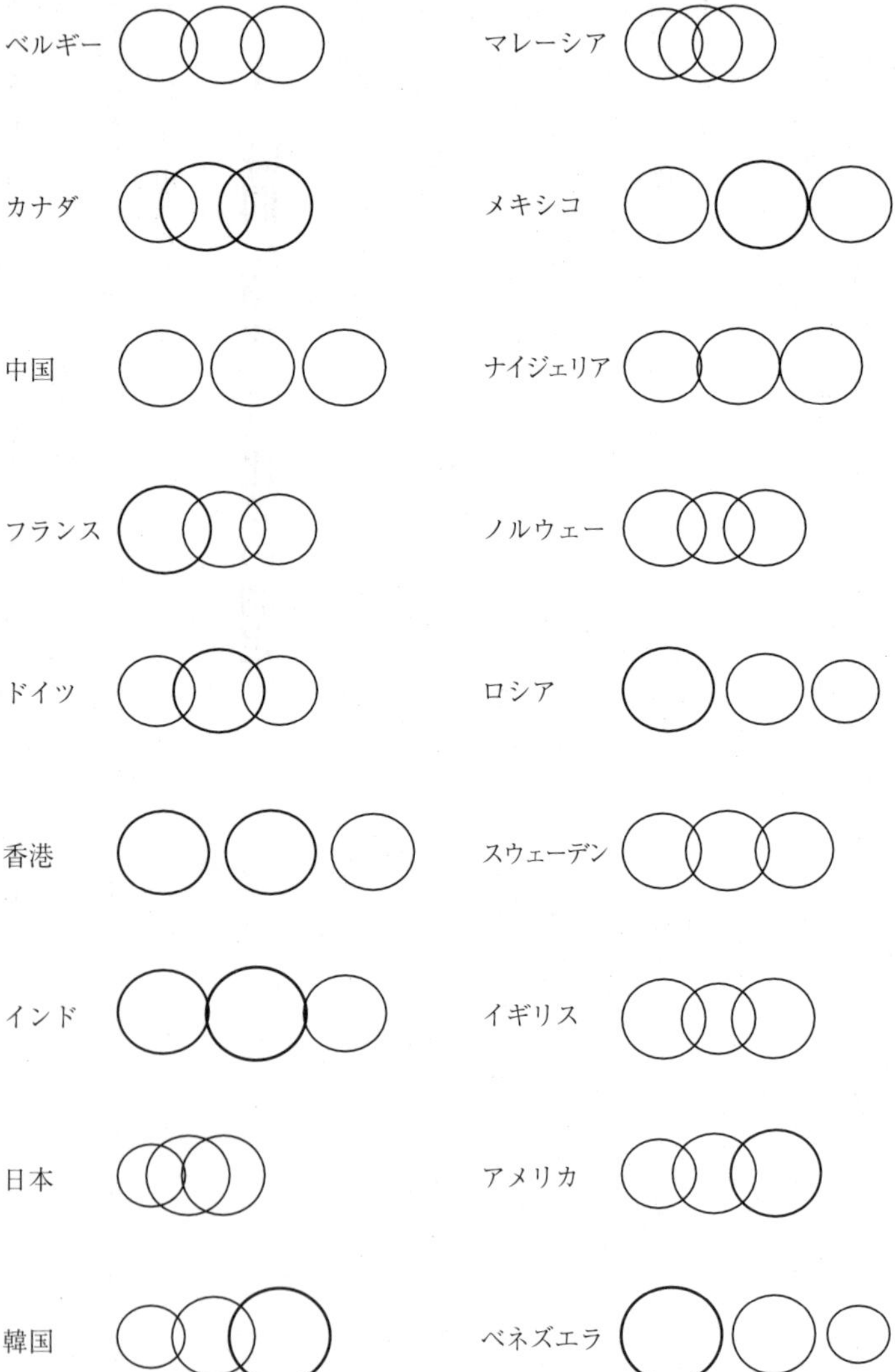

とを図表9・1が示している。すなわち、過去、現在、および未来の間にまったく何の関係もないが、ロシア人の考えでは、未来は現在よりもはるかに重要であり、過去以上に重要だというものである。コットルの発見した二番目の配置は、時間統合と呼ばれる配置であり、三番目の配置は時間帯が部分的に重なり合っている配置であり、そして四番目の配置は時間帯が接しているものの、重なり合っていない配置である。この四番目の時間アプローチは図表9・1が示すようにベルギー人の特徴であり、現在と過去の間にわずかな重なり合いがあるが、現在と未来はわずかに接しているだけである。この配置に関してイギリス人はベルギー人に似ており、イギリス人は過去とかなり強い結び付きを持っているが、それを比較的にそれほど重視していないのに対して、ベルギー人は時間の三様相を等しく重視しているのである。ところが、フランス人はまったく違っており、時間の三様相はかなり重複しており、マレーシア人と共通した考えを持っている。ドイツ人は現在と未来がとても強力な相互関係を持っていると考えている。図表中には示されていないが、日本人回答者の半分は過去、現在、未来の円を同心円として描いている。

5　時間の範囲

サークル・テストが測定したのは、過去、現在、および未来に対してさまざまな文化が与えている意味の違いである。コットルが開発した別のテストを用いて、人が短期的または長期的な時間の範囲を共有しているかどうかを調べた[6]。コットルが開発した期間調査質問紙（Duration Inventory）は、人間が過去や現在などの時間帯を分離する境界と共に時間帯の範囲も認識する仕方を探求するものである。本研究は質問紙を短縮するために質問を言い換えた。その理由は、この質問紙には五八に及ぶ質問項目があるが、そのうちの一つだけに関心があるからである。質問は次のようなものである。

過去、現在、および未来について、相対的な重要度をよく考えて下さい。次に、過去、現在、および未来について自分が思う相対的な時間の範囲を数字で以下の文章の空欄に書き入れて下さい。

・過去が自分にとって始まったのは（　　　）前のことで、終わったのは（　　　）前のことである。
・現在が自分にとって始まったのは（　　　）前のことで、終わったのは、今から数えると（　　　）のことである。
・未来が自分にとって始まったのは、今から数えると（　　　）のことであり、終わったのは、今から数えると（　　　）のことである。

六つの空欄それぞれについて平均を取り、それから国別の平均評点（7＝年、6＝月、5＝週、4＝日、3＝時、2＝分、1＝秒）を計算したところ、非常に大きな差があるとわかった（図表9・2参照）。時間の範囲が最長なのは香港であり、最短なのはフィリピンであった。

時間の範囲はビジネスのやり方に大きな影響を与える。日本人の持つ相対的に長期的なビジョンが、アメリカ人の持つ「四半期思考」と対照的になっているのは明らかである。このような長期的志向が示されたのは、日本人がカリフォルニア州にあるヨセミテ国立公園の営業権を買い取ろうとした時であり、注目を集めたもの

図表9.2　長期対短期志向：時間の範囲

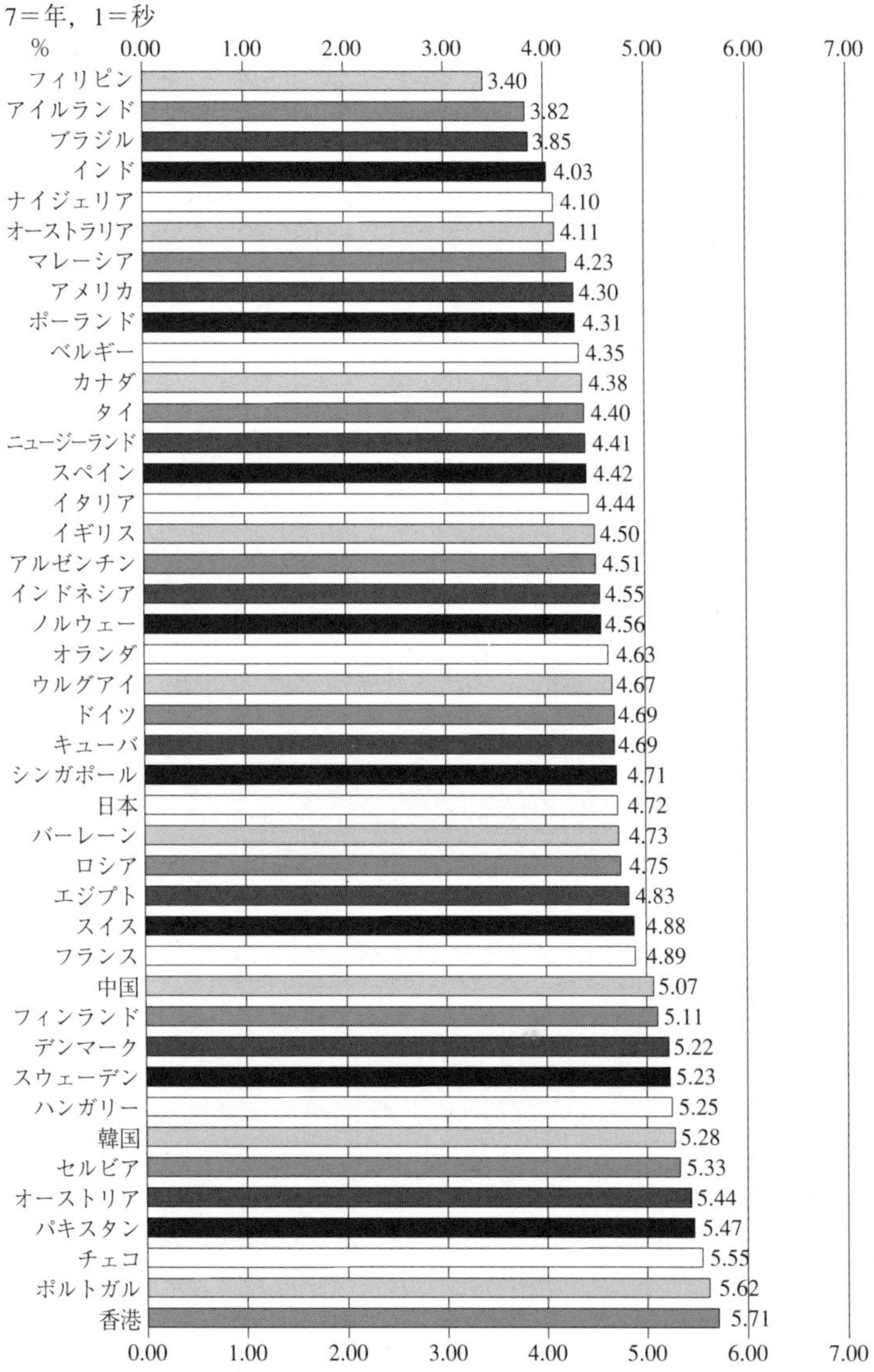
7＝年，1＝秒
%
0.00 1.00 2.00 3.00 4.00 5.00 6.00 7.00
フィリピン 3.40
アイルランド 3.82
ブラジル 3.85
インド 4.03
ナイジェリア 4.10
オーストラリア 4.11
マレーシア 4.23
アメリカ 4.30
ポーランド 4.31
ベルギー 4.35
カナダ 4.38
タイ 4.40
ニュージーランド 4.41
スペイン 4.42
イタリア 4.44
イギリス 4.50
アルゼンチン 4.51
インドネシア 4.55
ノルウェー 4.56
オランダ 4.63
ウルグアイ 4.67
ドイツ 4.69
キューバ 4.69
シンガポール 4.71
日本 4.72
バーレーン 4.73
ロシア 4.75
エジプト 4.83
スイス 4.88
フランス 4.89
中国 5.07
フィンランド 5.11
デンマーク 5.22
スウェーデン 5.23
ハンガリー 5.25
韓国 5.28
セルビア 5.33
オーストリア 5.44
パキスタン 5.47
チェコ 5.55
ポルトガル 5.62
香港 5.71
0.00 1.00 2.00 3.00 4.00 5.00 6.00 7.00

である。日本人が最初に提案したのは、二五〇年契約を基にしたビジネス計画であった。カリフォルニア州当局の反応を想像してみれば、「おやおや、それでは四半期事業活動報告書を一〇〇〇回も作成する必要があるな」というものであろう。

　スウェーデン人の長期的な時間の範囲は、彼らの長い冬によって説明されるものである。一年を通して計画を作らなければならないのは、冬ではないほんの数か月間だけのためだからである。

　しかし、長期的な過去志向、現在の延長についての認知、および未来に関する長期的な視点の間にはきわだった違いが存在する。ちなみに、図表9・3および図表9・4が示しているのは、これらの平均評点の違いである。

　期間調査質問紙は、過去、現在、および未来の時間帯間での重なり合い、すなわち同期性の度合いを検討することも可能にする。上記で論じた時間帯を示すサークルの重なり合いを比較すると、高

図表9.3　時間の範囲（過去）の平均評点

7＝年，1＝秒

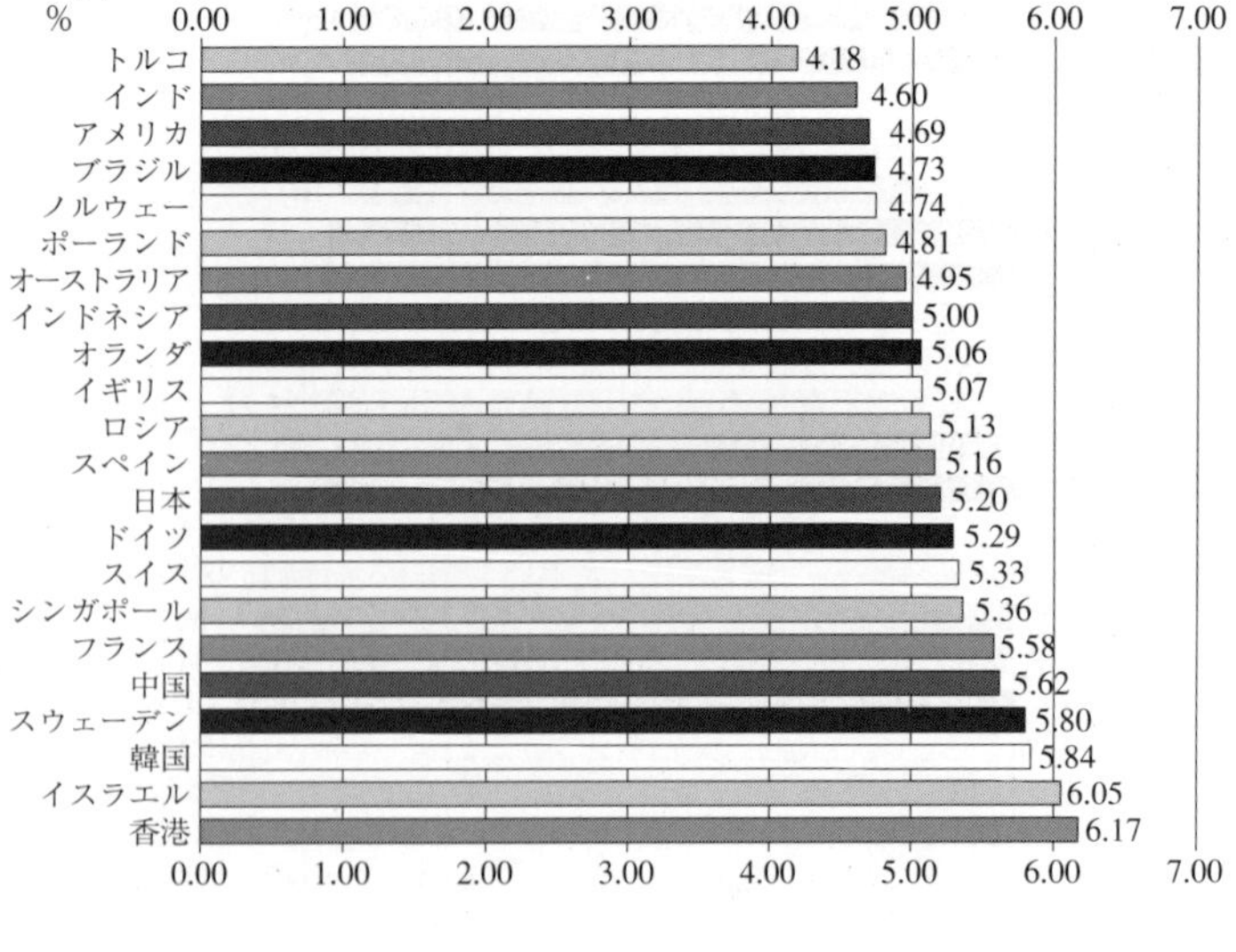

い相関が有意水準で見出されたのである。

6　時間志向性と管理

事業体は自らが考え出す時間観に従って構造を作り上げている。企業がその全部門を託しているのは、計画策定、新しいトレンドを探し求めるために企業を取り巻く環境の入念な調査、生産活動の迅速化、製品市場化時間の時間短縮などである。製品市場化時間は、顧客が要求する製品とそのような製品が設計・製造・流通されるまでの間にかかる時間間隔だからである。経営戦略、経営目標、企業目的などのすべてが未来志向である。合弁事業および事業提携は、二社が協力して未来に関与する方法に関する合意である。「動機づけ」は、ある人物に現在与えれば、未来にもっと良く働いてもらえるようになるものに関したことである。進歩、学習、発展などすべてが仮定しているのは、

図表9.4　時間の範囲（未来）の平均評点

7＝年，1＝秒

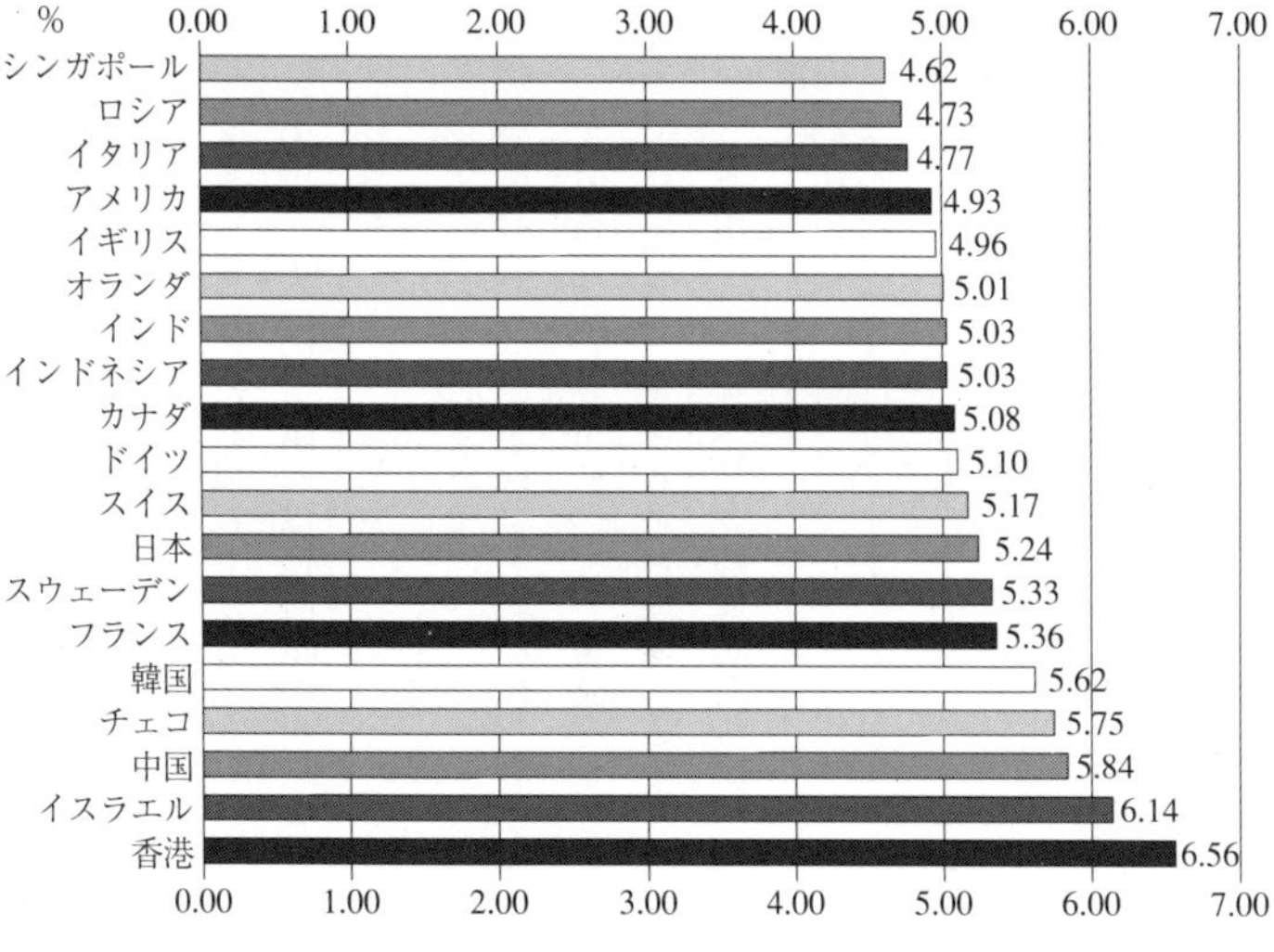

時が経つにつれてパワーが増大するということであり、時間経過につれて蓄積されると想定されている経験ゆえに、年配者に高い給料を支払う慣行と同じ理由である。さまざまな文化を横断的に活動する企業の内部で時間に対する志向性が異なれば、混乱が生じる。MCC社の若きマネジャーであるジョンソン氏の悲哀に戻って検討してみよう。上等の昼食は、最も根本的な異文化間での誤解ですら湖水の波紋程度にしか見えないようにするものであった。ジョンソン氏が会議の参加者に依頼しておいたのは、午後の会議には検討議題が詰まっているので、午後二時ちょうどに会議を再開するという伝言であった。

一時五〇分に、参加者のほとんどが会議室に戻ってきた。二時五分になると、ジョンソン氏は落ち着きなく会議室の中を行ったり来たり歩き始めたのである。ムニョス氏とジアリ氏がまだ廊下にいて、電話をかけ続けていたからである。両者は二時二〇分になってから会議室に入ってきたので、ジョンソン氏は「さて、皆さん、ようやく会議を開始できることになりました」と発言した。シンガポールとアフリカの代表たちは、困惑したようだった。会議はすでに始まっていると思っていたからである。

議題の第一点は、ボーナスと業績を決定する時間間隔についてであった。アメリカ、オランダ、および西北ヨーロッパの代表たちを除いた全員が苦情を唱えたのは、時間間隔が短すぎるというものであった。ジョンソン氏およびオランダとスカンジナビアの同僚にとって、時間間隔は明らかにちょうど良いものであった。「報酬は、強化する目的となっている行動に密着したものでなければならない。さもなければ、報酬と行動の間の結び付きを失うからである」。そこで、シンガポールのマネジャーが以下のように発言した。

「ことによると、このあぶく銭獲得哲学が我社の顧客を失わせている理由だと思う。顧客は四半期の終わりに我社が加える圧力を嫌っている。また、顧客が望んでいるのは、我社のセールスマンが彼らの役に立つことであり、セールスマンの個人的な売り上げ予定計画の実現ではない。したがって、顧客を長期的に見る必要があり、セールスマンの一人がライバルを打ち負かすために押し売りをするなどということがあってはならない」。

アメリカ人の未来観は、自分の成しとげる達成と内部志向的な努力によって**個人**が未来に影響を与えられるという考えである。この考え方こそが、オランダやスカンジナビアのマネジャーたちに支持されたジョンソン氏が定期的な間隔で業績給を与えることに熱心になっている理由である。しかし、個々の高達成者は、単に余りにも多くの出来事が起きるという理由から、**遠い**未来について何もできないので、アメリカ人の未来観は短期的になり、現在の時点から制御可能なものへ目が移るのである。その結果、「あぶく銭獲得」という非難と共に、次の四半期事業活動報告書の数字に重要性が付与されることになる。未来が良くなるならば、売り上げも利益も伸びが着実に増大することによって良くなるのである。現在の成功が未来における成功の原因になるから、現在を良くするような活動を行っていないことを言い訳にするなどは、まったく論外である。

フランス人回答者をアメリカ人回答者と比較すると興味深いことがわかる。フランス文化において、過去はとても大きくぼんやりと見えてくるものだから、現在を理解するための脈絡として使われるのである。過去、現在、および未来は同期的に重複しているので、過去が現在に情報を与え、これら両方が未来に情報を与えるのである。オランダ人共著者は昔パリにある未来志向の企業ラ・デファンス社を訪れたことがある。フランス人の同僚が待ち合わせ時間に遅れたので、受付にある会社紹介のパンフレットを手にとって読んでいた。パンフレットは一九八〇年代中に同社が達成した業績に関するものであった。興味を持って読み進むうちに、同僚がさらに遅れていることに気づいたので、最新のパンフレットがないか受付嬢に尋ねたところ、手にして読んでいたパンフレットは二か月前に印刷されたものであり、それが最新のものだと告げられたのである。この会社の未来における機会は、過去の成功と結び付いたものであることが明らかになったのである。

(1) 人間関係と時間に対する志向性

異なった時間志向性は、組織の内部だけでなく、企業とその提携企業間における人的結合の質にも反映されるものである。長続きする関係はどのようなものでも、過去、現在、および未来を感情と思い出が一緒になった絆と結び付けるものである。このような関係はそれ自体を正当化するものであるから、かなり以前やかなり先までの両方に広がる持続的な親交の形態の一つとして享受されるものである。時間を同期的に考える文化は、自己志向（すなわち、共同体主義）が強く、別格として知られている人々を重んじる場合には個別主義が強まるのが普通である。

順次的な時間に関心のある文化は、関係を手段的なものとして見る傾向が強くある。時間を間隔ごとに分離することは、手段と目的の分離のようにも思えるので、高給はさらに高い業績への手段となり、また自分の担当する顧客が商品を購入することは、自分が高額のボーナスをもらえる手段となるのである。関係それ自体を享受するために、関係に入り込むことはなく、当事者各人の所得と組織の利益を上げるために、関係に入るのである。未来が大きくぼんやりと見えるのは、現在の活動が未来を実現するための手段に過ぎないからである。すなわち、重要な結果は（近時の）未来にある。大喜びする時が延期されるのは、喜びがじきにもっと大きなものとなるからである。

未来に向けた損得計算の介在していない関係が親密なものではなく、対話になじみにくいものか否かは、とても興味のある問題である。現代のビジネスがまったく複雑なものになっていることと共に、伝達しなければならない上に、増大する一方の情報量を前提に考えると、事業提携相手の持つ過去、現在、および未来が自社と共に進化していく過程で一緒に結び付くような持続的で、同期的な関係の方が、より効果的な管理方法になっていくかもしれない。同期的な文化がいくらか「未開」なのは、約束時間や予定にルーズだからだという考えが支持されないのは確かである。これに対して、順次的な文化は、人的資源を物質的な工場、装置、現金などの変形として見ているので、マルティン・ブーバーの言葉を引用すれば、我─それの関係、すなわち自者対他者の関係を持ちやすいのである。(7)

(2) 時間志向性と権威

過去がぼんやりと大きく見え、時間志向性が重なり合うような国では、年齢、階級、性別、人種、および専門職業資格のような永続的な特徴を基にした属性型の地位付与が正当化されやすい。例えば、フランスの有名大学を総称するグランゼコールで過去に得た資格は、現在の地位の高さと共に約束された未来を説明するものであり、過去、現在、および未来のすべてが密接に結び付いて同期化しているのである。

他方において、ハリウッドで活躍する映画俳優のキャリアが「最後の公演と同じくらい良いだけ」だという場合、その人の未来は相対的な成功談と失敗談の連続であろう。アメリカへ初期の頃に移民した人たちが自分たちの根を断って移住していったのとまさに同じように、ハリウッドの人たちも自分たちのキャリアにおいて次の段階で役に立たないような結び付きや依存関係のような重荷を降ろそうとするからである。個人の権威は最近の達成したことに依存しているので、出世街道を好調に今日歩いている人でも、明日にはいなくなることもある。しかも、個人の権威は、容易に挑戦されたり評価されたりする。例えば、直近の勤務評定対象期間において、対象者が達成したことは何か、というような具合である。このような考え方は、アメリカのNASAが開発したものであり、北米や西北ヨーロッパで人気のあるプロジェクト組織に見出せる。組織のさまざまな部分が、着手されているプロジェクトの未来にある幸運次第で認められるようになったり、報酬を与えられたりするのである。成功は逓増的に増えるものであり、失敗は切り落とされるのである。プロジェクト・グループ内では、プロジェクトに最大級の貢献をする人たちが、貢献度に従って報酬を与えられるのである。

(3) 昇進と勤務評定の方針

順次的な文化でも同期的な文化でも、過去に関心のある人たちでも未来に関心のある人たちでも、すべて勤務評定と昇進を行うが、その方法は異なっている。順次的な文化では、直前の評定対象期間に対象となっている従業員がどれだけ業績を上げたかを監督が当人に尋ねる。勤務評定の結果の善し悪しについて、従業員自身に帰因する責任が多くあるほど、良い勤務評定となるのである。そうすれば、監督は自分自身の役割、または従業員との関係における自分の役割を最小化する誘惑にかられるのである。しかし、これでは従業員が自分で最近達成したことを利益または損失の増加として識別して、勤務評定を見る助けとならないのである。他方において、同期的な組織の多くにおいて、従業員が好意的に評価され、昇進させられるのは、監督との間に打ち立てる肯定的な関係にその理由がある。監督は、人間関係を時の経過と共に発展していき、知識と互恵性も蓄積されていくものと見るようになるからである。したがって、監督はドイツの親方―徒弟制度に見られるように、部下のキャリア形成における自分の役割を喜んで認めるのである。

7　過去志向的文化における変革管理

イギリス人共著者は、近年、エチオピアへオランダ人マネジャーと一緒に企業内研修に行ったことがある。このマネジャーがひどく憤慨したのは、エチオピア人マネジャーを対象とした変革管理セミナーを組織立てて運営しようと努力したにもかかわらず、成功しなかったからである。エチオピア人マネジャーの参加者全員は、エチオピア文明が遠い昔に豊かであった時代のことに逆戻りし続けて、この遠い過去に起源のない企業発展に関する原理・原則を取り込もうとしなかったからである。そこで、エチオピア人の同僚たちと検討した後、講師はエチオピア歴史の本を数冊読んで勉強して、現代の経営管理の観点から見るように決めた。例えば、全盛期のエチオピアで都市や商売を大いに繁栄するようにさせた要因は、どのようなものだったのだろうか、という具合である。この会社は国の歴史と同じくらいに、エチオピア国内で豊かな歴史を持っていたので、会社の記録も研究対象になったのである。憤慨していたオランダ人マネジャーは別の角度から新たにエチオピア人マネジャーたちに挑戦したのである。未来は今や、過去の栄光のいくつかを再生する方法として見られるようになったのである。このような視点が理解された途端に、変革管理セミナーは、参加者全員からの熱のこもった支持を獲得するようになったのである。

この実例はエチオピアだけに適用できるかけ離れたケースではない。すべての変革に含まれるのは、継続性、すなわち自分のアイデンティティー〔自己同一性〕を保持するために、いくつかの点で同一であり続けることである。多くの文化は西洋人コンサルタントから命令を下されたからといって、自分たちのアイデンティティーを保持する方法が明らかにされなければ、変更を加えることを断る。同期的な文化は現在を通して過去を未来につなげていくので、自らの文化遺産が危機にさらされないと納得しなければ、変革を考慮することすら拒否するのである。

アメリカの電話通信大企業の一つが技術的に優れた製品を世界市場に導入したことがある。この会社が計画したのは、以前からとても成功している上に、売り上げが伸びているラテン・アメリカに特別の焦点を置くものであった。この地域にいる唯一の容易ならぬ競争相手は、フランス企業であり、製品は劣っているものの、販売後の顧客サポートは評判によれば優秀なものであった。

アメリカ側はとても骨を折って、メキシコにおける最初のプレゼンテーションの準備をして来た。「審判の日」は、このアメリカ企業の事業活動とその中・長期的な成長性を紹介するビデオ・プレゼンテーションで始まる予定であった。その後に、同社の副社長がメキシコの通信大臣に直接会ってプレゼンテーションをする予定であった。また、細かなところにまで気を配って計画されていたのは、二時間を予定した昼食であった。メキシコ文化を理解していると思っていたので、アメリカ人は昼食時間こそが戦いの場になるだろうと信じていた。午後に予定されたセッションは質疑応答に当てられていた。会社所有の自家用ジェット機はその後に最終離陸「位置」で待機して、メキシコ・シティーから離陸する準備体制を取る予定になっていた。このように予定はすべてぎっしりと詰まったもので、効率的になっており、評価できるものであった。どこに間違いがあるでしょうか。

実は間違いだらけなのです。メキシコ側チームは、はなから一時間遅れて到着して、予定をすべて台無しにしてしまった。それから、アメリカ側が会議当日の予定議題を説明し始めた途端に、大臣は緊急な電話連絡のために会議室から呼び出されてしまった。大臣がしばらくした後に会議室に戻ってみると、大臣抜きで会議が続けられていたことに気づいた。メキシコ側が立腹したのは、プレゼンテーションが続行されていたこと、アフター・サービス契約が販売契約に含まれておらず別契約になっていたこと、そしてプレゼンテーションの焦点が設備設置後の二年間についてだけであり、協力して未来を作る長期的な内容ではなかったことなどであった。

フランス企業は、対照的に、時間にゆとりを持って組み立てた予定議題を準備して来た。フランス側が決定していたのは、主要目標のいくつかを二週間の訪問期間が終わるまでに達成することであった。会議の時間、場所、運営方法などはフランス側がコントロールできない要因に左右されるので、これらに関してフランス側は確定しないままにしておいた。メキシコ通信大臣と交渉チームに対して準備されたのは、このフランス国営企業が持つ歴史的背景に関する長時間にわたるプレゼンテーションであった。同社は一九三〇年代にまでさかのぼるとメキシコの電話網敷設事業をした経緯があるので、歴史的な事業提携を再現したいと願っていた。フランス側に関する限り、アフター・サービスは無期限延長の上に、販売契約の一部に含まれていた。同社の製品は業界において技術的にそれほど洗練されたものではないと知られていたにもかかわらず、メキシコ政府が発注したのはフランス企業であった。

アメリカ側は何を間違えたのでしょうか。大きな間違いは、アメリカ側がぎっしり詰まった、順次的な予定議題を作り上げていたことである。メキシコ側の役人たちは必ずと言って良いぐらい予定議題を台無しにしてしまうが、自分たちの交渉手続きには余裕時間を慎重に組み入れて、複数の（したがって、アメリカ人にとっては）焦点が散漫な議題を追い続けたのである。技術的に優れた製品が契約を得るべきだというアメリカ側の考えは、もとから存在している文化的な偏向の一部であり、その偏向に従って、相互関連性の薄い議題でも順次的な流れの中で別々に離れて存在している。ところが、メキシコ側が関心を持っていたのは唯一、継続的な関係の一部分としての製品であり、この点を同期的なフランス側もまた注意深く強調したわけである。同様に、アメリカ側がアフター・サービス契約を販売契約から分離したのは、おそらくアフター・サービスの必要性がもっと後になって発生すると考えたからであろう。ところが、フランスおよびメキシコ文化は、アフター・サービス契約と販売契約の時間間隔が結び付いていると見るのである。

フランス側が遠い昔にあったフランス－メキシコ両国の結び付きを再生する歴史的事業として契約交渉を強調したことは、旧宗主国スペインと同一化して、ヨーロッパに深い起源を持つメキシコ文化に対して効果的であった。アメリカ側の順次的文化は攻撃的で、我慢がなく、顧客を自らの利益のために踏み石として利用しようと狙っているという強い印象を同期的文化に与えたのである。取引関係が本当に永続的なものならば、どうして性急になるのだろうか。メキシコ側は技術的完全性が重要な問題であるというアメリカ側の考えと一致していなかったので、アメリカ側が出発直前までに終了するように予定した詳細なプレゼンテーションの受け手になることを望まなかったのである。それよりも、メキシコ側が望んだのは、自らが部分的にコントロールできる関係を経験することであった。同期的な時間において、プレゼンテーションの間に行ったこのアメリカ企業の振る舞いは、未来における当該企業の振る舞いを予言するものだったから、メキシコ側は同社を好まなかったのである。

しかし、フランス側が持っていた最大の長所は、二週間という時間を契約交渉に専念するために喜んで費やすという意欲であり、さらに事前にスケジュールを合意して交渉を進めようとするよりも相互の努力を同期化することを狙った柔軟な交渉プログラムの中で、この二週間をメキシコ側に自由に使わせたことにある。フランス側にもメキシコ側にも、重要なことは目的に到達する**ことであり、**目的に到達するための特定の経路または順序では**ないのである。**同様に、設備装置の詳細はメキシコ側にとって納入業者の迅速な対応ほどに重要なことではなかった。というのは、どのような問題が将来に表面化するかメキシコ側には知る由もなかったからである。このような懸念に関して、メキシコ側が実際に求めることができたのは、メキシコ側の都合に合ったスケジュールに喜んで変更してくれる企業であり、メキシコ側の要望をかなえられることをフランス側は見せたのである。

その上に、アメリカ側は交渉がどのように終了して行くかについて、とても狭い考え方を持っていたのである。すなわち、期限が来たならば、その時にメキシコ側は「イエス」と言うだろうというものであった。フランス側、そして同期的文化全般にとって、「終わり」は実際に存在しないものである。提携関係は継続するからであり、AからBまで最短時間で到達する**効率**の代わりに、緊密な関係を長期的に発展させて行く**効果性**が存在するからである。アメリカ側は、もう一つ重大な間違いをしていた。アメリカ側は、メキシコ側が昼食から遅れて戻ってくるだろうと予想しており、過去に何度もこのような経験をしていたので、自分たちだけの会議を三〇分間持った。これは買い手に対して失礼なことであった。売り手のアメリカ側は、会議に加わってもらうために待つことで「買い手のメキシコ側に時間を与える」のが当たり前であり、メキシコ側が会議室に入ってきた時に、すぐに対応できないような仕方でアメリカ側だけで時間を使ってはいけないのである。連続した順次的時間において単に遅れたということとは正反対に、「同期化即応」を見せなければならないのである。

8　順次的文化と同期的文化における計画策定の違い

順次的に体系化された文化において、計画策定を構成するものは、主として予測、すなわち、現在までに存在するトレンド線を未来にまで延長して、未来も「大体同じもの」として見ることである。戦略を構成するのは、望ましい目標を選択することであり、次に分析によって目標達成の最も論理的で効率的な手段を発見することである。また、現在と未来が因果関係的に結び付いているので、現在の報酬は未来の達成を生み出し、それがさらに大きな達成を生み出し、それがさらに大きな報酬を生み出すと一般的に考えられている。締め切り期限が重要なのは、それが因果的連鎖の中にある連結の一つが終わると共に次の連結が始まることを合図して、「予定通りに」ものごとを進行させるからである。

計画策定は順次的文化と同期的文化ではかなり異なるものである。順次的な計画策定において重要なのは、計画に関わる手段または段階のすべてを正しく行い、時間通りに完成させることである。イタリア人の女性研究者は、「イギリスでは、あらゆることが初めから終わりまで計画されていなければならない。したがって、環境が変化した時には、あらゆることがまた初めから再計算されなければならない」と語っていた。同期的文化の強いイタリア人にとって、目標こそが最も重要なものであり、目標の実現のために工夫できる経路が多くあるほど、経路の一つや二つを妨害するような予測不可能な出来事に対してより良く対応して行けるのである。

イタリアで開催された一九九〇年ムンディアリート（サッカーのワールド・カップ）はイタリア式組織化に関する興味深い例の一つである。挑戦しなければならなかったのは、決勝戦が予定されている特定日までに勝ち抜きの対戦を完了することであった。イギリスや西北ヨーロッパからの大会役員がびっくりしたことに、イタリアの役員は定期的に大会プログラム全体を手直しして、そのような結果を作り出そうとしていた。しかし、イギリスや西北ヨーロッパからの大会役員が二度驚いたのは、イタリアの役員がこれをうまくやってのけたことであった。スペインで開催された一九九二年のオリンピックもイタリア式計画と多くの類似性を持っていた。これに対して、アメリカ・アトランタで開催された一九九六年のオリンピックにおいて、順次的な文化のアメリカ人は予期しなかった事態に適応するのにだいぶ困っていたように思われた。

順次的な計画策定過程は激しく変化する環境において、あまり良く機能しないという証拠が蓄積されて来ている。順次的な計画は不安定過ぎるので、予期しなかった出来事によって簡単に計画がつぶされるからである。順次的な計画は近未来に集中する傾向があるという事実が、長期間にわたって連続的に行われる活動が持つ弱点を証言するものである。同期的な計画は事前に設定された目標に収斂するか、または「誘導」される傾向があり、融合と共にトレンド**間に**存在する横の関連性を考慮している。この点を順次的な計画策定は見逃すことがよくある。

大企業の一つが同期的な計画策定スタイルに変更した最も興味ある実例の一つは、シェル石油が**シナリオ・プランニング**を採用したことである。これを実行するにあたっては、未来に関する代替案のシナリオが三本書かれる。シナリオ作家は現代のコメンテーターのように、どのようにビジネスが将来時点にまで到達したかを説明するのである。すなわち、過去、現在、そして未来が想像の中で同期化され、過去から始まり、現在を通過して、異なる未来へと三つの異なった事態の発展が追跡され、物語ないしは実話として書き上げられるものである。例えば、二〇〇三年に関する同社シナリオの一つは、次のようなものである。

「昔を振り返ってみれば、カリフォルニア州が電気自動車の発射台となったのは避けがたいことだった。ロス・アンジェルスの大気汚染公害がとてもひどくなったので、一九八〇年代に始められた世界で最も厳しい排気ガス規準は一九九五年に内燃機関を併用した部分的な電気自動車を、またその八年後に完全な電気自動車を登場させることになった。ゆっくりと、幕が上がり始めたのである。最後の技術的関門は一晩で充電できるバッテリーによる『電気エンジン一〇〇〇マイル走行』であった。これが内燃機関エンジンの終焉となったのだろうか(8)」。

この種の計画策定において見られるのは、順次的であると共に同期的な考え方の結合である。シナリオ・プランニングは、シナリオの中で予測の再設定が可能なことを証明しているので、「同期的な場面」はそれぞれに異なった順序の出来事を持てるのである。

この例でも見出されたように、文化志向性の違いは本当のところ代替的なものではなく、結合して用いることができるものである。異文化に精通した賢明なマネジャーは異なった文化が好む方法の**すべて**を認識する。シナリオ・プランニングにおいて、順次的な考え方と同期的な考え方は共に機能するからである。

9　順次的文化と同期的文化の調和

よく言われることとして、同期的文化の人々は一緒にビジネスをするのが難しく、その理由はこの人たちが締め切り期限を無視する傾向があり、約束時間に正確でないというものがある。次の例を見てみよう。

ヤン・カウパルス氏はイタリアのオート・クチュール〔高級婦人服店〕の卸売流通会社に勤めるオランダ人マネジャーであり、オランダの得意先に対する配達時間の遅れにとても悩むようになっていた。オランダの夏は短いので、高価格商品の配達が一週間でも遅れるようなことは許されなかったのに、イタリアの製造元からは平均して一週間の遅れで商品が届いていた。カウパルス氏はさまざまな方法で問題解決を試みたのだが、何の結果も得られなかった。早めに注文することも試したが、イタリア側の注意を引きつけるには至らなかった。遅れて配達された衣料品は送り戻され、製造元が無条件で引き取るという内容の契約書に署名させることも試した。しかし、イタリアの製造元は遅配に責任がないと言うので、今度はイタリアの運送会社と戦う羽目になったのである。この遅配問題を解決するために、カウパルス氏は何をしたら良いとアドバイスしますか。

真相は、ミラノにいるイタリア人デザイナーたちが遅く配達するように合図を出していたのであった。この人たちは取引関係にまったく敬意を持っていなかったのである。イタリア人は約束時間通りに商品の配達ができるのだが、時計が刻む客観的な時間より人間関係の主観的な時間に従う方を好むのである。すなわち、順次的な文化のドイツ人やアメリカ人が時計に従うのに対して、イタリア人は特定個人のために時間通りに配達することをとても気遣うのである。ヤン・カウパルス氏はミラノに出張して、物流の責任者と友人になったのである。そしてわかったことは、イタリア人の考えでは、約束時間通りの配達を保証する目的で取り交わされる契約が、さらに遅配される理由になることであった。これらを是正した結果、問題は再発しなくなったのである。

10　自己点検用テスト

以下の問題をよく考えて下さい。

数人のマネジャーが、原材料から製品になるまでのサイクル・タイムの改善と共に、必要とされる時に製品を市場に出す最善の方法について議論していた。議論には以下の四つの見解が存在した。

一　操業を早めて製品を市場に出すまでの時間を短縮することが重要である。時は金なりだからである。ぎっしりと詰まったスケジュールと迅速な配達の敵は、おしゃべりと職場での交流のし過ぎである。

二　操業を早めて製品を市場に出すまでの時間を短縮することが重要である。仕事が速く行われるほど、リレー競技にいる同僚・顧客に「バトンを渡す」のが早くなる。

三　製造過程と共に顧客のジャスト・イン・タイム同期化がサイクル・タイムを短縮化する鍵である。製造過程が重複して、同時に実行されているほど、時間の節約が大きくなる。

四　製造過程と共に顧客のジャスト・イン・タイム同期化がサイクル・タイムを短縮化する鍵である。物事を早く行うことは、体力の消耗と出来の悪い急ぎ仕事に終わる。

職場の最も親しい同僚が好むと思う回答に１の数字、次に好むと思われるものに２の数字を記入して下さい。

回答一と四が示しているのは、それぞれが高速の順次的時間とジャスト・イン・タイムの同期的時間に対する賛意であるが、それぞれが正反対の志向性を拒否するものである。これに対して、回答二は高速の順次的時間に賛成し、同期的な過程に結び付けるものである。回答三はジャスト・イン・タイムの同期的時間に賛成し、高速の順次的時間に結び付けるものである。

11　過去、現在、および未来志向的文化でビジネスをするための実際的な秘訣

(1) 文化差を認識すること

過去志向的文化

一　家族、ビジネス、および国家などの歴史や起源について語る。
二　黄金時代を再生することに興味がある。
三　先祖、先輩および年輩者に対する尊敬の念を示す。
四　伝統や歴史の脈絡において、あらゆる物を見る。

現在志向的文化

一　(未来ではなく) 現在の時点で行っている活動や楽しみが最も重要なことである。
二　計画には反対しないが、実行されることは稀である。

三　「今ここで」という現時点での関係に強い興味を示す。
四　今の時代に与える影響と風潮に基づいてあらゆる物を見る。

未来志向的文化

一　将来の見込み、潜在性、大志、未来に達成したいことなどについて語ることが多い。
二　計画および戦略策定が熱心に行われる。
三　若さと将来に秘めた潜在性に大きな関心を示す。
四　未来を有利にするために、現在と過去は使われ、利用されることすらある。

(2)ビジネスをする場合の秘訣

過去志向および現在志向の人とビジネスをする場合（未来志向の人用）

一　取引相手の人々が持つ歴史、伝統、および豊かな文化遺産を彼らの大きな潜在力として強調することである。
二　取引相手の社内における諸関係は、自分が奨励したいと思っている変化を認めるかどうかを見つけることである。
三　将来の会議開催に原則として合意するが、完成期日は固定しない方がよい。
四　取引先企業の歴史、伝統、そして過去の栄光などについてよく調べることである。また、過去の栄光を再現するためにどのような提案ができるかよく考えることである。

未来志向の人とビジネスをする場合（過去志向および現在志向の人用）

一　取引先企業とその社員が将来に持っている自由、機会、および制約のない展望を強調することである。
二　取引先企業が描く未来に継承しようと意図している中核的な長所または継続性が何であるかを見つけることである。
三　特定の締め切り期限に合意するが、自分たちが働かなければ、仕事は完了しないと予期することである。
四　取引先企業の未来、将来展望、そして技術的潜在力などについてよく調べることである。また、かなり大きい挑戦的な仕事をすることをよく考えることである。

(3) 時間志向性を認識すること

順次的時間志向性

一　一度に一つだけの活動をする。
二　時間はかなり大きなもので測定可能である。
三　約束時間は厳しく守るので、予定は事前に立て、予定から遅れないようにする。
四　人との関係は一般的に予定に従属する。
五　最初に立てた計画通りに従おうとする選好が強くある。

同期的時間志向性

一　一度に一つ以上の活動をする。
二　約束時間は大まかであり、重要な人物に「時間を与える」ことになりがちである。
三　予定は一般的に人との関係に従属する。

四　人との関係が導く通りに従おうとする選好が強くある。

(4) 管理する場合および管理される場合

順次的時間志向性

一　従業員が報われたと感じると共に充足感を覚えるのは、目標による管理（ＭＢＯ）にあるように計画された未来の目標を達成する場合である。

二　従業員の直近時における業績が主要な関心事であり、それに沿って従業員が未来に関して深く関わり合うかどうか、あてにできるのである。

三　従業員と一緒になって当人の職務経歴を計画することである。その場合、ある時点までに到達してなければならない標識を強調することである。

四　企業が理想としていることは、直線のようなものであり、目的に至るまで最短で、効率的で、最速の道筋である。

同期的時間志向性

一　従業員が報われたと感じると共に充足感を覚えるのは、上司や顧客との関係改善を達成する場合である。

二　従業員が入社して以来たどった経歴と共に当人の持つ将来に秘めた潜在力が、現在の業績を検討する際の脈絡となる。

三　会社という脈絡の中で従業員が持つ最終的な目標について当人とよく話し、どのような方法でこのような目標を実現できるか議論することである。

四　企業が理想としていることは、三つの円が重なったようなものであり、そこでは過去の経験、現在の機会、そして未来の可能性がお互いを豊かなものにしているのである。

参照文献

(1) Kluckhohn, F. and Strodtbeck, F.L., *Variations in Value Orientations*, Greenwood Press, Westport, Conn., 1960.

(2) Durkheim, E., *De la division du travail social*, 7th edition, 1960.

(3) Hall, E.T., *The Silent Language*, Anchor Press, Doubleday, New York, 1959.

(4) Carroll, R., *Cultural Misunderstandings: the French-American Experience*, University of Chicago Press, 1987.

(5) Cottle, T., "The Circles Test: an investigation of perception of temporal relatedness and dominance", *Journal of Projective Technique and Personality Assessments*, No.31, 1967, pages 58–71.

(6) Cottle, T.J., and Howard P., "Time perception by Indian adolescents", *Perceptual and Motor Skills*, No.28, 1969, pages 599–612.

(7) Buber, M. (Kauffman, W., ed.) *I and Thou*, Scribners' Books, New York, 1970. (田口義弘訳、『我と汝』、みすず書房、一九七八年)

(8) Shell International, Group Planning Department, London (personal communication).

第10章 自然との関わり方

本書で検討する最後の文化次元は、人が自然環境に与える役割である。自然環境は、他の次元と同様に、人間存在の中心に位置するものである。人類は太古から、風、洪水、火災、寒さ、地震、飢餓、疫病、そして害虫などの自然要素に取り囲まれてきた。生存それ自体が意味していたのは、人類が脅威をあまり与えず育成を増大するような仕方で、環境と**対立**することもあれば**調和**することもあるように働き続けることであった。このような継続的な活動はもともと逃れられない必然であった。

人類の経済発展は、自然の猛威を食い止めるための仕掛けを徐々に強化して行く過程として見ることもできる。人間存在の道程において、自然が人間存在を圧倒するだろうという自然優勢的な恐怖心から、その対極にある人間優位的な恐怖心、すなわち、人間存在は自然を制圧して悪化させるので、例えば、アマゾンの熱帯雨林という信じられないぐらい豊富にある遺伝子の倉庫などは、人類に有益な遺伝子が発見される以前にブルドーザーで根こそぎにされて忘れ去られるのが落ちだという恐怖心に変わって来たのである。

1　自然をコントロールするかまたは、自然のなすがままにさせるか

ビジネスを行う社会は、自然に対する主要な志向性を二つ発展させてきた。一つは、古代の聖書にある「土地を増やし開墾せよ」という命令のように人間が自らの意思を自然に課すことによって自然を**コントロール**できるので、そうすべきだという志向性である。もう一つは、人類が自然の一部でもあるので、自然の持つ法則、方向性、そして勢力と**協力**して行かなければならないという志向性である。最初の志向性は**内部志向**として記述されるものである。この種の文化は、メカニズムと一体化する傾向がある。すなわち、組織は運営者の意思に従う機械として構想されるのである。第二の志向性、すなわち**外部志向**は、組織が成長する際に、環境に存在する栄養分や自分に有利な生態系的なバランスから恩恵を受けていると考えるので、組織それ自体を自然の産物として見る傾向がある。

アメリカ人心理学者、J. B. ロッター氏は一九六〇年代に研究した成果から、人がコントロールに関して（かなり成功したアメリカ人に典型的である）**内面的局在**を持っているか、または（自らを取り巻いている事情、またはライバルたちの競争努力によって形作られた事情のせいで不利になり、相対的にあまり成功していないアメリカ人に典型的である）**外部的局在**を持っているかを測定するように設計した心理学的尺度を開発した。著者たち[(1)]は、ロッターが考案した質問に改良を加えて、三万人のマネジャーを対象に自然事象との関係を評価するために用いた。この回答は、大きな有意差が回答者の出身地域間に存在するということを示している。これらの質問は、すべて二者択一式になっており、マネジャーたちは現実を最も良く反映していると思われる記述を選択するように求められた。その一例は、次のようなものである。

A　天候のように、重要な自然の勢力をコントロールすることは試してみる価値がある。
B　自然はなすがままにしておくべきであり、人間は単になすがままの自然を受け入れて、最善をつくさなければならない。

図表10・1が示しているのは、回答A、すなわち内部志向性を選択した回答者の比率である。どの国もこの記述に対して内部志向的な反応を完全にしているわけではない。最も高い評点でも六八％であり、諸国間にかなりの変動が見られるものの、大陸別に明確なパターンが存在するわけでもない。天候をコントロールすることは試してみる価値があると思っている日本人は、わずかに一九％であり、中国人が二三％、スウェーデン人が二一％であるが、イギリス人は三六％である。イギリス人、ドイツ人、およびアメリカ人は、回答範囲の中間より上位にいるものの、決して上位群にいるわけではない。ところで、選択肢が自分自身にもっと関連するように作られている場合、異なる結果が得られる。図表10・2が示しているのは、以下の回答を選択するように求められた場合、回答Aを選択する回答者の比率である。

A　自分にふりかかることは、自分自身の行いのせいである。
B　自分の人生が歩む方向を十分にコントロールしていないと感じることが時々ある。

この質問に対する回答を基にすると、多くの国がほとんど完全に内部志向的であるように思われる。例え

図表10.1　自然をコントロールすること

パーセンテージは，自然をコントロールする価値があると信じる回答者の比率である。

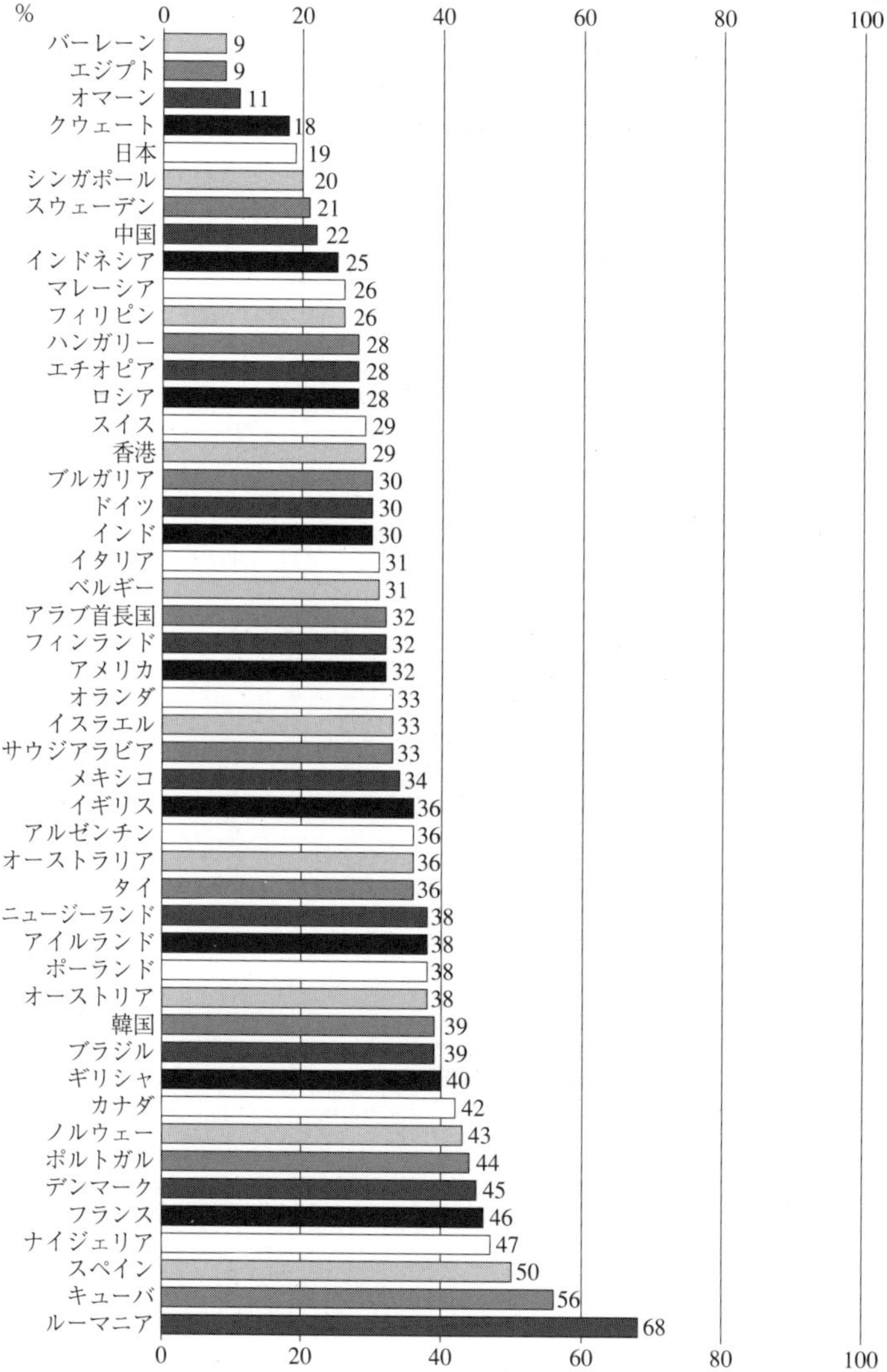

図表10.2　運命をつかさどるのは自分

パーセンテージは，自らの行いが自分にふりかかると信じる回答者の比率である。

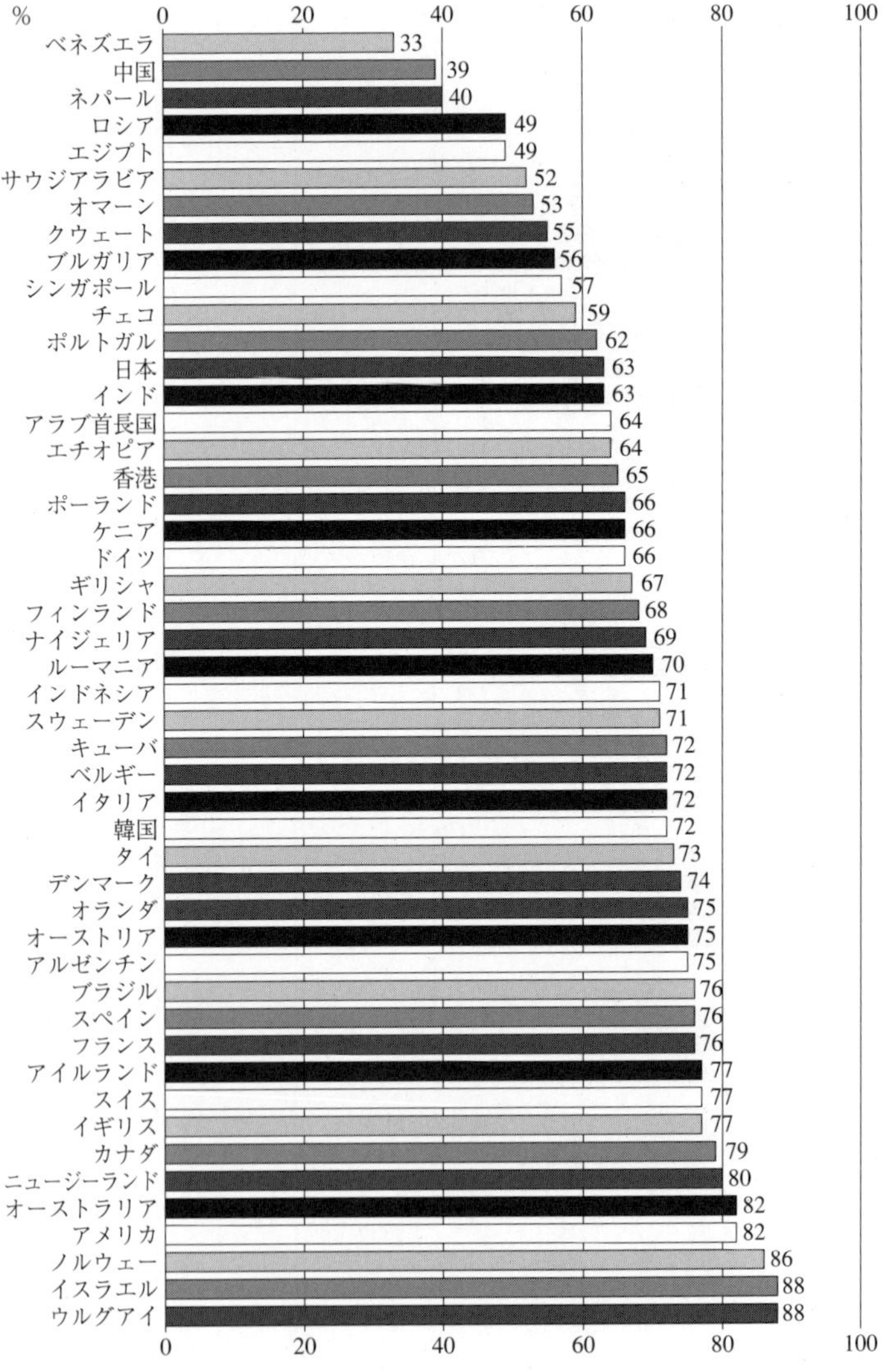

ば、アメリカ人マネジャーの八二％は、自分が自分の運命をコントロールしていると信じている。フランス人の七六％も同様である。実際のところ、ヨーロッパ諸国のほとんどは、高い評点を示しているが、ロシア人は例外であり、四五年にわたる共産主義による統治が何らかの影響を与えていると考えられる。同様に、中国人は日本人よりもずっと低位に位置している。日本とシンガポールのマネジャーは、北米またはヨーロッパのマネジャーと比較すると、それほど内的コントロールを信じているとは思えない。

2　コントロールと成功

人間と自然の関係で考えられるもので両極端を示す最良の例は、古代のギリシャ人と二〇世紀のアメリカ人を対比することである。ギリシャ人にとって、世界は自然をつかさどる神のような勢力に支配されたものであった。例えば、美（アフロダイテ）、真理（アポロ）、正義（アテナ）、情熱（ディオニソス）などである。これらの自然の勢力は人間からの忠誠を競い合い、よく対立して、悲劇へと向かうのであった。徳は、人間に働きかける自然の諸力の間での調和、ハーモニアを達成することにあった。自らの意思を持って、勝ち誇ろうとしたものは、エディプスやジェイソンのように、自らの運命と苦闘して、うろたえることがよくあった。この対極にいて、産業革命後の社会が創り出した英雄こそが企業家であり、自然を服従させようとする彼らの苦闘が悲劇に終わるという予想はなかった。これは特にアメリカ人の考え方であり、果てしない広さのところにわずかな人口の原住民が住んでいた新大陸を発見して、荒野を新国家に変えるという経験によって形成されたものである。成功は外界の状況に対するコントロールと同一視されたのである。

しかし、コントロールの局在が内面にあるか、外部にあるかということは、アメリカ以外の文化において、必ずしも成功と非成功を区別するものではない。外部からの影響に適応するにはさまざまな方法が存在し、これらは経済効果があるという証明も存在する。顧客、市場の力、または新技術から出される指示を受け入れることは、**自分自身の好みでこれらに反対するよりも有利だからである。**内部志向である利点は、アメリカ人にとって「明白な」ことであっても、日本やシンガポールのマネジャーにとってまったく明白ではないし、イタリア、スウェーデンやオランダを例にとっても、少なくともそれほど明白ではないのである。外部志向は神頼みや運命支配などを意味するわけではない。外部志向が意味するのは、知識革命とか不気味に押し寄せる環境汚染の危機とかジョイント・ベンチャーのパートナーなどが方向性を決定することである。その理想とするところは、自分自身が有利になるように外部の勢力に適合することである。

コントロールの源泉を内面かまたは、外部に求めるという独創的なアメリカ製の概念は、外部志向の人が失敗について何らかの新しい知恵を出すより、言い訳だけをするという意味合いを持っている。外部志向は、他の国々で外部勢力の強さを認めてしまう個人的な弱さや出来事の恣意性として見られることがないのである。

外部志向的行動において、行為者が準拠する焦点は自分自身の外部にある。その良い例の一つは、第1章で既述したソニー・ウォークマンの開発史である。一九八二年に行われたインタビューで、ソニーの故盛田昭夫氏はウォークマンを創り出すアイディアを思いついたのが、他人に迷惑をかけずに音楽を楽しむ方法を探し求めていた間のことであったと説明していた。この発想は、西北ヨーロッパおよび北米において、ユーザーのほとんどが他人から邪魔されたくないからウォークマンを使用するという動機が当たり前になっていることと好対照である。

北米や西欧の一部で内部志向性が行き過ぎてしまったので、西洋人はこのような慣れ親しんで来たやり方を捨てて、「顧客志向」や「ビジネス環境の精査」を学ばなければならなくなったという説明が読者の理解に役立つかもしれない。日本やシンガポールのような外部志向的な文化にとって、外部志向はあまりにも当前のことだから、別段これを教える必要はないのである。また、外部志向性が競合や競争を排除するものでは**なく**、むしろ競争に形やスタイルを与えることは注目に値することである。顧客によって、ないしは柔道に見られるように敵の力によって方向性が与えられることは、自分に戦闘力が欠如しているわけではなく、相手の力をより効果的に結合するか、または協調して（すなわち、和である）使うことである。柔道、剣道、そして武士道などの道という語は、何かを学ぶ「道程」を意味する。刀の使い方（剣道）、または武人としての生き方（武士道）だけでなく、その実践と規律もまた自分の本性の一部になるまで学ぶのである。道を学ぶものは、その結果、恐るべき競争相手になることはあっても、それ以下になることは決してないのである。サーフ・ライダーに例えれば、他者がバランスを失うにもかかわらず、波の変化に対応して自分の体のバランスを保ち続けるようなものである。

東洋のスポーツの多くが対戦相手の力を自分のために利用するのに対して、西洋のスポーツはアメリカン・フットボールや野球に見られるようにゼロサム・ゲーム、対立者同士の衝突、内部志向的な意思の競争、一対一の勝負である。「競争相手を打ち負かせない場合」のみ、「相手側に加わる」からである。交渉ですら、自分が元から望んでいたことがどれだけ得られたか次第で、「勝利」したり、「敗北」したりする。これに対して、妥協は、当事者全員の盛り上がっているやる気を低下させる。

アジア人は「西洋のアイディアを盗んでいる」と西洋人が主張する非難もまた、自分たちの**内面**に由来するものは、当然に「自分たちのもの」であるという私有財産に関する西洋的な考えによって形作られているからである。アジア人は、あたかも木になっている果実の如く、賢い人が拾い上げて自分のものにしてしまうかのように、環境の一部として西洋の技術を見なしているのかもしれない。その上に、カイゼン〔改善〕のような考え方は、とても高い文化的威信が備わっている。すなわち、外部の環境から何かを持ってきて、それを改善・改良することは、「コピー」することではなく、その環境を賞賛して、最も優れた勢力に自分の特性を形成させることだからである。この勢力というものが、アメリカによる国土荒廃、降伏、そして占領というように暴力的で屈辱的なものであった時ですら、日本人は外部情勢に適応して、頭角を出してトップの座に着くマスターであると証明している。日本人が好んで語るように、「危機は好機」なのである。

(1) 内部志向のメカニズム：ルネサンスの理想

西洋はコペルニクスやニュートンの宇宙観に深い影響を受けており、宇宙は神がねじを巻いて神の忠実なる僕に発見させるために放置しておいた巨大な永久運動機械として考えられていた。このような宇宙や時間や運動などの法則を発見することは、その創造主を崇拝することであった。宇宙の仕組みの法則を理解するために、自然の仕組みを動かすものを予測してコントロールすること、言い換えれば、まず自然法則を内面化して自分たちの生活に役立て、次に自然が人間に従ったことを示す必要があった。この背景には、内部志向的であることが科学的真理の証明になったからである。すなわち、仮説を定立して、演繹的に推論する。そして、予測された結果が得られれば法則は正しいことになるのである。啓蒙思想に教化された人間は機械仕掛けのマスターであり、スロットルを握った運転手のようなものであった。

初期の物理学者は人間の記述を宗教的権威に任せていたが、この分業は一七世紀から一八世紀に崩壊した。人間もまた、理性を使ってなにかと嫌がる肉体を合理的な命令に従うように駆り立てるような機械となったのである。ジャック・エルルによれば、大昔に信用のあった魔術が今や**技法**に取って代わり、単に外的な自然に対してだけでなく人間の頭脳や肉体に対しても応用されるようになったのである。「技法は、理性という手段によって物事を修得しようとしたり、意識下にあるものを説明しようとしたり、質的なものを量的なものにしたり、自然の輪郭を明瞭・正確なものにしたり、混沌を把握して秩序あるものにするという人間の関心事を行動に移し変えるものである」とエルルは記述している[2]。

ルネサンス以降、自然は客観化されるようになったので、抵抗しない実体を対象に用いて、自然操作がとても容易に行えるようになった。その結果、数量化と測定が社会科学を含めて、科学の中心となったのである。

(2) 現代の自然観：サイバネティック・コスモロジー

ギリシャ人にとって自然は生命のある有機体であり、ルネサンス

図表10.3　自然観の変化

時代	自然の種類	生産機能	哲学	コントロールの焦点
原始	有機体	工芸： ものを形作ること	自然的： 自然界	外的 コントロール
ルネサンス	機械的	技法： 変換すること	機械的： 技術界	内的 コントロール
現代	サイバネティック	応用科学： 開発すること	科学的： ソーシャルな世界	内的および 外的コントロール の調和

にとって自然は人間の理性によって潜在的にコントロール可能な機械であったが、現代のシステム・ダイナミックスすなわちサイバネティックスの分野において、これら二つの自然観は超越されており、現代の自然観は、個人を育成すると共に自然というシステムに依存している個人がそのシステムを発展させるという、さらに包括的な概念である生命システムになっている。[(3)]自然観の発展には、自然に**対する**コントロールを確保しようとする試みから生態系的な自己規制や自然のバランスとの一体化へと力点の変更がある。例えば、マネジャーは**介在している**が、発生していることの**原因**ではない。組織や市場というシステムはそれ自体の勢いを持っており、人は勢いに対して影響を与えることができても、勢いを始動することはできないのである。世界が経済活動の関係者や勢力で満ち溢れているので、人も外的な勢力の影響を受けることが多いと同時に、これらの勢力の間で自分たち自身の空間を創り出すことを決定づけられていることがさらに多いのである。

図表10・3は、自然観の変化の要約である。

3　自然に対する文化志向性はどれぐらい重要なのか

自然に対する志向性は、われわれの日常生活の仕方やビジネスの管理方法と大いに関連している。文化によっては、自然を征服することを求めたり、自然を受け入れて自然に服従することを求めたり、または自然と共に最も効果的に共存して生活することを求めたりする。自然は人間がコントロール可能なものであると共に、その力を突然に逆転して自然の脅威を人間に見せつけて、人間の奴隷ではなく主人となることがよくある。どちらの状況も安定しておらず、望ましくもないのは、征服された自然が地上にいる人間を扶養できないからである。

人間と自然の関係によく似ているのは、組織と市場の関係である。ある製品が成功するのは、単に生産者がその製品の成功を望んでいるからかまたは、その製品に備わった特徴が購入者を喜ばすからではない。成功がもたらされるのは、**生産者の内面から発生する理由以外の理由**、すなわち生産者というよりもむしろ環境に存在する**他の人たち**の考え方と大いに関連した理由からである。それでは、生産者は顧客からの指示を喜んで受け入れるだろうか。顧客からの指示こそ、生産者がはじめから求めていたものではないだろうか。顧客の好みは生産者の好みと異なることが明らかになった時、生産者は自分の考えを喜んで変えるだろうか。

外部志向性に関する強力な論理の一つに、進化論がある。進化論的生物学者によれば、生物の適合・不適合を決定するのは環境であるから、この論理を拡大すれば、製品の成功を決定するのは、市場であって、マネジャーではない。ビジネスの世界は、お互いに相手を打ち負かすように決定されたメカニズムによって動かされている最適者生存の世界ではなく、外部の適所や条件と共に育成的な関係を最もよく形成できるものが生存する世界である。この理由から外部志向的な文化のいくつかが、世界の経済高成績国となっているのである。環境が未来を決定する全能の存在だという考えは、宿命論やあきらめを誘うが、人間にすべて責任があるという考えは、失敗の責任を誰かになすりつけるスケープゴート化、被害を被ったのは結局、自分のまいた種という被害者非難、そして不運に見舞われた人々に対する同情の欠如などを誘う結果になる。

内部志向性が持つ重要な側面は、経営戦略という考えである。**経営戦略**とは、他の会社から競争優位性を奪取するために前もって設計された計画のことである。この比喩語は軍事に由来するので、組織のいたるところが戦略的意図で満たされているかまたは、直面する環境によって打ち負かされているかのいずれかであることは明白である。日本やそれと似たような外部志向的な文化が、戦略それ自体に興味がないように思われることへの注目と共に、戦略が完全に「軍事的な」概念であるという論調に対する批判は、ヘンリー・ミンツバーグが行っている。ミンツバーグの指摘によれば、いかなる組織においても顧客と接点になっている者は、**日々刻々発生する問題に対応する戦略をすでに考案している**のである。[4] トップ・マネジメントの仕事は、それゆえに、これらの不意に出現する戦略を採用して、最も価値があると証明された戦略に表彰、地位および公式的な報酬を与えることである。これは、組織の草の根レベルで**すでに自発的に始められている**戦略を採用するための外部志向的なプロセスであり、環境に**自分たちの組織**を形成させる必要性の例でもある。

4　自然に対する異なった文化志向性間の管理

逆説的ではあるが、西洋の内部志向的なマネジャーが画一的な手続きや方法を西洋以外の外部志向的な文化に無理やり押しつけようとすると、期待以上にうまく「成功」することがよくある。その理由は、少なくともこれらの文化のいくつかが外部の情報源から大いに影響を受けることや環境からヒントとなるものを得ることに慣れ親しんでいるからである。しかし、外部からの指導を**受け入れること**が、それを内面化することやまたは、成功に向けてそれを使うことと同じと仮定するのは間違いである。外部志向的な文化のいくつかは、ディベートや対決を好まないが、だからといって命令されることがこのような文化に適しているわけではない。権限の源泉は、「当〔自〕然」のものとして見られているので、マネジャーが例えば組織を維持し育成するために知恵という天賦の才能を行使するよりもむしろ、自分自身のために自分の意思を周りの人々に無理強いするという「不自然な」振る舞いをした場合、権限はすぐに消えてなくなるのである。外部志向的な文化は、自然を**慈悲深いもの**として見なすことがよくある。従って、自分の行動が敵対的と解釈された場合、自分の持つ「当然の権力」が没収されてしまうのである。

フランスの石油会社がアフリカのガボン共和国に持つ子会社において、オランダ人共著者は、フランス本社が手ほどきして始めた組織変革プログラムが惨めにも失敗していくのを目撃した。フランス人マネジャーたちは、インタビュー時において、一体何が起きているのかをまったく説明できなかった。ガボン人従業員は会社が用意した企業理念声明書に完全に賛同しているように思われた。従業員たちは長時間にわたる議論と計画策定を経た実施要領すら受け入れていた。しかし、計画が実行に移されるようになると、何の変化も起きなかったのである。従業員たちは以前とまったく同じように行動したからであった。注意深い調査の後に明らかになったのは、ガボン人従業員が本気になって変革を支持したが、自分たち一人一人が変革の実施を推進する主体であると信じなかったことである。変革推進の合図は、行動を命令する当然の権限を唯一持っているフランス人上司たちが示さなければならないものだったからである。命令が一切来なかったので、行動も一切取られなかったのである。自己志向的な変革が道理ある原則から現れて来るという考えは、文化的に共有されたものでは**なかった**のである。

これはMCC社が開始した業績給プログラムとまったく同じであった。このプログラムが仮定したのは、従業員各人がコンピュータの売上を増大するように行動できるはずであり、従業員各人からより大きな努力を引き出せるはずだから、その結果、売上も増大するというものであった。この仮定はアジア人マネジャーの一人によって疑問視された。

インドネシア代表のジャワ氏は、ジョンソン氏の意見に以下の二点で反対した。

「業績給はわれわれの販売領域ではうまく機能しない。業績給導入がもたらすものは、欲しくなかったか必要のなかった我社の製品によって過剰在庫に陥る顧客である。さらに、販売活動がうまく行っていない時に、販売部員に売上増大を急がせたり、彼らを非難したりするのは間違いである。販売活動には良い時も悪い時もあるからである。販売部員の給与支払いを業績に応じたものに変更しても、自社努力で避けられない消費トレンドは変えられない」。

この反対はジョンソン氏や彼の西洋人の同僚たちに印象を深く与えるものではなかった。その反論は、「われわれは従業員全員にやる気を起こさせるような何かを本社で開発したかったのだ。報酬を成功と結び付けることが従業員にまったく何の影響も与えないとでも言うのかね。何らかの関連があることに、よもや君だって同意しないはずはないよな」というものであった。ジャワ氏は、次のように再反論した。

「何らかの効果があるのは確かだが、その効果だって好・不況の景気の波に飲み込まれる傾向にある。その上に、顧客が必要としているのは、このような景気変動からの保護と援助ではないか。顧客に必要以上に仕入れをするように仕向けるのは賢策ではない。業績が悪い時には顧客と共に乗り越え、良くなった時には利益を共有するという考えが必要ではないか」。

ジャワ氏の東洋系やラテン系の同僚たちは、多数が同氏に賛同した。ジョンソン氏は激怒して、「それならば、君たちの何人かで、**うまくいく**方法を提案しろ」と怒鳴った。

インドネシア人は、このケースで、自らを外部勢力によって相対的に強くコントロールされている存在として見ており、「避けられない波を乗り越える」ために顧客や社員相互が結び付くことを求めている。彼らのやる気を出させることは可能だが、彼らの文化と一致した方向に沿っていなければならない。すなわち、繁栄するという決断は大なり小なり自らがしたものではなく、「自然」に与えられたものとして彼らに経験させるような熟達した微調整をすることである。インドネシア人は、自らの環境の激変を自分の所属する組織のメンバーに対するかなりの挑戦として見なすと思われるので、業績低下の羽目に陥った従業員たちに非難を浴びせる必要もなく、また業績向上の従業員たちに報酬を与える必要もないのである。非難か報酬のいずれかを実行すれば、このような賞罰の恣意性に付け加えて、集団のモラール〔士気〕を徐々に弱めることになるし、販売部員に顧客の利益よりも自分たち自身の利益を優先するように仕向けてしまうことになる。

対照的に、人間機械観は、予定された目的地に向かって航行して、悪天候でもその航路から外れることもない船のように波を切って走るものとして販売部員を見ている。エンジニアやMBAの良し悪しを知るテストは、はじめに正しいことをすることであり、彼らの判断の正しさを結果から立証することである。良い会社が約束することは、「運転席に座らせる」ことだからである。理想的なメカニズムが従うのは、それを操作する者の意思であり、個人的な目標を達成するために自然の障害を克服するからである。

5 現代の経営管理は個人的な信念の間での戦いなのだろうか

自然を征服したいと求める内部志向的な人間の抱える問題は、**他の誰も**が「自然」を応援しに来ることである。人間は皆、権力を持ちたがるが、他人が自分の目的に対する手段として見える場合にのみ、権力を勝ち得られるのである。定義をすれば、人間は人間自身の内面から生じる**あらゆること**を環境に対して命令することはできない。その理由は、人間自身が環境の大部分を構成しているからである。他人に「参加」するように誘うことがほとんど無効になるのは、実のところ、議論が開始する以前にすでに到達していた結論に他人を仕向けようとする場合である。しかし、他人の感情に鈍感な内部志向的なマネジャーは、他の選択肢を持っていないので、あたかも将棋盤の上で駒を動かすかのように、社会的な関係を客観的に明確化しなければならないと思っている。これはクリス・アージリスが「モデルI行動」と呼んだものである。この行動は、マネジャーが前もって定式化しておいたことを行うように従業員に動機づけを与えるように設計されたものである(5)。前出のジョンソン氏もまたこの意味で動機づけを用いており、いかなるまたあらゆる状況でも、そして販売部員が何を言おうと望んでいようと、また彼らの文化が何を信じているかにかかわらず、販売部員に売上増大を説得する方法となっている。

人事考課のヘイ・メソッドも同様に内部志向的であり、マネジャーをその職能と一致させるものである。この人事体系で評定されるのは従業員ではなく、彼らの監督や組織が指示すると仮定されている課業を従業員が完了するまでの能率である。これが権限にその存在理由と正当性を与えているのである。例えば、ある会社が天然資源を製品化するために存在していると仮定しよう。会社が必要とするのは、さまざまな職能が分業によって達成されることである。会社が雇用するのは、このような職能を遂行することに同意した人々である。彼らを命令するのは、当該組織の内部志向的な目的を人格化している最高業務執行責任者である。さまざまな職能を遂行しようとする人々は、次に職務の複雑性や困難性、そしてどれだけうまく職務を果しているか、またどのように自分たち自身の（内部志向的な）判断を使っているかに従って、給与が支払われるのである。以上の考え方はすべて論理的で、きちんとしており、明確であるが、自然および社会的な環境をあたかも物体の如く扱っており、世界経済の大部分が考えているようなやり方ではない。この考え方は、最も明白な社会的事実のいくつかについて、例えば、話をしている間に会話者の双方で気が変わり、共同の思考過程を新しくより良い考えに変容していくことがよくあることなどに、目を閉じている。

6　内的および外的コントロールの調和

人間は皆、人生において過ちをおかす。約三週間前に、オランダ人共著者は町へステレオ・スピーカーを取りに行くために妻の自動車（三菱自動車のスペース・ワゴン（国内販売名：シャリオ））を借りて良いか彼女に尋ねた。彼が運転中に歩行者が道路を横断していたので停車しなければならなかった。停車後まもなく、彼は後続の自動車にぶつけられたことを知らせる衝突音を聞いた。彼は自動車から下車して、自分のお気に入りの日本車が少なくともその全長の二〇％ほど姿を消してしまったのを見た。心の中で彼は自動車の後半部分がすべて衝突でなくなったと思った。衝突された彼の自動車の後部にあったのは、ボルボ200シリーズの自動車で、「戦車」のあだ名でよく知られている自動車であった。彼がこの自動車に目を近づけて調べた時ですら、引っかき傷一つ見つけることができなかった。ボルボの運転手は自分の頭におった深い切り傷を片手で覆いながら車外に出てきた。彼はまったくの常套文句で「あなたの自動車はほとんど原形を留めていませんね」と謝罪しながら、「あなたは大丈夫ですか」と尋ねた。オランダ人共著者はけが一つなかった。というのは、ほとんど衝突を感じることがなかったからである。

外的コントロールされている日本人は明らかに安全性にも格闘技を応用している。日本車は自分が有利になるように相手からのエネルギーを利用するように設計されている。西洋のボルボやＢＭＷは、アメリカン・フットボール選手のように走行するように思える。すなわち、自分が相手より強ければ、自分が勝つと共に安全なのである。しかし、最終結果は日本車を運転する者が衝突を体感することなく、ボルボを運転するものが代わりに衝撃のすべてを引き受けることになったのである。

最新の安全設計は、柔軟性と強度を調和するように作られている。これに著しく類似しているのは、オランダの干拓システムである。堤防は非常に高い強度で水をせき止める。水圧が強くなり過ぎた場合には、水圧を緩和するために水門が開くことになっている。そして次の干拓システムがこの洪水をせき止めるのである。

あなたの組織は技術から押し出される圧力と市場から引っ張られる圧力とのバランスを取ろうと苦闘していませんか。直感的にわれわれが知っているのは、技術を精緻の極限にまで推し進めた場合、その結果得られるのが、顧客が一人もいない市場部分として最も良く定義できる究極的なニッチ・マーケットであるかもしれないということである。それでは、顧客が欲しがるものに追従するだけであったならば、どうだろうか。顧客の欲しがるものを十分に早く届けることができずに、顧客のなすがままにされるかもしれない。有効性の最も高い組織は、技術から押し出される圧力を市場から引っ張られる圧力と結合することが上手な組織である。アメリカ人がマーケティング技法と共に革新的な製品を開発することに優れているのは、不思議ではないだろうか。しかし、日本人はアメリカの消費者向け家電業界を席巻してしまった。日本人は他の国で開発されたものを結び付けることがとても上手であるように思える。彼らは格闘技を経済の根本原則にも応用しているのである。

図表10・4が示しているのは、内部志向性が過剰な場合、市場の欠如へ導くということである。また逆に、顧客に対する注目が過度になった場合、組織を市場勢力のなすがままにさせるという危険をおかすということである。内部志向性と外部志向性は調和しなければならない。

7　自己点検用テスト

戦略策定担当の上級職者数名が議論をしていたのは、戦略が会社の最高経営者陣で計画されてか

図表10.4　内的および外的コントロールの調和

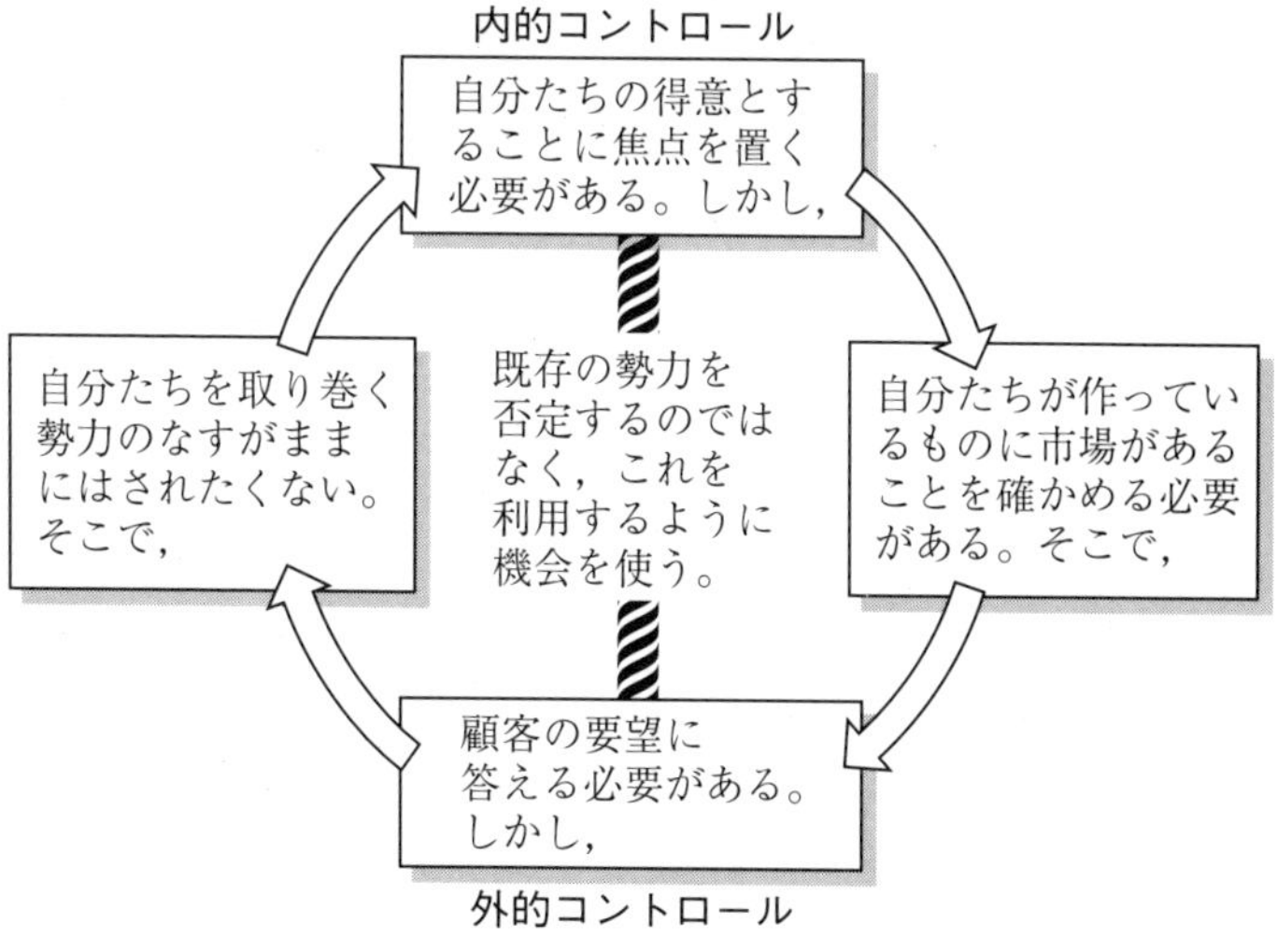
内的コントロール
自分たちの得意とすることに焦点を置く必要がある。しかし,
自分たちが作っているものに市場があることを確かめる必要がある。そこで,
顧客の要望に答える必要がある。しかし,
外的コントロール
自分たちを取り巻く勢力のなすがままにはされたくない。そこで,
既存の勢力を否定するのではなく，これを利用するように機会を使う。

ら、部署ごとに実施されるように「現場に落とされる」べきか、または社内の草の根となっている者や顧客と良好な接点を持っている者から上げられるべきかについてであった。次のような見解が表明された。

一　顧客と対応している者で何らかの戦略を持っていない者は、誰一人いない。われわれの仕事は、どの戦略がうまく行っているか、行っていないか、そしてその理由を発見することである。戦略を抽象的に計画して、現場に押しつけることは、混乱を広げるだけだ。

二　顧客と対応している者で何らかの戦略を持っていない者は、誰一人いない。われわれの仕事は、どの戦略がうまく行っているかを発見して、成功が証明済みの提案を表彰して、最良案を結合して、それから基本戦略を創り出すことである。

三　リーダーになることは、戦略の設計責任者になることである。動員できる経験、情報、知識のすべてを用いて、革新的な戦略を作り上げ、厳密に実施されるように現場に落とす。

四　リーダーになることは、戦略の設計責任者になることである。動員できる経験、情報、知識のすべてを用いて、広範に突き進む戦略を作り上げ、戦略が顧客のニーズに適合するために戦略実施を部下に任せる。

職場の最も親しい同僚が好むと思う回答に1の数字、次に好むと思われるものに2の数字を記入して下さい。

回答一は、外部志向的な戦略を肯定し、内部志向性を拒否するものである。これに対して、回答三は、その反対である。回答二は外部志向的な戦略と内部志向的な戦略の間の結合を肯定するものである。これに対して、回答四はその反対の結合を肯定するものである。

8　要約

文化は所与の環境に対して異なったアプローチ、すなわち、人間が環境をコントロールできるという考え方と人間は外部で起きる出来事に反応するだけだという考え方で対応する。しかし、内部志向性と外部志向性が相互背反的な選択だという仮定は過ちであるから、避けなければならない。すべての文化は、何が内的であり外的であるかについて、**何らかの**注目を当然にしているからである。さもなければ、内部志向的な文化は災難に向けて、まっしぐらに突き進むことになるし、外部志向的な文化は皆を喜ばせようとして、迎合しすぎて自らのエネルギーを浪費することになる。

内部志向的なマネジャーは、自分たちの考え方に従うように他の人たちを味方に引入れた時ほど幸せに感じる時はない。これこそ彼らが骨を折って築こうとしてきた理想状態である。しかし、このような状況は、外部志向的文化では攻撃的で粗野と見なされるかもしれないものである。外部志向的文化におけるリーダーは、自らの失敗や他人からの反対・批判からどれだけ多くを学んだかということを強調している。従業員からの提案がアジアの会社のいくつかを成功に導いた理由の一つになっていることや従業員の参画度がとても高いのは、従業員を罵倒するよりもむしろ彼らの言うことに耳を傾けて聞くことが最も立派なリーダーの資質として見られているからである。このような文化は衆人環視下での衝突を避ける。他の誰かの発言を否定することは、当然視されていることを手荒く扱うことになるからである。これに対する代替案は、会議において提案して、提案が不評の場合、その結果を見て重要度を変更することである。

「フィードバック」という語は、西洋の経営学専門用語であり、興味深い語である。この語が認識しているのは、継続中の推進事業や仕事を定期的に正す必要性である。しかし、**フィードバックが、計画された元来の方向性と同じぐらい重要だと考えられることはめったにない。**それどころか、フィードバックは元の方向性を維**持する手段**になっている。

外部志向的文化に完全に参加するために、内部志向的なマネジャーが受け入れなければならないのは、フィードバックが組織の全体方向を変更させる可能性があることである。彼らは顧客の言うことを良く聴き、顧客から忠誠を勝ち取るのとは反対に、顧客のニーズを満足させるような方向を目指さなければならない。大きな変化は外部と内部の双方から来る。文化はあたかも円形が「始まる」ところであり、マネジャーが変化の発生を思いつくところである。組織をより大きなシステムの中で動いているオープン・システムの一つとして考えることは、内部志向性と外部志向性の双方を発展させる考えである。

9　内的および外的コントロール志向的文化でビジネスをするための実際的な秘訣

⑴ 文化差を認識すること

内的コントロール志向的文化

一　環境に対して攻撃に近似した支配しようとする態度を取ることがよくある。

二　意見の衝突や容易に聞き入れないことは、自分の意見に確信を持っているという意味である。
三　焦点が置かれているのは、自己、役割、自分の所属集団および組織である。
四　環境が「手に負えない」かまたは、不安定と思われる時に不快になる。

外的コントロール志向的文化

一　柔軟な態度を取ることがよくあり、進んで妥協し、平和を保とうとする。
二　協調と即答、すなわち感性である。
三　焦点が置かれているのは、「他者」、すなわち、顧客、パートナー、同僚などである。
四　波動、変更、循環などが「自然」であれば、これらと気楽に共存できる。

(2)ビジネスをする場合の秘訣

内的コントロール志向的文化の人とビジネスをする場合（外的コントロール志向的文化の人用）

一　「目的のためには手段を選ばない」で実行することは、相手の弾力性をテストするための正当なやり方である。
二　「自分の目的を達成する」ことが最も重要なことである。
三　自分だけ少し儲けて、少し損をする。

外的コントロール志向的文化の人とビジネスをする場合（内的コントロール志向的文化の人用）

一　寛大で我慢強く、礼儀正しくて忍耐強いことが報酬をもたらす。
二　「人間関係を良好に維持する」ことが最も重要なことである。

三　一緒に儲けて、損は分かち合う。

(3) 管理する場合および管理される場合

内的コントロール志向的文化

一　目的が明確ならば賛同しやすく、目的を共有する。
二　具体的な目標が具体的な報酬と明確に結び付いていることを確かめる。
三　衆人環視下で意見の不一致や衝突を議論する。こうすることで、当事者全員が決定に参加したことを示す。
四　目標による管理が機能するのは、全員が共有された目標に向かって、誠実に自らを方向づけることに専念する努力が持続した場合である。

外的コントロール志向的文化

一　さまざまな人の目標の間で一致を得る。
二　現在の方向性を強化して、従業員の仕事を促進させる。
三　意見の衝突があれば、穏やかに解決する時間と機会を当事者に与える。
四　環境による管理が機能するのは、全員が変化を伴う外部からの要請に適合するように誠実に専念する場合である。

参照文献

（1）Rotter, J.B., "Generalised expectations for internal versus external control of reinforcement", *Psychological Monograph*, No.609, 1966, pages 1-28.（いくつかの項目は変更して使用された）。

（2）Ellul, J., *The Technological Society*, Vintage, New York, 1964.

（3）Moscovici, S., *Essai sur l'histoire humaine de la nature*, Flammarion, Paris, 1977.

（4）Mintzberg, H., *The Structure of Organisations*, Prentice-Hall, Englewood Cliffs, New Jersey, 1979.

（5）Argyris, C., *Strategy Change and Defensive Routines*, Pitman, London, 1985.

第11章 国民文化と企業文化

人が組織を設立する場合、自分たちに馴染み深いモデルや模範例を借用するのが典型であろう。組織は、第2章で検討したように、主観的な構成概念であり、そこで働く従業員が自らの個別的な文化プログラミングに基づいて、自らの環境に意味を与える。したがって、組織は彼らがすでに経験したことのある他の何かである。組織は、家族か、または目標を達成するために設計された人間味のないシステムに似ているように考案されている。また、どこかで航海している船か、または顧客や戦略目標に向かって直進するミサイルに似て作られているかもしれない。これまでの章で論じてきた次元の多くに沿って行われる文化選好が、組織に付与されるモデルや意味に影響を与えているからである。

本章は、四タイプの企業文化を検討して、国民文化間の相違がどのように企業文化の類型を「選択」する決定に寄与しているかを考察する。従業員は所属組織について共有認識を持っているので、彼らの信じることが、企業文化を作り上げる際に本当に影響を持つ結果になる。

1　さまざまに異なる企業文化

組織文化を形成するのは、技術や市場だけではなく、リーダーと従業員が持つ文化選好にもよる。国際的な企業のいくつかは、ヨーロッパ、アジア、アメリカ、または中東に子会社を持っており、子会社は会社のロゴ・マークと社内の報告手続きを除けば、同一の企業と認識できないぐらいに異なっている。これらの子会社が組織構造の論理や共同の活動に付与する意味においても根本的に本社と異なっていることがよくあるからである。

以下に議論する組織構造の三側面は、企業文化を決定する際に特に重要である。

一　従業員と所属組織との間の全般的な関係
二　上司と部下を規定する権限に関するタテ型、すなわち階層的なシステム
三　従業員が所属組織の運命、目的、および目標について持つ一般的な見解と組織において自分たちが占める位置

これまで本書は、例えば、普遍主義―個別主義や個人主義―共同体主義のように文化を次元ごとに区別して議論してきた。組織を見る際には、二次元とこれらから作りだされる四象現で考える必要がある。さまざまな企業文化を区別するためにわれわれが使う次元は、**平等主義**―**階層制**と**人間志向**―**課業志向**である。

このように考えると四タイプの企業文化を定義できると共に、タイプごとに考え方、学び方、変化の方法、動機づけ、報酬、紛争解決などの方法がかなり異なることを示せるようになる。この分類法は組織を分析する貴重な方法であるが、風刺化の危険性もある。西洋人は、自分たちが持つステレオタイプにすべての外国人が

図表11.1　企業イメージ

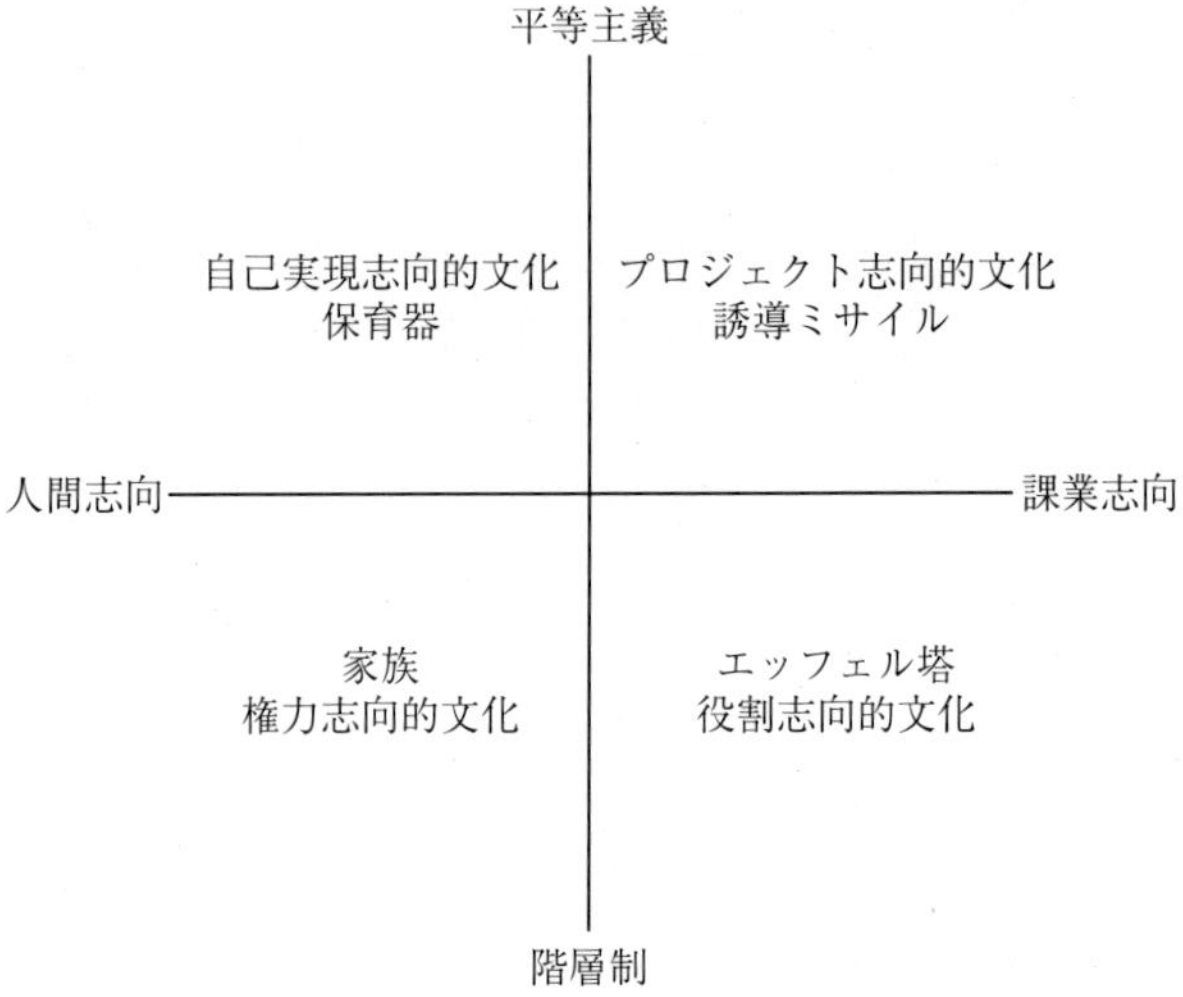

適合すると信じるか、または願う傾向があるからである。その結果、「タイプ」を認識する場合、本当はとても複雑なものを過度に単純化したくなる誘惑が存在するのである。

四つのタイプは、以下のように記述されるものである。

一　家族
二　エッフェル塔
三　誘導ミサイル
四　保育器

これら四つの比喩が例示しているのは、組織に対する従業員の関係である。図表11・1が要約しているのは、これらの組織タイプが投影するイメージである。

企業文化に関するこれらのタイプは、それぞれが「理念型」である。現実には、いろいろなタイプの文化が別のタイプと混合するか、または重複して文配的になっている。しかし、これを分離することは、従業員がどのように学び、変更し、紛争解決を行い、報酬を与えられ、動機づけられているかなどを基にして、それぞれのタイプの基盤を探求する場合、有益になる。例えば、ある企業文化で非常によく機能するように思われる規範や手続きが、別の企業文化だと、その効果性がなくなるのは、なぜだろうか。

2　家族型文化

家族という比喩が使われる企業文化は、親密で対面的な人間関係を持っているから、**人間志向的**であるが、また、家族の長である「父」が（特に、年少の場合）「子供たち」をしのぐ、はるかに大きな権限と経験を持っているという意味で、同時に**階層的**でもある。その結果生じるのは、**権力志向的**な企業文化であり、リーダーは部下たちのために何をしなければならないか、また部下にとって何が善なのかを部下たち以上に良く知っていて、世話をやく父親として見なされている。このタイプの権力は、本質的に、恐怖感を与えるというよりもむしろ親近感があると共に（うまく行った場合）慈悲深いものである。このタイプの企業文化を持つ企業のほとんどは、多くの点で家庭を模倣した雰囲気で仕事を行う。

日本人は企業の枠の中で伝統的な家族が持つ側面の多くを再生している。ビジネス上の大きな美徳は、甘えであり、異なる地位にいる者たちの間での好意の一種であり、目下の者に対して示される寛容さと目上の者に対して返礼される尊敬から成る。この考えは、契約や協定が義務づけている**以上のこと**を常に実行するようにさせる。例えば、この考えが理想化された人間関係は、先輩―後輩の関係であり、年上と年下の兄弟関係のようなものである。年齢による昇進の意味は、年長者に責任があるのが典型的だからである。勤務先の企業に対する関係は、長期的であると共に献身的でもある。

この企業文化において労働、業績向上、および紛争解決をする理由の大部分は、このような家族型の人間関係から派生する楽しみに他ならない。例えば、上司（すなわち、兄貴）を喜ばすこと自体が、報酬である。（例えば、日本人は情動的にとても抑制されているので、）この感情は、よそ者にとって目に見えたり、見えなかったりするのだが、それにもかかわらず、日本風に抑制されようと、またイタリア風に声、顔の表情、身体のジェスチャーなどで間違いなく伝達されようと、**実在する**ものである。家族型な文化のリーダーは、模様を織り込み、音程をそろえ、企業にとって適切な姿勢を取らせて、部下たちが「同じ波長」でいること、すなわち、要求されることを直感的に知っていることを期待する。逆の立場で言えば、リーダーは部下の感情を完全に理解することである。

よく言っても、権力志向的である家族型文化は、一斉に行動するメンバー**によって**権力を行使する。権力は必ずしもメンバーに**敵対する**ものではないが、そのようなこともある。権力がメンバーに対して行使される場合、大きな懲罰は、家族内での愛情と居場所を奪うことである。圧力は金銭的または法律的というよりも精神的で社会的なものである。家族型スタイルの文化を持つ企業は、ギリシャ、イタリア、日本、シンガポール、韓国、スペインなどのように工業化が遅かった国に多く存在する。封建主義から工業主義への転換が急速に行われた国では、封建的な伝統の多くが残存しているからである。

家族型スタイルの企業文化は、**高コンテクスト**（第7章参照）であり、所属メンバーが情報量や文化内容をわずかしか与えられなくても、それを**当然のことと思う**傾向がある。例えば、仲間内だけで通用する冗談があるほどに、また家族の内輪話、伝統、慣習、そして結び付きなどが多いほどに、コンテクストは高度化して行くので、よそ者にとって所属感を持つことや適切な振舞い方を知ることがさらに困難になる。このような文化は、よそ者を必ずしも願っているからではないが排除することになるし、メンバーだけが理解する暗号で意思疎通し合うのである。

人間関係は**拡散的**になる傾向がある（第7章参照）。例えば問題となっていることに十分な知識があろうと無かろうと、また、ある出来事が発生したのが職場、休憩室、または家路の途中であろうと、またその場にいる他の人の方がもっと適格でも、「父親」または「長兄」に該当する人が、**あらゆる**状況で影響を与える。全従業員の全般的な幸福と福祉が家族型タイプの企業の関心事として見なされているので、企業は従業員の住宅問題、家族の多さや給料が生活に十分であるかどうかなどに悩むのである。企業はこれらの領域でも補助を行うのである。

権力と差別化された地位は、「自然」のもの、すなわちリーダーが持つ特徴として見られているので、実行すると成功したり失敗したりする仕事それ自体と関連しない。これは、両親が何らかの扶養義務を無視したからといって、親であることをやめることがないのと同じである。リーダーの権力の上位に位置するのは、国家、政治制度、社会または唯一神などの権力である。権力は、行われる役割や実行される仕事に起源を持つというより、権威によって広義に規定されるという意味において**政治的**である。権力が政治的だからといって、権力を持つ人たちに熟練がないとか、仕事の実行力がないというわけではない。このような企業文化を持つ組織が良い業績を上げるためには、必要となる知識や熟練が権力の中心**に**集中されなければならず、それによって既存の構造を正当化するという意味である。以下に、イギリス人マネジャーの証言を紹介しよう。

「イタリアで私が紹介されたのは、自分と同格の応用工学責任者でした。相手の組織、部門、現在従事している仕事などについて尋ねました。数分の間に、イタリア人責任者は、一ダースほどの人名を挙げ、この人たちの政治的影響力、権力への近さ、そして彼らの趣味、好み、意見などについて彼の個人的評価を私に話してくれました。話が出なかったのは、これらの重要人物が持つ知識、得意とする熟練分野、または業績でした。話を聴いた範囲では、この人たちには特定の職務がないか、または、あったとしても、私に情報提供をしてくれているイタリア人責任者がそれをわからなかったのでしょう。驚いたことです。遂行義務のある仕事とか、やりがいのある複雑な仕事という考えが彼らにはまったくないように思えたものですから」。

このイギリス人マネジャーは、このような「家族モデル」が複雑なことを処理する能力を持つと思いつきもせず、その結果、家族モデルがこの目的達成の機能的な手段であると理解しなかったのである。家族モデルにおける権威の正当性を疑うことがないという意味は、実行される仕事ではなく、付与されている地位に権威が依存すると見られているからである。問題になるのは、トップの人たちに気づかせ、理解させ、そして行動を取るようにさせることである。年長の人たちが権威を多く持つ場合、自分たちに付与されている地位を遂行するためには、事前情報を完全に受けると共にメンバーから忠実に支えてもらわなければならない。**文化は、それ自体がもとから持つ仮定を正当化するために機能するからである。**

著者たちが行った調査は、異なる文化のマネジャーがどの程度までリーダーを「一種の父親」として見ているか、またはどの程度までリーダーが「仕事をする」と思っているかを調べた。調査結果は図表11・2に示さ

図表11.2　良いマネジャーの条件

きちんとした仕事をするために一人で仕事をするという回答を選ぶ回答者数のパーセンテージ

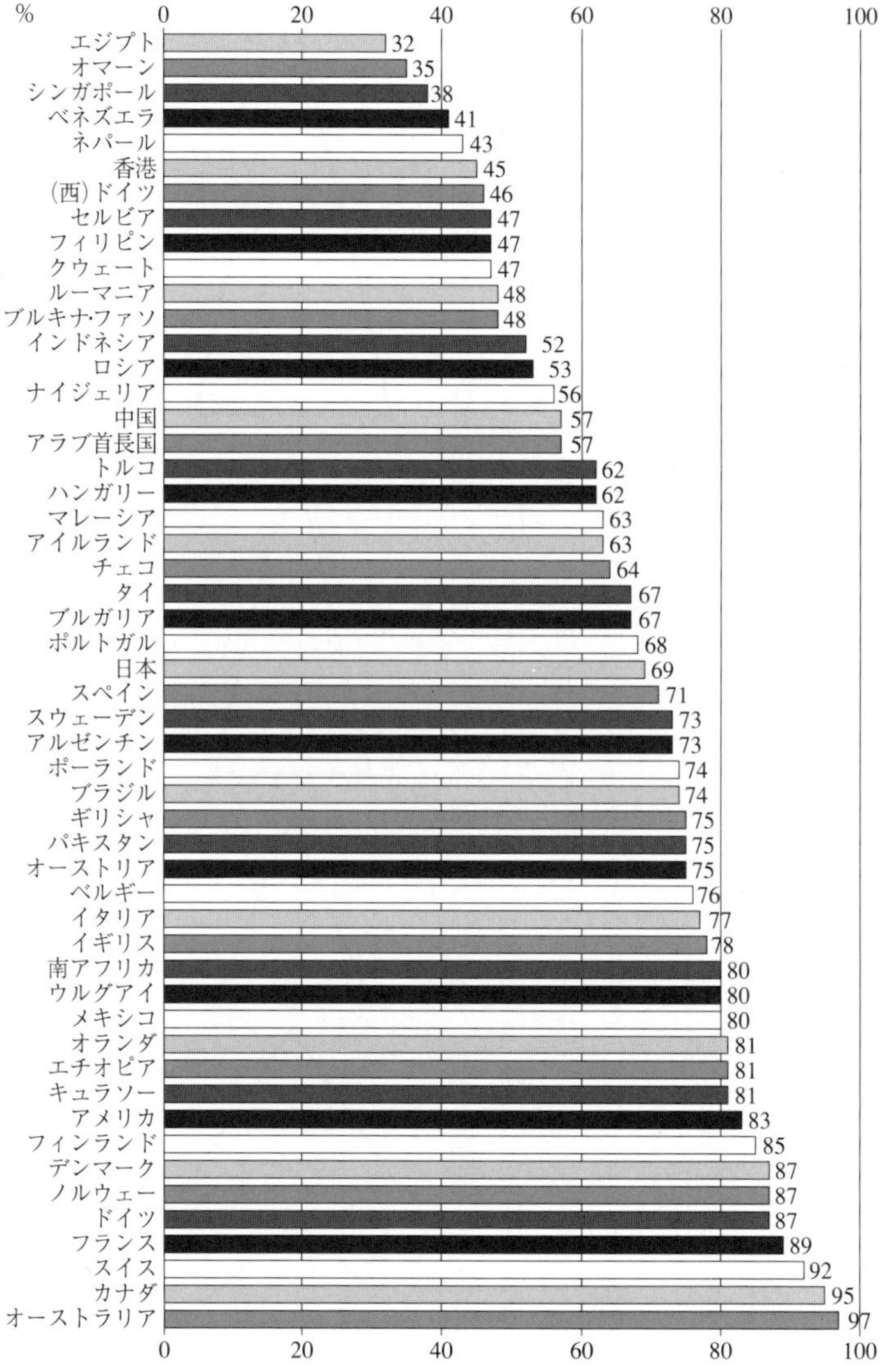

図表11.3　会社を三角形で示すと

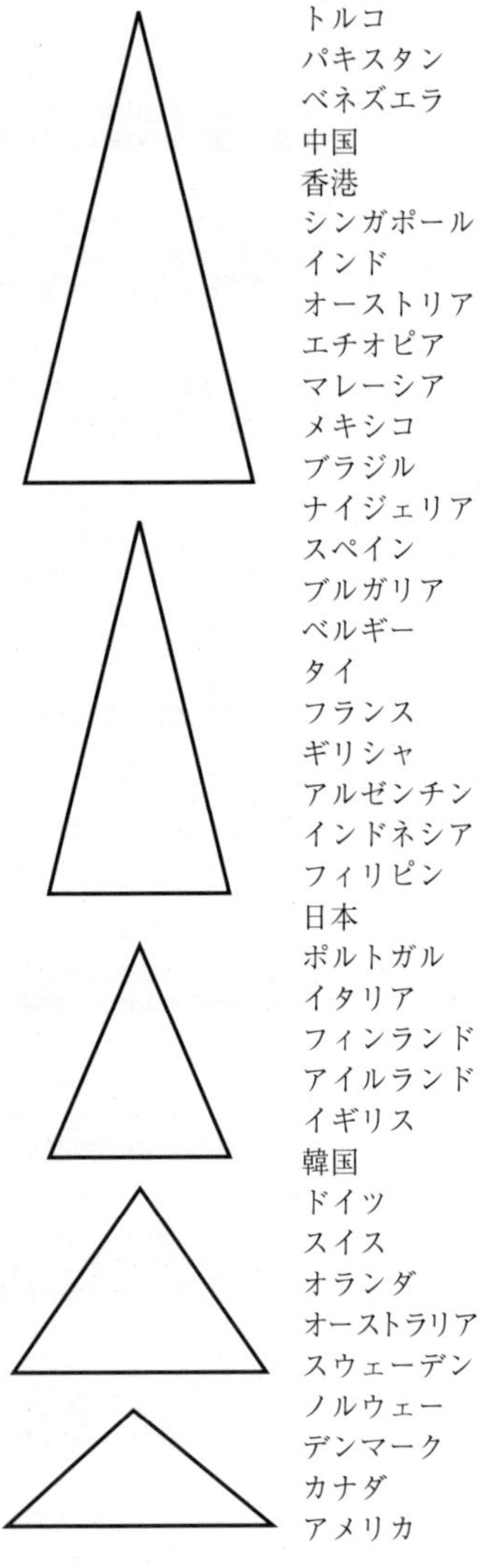

れている。回答は国別の散らばりが最も幅広いものの一つであり、図の上に向かってアジア諸国がひとかたまりとなっているのが目につく。この調査の過程でマネジャーたちに尋ねた別の質問は、勤務先の会社を三角形になぞらえて考えてもらい、最も良く表示していると思われる図形を図表11・3の中から一つを選択してもらうことであった。最も尖がっている三角形は五点の評点であり、以下尖度が鈍化するに連れて一点までを割当てた。

リーダーが父親として見られている国の評点（図表11・2）は、図表11・3の三角形の勾配と密接に相関している。家族型文化のトルコ、ベネズエラ、およびアジアの数か国は、最も傾斜度の高い勾配を持った階層組織を持つ。この関係から湧くイメージは、従属することに対する愛着と相対的な終身雇用を結び付けるものである。これらの国々のほとんどすべてが図表11・2の上位三分の一の範囲で見つけられる国でもある。

家族型文化は、最も効果性が低い場合、リーダーを支持する部下たちのエネルギーや忠誠心が枯渇するので、リーダーは文字通り、崇拝の海を漂うことになる。リーダーが自らの権力や自信を感じ取るのは、**フォロワー〔追随者〕から**であり、カリスマ性は軽信や一見子供じみた信頼によって供給される。しかし、このような文化の熟達したリーダーは、触媒にもなり、エネルギーを倍増して、部下の心の深層にある感情や熱望に訴えることもできる。この種のリーダーは目標による管理が持つ人間味の無さを回避するので、主観による管理の方がより良く機能するのである。この種のリーダーは、アメリカの市民権運動のように、自らのメンバーと共に社会の両方を解放、改革、再生、啓蒙する目的を持った社会運動のリーダーに似ている。このような運動もまた本質的に家族型構造であり、メンバーを新しい行動形態で再社会化しようというものである。

家族型文化はプロジェクト組織やマトリックス型の権限構造と両立することが困難である。というのは、これらの組織形態では、権限が分割されてしまうからである。職能別に上司がおり、プロジェクト別にも上司がいるので、どちらの上司にも分割されていない忠誠心を尽くすには、どうしたらよいだろうか。家族型文化が抱えるもう一つの問題は、**本当の**家族からの要請が邪魔をすることである。誰かが自分の兄弟やいとこの場合、彼らは家にいる自分の家族と**すでに**関係があるので、職場にいる自分と緊密な関係を持ちやすいのである。そのわけは、役割型すなわちプロジェクト型文化が縁故採用を腐敗や利害衝突と見なすのに対して、家族型文化は縁故を現在通用している規範を強化するものとして見るからである。家庭**と共に**職場においても自分の家族と結び付きのある人は、自分をだまさないだろうという理由がもう一つ付け加わるからである。家族の結び付きという要因が強くなるのに対して、普遍主義は弱くなる。

オランダから派遣された交渉代表団がショックを受け驚いたのは、製造業大会社のブラジル人所有者が一五〇〇万ドルの合弁事業の重要な調整役として比較的に経験の浅い会計士を紹介した時であった。オランダ側は、最近資格を取得したばかりの会計士が、自社資金の受け取りを含めて、なぜこのように重い責任を与えられたかについて混迷した。ブラジル側は、この若者がオーナーの甥であるから、一二〇〇人の従業員中で最善の選択だったという指摘をした。これ以上に信用の置ける者がいるだろうか。不満を表明する代わりに、オランダ側はこのような人物が交渉相手に加わったことを幸運であったと考えるべきであった。

(1) 長子

家族型文化の企業に働く従業員は、両親が留守の間に家族の面倒を見るが、「親」が家に戻って来るとすぐにその権限が消えてなくなる「長子」のように頻繁に行動する。フロリダ州マイアミにある工場に勤めるアメリカ人工場長は、社内ナンバー2のベネズエラ人マネジャーとの関係にこれを見出している。工場は、PVCを加工・包装詰めしている。製造工程は品質管理について高水準を要求している。製品は正しい比率で正確に混合されなければならない。間違えると危険だからである。混合に際して異常が発生した場合、その直後に報告しなければならず、関連する生産ラインはただちに停止されることになっている。さもなければ、使用不可能な製品が蓄積されるからである。生産ラインを停止する決定は、詳細な知識を必要とする熟達のものである。数分の遅れですら、極端に費用のかかるものだからである。総体的に見て、遅過ぎるよりも早目に生産ラインを停止する方がましなのである。

ベネズエラ人副工場長は、製品が満足なできの時とそうでない時をとてもよく知っていた。工場長が工場にいなくて、自分が代役の時、副工場長は品質が落ちて行っている生産ラインをいずれもただちに停止させた。

彼の判断は迅速であると共に正確であった。工場長が工場にいる場合、副工場長は工場長を探して、何が起きているかを報告して、決定を得るようにしていた。生産ライン停止の決定を得るのに時間がかかった時には、かなりの製品が無駄になった。工場長は副工場長に自分自身の決断でアクションを起こすこと、副工場長の判断を尊重すること、また彼の行った決断を支持すると何度も言ったが、副工場長は元のやり方に戻るのが常であった。

これはアメリカ人が取る課業志向性とベネズエラ人の家族志向性の間で起きた衝突の簡単な例である。アメリカ人はＰＶＣ生産の品質管理の仕事を委譲していた。彼の理解では、自分がオフィスにいようといまいと、品質管理は今や副工場長の責任となっていた。生産工程の必要性が要求したからであった。しかし、副工場長にとって、彼の権限が拡大するのは工場の監督を任された時だけで、彼の「親」が戻った瞬間に彼の権限は縮小するのであった。決定を下すべき人は、**臨席する**最も権限のある人であった。副工場長は、一時的に責任を任された子供と同様に、両親が家に戻るや否や、両親の持つ権限をもう奪うことはないのである。

イタリア人研究者インチェリーリとフランス人研究者ローランが行ったかなり有名な調査は、イタリア人、フランス人、および日本人マネジャーの間では、「何でも知っているマネジャー」がはるかに高い魅力があることを示している[(1)]。この調査結果は、「マネジャーは部下が尋ねる質問のほとんどに対して、いつでも正確な解答を持っていることが重要であるか」という質問を尋ねた結果に基づいている。複雑な現代の諸条件において、マネジャーにとって自分の部下たちが一集団として知っていることの一部についてすら把握することがますます難しくなっているのは自明のことである。しかし、自分の上司が何でも知っているという仮定は、自分が上司と何でも論じ合っているということを必要条件とするので、階層組織の頂上へ向けて情報伝達の上方向運動、すなわち組織学習に貢献する過程を奨励するのである。したがって、注意しなければならないのは、企業を家族となぞらえることを素朴で、誇張された、封建的な考えとして葬り去ることである。家族モデルが持つ親しさは、複雑な情報を効果的に処理できるので、自分の「父親」に多くのことを知って欲しいという願望の方が、自分の上司に多くを知ってもらいたくないという期待や願望よりも望ましい結果をもたらすことになる。上位目標の周辺に自分の部下を結集させるビジョン型リーダーは、彼らの信用、忠誠心、そして知識を必要とする。家族モデルは、往々としてこれらの三つすべてを与えられるのである。

会社が社宅提供の責任があるかどうかについて第7章で尋ねた質問の分析結果（図表7・6参照）もまた、家族が当然にモデルとなっていると回答している国々を示している。これらの文化において、雇用関係にある社員に対する企業組織の責任はまったく限界がない。企業責任は社宅の場所や入居方法にまで及ぶものである。日本の雇用者は、婚姻関係の有無、扶養家族人数、そして扶養家族手当て額に関してまでも自らの仕事にしている。また、会社は社員の住宅を見つける手伝いをし、社員の子弟の編入学を助け、一般消費者向け製品を割引価格で提供し、レクリエーション施設を使えるようにして、職場の同僚と共に休暇を取るように奨励すらしている。この背景には、**勤務先の会社が社員の家族を手厚く助けるほど、家族は一家の稼ぎ手が会社のためにもっと働くように願うようになるだろう**という考え方がある。

(2) 思考、学習および変化

家族型企業文化は、合理的知識よりも直感的知識に関心を持っており、社員の職場配置、すなわち効率的使用よりも社員の能力開発に苦心している。他人について個人的に知り得た知識は、当人についての経験実証的な知識以上のものと評価される。知識獲得は、仮説検証的および論理演繹的ではなく、試行錯誤による。調査用の質問紙記入より会話の方が好まれるし、客観的データより洞察の方が好まれる。何らかの仕事をしている場合、進行中の**事物**よりも担当している**人物**の方が重視される。日本人を会議に招請した場合、日本人は議題に関する特定化された詳細な事項より出席予定者が誰かを知りたがるのである。

権力志向的な家族モデルにおける変化は、本質的に政治的なものであり、鍵を握る実力者たちに方針を修正させることによる。よく好まれる道具は、新しいビジョンを打ち立てること、カリスマ的にアピールすること、士気を鼓舞させるような目標や方向性を示すこと、および重要な人たちとの確実な関係を増大させることなどである。変化は、それが暴動に起因し、リーダーの権威を深刻に挑戦する（このような場合には大きな譲歩がされる）ものでなければ、組織階層の下の方からボトム・アップ的に行われることはありそうもない。訓練、先輩による指導、個人指導、そして徒弟制度などは、個人教育の重要な源泉であるが、これらは家族の命令通りに行われるので、それ自体が権威を挑戦するものではなく、むしろ権威を永続させるものである。家族型文化は自らの権力に影響を与えるような変動的な環境に対して迅速に反応できる。この文化の政治的アンテナは、鋭敏であることが多い。

オランダ企業グループのフランス子会社で組織変革に着手することを委託されたオランダ人マネジャーが著者たちに語ったことは、同氏の変革提案に対してフランス人マネジャーたちが示した反応の精度と知性の高さに同氏が感銘したことであった。提案の三か月後にフランス子会社に戻ると、何らの変化も生じていなかった。オランダ人マネジャーが気づいてなかったのは、フランス人のマネジメント・チームを変革する必要もあったことである。オランダ人マネジャーの提示した戦略的提案は単に上っ面だけのもので、その裏には以前と変わらず家族が機能し続けていたのである。

(3)動機づけ、報酬および紛争解決

家族メンバーは自らの関係を享受しているので、金銭よりも賞賛や感謝の方が動機づけになる。業績給は家族メンバーにとって居心地の良いものではないし、家族の結び付きを脅かす動機づけとなる。業績給は社員の間で「リスクを集団にばらまく」傾向があるので、不確実な環境下において非常に良く機能する。その大きな弱点をさらけ出すのは、家族内の紛争が必要とされる変化を妨げる時である。

紛争解決はリーダーが持つスキルに依存することがよくある。批判が公に表明されることはめったにない。表明されれば、家族が混乱に陥るからである。否定的な意見が表明される場合、それは間接的な表現であり、特別な「許可された」場合に限定される。（日本では、上司を批判できるのは、上司のおごりで酒を飲んでいる間である）。家族メンバーの傑出した人たちが面子をつぶさないように注意するのは、家族集団全体に対して一貫性を保つという要点が存在するからである。家族モデルは**効率性**（物事を正しく行うこと）に低順位を与えるが、**効果性**（正しいことを行うこと）に高順位を与えている。

3　エッフェル塔型文化

西側の世界では、さまざまな役割と機能を持った官僚的な分業が事前に規定されている。組織階層は、これらの配置を階層の上位で調整している。役割のそれぞれが組織設計通りに行われれば、仕事は計画通りに完了

されることになる。すなわち、現場に密着した監督者一人がいくつもの仕事の完了を監督できるようになる。また、マネジャー一人が何人もの監督者の仕事を監督できるようになる。さらに、組織階層を上に向かっても同様の監督ができるようになるのである。

このような文化類型を象徴化するために著者たちが選んだのは、パリにあるエッフェル塔である。エッフェル塔は先端部分から見ると急勾配で、対称的で、狭くなっているが、土台部分から見ると幅広く、安定的で、頑健になっている。塔が立脚する公式的な官僚制のように、エッフェル塔はまさに機械時代の象徴である。その構造もまた、機能よりも重要になっている。

エッフェル塔型の階層組織は、家族型のものと大きく異なる。上位レベルはそれぞれが下位レベルを結合するという明確で証明可能な機能を持っている。例えば、部下が上司に従うのは、部下に指示するのが上司の**役割**だからである。会社の持つ合理的な目的は上司を通して部下に伝達される。上司は部下になすべき仕事内容と役務契約を命ずる法的権限を持っているので、明白かまたは暗黙に、上司の指示に従って部下が働く義務を負うのである。自分や他の部下が指示通りに働かなければ、組織は機能できなくなる。

エッフェル塔型組織にいる上司は、たまたま生身の人間だというだけのことである。本質的に上司は役割なのである。例えば上司が明日急死しても、他の誰かが急逝した上司に取って代わるので、部下の職務義務または組織の存在理由にとって何の変化も生じないのである。後任の上司は、当然に多少とも不愉快な人物であるかもしれないし、上司としての役割をわずかに前任者と異なって解釈しているかもしれないが、このようなことは取るに足らないことである。効果的に上司の仕事は定義されているので、解任する場合はその定義に従って評価される。したがって、偶然性または個人の特異性が介在する余地は、ほとんど存在しないのである。

権限が役割の行使から発生するのは当然なのである。上司とゴルフ・コース上で出会ったとしても、上司にプレーを譲る義務はないし、上司もおそらくそのようなことを部下に期待しないだろう。人間関係は関与**特定的**であり（第7章参照）、地位は**属性型**であるから（第8章参照）、オフィスだけに限定される。この場合の属性型地位は、家族型文化で見られるような個人属性に基づいた地位付与ではない。エッフェル塔型文化における地位は、役割に付与されるのである。これが地位に対する挑戦を不可能にするのである。このようにエッフェル塔型文化の官僚制は、人間味のない合理的・法的な組織であり、そこでは全員が偏狭な規則に従属しているので、今度は規則が階層組織に規則の是認と執行をするように命じるのである。上司が権力を持つのは、規則が上司に規則通りの行動を取るように許可する場合だけである。

エッフェル塔型企業におけるキャリア形成は、専門資格によって助けられることが大きい。エッフェル塔型企業モデルの典型であるドイツやオーストリアの会社の頂点にいる人たちは、正教授とか博士などの肩書きがオフィスのドアに記されている。こんなことはアメリカではまったく希有なことである。

家族型文化が受け入れることのほとんどすべてをエッフェル塔型文化は拒絶する。個人的な関係は判断を捻じ曲げ、えこひいきをし始め、規則に対する例外を増大させ、役割と責任の間にある明確な境界をあいまいにすることが多い。上司が、部下をひいきするようになり、部下から個人的な忠誠心を要求するようになると、自分の部下がその役割において行った業績を評価できなくなるからである。組織の目的は、権力や好意など自分の個人的な欲求から論理的に分離したものである。このような欲求は公的案件を超越した私的案件による本末転倒、偏向、侵略なのである。

組織階層の各レベルにある役割は、それぞれが事細かに記述されており、その難易度、複雑度、そして責任の軽重が格付けされているので、役割に見合った給与が存在することになる。したがって、役割を充足する人物を探すことが次に続くことになる。特定の役割に対する応募者を検討する際に、人事部は応募者全員を平等かつ中立的に扱い、応募者各人の持つスキルと適性を仕事の要求事項と照らし合わせて、役割と人物の間で最良に適合する人物にその職を与えるのである。まったく同じ手続きが評価と昇進においても踏襲される。

著者たちは**権力志向的**文化に対立する**役割**文化の影響をテストするために、マネジャーに対して以下のジレンマを質問した。

二人のマネジャーが自分たちの勤める会社の組織構造について語っていた。

A　一方のマネジャーは、「組織構造がある主な理由は、社員全員に誰に対して誰が権限を持っているかをわからせるようにするためだ」という意見であった。

B　他方のマネジャーは、「組織構造がある主な理由は、社員全員にどのように職能が配置され、調整されているかをわからせるようにするためだ」という意見であった。

これら二つの方法のどちらが、組織構造を最もよく表していますか。

人物よりも役割を優先することに最も引きつけられる国は、そのほとんどが北米と西北ヨーロッパの国々であり、大部分の人がBの回答を選ぶ。この回答において、**組織構造に従属する論理は明らかに合理的で、調整**

図表11.4　組織構造が存在する理由

パーソナリティより職能を回答に選ぶ回答者のパーセンテージ

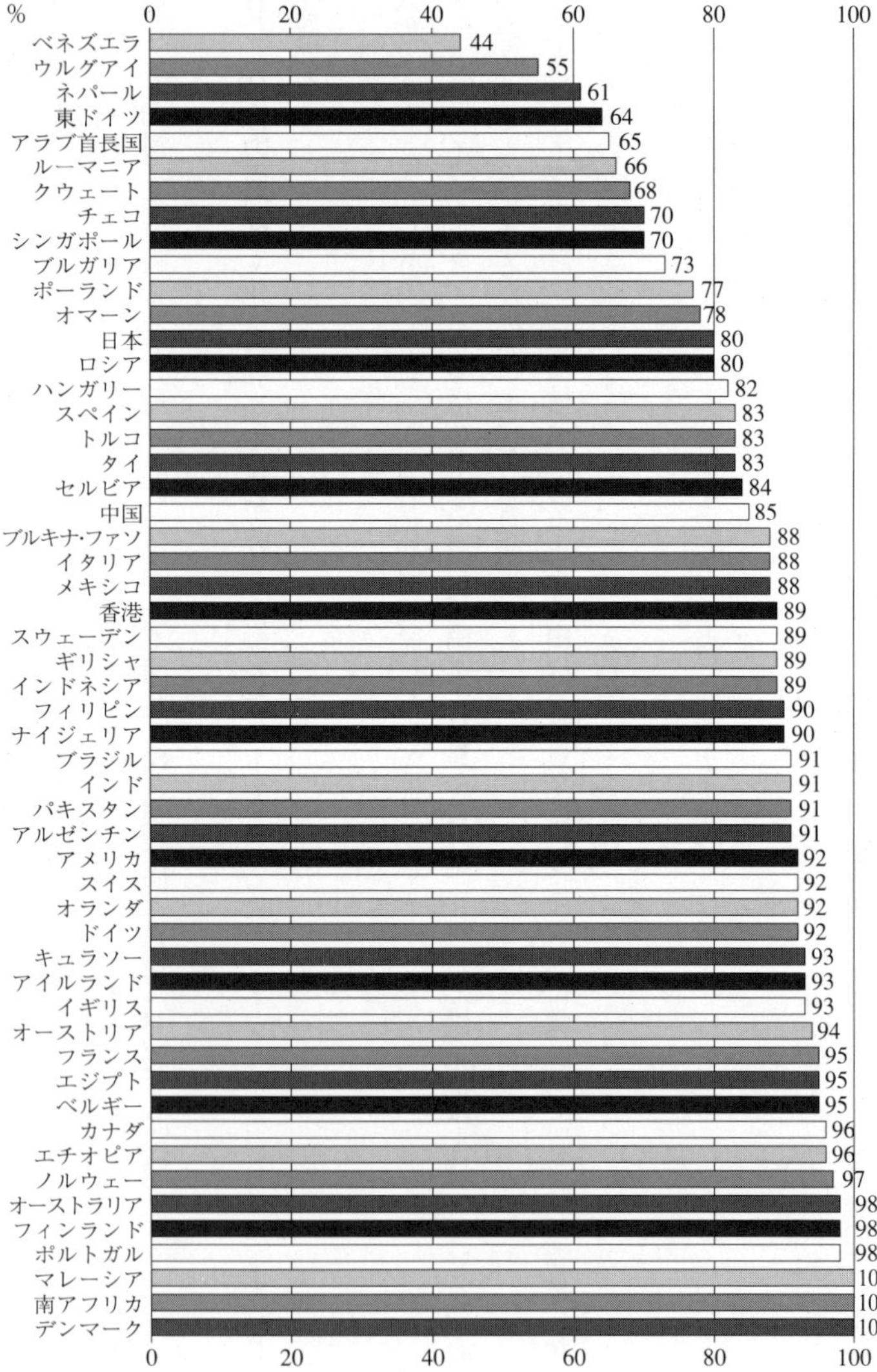

的なものである。回答Aでは、この論理が特定化されておらず、組織は既存の権力格差を正当化するだけの存在になっている。

エッフェル塔型文化が向かっている目標は、エッフェル塔型の階層組織が達成すべき目標であるから、組織は相対的に硬直的になり、さまざまな方向に向かうのは困難となる。例えば、エッフェル塔型企業が、新製品開発のように、階層的に調整された役割と一致しない目標を達成する必要性があれば、この組織構造は目標達成を妨げることがある。他方で、この組織構造はパスポートの更新や保険金請求審査のように基準が事前に工夫して作られており、その事務取扱が一貫したものであることを法的に要求されているようなことに対して、良く設計されたものである。

著者たちが主催するワークショップで、ドイツ大企業の戦略計画責任者は自社の戦略計画について一時間ほどのプレゼンテーションを行った。その四五分は自社組織がどのように作られているかを、残りの一五分を戦略問題に費やした。昼食を挟んで、同氏に六〇分すべてを戦略的問題に集中しなかった理由を尋ねたところ、「そうしたのですが」という返事が返ってきた。同氏にとっては、**組織構造が経営戦略であった**のである。

(1)思考、学習および変化

役割志向のエッフェル塔型企業における社員の思考、学習および変化などの方法は、家族型企業における同類の過程と大きく異なっている。エッフェル塔型企業の従業員にとって、家族的文化は恣意的で、非合理的で、陰謀好きで、馴れ合いが多いので腐敗したものである。社員全員が理解できる確定された手続きに従い、従業員が順応することに同意している客観的な基準を設定する代わりに、家族型企業は永遠に目標を変化させ続けるか、または競争的なプレーにまったく加わらないかのいずれかである。

エッフェル塔型文化において学習が意味するものは、役割に適合するのに必要なスキルを蓄積することであり、また、できればより高位の役職につく資格を得るためのスキルを追加することである。エッフェル塔型企業において、社員すなわち「人的資源」は有形・無形の財源と同類に考えられている。したがって、よく知られた資格を持っている人たちは、他の物質的存在と同様に計画に組み込まれ、予定に入れられ、配置され、配置転換されるのである。マンパワー計画、アセスメント・センター、勤務評定システム、技能訓練計画、そしてジョブ・ローテンションなどのすべてが、既知の役割に適合する資源を分類して生産を助ける機能を持っている。

エッフェル塔型文化における変化は、**規則変更**によってもたらされる。企業目的を変更するためには、まず従業員が規則上で要求されていることを変更しなければならない。この理由から、エッフェル塔型文化は激変する環境に対してうまく適応することはない。理論上、定常的な規則変更は必要であるが、実行すれば従業員をうろたえさせ、やる気をなくさせ、規則遵守と逸脱の間の区別をあいまいにするだけである。エッフェル塔型文化における変化は、複雑過ぎて、時間の浪費が膨大である。職務マニュアルは何度も書き直されなければならず、手続きは変更され、職務記述も変更され、昇進も再検討され、資格も再評価されることになるからである。「リストラ」すなわち「合理化」という語は、エッフェル塔型文化において恐ろしいものとなる。これらの語が通常意味することは、大量解雇や人員余剰化だからである。これらを被る会社は、変化に抵抗するので、人員整理が避けられなくなると、その結果、大混乱に陥ることになる。

ドイツ企業で組織変革を開始する責任を負っていたアメリカ人マネジャーが著者の一人に語ったことは、変革を進める際に直面した困難の数々であったが、ドイツ人マネジャーたちこそが新戦略について細部にわたり検討して、戦略策定に対して大きな貢献をしていた。非公式的なチャネルを通して、アメリカ人マネジャーが実際に発見したのは、彼の過ちが新たな組織構造や職務記述書を作るために変革を公式化していなかったことであった。新しい組織図が作られなかったので、このエッフェル塔型企業は変革できなかった。前出のフランスの家族型企業と取引する際に同様の問題を経験したオランダ人マネジャーのように、アメリカ人マネジャーの仮説は、賢明な決定がされたならばすぐに、実行に移す行為が伴うということであった。アメリカ人とオランダ人のマネジャーは、両者共に課業志向の誘導ミサイル型文化（後出）の出身者である。

(2) 動機づけ、報酬および紛争解決

エッフェル塔型企業に働く従業員は、完璧に正確で精緻である。秩序と予測可能性が欠如している場合、彼らは心配し始める。義務は役割志向の従業員にとって重要な概念である。これは人が内面的に感じる義務感であり、特定の個人に対して感じる義務ではない。

紛争は非合理的なもの、秩序ある手続きの病理、能率に対する違反として見られている。批判と不満は、さらに多くの規則と事実発見的な手続きを通して伝達され処理されるのが典型である。

4　家族型文化とエッフェル塔型文化の衝突例

本書を通して問題を提示してくれるジョンソン氏が勤務する会社のMCC社は、大雑把に言えば、課業志向的な企業であり、それゆえにジョンソン氏が抱える困難な問題の多くが、家族型モデルにかなり近い企業の期待感を持っている海外の同僚たちとの衝突から生じたものであった。（ジョンソン氏の話の最終回は本章の終わりにある）。これら二つのモデルが並存する場合に起きる例がもう一つある。ドイツの多国籍大企業にマネジャーとして勤めるハインツは、経験豊富でいたって成功者であったので、コロンビアの包装資材会社を赤字脱却させるために選ばれた。コロンビア政府を含めて、利害関係者はすべて、近代化とより専門的な経営管理の必要性を認めていた。ハインツは新製品と品質標準を導入して、工場を高利益体質にした上で高能率化したかった。

ハインツの次に社内で重要な地位を占めるのは、アントニオというコロンビア人で、ハインツが使命を完了した後に、その仕事を引き継ぐように指名されていた。コロンビアでの約一年の勤務後に、ハインツが出した結論は、工場での生産活動が彼の懸命の努力にもかかわらず、大して改善しなかったということであった。

以下は（レオネル・ブリューグが書き直した）コンサルタントの報告書からの抜粋である。報告書中、ハインツとアントニオは別々にインタビューされている。

(1)アントニオの話

アントニオは、ハインツの技術および組織に関する能力について高い信頼を置いていた。能率を向上する必要性は否定できないものだったから、生産過程は多くの改善を必要としていた。ハインツはこの点についてまったく正しかった。

しかし、アントニオがショックを受けたのは、ハインツが自分のやり方や考えをコロンビア人従業員たちに押しつけようとしていたやり方であった。アントニオはこのやり方が従業員たちをロボット化するものであり、ハインツが組織全体を非人間化しようとしていると述べていた。

アントニオはハインツの頭が時間とお金に取りつかれているようだと言っている。従業員は、ハインツをほとんど信用していない。ハインツは従業員が必要以上に長い休憩を取ると言って怒鳴り散らすが、前の週に従業員が残業手当の支給もなく、文句も言わず、そして当然に彼が感謝することもなく残業したことを忘れている。ハインツが悟っていないように思えることは、きちんと時間を守ることが不可能だということである。仕事の報告義務のある人たちは、公共交通機関のバスが故障した時でも徒歩で出勤するぐらいの人たちであるのに、ハインツは彼らが足を引きずって工場の正門に入って来るのを怒鳴りつけている。それでも従業員たちが働きに来るのでアントニオは驚いている。

洪水が橋を押し流したので、仕事に来るのに川を歩いて渡って来た従業員が二人いたが、ハインツは彼らの給料を減俸したがっていた。アントニオはそんなことはできないと拒絶した。「従業員たちは仕事をするために工場に来て、この会社で評価され感謝**されたくている**のだから、無断欠勤が現在以上に増大するようになる」とアントニオはハインツに告げた。

(2) ハインツの話

ハインツの説明によれば、彼が着任した時、工場は本当にめちゃくちゃであった。秩序も、手続きも、規律も、責任も存在しなかった。

ハインツは、アントニオがいつも言い訳ばかりしていると不満を述べた。すべてが特別なケースであるか、または例外的な状況であった。ハインツはなぜ従業員たちが不満で混乱しているかの理由を発見しようと乳母の如く工場内を歩き回った。ハインツがアントニオにいつも説いていたのは、従業員たちを自分たちの両足で立ち、自立できるようにしろということであった。

従業員たちは、ほぼ全員が工場に到着するまでは生産を開始できないという事実を知っていたにもかかわらず、自分たちに都合の良い時間になれば、仕事を開始できると思っていた。従業員たちは事態が悪化するのを待ち、そうなってから、あたかも自己犠牲をしているのだという英雄的なそぶりをしながら仕事に取り組んでいた。ハインツが従業員たちに繰り返し命じていたのは、遅くまで工場に残る必要はなく、時間どおりに出勤してくれれば良いということだけであった。

「従業員たちは西部開拓の物語以上に面白い言い訳を数々する。従業員は、われわれマネジャーを愛しているので、彼らが言い訳するのを私に聞かせるためだけに彼らは出勤するのだ。他にも、自分たちの兄弟が約束を忘れたとか、橋が落ちたとか、誰が何を知っているとかなどの理由で、遅刻するのだ。工場では毎日、『村での生活の場面』を見ている」。

ハインツの説明によれば、彼は従業員たちをいじめるとか、嫌がらせをしたいのではなく、合意、締め切り、そしてスケジュールなどを守りたいだけなのだとアントニオに話したということだった。こんなことは多くを望むべきではないとハインツは信じていた。

この例において注目されることは、ハインツが非常に洗練されたエッフェル塔型文化を、アントニオがまったく洗練されてない家族型文化を代表していることである。日本企業の多くに見られるような洗練された家族型文化の手中では、結果はまったく違ったものであっただろう。というのは、どちらの文化も必ずしも背反的ではないからである。家族型文化はエッフェル塔型文化の厳格な規則を「装う」ことができるので、恐ろしい競争相手になるからである。最良の組み合わせは、ステレオタイプと単純な対比を超えたところに存在する。

5　誘導ミサイル型文化

誘導ミサイル型文化が家族型およびエッフェル塔型文化の両方とも異なる点は、その**全員平等主義**である。しかし、家族型文化に似ないでエッフェル塔型文化に似ているのは、人間味のなさ（impersonal）と課業志向性である。誘導ミサイル型文化は、むしろエッフェル塔型文化が飛行したようなものである。しかし、エッフェル塔型文化の原理が手段であるのに対して、誘導ミサイル型文化は目的という原理を持っている。あらゆることは戦略的な意図を持って休むことなく遂行され、目標に到達しなければならないのである。

誘導ミサイル型文化は、課業志向であり、チームやプロジェクト・グループが担当するのが典型である。メンバーの行う仕事が事前に固定化されていないという点では役割文化とも異なっている。誘導ミサイル型文化のメンバーは、課業を完成するために「必要なことは何であろうとも」しなければならないし、また必要なこともしばしば不明瞭で、自分たちで発見しなければならないことが多い。

アメリカ航空宇宙局（NASA）は、誘導ミサイル型文化と似た宇宙探索に従事するプロジェクト・グループを使う先駆者となった。月面着陸モジュールを作り上げるには、およそ一四〇の異なる分野のエンジニアを要し、彼らの貢献が重要だったのは、事前に知ることのできない時間に正確に仕事が行われることであった。多様なエンジニアリングのすべてが相互に調和して働かなければならなかったので、総合化を行う最善の組織形態が作業進行中に発見される必要があった。「Aさんの熟練度の方がBさんの熟練度より上だ」と主張する階層型組織もまた、受け入れられる余地がなかった。各人が自分の職務分担について最も多くを知っていたからである。全員が平等であるか、または少なくとも潜在的に平等だったのは、エンジニアたちの相対的な貢献が事前にわからなかったからである。

このようなグループはリーダーかまたはコーディネーターを持つのが普通であり、彼らは下位および最終組み立ての責任を持つが、これらのジェネラリストは各分野のスペシャリストと比較すると専門知識が不足しているので、エキスパート全員を多大なる尊敬を持って扱わなければならない。このグループが全員平等主義的であるのは、グループ目標に向かう方向を変更する際に、エキスパートであれば誰であろうとその助けが必要になるからである。目的は既知であるが、取り得る軌道は複数あり、不確定だからである。誘導ミサイル型文化は頻繁に専門家を呼び、学問分野横断的である。例えば、広告代理店において、コピーライター一人、アーティスト・ビジュアライザー一人、メディア・バイヤー一人、コマーシャル・フィルム・バイヤー一人、およびアカウント・レプレゼンタティブ一人などが、クライアントと契約予定のキャンペーンに従事する。全員が各自の分担を果たすが、どの分担を担当するかはクライアントが好む最終キャンペーンに依存するのである。

誘導ミサイル型文化が高価につくのは、プロフェッショナルが高価だからである。この文化において、グループは永続的ではなく、人間関係もプロジェクトと同じぐらい早く過ぎ去り、そのほとんどがプロジェクトを終了させるための手段である。従業員は数日または数週間のうちに、他のグループに、別の理由から参加するので、多重帰属をしている。この文化は感情に基づいたものや相互に束縛するようなものではなく、第6章で論じた感情中立的な文化の典型例である。

誘導ミサイル型文化における人間的価値の最終基準は、職務遂行方法と共に、共同して望んだ結果に対する自分の貢献度である。実際に、メンバーは各自が問題解決を共有しているが、各人の相対的な貢献は、それぞれの役割が記述されていて成果が定量化できるエッフェル塔型文化ほど明瞭ではない。

実際は、誘導ミサイル型文化がエッフェル塔型組織と**重なりあって**、永続性と安定性を与えるのである。これはマトリックス型組織として知られている。そこにあるのは、例えば、電気工学のように、自分の職能上の上司に報告する一つのライン（すなわち、エッフェル塔型組織）と自分のプロジェクト責任者に対する責任という別のライン（すなわち、誘導ミサイル型組織）である。この組織形態は、質の高いエンジニアリングに関しては自分のエンジニアリング上の上司に対して、また、例えば自動放射コントロールの実現可能で低コストの装置開発プロジェクトに関しては自分のプロジェクト・リーダーに対して、従業員が責任を負うようにさせるのである。プロジェクトは成功しなければならないし、またエレクトロニクスの技術も優れたものでなければならない。二つの権限は異なっているものの調和可能な方向へ従業員を引っ張るのである。

(1)思考、学習および変化

誘導ミサイル型文化は、フィードバック信号を用いてその目標に向かって進むので、直線的というよりも循環的であり、その意味において**サイバネティック的**である。しかし、ミサイルは、その目標について心変わりするなどということがめったにない。ミサイルの操作はしたがって補正的であり、保守的であって、新しい**手段**ほどに新しい**目的**を受け入れることはないのである。

学習には、人と「親しくする」こと、早めに堅苦しさをなくすこと、現在欠けている役割をチームで果たすこと、理論的であるよりも実際的であること、および学問領域中心よりも課題中心であることなどが含まれる。勤務評定は、組織階層の上位にいる誰かというより、同僚または部下によって行われることが多い。

変化は誘導ミサイル型文化に素早くやって来る。目標が移動するからである。現れる目標が多いほど、新しいグループが形成されて、古いグループが解体される。グループ間を渡り歩く人たちは、しばしば仕事も渡り歩くから、離職率も高くなるので、**職業上の専門とプロジェクトに対する忠誠心が勤務先の会社に対する忠誠心よりも大きくなる。**誘導ミサイル型文化は多くの点で家族型文化と正反対である。家族型文化において、絆は密接であると共に、結び付きは長期にわたり、深い感情に基づいている。

(2) 動機づけ、報酬および紛争解決

この文化におけるモチベーションは、**内発的な**傾向を持つ。すなわち、チーム・メンバーは、最終製品について熱狂的になり、それと一体化して、その完成に向けて奮闘する。アップル社のマッキントッシュの事例では、熱狂心は「気が狂わんばかりにすごいコンピュータ」を創り出すことにあった。開発中の製品は、チーム・メンバー間の紛争や敵対心が無効になる上位の目標であった。参加度が高くなければ、コミットメントは広がらないことだろう。最終的な合意は、プロジェクトに関わる全員を引き込むのに十分なだけ広範なものでなければならない。

この文化が個人主義的になる傾向を持つのは、幅広くさまざまな専門に特化した人たちが臨時雇いベースで互いに協力して働くことを可能にしているからである。さまざまな顔からなるオフィス風景は、変化し続ける。唯一変化しないのは、自分が個人として発展していくために選択した道筋を追い求めることである。チームはそのメンバーが熱狂心を共有するための伝達手段であるが、それ自体が処分可能だから、プロジェクトが

終了した時には捨て去られるのである。メンバーは饒舌であり、個性的であり、知的であるが、メンバー間の相互関係は目的ではなく、手段に過ぎない。それはプロジェクトという旅を楽しむ方法の一つである。メンバーたちはお互いを親密に知る必要はなく、そうすることを避ける。目標による管理が話される言葉であり、従業員は業績によって支払われるのである。

6　保育器型文化

保育器型文化が基礎を置いているのは、組織は個人の自己実現にとって二次的なものであるという実存主義的な考えである。「実存は本質に優る」ということが実存主義的な哲学者のモットーであったのとまさに同じように、「実存は組織に優る」、すなわち組織が持続するならば、組織は**自己表現と自己実現のための保育器**として役立つべきであるというのが保育器型文化の考え方である。ここで用いられている保育器（すなわち、インキュベーターという語）という比喩を「ビジネス・インキュベーター」と混同してはいけない。（これは重要な創業段階に総経費を低減できるように、起業初期のビジネスに対してルーティン化したメンテナンスやサービス、工場設備、保険、オフィス・スペースなどを提供する組織を意味する）。

しかし、ビジネス・インキュベーターと企業文化の保育器型の論理は、まったく類似したものである。どちらの場合も、その目的は個人をルーティンから解放して、もっと創造的な活動に従事させることにあり、また自己維持に費やされる時間を極小化することにある。保育器型は、したがって**人間志向的でも全員平等主義的でもある**。実際、保育器型にはまったく構造がないし、あっても、その構造は、例えば暖房、照明、ワープ

ロ、コーヒーなどのように、単に個人的な便宜のために存在する

保育器型における他人の役割は、しかしながら、重要である。他人の存在は、革新的な製品またはサービスを確認、批判、開発、資源の発見、また完成の補助のためにある。この文化は革新的なアイディアの宣伝手段として機能し、新しい発案に対して賢く反応しようとする。典型例はカリフォルニア州シリコン・バレー、スコットランドにあるシリコン・グレンそしてボストン郊外の128号線沿道の創業間もない企業群である。これらの会社はたいてい起業家が起こしたものであるか、または業績最高潮の直前に大企業を退職した創造的なチームが創業したものである。個人主義者の集まりなので、創業者たちは組織に対する忠誠心に束縛されておらず、卵がヒナに孵る直前まで熟考の上「ただ乗り」していたのである。このようにして、大組織は継続的に侵食されていると気づくのである。

保育器型文化は、小規模で革新的な会社に限定されるわけではない。仲間の医師と共に病院を開業している医師、法律事務所で終身雇用を保証されたパートナー、何らかのコンサルタント、不動産鑑定士など、ほとんど独力で仕事をしているが自らの経験をお互いに比較しながら資源を共有したいと思っている専門知識を持つプロフェッショナルの集団にも該当する。経営啓蒙書の著者の何人かは、保育器型を未来の組織の波として見ている。他の著者たちはシリコン・バレーの衰退をこの文化が成熟まで生き残れずに、暫定的な状態から組織を立ち上げる際の一時的な段階に過ぎない証拠として見ている。また他の著者たちは、アメリカ、イギリス、および英語圏諸国の「個人主義の孤立的領土」外で、保育器型文化がめったに見られないことを指摘している。

保育器型が最低限の構造しか持たないのと同じように、組織階層もまた最低限しかない。命令する個人の権限は、厳密に個人的なものであり、命令者が出すアイディアは興奮を呼ぶような内容を持ち、また彼らの将来

ビジョンが皆を鼓舞するものだから、彼らと一緒に仕事をするように導かれるのである。

保育器型は、必ずというわけではないが、情熱を持った**感情的**コミットメントが存在する環境において良く機能することが多い。しかし、このコミットメントは、関係者に対するよりも世界を変えるとか、社会の欠点を補うという進行中の仕事が持つ本質に向けられる。パソコンがもたらすものは、「使用者へのパワー」であり、遺伝子結合は作物、生命、経済などを救うと共に、「旅そのものが報酬である」という未知の世界へ向けた冒険の旅を意味する。

保育器型文化は、創造と革新の過程を楽しむものである。密接な人間関係、共有された情熱、そして高邁な目標のおかげで、保育器型は、最良の場合、頑固なまでに正直で、効果を目指し、養育的であり、治療的であり、興奮を呼ぶものである。これらの特徴は、対面的な人間関係に基づいていることと共に、緊密に仕事をしていることによる。また、人間の結び付きが自発的であり、しばしば資金不足に陥ることもあり、希望と理想によって、ほとんどのエネルギーを得ていることから、保育器型文化における体験は、人生の中で最も有意義で熱のこもった経験である。しかし、これは反復と持続が難しい。その理由は、プロジェクトが成功する前に、よそ者を雇わなければならないので、創立者たちの特別の人間関係が失われてしまうからである。保育器型は、リーダーたちの「統制幅」によってその大きさが制限されるのが典型である。ちなみに、七五〜一〇〇人以上になると、自発的でインフォーマルなコミュニケーションは困難になる。

(1) 思考、学習および変化

保育器型文化における変化は、そのメンバーの波長がお互いに合っている場合、迅速であり自発的である。

ロジャー・ハリソンは、この過程を即興曲が作られる際のジャズ・バンドになぞらえている[2]。そこでは自薦のリーダーが何か目新しいことを試みると、バンドはその旋律が好きな場合のみ旋律に従い、嫌いな場合には旋律を無視するのである。参加者全員が同じ波長にあり、共通の問題に対して一つの解答を一緒になって情熱的に捜し求めるのである。しかし、顧客は何も目標を定めていないのが普通だから、**問題それ自体が再定義されやすい**ので、捜し求められる解決策は、何にでも適用できることを狙った一般的な内容のものであることが典型である。

アメリカの創業間もない会社で保育器型文化を持つものは、その会社の製品や市場が成熟化するまで生き残ることがめったにない。この文化は創造することを学ぶが、**変化した需要パターンに生き残ること**を学習しないのである。斬新な製品の「偉大な発案者」は、焦点がカスタマー・サービスやマーケティングに変更された後でもずっと、会社の英雄であり続けるからである。

(2) 動機づけ、報酬および紛争解決

動機づけは、アップル・コンピュータの従業員が創業時に着ていたTシャツに書いてあったように、「週七〇時間労働、それでもこの会社で働くのが好き」だという人たちにとって、心をこめたものであり、内発的であり、情熱を持ったものである。何か新しいものが形を持って世に出ることに貢献しようとする競争が存在するからである。参加者全員が自分なりの「実感」を得たいと思っているからである。保身への関心はほとんどなく、**創造過程を展開することを除いて**、自己利益または権力を得たいという願望もほとんどない。すべてが成功した場合、全員に行き渡る分配が多くあるからである。失敗した場合、保育器型文化それ自体が消え去る

のである。家族型文化と対照的に、保育器型文化におけるリーダーシップは、**地位達成型**であり、属性型ではない。部下は、仕事の進展が目を見張るぐらいに印象的であり、そのアイディアが実現されるリーダーに従う。グループの達成を妨害する権力劇は、非難される。紛争解決は、提案された代替案のどれが最も良く進行するかを検討するために、分割かまたは試行することによって行われる。

7　どの国がどの企業文化を好むか

既述のように、これら企業文化の「純粋型」が存在することはめったにない。類型は複数が混合しているか、または支配的な文化類型に他の類型が重なり合っているのが実際である。それにもかかわらず、さまざまな国民文化において、これらの類型の一つか複数が企業を支配しているのは明らかなので、これらの四類型の主要な特徴を列挙すれば、前章で議論した国民文化次元に戻って参照するのが容易になる。そこで、次ページの表は、四類型において、従業員が異なった人間関係を持ち、権限、思考、学習、および変化に対する異なった見解を持ち、異なる報酬によって動機づけられると共に、批判と紛争解決がさまざまに扱われることを示す。

本書が依拠するデータベースを構築するのに用いられた七九項目にわたる最初の質問紙は、企業文化の四類型を測定する目的を持っていなかったものの、既述の家族型およびエッフェル塔型企業文化（分析結果は図表11・2〜4に示されている）を明らかにする質問群を偶然にも含んでいた。しかし、五年前に、トロンペナールス・ハムデン-ターナー・グループ、すなわち旧名称のユナイテッド・ノーション社が類似した方法を用いて企業文化の新しいデータベースの構築を開始する決定をしていたのである。そこで、全員平等主義対階層

企業文化4類型の特徴

	家族型	エッフェル塔型	誘導ミサイル型	保育器型
従業員間の関係	つながりのある社会有機体への関与拡散的な関係	必要とされる接触から成る機械的システムにおける関与特定的な役割	共有された目的に狙いを定めたサイバネティック・システムにおける関与特定的な課題	共有された創造過程から育まれる関与拡散的で自発的な関係
権限に対する態度	地位は，親密で権力のある両親像に付与される。	地位は，疎遠であるが，権力のある上位の役割に付与される。	地位は目標達成に貢献するプロジェクト・グループのメンバーが獲得する。	地位は創造性と成長を具現化する個人が獲得する。
思考と学習方法	直感的，全体論的，横断的，修正的	論理的，分析的，合理効率的	課題中心的，専門家的，実利的，学問分野横断的	過程志向，創造的，暫定的，インスピレーション的
人々に対する態度	家族メンバー	人的資源	スペシャリストおよびエキスパート	共同創造者
変化の方法	「父親」が進路を変更する。	規則や手続きを変更する。	目標が動くに従って狙いを移動する。	即興であり，調子を合わせる。
動機づけと報酬の方法	愛され尊敬されることに内在的な満足がある。主観による管理。	上位の地位，大きな役割への昇格	業績または問題を解決したことに対する昇給や賞賛。目標による管理	新しい現実を創造する過程への参加。情熱による管理
批判と紛争解決	他の頬を差し出し，他者の面子を保ち，パワー・ゲームで敗退しない。	紛争を仲裁する手続きが無ければ，批判は非合理性を非難することになる。	建設的で課題関連のものだけである。そうすれば，過ちを認め，迅速に正すことができる。	創造的なアイディアを否定するのではなく，改善しなければならない。

図表11.5　企業文化の国別パターン

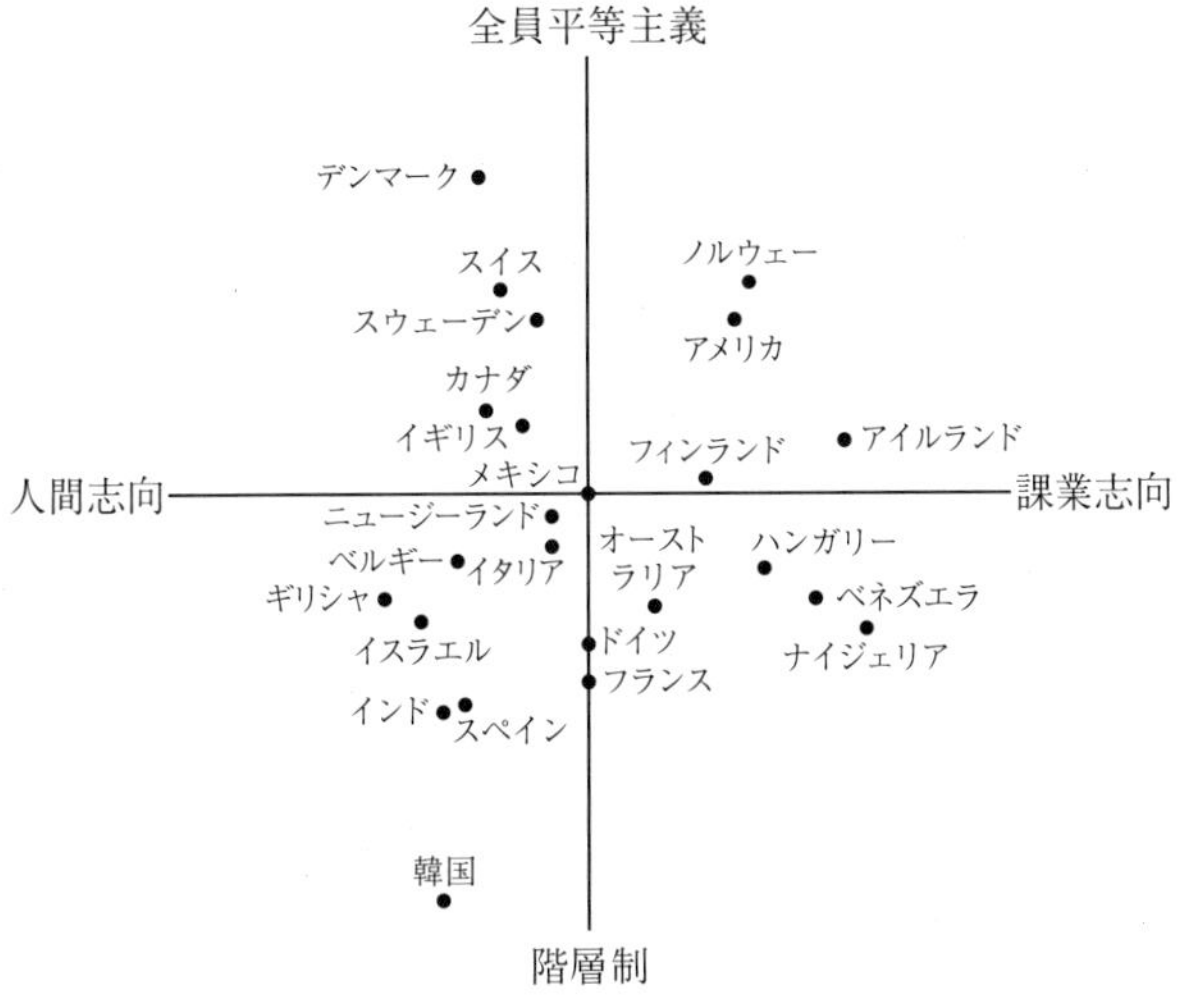

制、形式主義の程度、紛争解決、学習等の形態に関する一般的概念を扱う一六の質問が創り出されていた（これらの質問例は、付録1にある）。回答者は自分の勤務する会社に関する四つの記述、すなわち、家族が何物にも優先する家族型、役割が支配するエッフェル塔型、課業志向の誘導ミサイル型、および人間志向の保育器型のそれぞれに該当する回答を一つだけ選択するように求められた。この調査はかなり最近のもので、データベースは現在のところデータ数一万三〇〇〇にのぼり、四二か国にわたるサンプルを有している。これらのデータは顕著な違いを示している。図表11・5が示すのは、質問紙全体に対する回答を合計した結果である。誘導ミサイル型企業の最高評点はアメリカとイギリスが得ており、家族型企業の最高評点はフランスとスペインが得ている。保育器型企業の最高評点はスウェーデンであり、エッフェル塔型企業の最高評点はドイツが得ている。

この結果を解釈するに当たって、読者は用心して頂きたい。所在地が**どこであろうとも**中小企業は、家族型および保育器型の形態を取ることが多いからである。また、大企業は一貫した構造を持つ必要があるために、エッフェル塔型または誘導ミサイル型形態を持つことが多いからである。データベースには中小企業に働く回答者が比較的少数しかいないので、彼らの回答があまり反映されていないのである。例えば、フランスでは、中小企業は家族型であり、大企業はエッフェル塔型の傾向がある。アメリカでは、誘導ミサイル型企業が大企業の位置を占めているが、典型的な保育器型はシリコン・バレーで、またイギリスであればシリコン・グレンで見つけられる。

8 要約

本章はこれまで企業文化の四類型を広義に定義してきた。企業文化類型は、前章まで記述してきた国民文化の違いと密接に関係している。国民文化が相互にぶつかり合い、相互理解の欠如や相互不信につながるのと同じように、企業文化も衝突するのである。マトリックス型組織を採用して家族型文化を「賽の目切り」にする試みは、激怒と驚愕を引き起こすだけである。エッフェル塔型文化において部下と仲良くすることは、潜在的に不適切な振舞いとして見られる。親友がいるグループに配属されるように頼むことは、誘導ミサイル型企業文化では破壊的行為である。自分の上司を仲間呼ばわりして、背中をたたくことは、エッフェル塔型文化ならば、エッフェル塔から突き落とすことである。従業員全員が勤務時間表に出退社を記入するような提案は、保育器型文化において、避難のやじで迎えられることだろう。(規範を本当に発見したければ、**規範を破ってみ**

ればわかる。本章を読むことは、痛みの少ない代替案として役立つ狙いがある)。

類型が存在するので、尊重されなければならない。本当に成功するビジネスは類型すべてを借用し、類型間を調和しようと止むことなく苦闘する。本書の最終章において、この過程についてもう一度触れよう。しかし、これまで登場して来たジョンソン氏にさようならを言う時がやってきたのである。

セント・ルイスに戻ったジョンソン氏は、MCC社の経営会議において、業績給の導入に関して報告した。業績給は広汎な抵抗に会い、例えば南欧、中東、そしてアジアなど実施されたところにおいて、実施当初の結果は業績給の失敗を示していた。会議参加者は、沈黙して聞き入っていた。雰囲気は明らかに冷たいものであった。「さて、ビル、これらの問題にどのように対処するつもりかね。世界にはさまざまな人や意見が多くあると、人事部がわざわざ、われわれに教えてくれる必要はないと思う」と社長が発言した。

ジョンソン氏はそれまでに、何も失うものがないと決心していたので、何か月にもわたって自分が感じていた懸念を表明した。「我社が機械を製造しているということは自覚しておりますが、我社の組織についても同様の比喩を社内で使っているのではないかと時々自問自答しております。社員は人間であって、故障した場合に交換可能なマイクロプロセッサーや集積回路ではないのです」。「事業活動がもっとコンピュータのように**行えたならば**良いと思っております」と財務担当マネジャーが話の腰を折った。「我社が品質管理の要員を雇っているのは、経営陣が命じたように働いてもらうと共に、訓練された方法で働いてもらうためです。したがって、彼らがこの仕事をするか、他の誰かにしてもらうかのどちらか一つです。そのどこが悪いのでしょうか」。

社長は議論を静めようとして「その点で異論がある」と発言した。「私はこの会社を単なる**有機体**以上として見ている。バルセロナに行って、牛の首を切り落とせば、胴体が死んだとしても驚くに当たらない。どこかにある子会社の右腕を切り落とせば、将来においてその子会社がうまく仕事を進められるという期待もできない。理解できないのは、われわれ全員が一つの有機体であり、両手両足をあらゆる方向に向けて出せないことをなぜビルが子会社の代表たちに理解させられなかったのかということだ」。

突然に、過去数か月のいらだちが浮上してきた。一瞬、ジョンソン氏は社長が自分を支持してくれたと考えたのだが、相変わらずのメッセージ内容であった。すなわち、本社の歩調に合わせて世界中の子会社すべてを行進させろというものであった。

「過去八か月にわたって私が**経験した**ことは、円滑に操作できるコンピュータや生命有機体から得られるものとは、まったく程遠いことでした。本当はどういうことだったかお話しましょう。子供たちに物語を読んでいたようなものでしたから。それは、不思議の国のアリスに出てくる気違いゲートボール・ゲームのようなものでした。物語の中で、アリスは、打球槌としてフラミンゴを使い、ボールの通る柱門には、かがませたウェイターを用い、ボールにはハリネズミを用いてプレーしなければならなかったのです。フラミンゴはアリスを見るためにその頭をひねってしまい、柱門は曲がりくねってしまい、ボールはのろのろと動いたので、プレーの結果は散々な結果で混乱に終わったのです。

外国の文化は機械の一部でもないし、超国家的な団体の機関でもないのです。異文化は別の生物であり、すべてがそれ自体の論理を持っています。**異文化の人たちに**どのゲームをプレー中なのか尋ねて、そのルールを説明してもらえれば、私たちが打球槌をまったく持っていないか、またはボールになったハリネズミが正しい方向に向かっているということすら、わかるかもしれないと思います」。

ジョンソン氏は昇格しただろうか、またはＭＣＣ社の年金生活者たちの福祉を監督するという閑職に飛ばされたのだろうか。ジョンソン氏は異文化マネジメント専門の小規模ながら急成長しているコンサルタント会社をどこかで経営していると著者たちは想像している。

参照文献

（1）Inzerilli, G. and Laurent, A., The Concept of Organisational Structure, Working Paper, University of Pennsylvania and INSEAD, 1979; "Managerial Views of Organisational Structure in France and the USA", International Studies of Management and Organisations, XIII, 1-2, 1983, pages 97–118.

（2）Harrison, R. "Understanding Your Organisation's Character", Harvard Business Review, May–June 1972.

一般参考書

Hampden-Turner, C., Corporate Culture, The Economist Books/Business Books, London, 1991.

Handy, C., The Gods of Management, Souvenir Press, London, 1978.（広瀬英彦訳、『ディオニソス型経営：これからの組織タイプとリーダー像』、ダイヤモンド社、一九八一年）

第12章 国際経営およびトランスナショナル経営に向けて

本書は国民文化の違いを説明したものであり、著者たちは多くの違いを見出した。これらの違いは非常に広範にわたると共に深く浸透しているので、「管理方法」について普遍的、すなわち一般的な原理を樹立することが実現可能であるか、または有益であるかどうか、巻頭で表した疑念を確認しているように思われる。

しかし、本書で示された調査結果が持つ意味は、普遍的原理が別のレベルで存在することである。すなわち、文化の違いにかかわらず適用できるような普遍的な**アドバイス**を与えられないとしても、また経営学の一般的公理はその大部分がアメリカ文化産の公理であると判明したとしても、**普遍的ジレンマすなわち人間存在についての問題**が存在するのである。すべての国々と並んで一国におけるすべての組織は、

- 人間関係において、
- 時間に対する関係において、
- 人と自然環境の関係において、ジレンマに直面する。

これらのジレンマの**対処方法**は、国々で著しく異なっているが、何らかの反応をしなければならないことは、どの国でも同じである。人は世界中のいたるところで、人間存在についての同一の挑戦に直面しなければならないからである。

本章は、国際経営が直面する特有の問題のいくつかを組織構造、経営戦略、コミュニケーションおよび人的資源の観点から見て、その解決に対する共通のアプローチを検討する。

著者たちの調査研究法を構成するのは、物語、場面、状況、および質問であり、二つの道徳的、または経営者的な原理を対立させて提示している。研究者は、マネジャーに対して二者択一の回答を選択するように強制する質問を尋ねる。実際に、著者たちが検討してきたデータベースを構築するために役立つ回答を与えてくれたマネジャーは、各人が**道徳体系を構築する際に**、どの回答が自分の一番目で、そして二番目の「礎石」であったかを説明してくれた。例えば、マネジャーの何人かは、普遍的ルールに優先権を与えて（普遍主義）、それに従って、個別的な事例において行動しなければならないと感じていた。また、別の何人かは、特定の人々に対する自分の愛情に優先権を与えて（個別主義）、このような義務から、普遍的なものを何とかして発展しなければならないと感じていた。しかし、即座に代替的な解決案を拒絶していたのは、実際にほんのわずかな回答者であり、図が明らかにしているように、どのような国別の結果でも、どちらか一方の回答だけを支持して、一〇〇%近くまで評点があることはまれであった。本書で扱っている問題やその解決案のほとんどすべては、世界中のあらゆるところでも認められるものである。

世界中のマネジャーが、皆同じだということは、もう一つ重要な点がある。どちらの原理から始めようと、ビジネスを取り巻く状況や経験を体系化することは、これまで論じてきたジレンマを一致させるように要求するのである。成功できるのは、できるだけ多くの個別案件が規則によって扱われるが、例外も理解され注目された場合だけである。効果的な思考が可能になるのは、特定事項と拡散的な全体、すなわち部分と統合の両方が扱われる場合だけである。自分が個人主義者または共同体主義者であろうと、個人は自分自身を組織化できなければならないので、共同体もメンバー各人が持つ健康、財産そして知恵と同じぐらい良い内容を持つことになるのである。

　達成した人に地位を与えることは重要であるが、同等に重要なのは、まだ何も達成したことのない人々から提案される戦略、プロジェクトそして新しい発案を後援すること、すなわち、成功を促す希望をもって彼らに地位を付与することである。権利と機会において、万民は平等であるべきであるが、どんな競争でも相対的な地位の階層を生むのである。年齢と経験に対する尊敬は、若くて経験不足な者を育成すると共に落胆もさせる。階層制と平等は、あらゆる文化に精細に織り込まれているのである。時間は、過ぎて行く順序がある出来事であると共に、一瞬の真実、すなわち、過去、現在、および未来に新しい意味が与えられる「今」でもあるということは、真実である。したがって、人は自分の内面にある信念の奥底からと共に、身の回りにある世界から影響を受け入れなければならない。結局、**文化は、これらのジレンマを一致させる方法である。すべての国家は、その美徳に関する理想に向かって、別々に屈曲している道筋を捜し求めているのである。**ジレンマの調和が成功するほど、ビジネスは成功するというのが著者たちの立場であり、他者の成功体験を知ることで、あらゆることを学ぶからである。

1　文化横断的マネジャーにとっての問題

文化に違いがあることに注目したのは、何も著者たちが最初ではない。ヘールト・ホフステッドは、IBM社従業員の国際的サンプルで文化差を研究したし(1)、また、インチェリーリとローラン(2)は、イタリアおよびフランスのマネジャーをアメリカ、日本およびヨーロッパのマネジャーと比較する調査を行った。MCC社のジョンソン氏が経験したことの足跡を章ごとにたどった際に発見したことは、よく好まれるアメリカ流解決法が他の国民の抱えるジレンマを必ずしも解決しないことを上記の研究者たちも注目していたことであった。アメリカが経営管理研究の主要な源泉であったので、これはビジネスの実践に携わる学習者全員にとって重要な情報である。

例えば、マトリックス型組織は、規律と機能によって組織化する必要性、およびプロジェクト、開発途上の製品、そして顧客の注文仕様に応じる必要性の両方を調和するとても賢い方法である。しかし、これは、アメリカ、イギリス、オランダ、およびスカンジナビア諸国のジレンマを解決するが、第11章で記述された家族型企業モデルに直接的な脅威を与えると共にそれを否認するので、イタリア、スペイン、フランス、およびアジアの会社のいくつかは、異なった解決法を考案しなければならない。

同様に、ピーター・ドラッカーの提唱した目標による管理は、アメリカ型のジレンマを解決する当然のことながら有名な調和であるので、同じような気持ちを持つ国家がしかるべく採択したのである。平等と階層制ならびに個人と共同体の間の対立が調和されるのは、共同体と階層制が持つ重要な目的を個人に自由意志で達成するように誓約させることである。自発的に取り決められた契約が個人を集団に加入させる。これ自体は良いことだが、個人の業績を上司との関係の一部として見なすと共に、高業績を家族または人間関係全体に帰属させるような国家にとっては、それほど良いことではない。

業績給は、同様に地位の達成型―属性型ジレンマに対する解決の試みの一つである。達成度に比例して、従業員に対する地位と金銭的な報酬を与えないのは、なぜだろうか。再び、このような質問は、達成型地位を重視した回答者たちには大きな魅力を持つが、属性型地位を重視して、部下が成功するための感情的な「著者」になろうと求めている回答者たちには何の魅力もない。第8章において、著者たちはこの問題を詳細に論じたが、中心的な論題なので、逸話をここで付加しておこう。

アメリカのコンピュータ会社の一つが、アメリカと中東の両方において業績給を導入した。業績給は、アメリカでうまく行き、深刻な不況が起きる前の中東において、売上を短期間だけ増大させた。中東のセールスマンの中でも売上を上げた勝利者は、本当に売上を増大したが、大多数のセールスマンの売上は悪化したことを調査が明らかにしていた。競争は同僚に成功してもらいたいという願いを深刻に侵食していたからである。セールスマン全体のやる気と売上は下降していった。悪意は伝染した。上司たちは自分たち以上の給料を特定のセールスマンたちがもらっていることを知った時、個人ごとの高業績もまた停止してしまった。しかし、業績給制度を結局、放棄することになった主要な理由は、顧客である販売店がまったく売り続けられなくなった製品を会社から継続して供給されていたことが発見されたからである。ボーナス獲得のために、セールスマンAはセールスマンBを負かそうとしたので、顧客の世話が低下し始め、少し時がたってから、深刻な結果をもたらしたのであった。

(1) 集権化対分権化

文化横断的に管理を行う人たちが直面する主要なジレンマは、どの程度まで**集権化**または**分権化**したらよいかということである。集権化すれば外国文化に対して異質な規則や手続きを課すことになり、それは外国文化を侮辱することになるかもしれない。または、「もっと良い方法」はグローバルではなく、ローカルな道筋だという理由から分権化すれば、外国文化それぞれに好き勝手をやらせることになり、仕事改善の中心となる実行可能なアイディアが何もないということになるかもしれない。徹底的な分権化を行うならば、本社が分権化に価値を認めるかどうか、すなわち、いくつかの国々で活動している子会社を分権化する価値があるかどうかを熟考しなければならない。

分権化は、特定の企業文化の下で、容易に実施できる。分権化するためには、権限委譲しなければならないからである。第11章で記述した四つの企業文化モデルを使えば、分権化はエッフェル塔型および誘導ミサイル型の企業文化において実施できるが、親が親であり続ける家族型モデルでは、それほど容易に実施できない。外国人従業員に分権化して権限委譲することについて、日本人マネジャーが抱える困難の話を耳にすることがよくある。家族型企業文化は、外国人が容易に共有できない社内に浸透している一種の感情移入とお辞儀をする儀式によってコミュニケーションをしている。経営方針が東京との電話回線上で作られるのは、日本人の部内者間で持たれる詳細な理解を委譲するのがとても難しいからである。

著者たちが提示してきたケースや逸話の大部分が明らかにしたように、コミュニケーションの失敗の方が、対話成立よりも多く目にするものである。それにもかかわらず、集権化や分権化は、本書ですでに紹介された他の次元すべてと同様に、潜在的に調和可能な過程である。生物的有機体は、さらに分化され、統合されることによって、高次の複雑性を持ったレベルへ成長する。部、課、職能が増大して、一企業が分化された活動を追い求めるようになると、挑戦することも多くなるので、**この多様性のすべてを調整する**重要性も増大するようになる。ローレンスおよびジェイ・ローシュ[3]が一九六〇代末に明らかにしたことは、過度の集権化（統合過剰）と過度の分権化（分化過剰）をしている会社は、いずれも危険な程度まで業績を悪化させていた。分化と統合は、シナジー化すなわち調和されなければならない。多様性を最もうまく統合した会社こそが、優良企業である。

集団管理は、海外の子会社がよくばかにするものであり、本社から求められたので行っているだけであり、本質的に企業版の雨請いダンスを行っているのである。海外子会社のマネジャーは、集団管理が降雨と何の関係もないことを知っているが、本社が子会社従業員全員の専門資格と給料のリストを本社と比較するために要求すれば、リストを提出するのである。専門資格制度は既存の給料に合わせるために、おそらく発明されたものだということは気にしないでおこう。これらの資格が完全なスコアになって到着すると、本社は世界中の子会社を「コントロール下に置いた」と感じるが、もちろん、これは幻想である。会社作成の企業方針ハンドブックは、「当社は賄賂をまったく払わない」と言うが、多くの国で賄賂が支払われることであろう。プレゼントなしで関係樹立は不可能だからである。

分権化対集権化のジレンマは、企業アイデンティティーに関する一貫性対柔軟性のジレンマを経験することがよくある。フィリピン諸島で地域住民との良好な関係を樹立するために養豚農家を助けること、または継続性を維持するためにエネルギー関連企業としての戦略を使うことのどちらが、シェル社にとって重要であろうか。実際のところ、養豚農家は共産主義者の暴徒による同社オイル・パイプラインの爆破を妨げる助けとなったのである。ナイジェリアでどうにか石油採掘をしていれば、飲み水も見つけることもあるので、のどから手が出るくらいに必要とされる井戸をいくつか掘らないことがあろうか。

この類の例は、集権化と分権化の間の関係が微妙なことを明らかにしている。分化された事業活動のすべてが、単に異業種だからということだけで、中核事業から逸脱するものだという意見は、正しくない。井戸や養豚は、開発途上国におけるビジネスを獲得するかまたは失うか、まったく異なった結果を生じさせる。**人は皆異なっているので、お互いに交換するものをたくさん持っているからである。**異性間の関係のように、文化の問題においても、違いこそが魅力の主要な源泉であり得る。イタリアのデザインとオランダの技術は、本書で既述したように、紛争にも、天国で作られた製品にもなる。

そこで、統合をより効果的にするようなやり方で分化すること、すなわち会社の「中央神経系」が幅広い多様性を調整するようなやり方で事業活動を分権化することが理想である。文化多様性の問題には、挑戦が常に存在するが、この挑戦が出会うところに、貴重な関係が生じるのである。

(2) 量ではなく質の分権化

どれぐらい分権化するかという量は問題でなく、**何を**分権化すべきであり、何を本社に残すべきかという質こそが問題である。情報を集権化しない会社は、首尾一貫したことをまったく行えないが、これは局所的に決定できないという意味ではない。石油精製所が操業される際の技術的仕様、例えば、規則、標準、そして手続きなどを本社で決定できるのはほぼ間違いないが、どのような製品の組み合わせを精製すべきかという問題は、変化する顧客の需要に近い現地国ごとに決定できることである。価格設定もまた現地国の決定であるべき理由は、競合企業の接近や生産能力過剰の程度に敏感でなければならないからである。財務的な決定は、その金額によって、本社または現地子会社に割当てられているのが普通である。現地国にある子会社は、標準的な総経費を本社に支払い、「無料」の法的、財務的、企画、そして人事サービスなどを得ることがよくある。このような取り決めは、集権化された機能の役割を保護するものである。海外子会社は上記のサービスを利用するかもしれないから、料金を支払わなければならないのである。すなわち、本社スタッフは、要請があれば、現地国にある子会社に対してコンサルタント・サービスを提供する。このシステムの下では、取り決めが分権化を好む傾向があるので、誰も本社のサービスを必要としなければ、本社の不必要なスタッフ・サービスは、しぼんでいくだろう。

2　国際企業とトランスナショナル企業

集権化と分権化の問題は、グローバル企業対多国籍企業、および国際企業対トランスナショナル企業の分析に関して、クリストファー・バートレットとスマントラ・ゴシャールによって完璧に論じられている[4]。彼らが定義しているように、グローバルおよび多国籍企業は、共に本質的に集権的である。集権的構造の中で、これら企業の子会社は、同一企業グループの他社や進出先国家より、必ずしも強固でないにしても、本社や本国と関係を持つ。これらの企業形態では、トップ・マネジメント・チームの中に外国人が多くいることはあまりないので、管理技法が普遍的に応用可能であるという神話が力を持つ傾向にある。対照的に、国際およびトランスナショナル企業は、共にその構造において、集権化対分権化のジレンマを克服する重要な試みが存在している。これらの企業形態は、それぞれが独自の方法で特別な能力を備えて、さまざまな国に所在することによって競争優位性を得ると共に多様性も計画している。本書は、国際企業またはトランスナショナル企業レベルですでに働いているか、または働きたいと思っている人たちを読者対象にしている。

これらの二企業形態は、別々の道を通って集権化と分権化の調和に到達する。国際企業は、中心から地方そして外国へと影響力を外延に向けながら、調整の役割を中心に保持する。一方において、トランスナショナル企業は、そのネットワーク上にあるさまざまな部分から生じる多重中心的な影響のせいで中心を失うのである。

国際企業は、シェル石油、ＡＢＢ、エリクソンおよびプロクター・アンド・ギャンブル社などが実例であり、進出国別の組織が車輪のまわりにあるスポークのように構造化されているという考えを打ち破るものである。進出国別の組織は、顧客が望むものと共に、国際的なシステムの中にある最良の供給源であることに基づいて、正当な関係を相互に持っている。本社の役割は、指示を出すとか、または**調整**のために評価するのではなく、ある進出国の子会社が有望な方向に事業進出すれば、他の国々に進出している子会社もまたこれを確実に学ぶようにさせることである。本社はこのようなことを促進して、他の国々に進出している子会社が何とかして創意工夫を模倣するように助ける。

国際企業は、トップ・マネジメント・チームを持つことが多い。それは世界全体を縮小したものであり、ドイツ人、オランダ人、イタリア人、そして日本人などの重役が本社にいて、ビジネスのかなりがこれら重役たちの出身国で行われている。これらの重役たちは、外国に派遣された「代理人」とか「代表」ではなく、多国間事業管理に対する常勤の貢献者である。例えば、イタリア子会社は、その文化的特徴を支社内だけでなく、事業活動を調整する中心の本社でもある。

企業が複数国進出形態から国際企業形態に移行するに従って、本社は**警察官ではなく、どちらかと言うとコンサルタントのように**振舞う。例えば、シェル国際石油会社は、本社ではなく、(イギリス・ロンドンおよびオランダ・ハーグに二分されているが) セントラル・オフィス〔中央事務所〕と呼んでいる。同社には、最高経営執行責任者(CEO)という役職、すなわち統制センターは存在しないが、複数の専務取締役(Managing Directors)から成る委員会があり、専務取締役各人が中央に加えて、進出国における事業活動の責任を負っている。また、職能別および地域別の最高責任者は、コーディネーター〔調整役〕と呼ばれており、彼らの権限は、いくつもの職能、地域、または国がしていることを熟知しているという事実から発生している。トランスナショナル企業は、中央から調整されるというよりもむしろ多重中心的である。

トランスナショナル企業は、専門化された優秀性を持つ中央のいくつかから成立しており、組織を脅かすような挑戦が出現する場合、事前に与えられている許可条件に基づいて、いつでも権限と影響力を行使するようになっている。グンナー・ヘドルンドというスウェーデンの教授は、このような組織形態を、例えば、アイキア(IKEA)やエリクソン(Ericsson)のようなスウェーデン企業のいくつかが、今後、ますます採用する典型として見ている。バートレットとゴシャールは、トランスナショナリズムを現実であるよりもむしろ将来の重要な方向性と見なしており、例えば、フィリップスや松下のような会社が向かっていると論じている。ジェイ・オギルヴィーというアメリカの学者は、階層型組織に取って代わる不規則型組織(heterarchies)について語っている。(5)

成功するトランスナショナル企業の将来形態に関するこれらの予測のすべてが示唆することは、専門技術を持つ部分が多く集まったものを利用するフラット型の企業構造である。その結果、ある自動車会社が、新たに国際的なスポーツ・カーを計画していれば、電子機器は日本から、エンジンとサスペンションはドイツから、デザインはイタリアから、ファイバーガラスでできた外観はオランダから、マホガニーの木製仕上げはイギリスから輸入されるかも知れないし、最終組立はスペインで行われるかも知れない。国別のマーケティング部門は、このスポーツ・カーを販売するために国別に異なった戦術を採択する一方で、相互に経験を交換して、ブランド管理の専門知識を利用し合うのである。「価値連鎖」、すなわち連環における要素のそれぞれが、自文化が強みを持つ問題に権限を行使する。ロバート・ライシュというアメリカの経済学者は、会社を所有しているのが、アメリカ人、ヨーロッパ人またはアジア人の株主であろうと、もはやあまり重要なことでないと議論した。(6)重要なのは、トランスナショナル企業のネットワーク上のどこに最大の価値を付加するかということである。国が繁栄することも停滞することもあるのは、これらの「価値連鎖」に国が注入する技能が原因である。経済では、知識こそが王様となるので、影響力は知識が存在するところであれば、どこからでも流れて来るのである。

トランスナショナル企業において、どの進出国の子会社でも他の海外子会社に影響力を行使できるので、どの時点でも、影響力を行使しながら価値を蓄積して行き、文化的な長所を調和させるために影響力の「循環」を開始できる。

トランスナショナリズムについて重要なことは、それが3～10章の章末に記述された循環的な調和に従うことである。調和に関する方法論は、第13章で詳論される。

例えば、イタリアの個別主義をドイツの普遍主義に結合できるし、アメリカの個人主義と内部志向的な創造性を日本のすばやい共同体主義的な新製品利用と共に顧客満足を目指した外部志向的なスキルに結合できるのである。自国が最も良くできる分野に特化する国では、このように形成されたトランスナショナル的な回路を打ち負かせないのは明らかである。残る質問は、トランスナショナル組織の中央が完全に萎縮する時に、この組織がどのようにして生き残れるかということである。

3 将来の人的資源管理

文化差に関する分析における著者たちの最大の関心事は、人的資源という総称で呼ばれる研究領域である。将来のマネジャーを新規募集するには、大企業は、(不況は別にして) 現在、いくらか不利な状況にいるように思われる。大規模組織において昇進の階段を高いところまで登って「パワー」を獲得することが望ましいという考えは、現在、いくらか時代遅れになっている。というのは、人は自律性を強く求めており、それは特に西北ヨーロッパにおいて強いように思われる。したがって、国際主義の精神を持った採用対象者が企業に対して抱く魅力は、多様な文化において仕事をすることから得られる経験、知識そして調査にますます求められるようになって来ている。採用対象者は、将来の国際およびトランスナショナル企業において自分自身のキャリア形成を計画したいと思っているので、キャリア形成における「梯子」はむしろ「徘徊」のように見えるかもしれない。集権化対分権化のジレンマを調和するのに成功する会社は、社員 (特に優秀者) を対象にして、国際的にどのように配置転換させるか、いくつかの外国語を駆使して働くようにさせるか、そして、どのように地球上のさまざまな場所で、意思決定を行い、その結果を広めさせる方法を学ぶことになるだろう。

知的なマネジャーという希少財が、このような会社に魅力を感じるようになれば、将来のトランスナショナル企業は、文化に起因する問題を認識する方法を学ぶことから始まる異文化認識トレーニングの機会を彼らに与えるように計画するであろう。というのは、文化に起因する問題は、すでに検討したように、見過ごされることが多く、問題視されないので、単に「インセンティブ計画に関する南ヨーロッパ人の頑固さ」として認識されるのである。アメリカが持つ普遍的なものに抵抗する人々は、伝統的で、反ビジネス的で、遅れていると思われるからである。

4　情報の成長

オランダ人著者は、昔タイ国でセミナーを開催したことがあり、それが、ある会社に一五〇万ドルの節約をさせることになった。もっとも、それはオランダ人著者が伝えた洞察の結果ではなかった。セミナーで、同じ会社のタイ人重役の隣に座っていたフランス人重役は、タイ人重役が試験的なパイロット・プラントを建てようとしていることに気づき、この計画はフランス人重役がちょうど完了したことと重複すると伝えた。これは、企業内のコミュニケーションが頻繁に失敗している表れである。

情報技術の発展は、しかしながら、新たな問題を作り出すのである。情報技術は、専制主義であり、独特の珍しい形態を持っている。コンピュータが持つ高度の能力、高速性そして高価格を前提とすれば、コンピュータ導入に続く衝動は、できるだけ迅速に大量の情報を発生させることであり、そうするによって一バイト当たりの費用を低減させることである。

本社が海外子会社に関する統計的なものすべてを知っていることは、子会社が事業活動統計を自力で把握する前であれば、なおさら当然に高く評価される。著者は、缶詰工場における缶の浪費率が五〇％以上になっているという本社からの苦情を時差のために、朝食の間に電話で呼び出された子会社があることを聞いたことがある。

このやり方は、異文化コミュニケーションに悲惨な結果をもたらすこともあり得るし、国際企業またはトランスナショナル企業の構造発展にも影響を及ぼす。進出国にいる子会社の責任者は、ある部分で、誰からも監督されずに、自分の自由裁量を行使するために給与が支払われているからである。本社が外国にある子会社から、進出国の文化に根差す純粋な貢献を求めるならば、本社は毎日それをチェックできないのである。情報が最初に行くべきところは、本社が心配している事業運営を担当している人たちであり、本社が情報を得る前に時間的余裕を与えられていなければならない。こうすれば、現地の社員は解答を見つけて、問題解決の活動を開始する時間をもらえるからである。

情報がパワーと競争優位性のために使われる限り、会社は集権的で、指揮的で、グローバルな組織であり続ける。情報はインプットに依存するので、容易にゆがめられる。例えば、自らの業績予測を満たせられなかったので処罰された子会社は、次回の予測値を低く見積もるようになる。情報技術は、コントロールできるという幻想を与えるが、この幻想を緻密に検討すれば、取るに足らないものである。

国際企業およびトランスナショナル企業の構造において、複数の進出国で事業活動している子会社は相互間でコミュニケーションを行っている。第一の理由は、単に連絡し合いたいからであり、第二の理由は、近隣国のマーケットにいる他の子会社が行っている並行的な活動がビジネスの機会および資源になるからである。これらの構造における情報技術の哲学は、進出国にある子会社のすべてが、本社との事前協議なしで、大きな事業の主導権を取るのは自由であるが、企業ネットワークにその行動を継続して知らせておくべきだということを物語る。子会社は自治権を持つが、結果が出た後に自治権を行使していたことを秘密にしておく権利はまったくない。利害関係者全員が、実行されたことを知っていなければならないのである。ネットワークに情報を与え続ける優秀なソフトウェアーが、ハイライト・システムである。このシステムでは、どの子会社や集権化された職能部門でも、関心があれば、心配する活動に入り込むことができる。こうすれば、特定プロジェクト・グループが社内に既存する調査や活動で特定プロジェクトに関連するものをいくらでも利用できるようになる。国際企業またはトランスナショナル企業の構造が持つ特徴は、ネットワーク全体として持つ利点を促進できる活動を横断的に結合することである。この構造では、子会社が子会社と結合することに留意して頂きたい。狐狩りをする猟犬のように、どの犬も狐の匂いを拾って、大声で吠え立て、他の犬に新しい方向を辿らせるようにするのである。

ソフトウェアーは、さらに、マネジャーの考え方と多少でも文化的に両立している。関与拡散的な思考および学習方法は、図表的であり、形状的であることが多い。これに対して、言葉の流れは、もっと直線的であり、関与特定的であり、時間順次的である。そして、興味のある人たちが選択した情報を見せるのが、「窓、すなわちウィンドウズ（Windows）」なのである。ディスプレー上で映し出されるソフトウェアーの形は、もっと大きな構造の小世界であると共に、それと一致していなければならない。また、将来の代替的なシナリオを作るとか、アイディアを創造的に結合するとか、基本的なテクノロジーをさまざまな用途に応用するとか、そしてスピンオフをするとかの場合、ソフトウェアーが存在するのである。将来は、ジレンマに対する自分の回答を異文化出身の人たちの回答と比較することによって、異文化コミュニケーションを促進するようなソフトウェアーが存在することであろう。(7)

5　経営戦略に対する意味

文化は、国際化を推進するどのような動きに対しても、わけなくブレーキをかけることができる。普遍主義は、本社所在国の価値観が賞賛されるようなグローバル構造を創造して、世界中に広めようとする傾向がある。個人主義は、進出国それぞれの個性を考慮して、多国籍構造を作り出す。内部志向性もまた、その方向性が親会社（グローバル構造）に向かうか、または進出国別子会社グループ（多国籍構造）に向かうかという方向性の違いに依存するものの、グローバル企業または多国籍企業の構造に貢献する。

平等、外部志向性、そして達成型地位志向性などは国際化を奨励するので、これらの特性を示すオランダ人とスウェーデン人の両方が国際的に見事に成功していることは注目に値する。家族型の企業文化は、その原産国ではうまく機能するが、海外に移植することは難しい。エッフェル塔型の文化は、特にその「普遍的なもの」が外国産のものであれば、家族型の伝統がある国々では拒絶されることになろう。誘導ミサイル型の企業文化もまた、プロジェクト・チームに参加・離脱を繰り返すという人間関係と「二人の父」（すなわち、プロジェクト・リーダーと職能上の上司）を持つという特殊性から家族型の感情を害するのである。

以上のことが経営戦略に対して持つ主要な意味は、外国文化が持つ「確固たる信念」と外国文化が首尾一貫性のあるものを作り出そうと選択したイメージを大いに尊重することである。「奇妙」に見える文化は、たいていの場合、そのように見る人たちの文化で無視された価値を持っているからであり、これらの無視されている価値を発見することは、自分の文化遺産から失われた部分を見つけ出すことにもなる。それゆえに、家族型の文化は、労働が人間を疎外する非人間的で、利己主義的なものでは必ずしもないと気づかせてくれるのである。自分の親類を優先的に雇用した場合、上司がオフィスに入ってきた時に子供のようにおびえることもなく、上記のような洞察から利益が得られるのである。国際企業およびトランスナショナル企業の構造は、**行き過ぎを回避する一方で、すべての文化が持つ利点を総合化させる**。家族は、まさに独立心を育てると共に達成を奨励できる存在である。複数の文化にまたがって管理することは、目標に到達可能な経路をより多く与えるのである。

本当の国際企業に該当する会社に開かれている唯一の戦略的システムは、**戦略的コントロール**としてマイケル・グールドが記述したシステムであろう。(8) このシステムにおいて、戦略は、中央が計画するものでもなければ、厳しい財務上のパラメーターを条件とするものでもなく、進出国にある子会社が中央に与えるものである。子会社は戦略の提案をして、中央がそれに対して自分の資金で調整、批評、そして承認を行う。その結果に発生するのは、多文化間交渉である。

したがって、特定の進出国が持つ文化的な傾向に自由を与えなければ、国際企業やトランスナショナル企業の構造は、自らのパワーを大いに低減させる。戦略は、進出国の文化に応じて変わる傾向がある。それゆえに、内部志向的で、普遍主義的で、関与特定的で、達成型地位志向的な文化は、英語圏諸国にその典型が見られるが、消費者が縮み上がるほどに雨あられのようにコマーシャルを降らせて、コマーシャル漬けにした後に、市場を征服して占有するのが一般的なやり方であると、まるで戦闘に従事しているかのように話をする。対照的に、外部志向的で、個別主義的で、関与拡散的で、属性型地位志向的な文化は、日本やアジアの「四小龍」国が典型であるが、あたかも顧客と共にベッドに入る前に顧客にセレナード〔小夜曲〕を歌っているかのように話をする。彼らは、「戦略」という言葉をまったく使わないのだが、顧客と共に進化する方法を明確に持っている。個人主義的な文化は、アメリカやイギリスのように、時の流れが順次的だという考えを持っているので、彼らの経営戦略は短期的なのが普通である。共同体主義的な文化は、ドイツや日本のように、同期的な時間の考えを持っているので、戦略は長期的なのが典型である。

国際企業またはトランスナショナル企業の構造を持つ会社は、社員が数年にわたって報酬の受け取り延期を進んで受け入れることを許さないから、アジアやドイツの経済力の秘密を見落としたのである。また、国際企業またはトランスナショナル企業の構造の中では、国際的な経済競争を縮小した小世界で競争が継続的に行われているからである。競争の勝者が誰であり、勝利の理由に気づこうともせず、敗北からの教訓を次の競争に適用しないとすれば、愚かなことである。

6　現地子会社が自由に優先できる雇用の価値

進出国の柔軟性を考慮して本社が生み出した普遍的な価値観を進出国の文化的衝撃と結合する興味深い方法の一つは、勤務評定の手続きで生じる。本社は、勤務評定すべき項目一覧を作成するが、進出国で事業活動をしている子会社にその優先順位の決定を一任する。例えば、シェル社は、HAIRLシステムという基本的な勤務評定を最近まで使っていたのである。このHAIRLシステムという語は、ヘリコプター（すなわち、上空から広範囲を検分する能力）のH、分析力のA、想像力のI、現実感のR、そしてリーダーシップ効果性のLからなる頭字語である。著者たちは、HAIRLの各要素がシェル社のさまざまな子会社にとって等しく重要であったかどうかに関心を持っていたので、セミナーのいくつかで参加者たちに自分自身を対象にして、H

AIRLに優先順位をつけるように求めた。その結果は次のようであった。

	オランダ	**フランス**	**ドイツ**	**イギリス**
一位	現実感	想像力	リーダーシップ	ヘリコプター
二位	分析力	分析力	分析力	想像力
三位	ヘリコプター	リーダーシップ	現実感	現実感
四位	リーダーシップ	ヘリコプター	想像力	分析力
五位	想像力	現実感	ヘリコプター	リーダーシップ

すべての国家が、これらの価値観すべてに等しい重要性を持つべきだという特別の理由はまったくないように思われる。オランダ人が現実主義を強調したければ、そのようにさせればよい。オランダ人は、石油が埋蔵されていると想像するところではなく、本当に埋蔵されているところを採掘して、大部分から石油を見つけ出すのである。勤務評定に含まれている価値観に優先順位をつけることは、どんなに文化が多様化しているかについて多くを物語っている。本書の主題は、すべての文化が、普遍主義と個別主義の両方、個人主義と共同体主義の両方、属性型地位と達成型地位の両方、内部志向と外部志向の両方を必要とするという主張である。文化差は、その優先順位に存在するのであり、その「出発」するところにある。著者たちは、価値観が本質的に**相互補完的**であることをすでに検討した。個人主義者を共同体主義的なシンガポールに赴任させることは、共同体主義を個人により良く順応させる助けとなり、シンガポール人をアメリカに赴任させるという逆のケース

もまた、同様の教育効果を持つ。

優先順位が異なれば、すべてが等しく成功するわけでないことを忘れてはいけない。異文化における価値の優先順位を研究することから、自分自身の状況をより良く管理できる方法に関する手がかりを得るのである。

7 現地子会社が自由に与えられる報酬

「成功は、その大きさに釣り合って報われなければならない」という普遍的なルールを持つことは同様に可能であるが、進出国の子会社に成功の報酬形態を一任することである。MCC社についてのケース・スタディが、このメッセージを伝えている。業績給という哲学が中央にある一方で、それを適用する際、分権化する必要があるということを同社は受け入れられなかった。世界中のマネジャーは、原理・原則を好む。難問は、彼ら全員が、給与という言葉で各人別々のことを、また業績という言葉で各人別々のことを意味することである。共同体主義的な文化の人が、自分の努力により独力で成功したにもかかわらず、チーム・メンバー全員に報酬を与えようとするのは、まったく理にかなったことである。メンバー全員は、成功者を生み出す助けをしたことでお金を得るし、成功者は尊敬、愛情そして感謝を得るので、それほど悪い取引ではない。個人主義的な社会にいる高業績者が、同僚たちとは別の報酬をもらいたいと思うこともまた、まったく理にかなったことである。共同体主義的な文化と個人主義的な文化が、この問題を解決するためには、それぞれの文化が持つ判断とその結果に従って、グループ報酬と個人への報酬を与えることである。結局、個人の努力に対して、そのすべてをボーナスとして、給料支払いをしている文化は一つもない。給与の一部は、常に固定されているので、その相対的な強調について話をしているのである。本当の国際企業またはトランスナショナル企業において、**進出国の子会社すべてが、業務成功時の報酬はもちろんのことであるが、個人への報酬とグループ報酬の間の最適な組み合わせを見出す責任を負っている。**

これを実行に移せば、驚かされるかも知れない。西洋文化にいる人たちは、各人がお金のような外発的な報酬か、または仲間からの激励によって創造するのであろうか。この質問に対する解答は、有益なものである。

階層的対全員平等主義的な給与構造もまた、進出国の子会社の責任である。相対的に平等な給与は協力を改善する。相対的に不平等な給与は、従業員間の競争を増大させる。各人の仕事は、最も良いところで、いくらぐらいなのだろうか。会社は適切と思うような、総売上高に対する一定の固定比率を従業員に分配するために持つべきである。進出国の子会社は顧客に対する価格を低減して、「市場占有率を増大」させる戦略を使うために、給与総額を引き下げる自由裁量権ももらえるかも知れない。人は皆、主として金銭的報酬によって動機づけを与えられるという考えは、挑戦されなければならない。賃金コントロール戦略の利点を長期にわたって進んで得たいという人々は、激励されるべきである。家族のイメージに基礎を置いた企業文化は、賃金レベルをそれほど気にかけない。主として、お互いの感情のために働く人々は、日本人が見せたように、原価について激しい競争をすることができる。業績給は、高価につく傾向がある。

特に人々が貧しい場合、集団または共同体主義的な志向は、経済的離陸にとって決定的に重要になる。例えば、シェル社ナイジェリア支社が使ったグループ・ボーナス計画は、従業員が住んでいる町の井戸掘りと灌漑建設計画であった。この建設計画は、従業員の家と近隣に大いに有益であった上に、この町における従業員の地位を上昇させたのである。このような計画は、建設計画の費用を従業員間で分割することや、その代わりに彼らに金銭を与えることよりも従業員個々人にとって，はるかに貴重だったことは間違いがない。

8　誤りを訂正するマネジャー

自分たち以外の文化は，自分たちにとって奇妙であり，曖昧であり，ショッキングである。異文化を扱う際に過ちをして，めちゃくちゃにされて，混乱させられていると感じるのは避けられないことである。本当の問題の所在は，どれくらい早く過ちから学ぶ準備があるか，そして，「満点」が幻想に過ぎないゲームをどれくらい勇敢に理解しようと奮闘するかということにある。また，調和が可能となるのは外国の領土を通過する困難な道をたどった後だけである。

自分たち以外の文化を発見するためには，ある程度の謙遜とユーモアのセンスを必要とする。例えて言えば，電気のついてない暗い部屋に進んで入って，すねの痛みが家具の置かれている場所を思い知らせるまで，勝手の知らないところで家具につまずくようなものである。世界の文化は，完全性を創造するために無数の異なった方法が集まったものであり，文化なくして，生活もビジネスも実行に移すことができないのである。普遍的な解答はまったく存在しないが，普遍的な質問すなわちジレンマは存在する。したがって，ジレンマこそ出発点であり，人は皆そこから出発しなければならないのである。

参照文献

（1）Hofstede. G., *Culture's Consequences*, Sage, London, 1980.（万成博，安藤文四郎監訳，『経営文化の国際比較』，産

業能率短期大学出版部、一九八四年）

（2）Inzerilli, G. and Laurent A., "Managerial Views of Organisation Structure in France and the USA", *International Studies of Management and Organisations*, XIII, 1-2, 1983.

（3）Lawrence, P. R. and Lorsch, J. W., *Organisation and Environment; Managing Differentiation and Integration*, Irwin. Homewood. Illinois, 1967.（吉田博訳、『組織の条件適応理論』、産業能率短期大学出版部、一九七七年）

（4）Bartlett, C. and Ghoshal, S. *Managing across Borders*, Hutchinson Business Books, London, 1990.（吉原英樹監訳、『地球市場時代の企業戦略』、日本経済新聞社、一九九〇年）

（5）Ogilvy. J. Global Business Network, Ameryville, California（personal communication）.

（6）Reich. RB. *The Work of Nations: preparing ourselves for the 21st century*, Knopf, 1991.（中谷巌訳、『ザ・ワーク・オブ・ネーションズ』、ダイヤモンド社、一九九一年）

（7）トロンペナールス・ハムデン-ターナー・グループが開発中である。

（8）Goold, M., *Strategic Control*, The Economist Books/Business Books, London, 1990.

第13章 文化ジレンマの調和

本書を通して説明してきたように、あらゆる国と組織は、何らかの普遍的なジレンマに直面する。ある国の国民文化は、そこにいる人々がこれらのジレンマを解決する方法で表現されている。本章は、文化差に気づいて、違いがあることを尊重しながら、最終的に文化差を調和することによって、**文化横断的能力**を獲得できる方法を説明する。

1 文化差に気づくこと

あるアメリカ人最高経営執行責任者は、日本人の同格者と慣習になっている礼儀正しい挨拶を交わしていた。アメリカ人は、この儀式が長過ぎるほど続いたと感じていた。両者は、挨拶の最後に問題の核心に触れたのだが、日本人社長は、捕らえどころがなく、アメリカ人社長が発した歯に絹を着せぬ質問のすべてを避けて、このような質問のすべてに「善意と誠実を持って」満足してもらえるような解答が与えられると繰り返すだけであった。

初対面の挨拶における儀式の一部として、当事者たちは名刺を交換した。アメリカ人最高経営執行責任者は、日本の慣習を意識して、日本人訪問客の着席配置と同一の順番で、もらったばかりの名刺をテーブル上に置いて、自分の目前に並べた。こうすれば、アメリカ人社長は、自分の目前に記憶を呼び起こす便利なものを持つから、出席者全員の名前を間違えずに呼べると思ったのである。

ミーティングは、ますますストレスのたまるものとなり、日本人社長の捕らえどころのない解答にアメリカ人社長は我慢できなくなると、名刺の中から一枚を拾い上げて、うわの空でそれを筒状に丸め、再びそれを広げて、機嫌悪そうに爪の掃除をし始めたのである。日本人訪問客の全員がこわい目をして、自分をにらんでいるのをアメリカ人社長は突然に感じたのである。長い沈黙があり、その後に日本人社長は立ち上がり退室した。「私たちは休憩時間を取りたい」と日本人通訳は語った。アメリカ人社長は自分の手の中でつぶれた名刺を見ていた。それは日本人社長が彼に与えたものであった。

この例は文化差の自覚が不十分な場合にもたらす破壊的な結果を適切に示している。アメリカ人最高経営執行責任者が、してよい事と、していけない事を細かに書いてある助言リストに従ってさえいれば、リストから「名刺を大切に扱う」という項目が不要になって削除されていたことだろう。結局、おかしやすい過ちが山のように存在するのである。

しかし、アメリカ人最高経営執行責任者が、文化差について**体系的な**理解を持っていれば、これに限らず他の落し穴も予見できていたことであろう。日本人は質問に対する直接的な解答をめったにしないし、ある点に到達するまで人間関係を構築したがるし、日本人の社長は総じてとても広範な義務を与えられており、その多くが儀礼的なものであるゆえに、細部に至る知識を持ち合わせておらず、名刺は当人の地位と共に樹立されようとしている関係の質を象徴するものとして見なされるものだとアメリカ人社長が知ってさえいれば、当人が見ている間に、その人の名刺を台無しにするなどということは夢にも行わなかったであろう。

異文化を意識することは、それゆえに、自分自身も含めて、自分が出会う人々の**心の状態**を理解することである。心の状態について完全な情報を得ることが不可能なのは、潜在的に過ちをおかす範囲が無限に存在するからである。そこで、七つの文化次元モデルは、人が自分の周りの世界に意味を与える方法を分析する理論枠組みを与えるものである。

したがって、異文化訓練の目標の一つは、人は観察している行為や対象に意味を与える過程に自分自身が絶え間なく関与しているという事実を警告してあげなければならないことである。異文化訓練を成功させるためには、他の国々やその文化について詳細な情報を多少とも伝えることに限定されるべきでない。

もしそうならば、文化間の違いに関する最も洗練されたモデルですら、参加者が別の文化について持つ個別特有な偏見を強めるだけに終わる。例えば、異文化訓練コースが終了した後に、参加者が近づいて来て、講師の私たちに次のようなコメントをしたとしよう。「研修ご苦労様でした、トロンペナールス先生。でも、フランス人と一緒に仕事をすることが骨の折れることぐらい、私は昔から知っていましたよ。あいつらは変わり者ばかりで、先生はそのことを実証的に証明して下さった。先生が研修で教えて下さったばかりの情報が、私の言っていることが正しいと証明してくれたのですよ」。ここまで聞くと、何か間違いがあったと気づくのである。

異文化マネジメントに従事する専門家は、文化横断的な能力開発を広めようとしており、自分たちの作ったモデルを弁護するという姿勢を超えて前進する必要性をますます感じ取っている。心に関するモデルを持つことは正当なことである。人は皆、文化の産物だからである。問題は、自分が長い間支持して来ている確信が崩壊するなどと恐れずに、自分自身が持つモデルを超えて前進するように学ぶことである。自分たちの見解を他の人たちにも味方してもらい、別の考え方が劣ったものだと証明する必要性が明らかに存在するのは、自分たちのアイデンティティーが持つ長所について不安や疑念を持つ場合である。本当の自己意識は、自分が個別特有の精神的な文化のプログラムに従っていることと共に、他の文化出身のメンバーは別のプログラムを持っていることを認める場合に生まれるものである。文化差を探究すると、自分たち自身についてもっと多くのことを知ることになる。

七つの次元すべてが指摘するのは、別の文化が、うわべ上「正反対」の前提から出発していることである。しかし、これは自分の提示している理論枠組みが無効だということではなく、別の文化が単に異なったやり方で問題解決に対処しているという意味であり、そこから私たちは学べるのである。ミルトン・ベネットという異文化研究者は、外国文化と遭遇した人が自らを**隔離して**、自分が持つ規範と価値観を外国文化のこれらから**分離する**ことを発見した。しかし、これは自己意識を妨害するだけである。同一であることと共に違っていることの両方が、例えば、「私はAに似ているが、Bには似ていない」というように、自分たちが何者であるかを物語るからである。

2　文化差を尊敬すること

文化差に対する尊敬の念を増大させる最初の段階は、自分自身の生活において、異文化出身者のように振る舞える状況を捜すことである。これこそが、韓国の供給業者と注文をめぐって交渉していたヨーロッパ系の大石油会社購買部門のメンバーを助けたことである。最初のミーティングで、韓国人商談客は、銀製の万年筆をヨーロッパ人マネジャーにプレゼントしようとした。しかし、ヨーロッパ人マネジャーは、（プレゼントを贈ろうとする韓国人の習慣について事前に知っていたにもかかわらず）収賄となることを恐れて、礼儀正しくプレゼント受領を拒否した。ヨーロッパ人マネジャーがたいへん驚いたことに、二度目のミーティングは、ステレオ・システムのプレゼント提供から始まった。再び、ヨーロッパ人マネジャーは申し出を断わったが、買収されるのではないかという彼の恐怖心は高まったに違いない。

三度目のミーティングで韓国産の陶磁器一組が目に入った時、ヨーロッパ人マネジャーは、ようやく何が起きていたのかに気づいたのである。ヨーロッパ人マネジャーのたびかさなる拒絶は、「ビジネスをすぐに仲よくやろう」ということを意味すると思われず、むしろ「あなたが私と取引したければ、何かもっと大きなものを持って来た方がよい」と受け取られていたのである。ヨーロッパ人マネジャーがこれを我が身に置き換えて、自分も過去に同様の状況を経験したことを思い出すと、彼のたびかさなる拒絶が韓国人商談客にとって、どんなに厄介なものであったか、明らかになったのである。結婚前のデートをし始めた頃に、ヨーロッパ人マネジャーは彼の妻となる女性に小物のプレゼントを買ってあげたことがあった。しかし、それは彼女がまったく期待していなかったことであるのは、彼女の顔の表情から見て、容易に理解できた。この失敗の思い出が、韓国人商談客は単に取引関係を樹立しようと努力していただけで、贈賄する意図をまったく持っていなかったという事実をヨーロッパ人マネジャーに受け入れさせたのである。今後もミーティングにおいて韓国人商談客から同類の誤解をされるのを避けるために、ヨーロッパ人マネジャーが決心したことは、彼もまた良い取引関係を樹立することに関心を持っていたので、そのために高価なプレゼント交換をする必要はまったくないと感じていたことを相手側に努めて伝えることであった。（彼が考えついた代替案の一つは、金銭的な価値がほとんどないにもかかわらず、贈り手の感謝と関心のしるしとなるプレゼントを提供してもらうことであった）。

この話は、どのようにすれば自分たちと異なる行動や価値を評価しながら尊敬することを自分たちが学べるようになるかを例示している。我が身に置き換えてこのような状況をよく考えると、うわべ上異なって見える行動は、その機能が異なっているのではなく、観察されている行動が行われている状況の種類が単に異なっているにすぎないということがよくあるので、このようなことを理解する助けになるかも知れない。このように熟考すれば、ある行動を否定的なものとして時期尚早的な評価を下さないようにもするし、さらに重要なことは、観察されている当人が実際にしようとしていることを理解する助けにもなる。他人の意図を理解する時、また彼らの意図を理解していることをどうにかして相手側に合図する時に、相手側と一緒になって共有化された意味を発展させる第一歩を踏み出すのである。

別の文化に強く見られることは、概して言えば、何らかの形態で自らの文化においてもまた存在している。例えば、「罪の文化」と「恥の文化」について語られることがある。すなわち、前者は、規則を破ることをうしろめたい思いにする文化のことであり、また、後者は、例えば「面子をつぶされたこと」を公に謝罪要求すると共に、そのようなことをした極悪非道人に対して集団となって憎悪の視線を投げる文化のことである。これは西洋文化と東洋文化の間にある重要な違いであるが、この分野の研究は、ひどく苦しめられると共に厄介な間違いがあるために、誰も開拓したくなかったのである。

異文化に対する尊敬が最も効果的に発展するのは、たとえ文化差をまだ認識していない場合でも、文化差のほとんどが自文化にも存在することを悟った時である。例えば、日本人は神秘的であり、信頼性に欠けているとさえ思われることがよくある。日本人は何かについて否定的である場合ですら、いつも「はい」と言うので、日本人が何を感じていて、考えているかまったくわからない。しかし、同じことが起きている状況を私たち西洋人も持っていないだろうか。自分の子供が学校の演奏会で初めてのソロ演奏の機会を与えられ、娘がかなり神経質になって、演奏中に過ちをしたが、少しの間の後に再び曲の先を演奏し続けなければならなかったような場合、西洋人の親だったならば、娘の演奏が良かったと実際に信じていないけれども、彼女に自信を与えるために「素晴らしかったよ」と言うかも知れない。

または、自分の勤務する会社で人種差別を受けている少数民族出身の従業員が絶望して自分に会いに来ることを想定してみなさい。自分が心配するのは、彼がやけになって自分自身を傷つけるか、会社を告訴するか、または彼の上司を攻撃するかということだろう。問題を解決するためには別の行動形態を考慮するように、この従業員に提案する前に、自分がこの従業員と人間関係を再び確立して、彼の自信を取り戻させてあげることが適切である。上記の提案をする際に、機転を利かせて、間接的に行うのは、もちろんのことである。自分が「日本人」流のやり方で振る舞うのは、事情がそれを正当化するからである。しかし、ことによると、日本における事情が自己感覚を大いに無防備なものにするので、人は他人の感情の周辺で薄氷を踏む思いで歩くのが普通になる。ほとんどの日本人が、自己感覚をわずかしか持っていないと仮定すれば、彼らの行動の意味がとても良くわかるのである。日本にいる場合、日本人とまったく同じことをするのが賢明である。

南アフリカにいるドイツ人エンジニアが遭遇した別の問題を考察してみよう。自分たちは皆、給料をもらって働いており、大部分の人は自分たちの仕事にプライドと義務感を持っているが、金銭対義務の連続性は、文化が異なると根本的に異なる。ドイツ人エンジニアが，彼のお手伝いさんにクリスマス・ボーナスを与えると，彼女は早速いなくなり，二か月間にわたって姿を見せなくなった。というのは，彼女はボーナス支給をお払い箱の意味と思ったからであった。彼はびっくりした。もちろん，彼女の動機を知っていたわけではない。彼女は自分の嫌いな雇用者ならば義理すら感じることがまったくなかったが，好きな雇用者ならば義務感を持っていたことが，仕事に戻ってきたことでわかったのである。または，おそらく単に彼女が絶望的な事情にいたから，お手伝いさんになっただけであったかもしれない。エンジニアの妻は，彼女が「怠け者」であったという結論を出したが，そのような判断は，妻自身の価値基準に基づくものであった。

要約すれば，文化差に対する意識と尊敬の両方を持つことは，文化横断的な能力開発を行う際に通過しなければならない段階である。しかし，これらが結合されたとしても，必ずしも十分とは限らない。工場の中で，よく尋ねられる質問は，「自分たちだけが，なぜ外国の文化を尊重して，適応しなければならないのか。外国人こそが自分たちの文化を尊重して，適応すべきでないか」というものである。対立の調和を議論する際に，この質問に戻って来よう。

これとは別の，おそらく，もっと興味深い問題は，ミルトン・ベネットが使った用語であるが，相互感情移入の問題である。ある文化の人が別の文化の観点に移行しようとしていた際に，別の文化にいる人もまた同時に，同じことをしようとしていたならば，何が起きるのだろうか。

モトローラ大学は，最近，中国で行う発表を注意深く準備した。かなり熟考した後に，発表者は，「米中関係は前進する」という表題を与えた。発表の要点は，モトローラ社が中国に進出した目的は，中国に踏みとどまって，中国経済が富を創造する際の一助となるためであるというものであった。中国の供給業者，下請業者そして従業員との関係こそが、中国経済のインフラストラクチャーを建設して、輸出によって基軸通貨をもたらすための永久的な関わりを構成するという要旨であった。

中国人聴衆は、この発表を礼儀正しく聞いたが、質問を尋ねるように勧められても、静かなままであった。とうとう、あるマネジャーが手を上げて、質問したのは、「業績給について話してもらえませんか」ということであった。

ここで起きていることは、ごく普通のことである。自分たちが他人の観点に移動しようとした場合ですら、相手側が自分たちの観点へ移動し始めていて、闇夜に漂う船のように、お互いが目に入らなくて、すれ違ってしまうことがある。西洋企業主催の発表にやって来た中国人はすでに親西洋的であり、西洋が潜在的に中国を解放しに来たものと考えている点を覚えておくべきである。このような心理的ダイナミックスが特に強いのは、国土が小さくて貧しい国である。アメリカ製薬会社のセールスマンが、コスタリカの厚生大臣に会見してわかったのは、前者の給料が後者の一〇倍だったことである。この種類の出会いは、「ほら見たことか、あいつら皆が俺たちのようになりたいのさ」と、私たちの偏見を強固にするだけである。

しかし、外国の文化も美徳を持っており、その文化に帰属するメンバーの数人だけが見捨てるのである。ベトナム戦争において、ベトナム人の中で、本当の民族主義者は、日和見主義者ばかりのアメリカの味方よりも、はるかに強力な存在であることをアメリカは思い知らされた。自らの文化を見捨てる人々は、弱体化して腐敗するようになる。したがって、外国人が外国人のままでいてくれれば、外国企業との提携業務はうまく行くのである。まさに、この文化差こそが提携関係を価値あるものにするのである。

これこそが、文化差を**調和して**、外国かぶれにならずにいるが、それでも外国人の観点がどのように自分たちの文化の助けとなるかを見て、理解する必要性が存在する理由である。

3　文化差の調和

自分たち自身の精神モデルと文化傾向に気づき、別の文化は当然に異なっていることを尊重して、理解できるようになれば、文化差を調和することがすぐに可能になる。なぜ文化差を調和しなければならないのだろうか。その理由は、人が自分のためだけでなく、異文化の世界に住む人たちのためにも、富と価値を創造するビジネスに従事しているからである。人が共有しなければならないのは、購買、販売、ジョイント・ベンチャー、業務提携などで仕事をする価値観である。

オランダの会社とベルギーの会社の二社を例にして検討してみよう。オランダ企業は、革新志向であった。ベルギー企業は、ベルギー文化が持つ属性に基づく伝統的な評判と威信に強く依存していた。両社の地位は、それぞれが達成型と属性型地位に基づいていた。両社は自らの相対的な「価値」について無限に口論できたが、そうすることはなかった。むしろ、両社は、これまでに獲得した革新と品質の両方に対する評判を確立するように共同で努力したのである。

調和を成しとげるために有益な一〇のステップが次のように存在する。

一　相補性理論

二　ユーモアの利用
三　文化空間の地図作り
四　名詞から現在分詞と過程への変更
五　言語とメタ言語
六　枠組みと脈絡
七　順序化
八　波長／サイクル
九　シナジー化と善循環
一〇　二重らせん構造

(1) 相補性理論

デンマークの科学者、ニールス・ボーア（Niels Bohr）は、相補性理論を提起している。物質の本質を究極的に明らかにすれば、それは特定的な微粒子と拡散的な波長の両方である。自然は測定手段に対する反応として、人間の前にそれ自体を現すのである。「あるがまま」の形態というものは存在せず、形態を認識・知覚するか、または測定する方法に依存した形態が存在するだけである。

本書を通して著者たちが示した七つの次元すべては、両端を持つ連続性として表されている。普遍主義と個別主義は、規則と例外間の連続次元上において、分離していないが、別のものである。ものごとは、多少とも規則に似ているか、または多少とも異なっているからこそ、例外となるのである。例外であることが何であるかわからなければ，規則すら明確化できないのである。したがって規則と例外という語は，相互補完的である。

この相補性は，同じように七つの次元すべてに該当する。個人は多少とも集団から分離した存在である。「自分自身である」ことは，その違いを示したければ，集団の存在を必要とする。拡散的な全体という概念がなければ，特定的な部分の存在もまったくありえないからである。内面から自分自身を外部に向けて管理することは，外部から内面に向けて管理されることに対する必要な対比である。自分たちの価値観を統合しようと努力しているとか，すべての文化がその美徳や調和を求めているという発言は，価値がはじめから全体論的なものであるという認識の表明である。

(2) ユーモアの利用

人がジレンマに気づくようになるのは，二つの異なる観点の間で起きる予期せぬ衝突の前兆となるユーモアによるものである。

価値観は極端になると，言われていた以上に正反対の価値観が存在するのではないかと暗示することがよくある。例えば，「あの人が自分の手柄話を多く語るほどに，家にある高価なスプーンの本数を数えるのを早めるようにした」というユーモアや「テレビの福音伝道番組で説教師がレトリックの使用頻度を上昇させるほどに，彼のズボンの降下頻度が比例することがよくあるのはなぜだろうか」というニューヨーク・タイムズ紙が最近，ユーモアを交えて尋ねた質問がある。

「社員を信頼している」と公表する企業が，社員に夜中になってから事務所に押し入られ，机に向かって銃を乱射されるというひどい目にあうかもしれないのは、会社側が社員を信用していないと公言しているのと同じだということを理解できずに、社内窃盗の豪雨を内心密かに憂慮しているからである。会社の中で何が本当に起きているかという「内幕」を知るためには、従業員が働く場所の壁にピンでとめられている漫画を見ることである。壁にとめられている漫画は、往々として職務ラインについての痛烈な風刺であり、何が本当のジレンマであるかを明らかにするものである。

(3) 文化空間の地図作り

ジレンマを探求する効果的な別のやり方は、これらの「二本の角」〔すなわち、両極端〕を次元軸に変換して、文化空間を創り出すことである。著者たちが提唱している七つの次元のいくつか、またはそのすべては、文化空間上で地図を作ることができる。地図は、インタビューまたは質問紙のいずれかを用いて作り上げられる。最近、地図が作られた実際の論題として含まれるものは、

A　ヨーロッパ現地法人からの提案を尊重するという多元主義を前提としながらも、関連する事業単位すべてに適応可能だからという理由により、アメリカ本社から戦略的リーダーシップを行使することは可能であるか。（普遍主義-個別主義ジレンマ）

B　自社製品がそれぞれ成しとげたことを基にした価値づけに従って、最良の製品を市場に出したいという願望を明白に前提としながらも、可能性の高い製品が成熟するのに必要な余裕を自治的な製品研究開発に従事する者に与えたとしても、この願望を実現することは可能であるか。（達成型-属性型地位ジレンマ）

C　急速に変化するアメリカ市場に対して素早く反応する必要を前提としながらも、韓国にある自社センターで発展された長期展望に自社が関与し続けることは可能であるか。（短期間-長期間ジレンマ）

回答者は、以下のような表現に書き変えられた上記の三ジレンマに注目するように求められた。

A　普遍主義—個別主義ジレンマ

- アメリカ本社が、ここヨーロッパ特有の需要を理解してくれてさえいれば、ヨーロッパ市場ではるかに良い製品供給が可能だった。
- 本当のグローバル企業になるのに必要なことをヨーロッパ人が理解してくれてさえいれば、ヨーロッパ市場ではるかに良い製品供給が可能だった。
- ここアメリカにおいて自社は、市場ごとに別々の需要があることをよく知っているが、顧客満足はとても高いが自社利益はまったくないような罠に落入らないようにするために、アメリカ本社とヨーロッパ子会社が共同して市場を教育する必要がある。規模の経済は、自社の提供する製品を制約するように強制しているからである。

B　達成型—属性型地位ジレンマ

- 研究開発部が、とても有望な製品を完成するためには、マーケティング部からの絶え間ない圧力もなく、開発時間をもう少し多くもらえていたならば、この製品は結局ずっと良いものになっていただろう。
- ものごとを成しとげるためには、いくらか時間が与えられていなければ、革新的な仕事はできない。したがって、顧客のことは、しばらくの間、ほったらかしておかなければならない。

● 研究開発の人たちは、開発に成功した製品を時期を逃して市場に出す傾向があるので、市場がその製品を必要としないこともよくある。マーケティング部はもっと責任を持って、研究開発部に厳しいガイドラインと最終期限を与えるべきである。

● 社内では、開発中の製品にもっと信頼を置くべきである。それは良い製品である。心から応援しよう。

C　短期間―長期間ジレンマ

● アメリカ人が、われわれヨーロッパ人の長期達成計画を妨げるのは、年四回の決算結果に対して彼らが持つ強迫観念のせいだからである。われわれの展望は、手っ取り早く金儲けしようとするアメリカ人の要求によって、危険にさらされることがよくある。

● 極東やヨーロッパでは、株主が一人もいないように思える。株主が損失を年四回も容易に受け入れるなどということは、アメリカでは受け入れられないことだからである。

これらの批評の大部分は、異文化の論争に内在する基本的なジレンマを明確に示すものである。異文化に遭遇すると、むき出しの対抗心を示すと共に、異文化を代表する組織単位がそれぞれの努力を調和する能力に欠如していることについて頻繁に不平を言うようになる。

ジレンマAは、水平軸上に現地法人からの提案という多元主義を置き、垂直軸上に本社が持つ普遍的な真実

図表13.1　ジレンマA

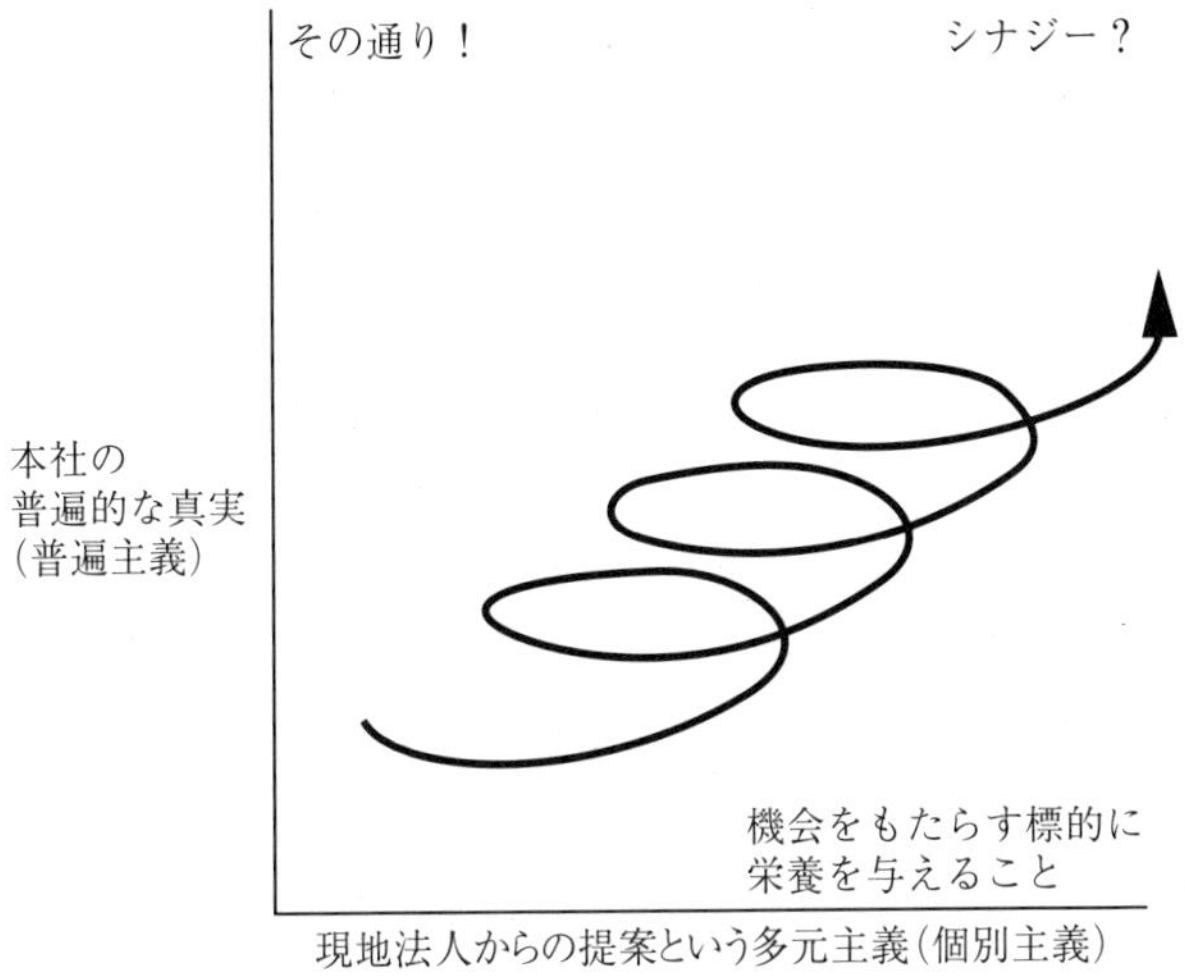

図表13.2　ジレンマB

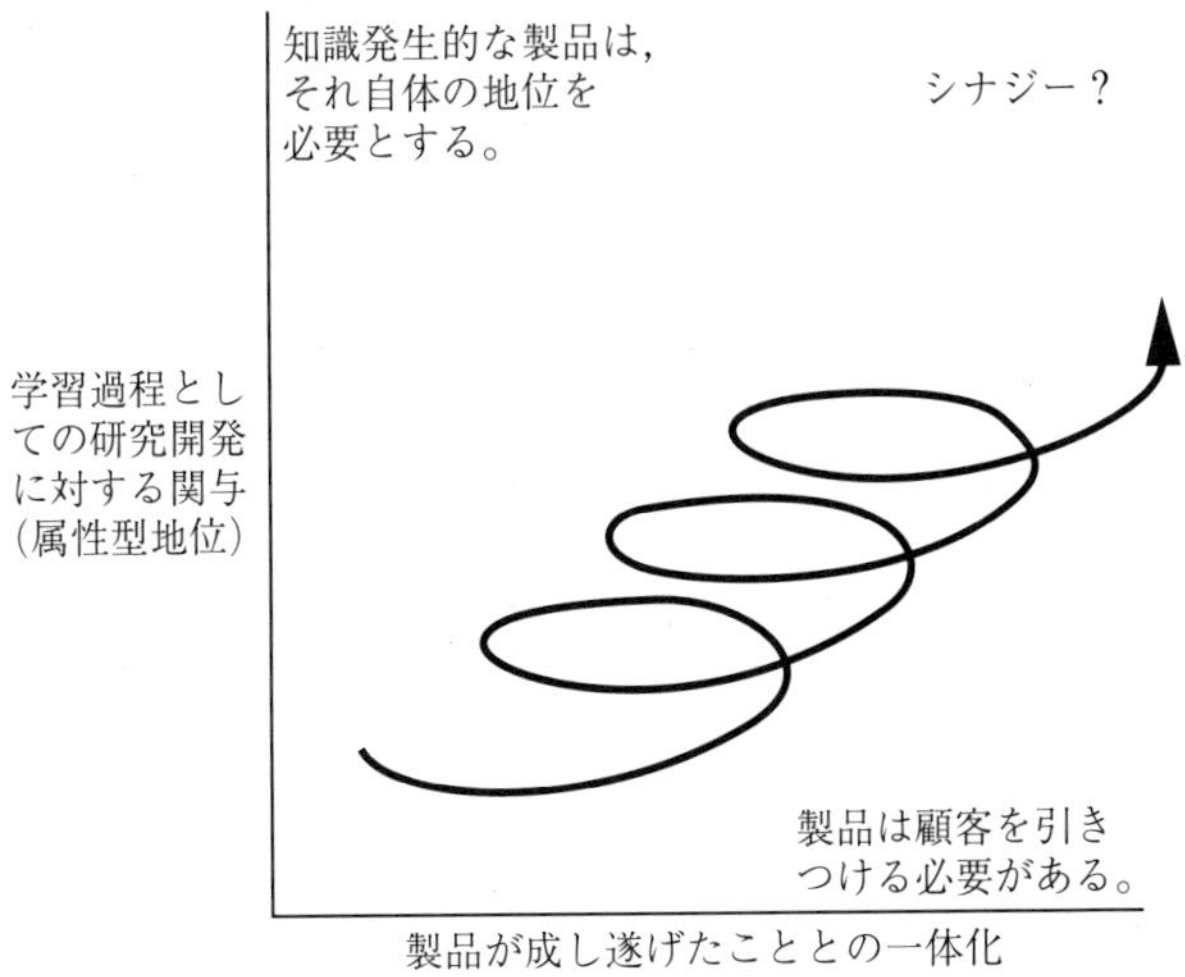

図表13.3　ジレンマC

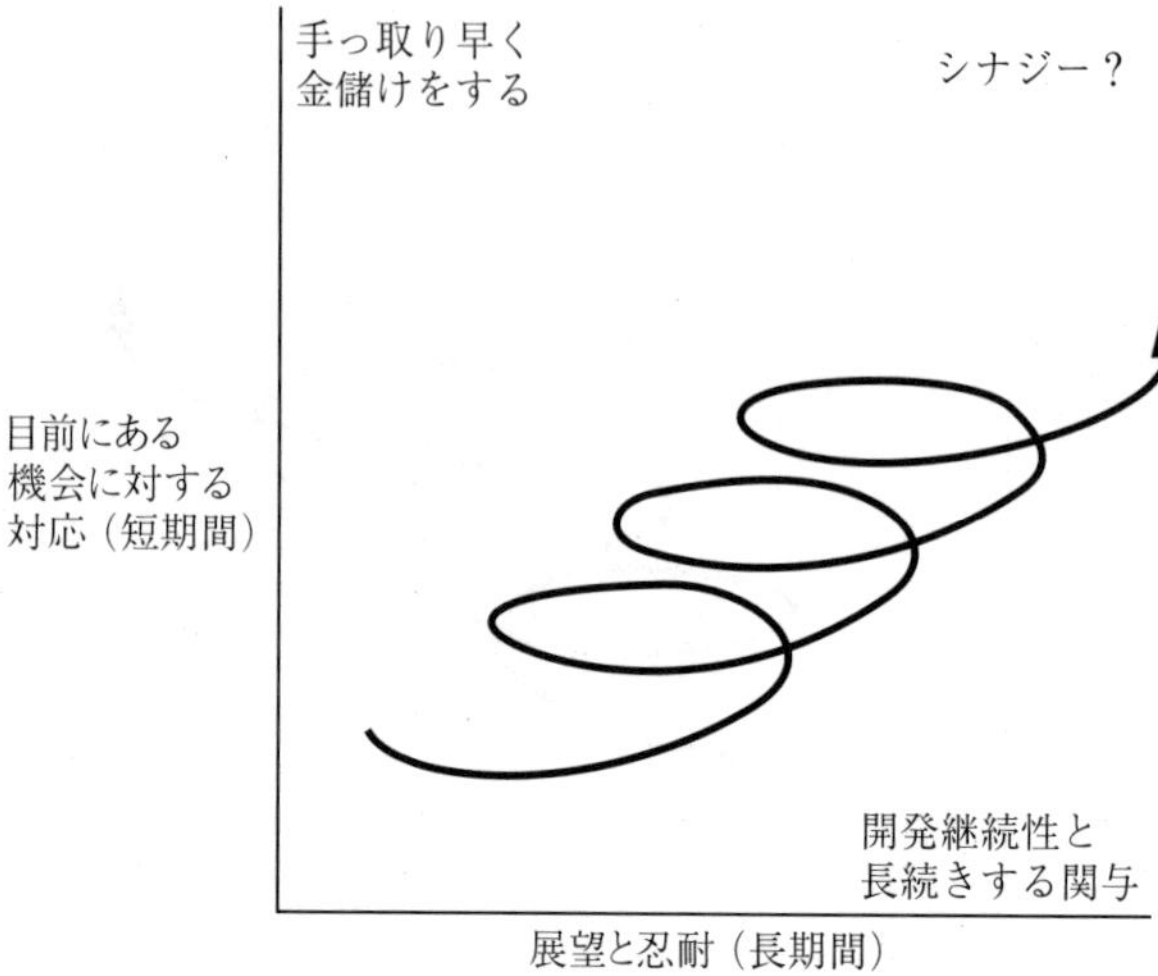

を置いた地図として作られる（図表13・1）。

ジレンマBは、顧客の観点との一体化であり、水平軸上にある。製品が成しとげたことを買うのが顧客だからである。他方で、研究開発は、早過ぎるか、または頻繁過ぎる顧客からの需要によって妨害されずに、開発が許される製品の持つ属性に地位を与えて、製品に関与したいのである（図表13・2）。

ジレンマCは、短期間と長期間からなる。一方の軸上で、市場は素早い反応を要求しており、またアメリカの株主は四半期ごとに十分な収益を求めている。他方の軸上で、展望は長期の枠組みを作るものであり、また短期に意味を与えるものだとわかる（図表13・3）。

ジレンマは、調和が行われる前に、その地図が作られなければならない。そうすれば、当事者は顧客と調和しなければならないことについて明確な定義を持つようになる。調和過程における以下に残っている段階は、本当の調和が達成できる方法を教えるものである。

(4) 名詞から現在分詞と過程への変更

名詞は「人物、場所または物」と定義できる。しかし、価値はこれらのいずれでもないので、ジレンマの角について記述するために普遍主義または個別主義、忠誠または異議のように名詞を使うと、困難に直面することになる。本書においてこれまでのところ名詞を用いてきたのは、現象を物質的に見えるようにするか、または聞こえるようにする社会科学の約束事だったからであるが、誤解を与えるものである。そこで、調和に向かう道をたどる第一歩として、すべての名詞を現在分詞、すなわち、ingで終わり、「すること」という意味の言葉に変更して、その意味を過程に変えなければならない。その結果は以下のようになる。

普遍的にすること―個別的にすること
個人主義的にすること―共同体的にすること
特定化/分析的にすること―拡散化/総合的にすること
感情中立性を伝えること―感情を伝えること
(地位獲得は)達成によること―属性によること
内面から自分自身を外に向けること―環境の流れに従って進むこと
時間を順次的に配列すること―時間を同期的にすること

すべての名詞が現在分詞に変更できるわけではないが、何をしたいかをよくわかっていれば、「難しい端」を取り除いて、人々に参加を要求する過程として価値を与えた後に、適当な言葉が見つけられる。この過程は、混乱しないようにものごとを混ぜ合わせるので、こうすることによって、七つの次元のすべてが、一方の端（陰）では、ある過程が優勢であり、他方の端（陽）では別の過程が優勢という本当の連続体になっているという理解に近づくのである。このようにすれば、意見の対立を誘う名詞、すなわち「主義 ism」という語が持つ敵対的構造もまた緩和されるのである。これは、デボノが「水の論理」と呼ぶものである。

(5) 言語とメタ言語

人は言語構造から離れられないので、言語が調和を成しとげる方法についても考慮されるべきである。言語が調和を成しとげるやり方は、抽象力を段階的に使い、ある価値（すなわち、ジレンマの角）を別の価値の上位に置くこと、すなわち、オブジェクト〔客体〕言語とメタ〔抽象的変更〕言語の両方を使って、両方を一致させることである。

スコット・フィッツジェラルドによる有名な引用を以下で考察してみよう。

「第一級の知能を持っているかどうかの試金石は、自分の心の中に二つの考えを同時に持ちながらも、機能する能力を保持していることである。例えば、一方で事態は絶望的だと理解できるにもかかわらず、他方で事態を好転させるような決定ができなければならない」。

一べつすると、これは矛盾しているように見えるが、実際はそうではない。矛盾は、お互いを打ち消しあうので、無意味である。矛盾について著者たちが行ったことは、異なった言語レベルにある二つの命題をつなぎ合わせることであった。

メタ・レベル　「事態を好転させる決定」

オブジェクト・レベル　「事態は絶望的だという理解」

オブジェクト・レベルは、絶望的な物事についての命題である。メタ・レベルは、事態を見ている人の決心についての命題である。これら二つの命題が矛盾していないのは、命題が同一の「物事」を指していないからである。二番目の命題は、事態を見ている人についてであり、見られている事態についてではない。

これは、著者たちの提唱している七つの次元に等しく当てはまることであるので、次のように言い直せるだろう。

「一流のマネジャーの試金石は、心の中に二つの目的を同時に持ちながらも、機能する能力を保持していることである」。

例えば、**個別の**顧客からの要求は、自社が設定している**普遍的な**ルール外であると理解できるが、既存のルールを緩和するか、またはこのケースに基礎を置いた新しいルールを創造するように決定しなければならない。

メタ・レベル　ルールを緩和するか、または新しいルールを創造するように決定

オブジェクト・レベル　特定の要求は、既存のルールを破る

同じことが、七つの次元のいずれについても行うことができる。予想外の大成功を享受した事業単位を例にしてみよう。

メタ・レベル　この全社的な戦略の持つ属性に重要性を与える

オブジェクト・レベル　この種の目標達成形態に賞賛と報酬を与える

トップ・マネジメントが、特定の事業単位の目標達成を奨励して、使用された戦略の持つ属性に普遍的な重要性を与えておけば、他の事業単位も特定の目標達成を模倣して恩恵を得ることができるようになるのである。この例では、個別的にすることと普遍的にすること、そして達成することと属性に基づくことの両方が調和されるのである。

(6) 枠組みと脈絡

言語レベルに関する上記の例で、メタ・レベルはオブジェクト・レベルをその枠組みの中に入れると言えよう。

> 私が決定するのは、
>
> > 事態は絶望的である
>
> 事態を好転させることである

> 地位が属性に基づいて与えるのは、
>
> > 特定の目標達成は報酬を与えられる
>
> この一般的な戦略に対してである

枠組みと脈絡を使って思考する恩恵は、脈絡がその中に「絵」や「本文」を包含して、制約を加えることである。しかし、このやり方には、価値の極端部分が「逃げ去る」危険が常に存在する。「事態は絶望的だという理解」は、「事態を好転させる決定」によって枠組みの中に入れられなかったならば、絶望へ向かうことになる。特定の事業単位が抜群の成績を達成したのは、単にトップ・マネジメントが邪魔しなかったからだと結論づけることもできたが、そうしていたならば、一部門の成功から組織全体が学習できなくなったことだろう。

理解すべき重要なことは、本文と脈絡が、絵と枠組みと同様に可逆的だということである。誰か頭のとてもよい人がいれば、その人に注目すれば、次の二通りに言えよう。

> とても頭のよい人が自分に対して行うのは、
>
> > 問題を解決しようとする決意
>
> 絶望的な状況を救う候補者となること

または、

> とても頭の良い人が真似する人たちに対して行うのは
>
> > 最近成功した戦略の持つ属性に地位を与えること
>
> この戦略がもっと成功するようにすること

(7) 順序化

複数の価値が衝突して対立しているように見える時、両方の価値が同時に表出していると仮定できる。正と悪、普遍化と個別化、内面からと外部からの進行などが、同時に存在することはありえない。明らかに一方が他方を除外するからである。

しかし、間違いをした後に、それを正すこと、個別化した後に、一般化すること、外部のトレンドやダイナミックスをよく見た後で、自分の目的に自分自身を方向づけることなどは可能である。したがって、価値を調和する際の主要な要素は、時間を追って過程を順序化することである。

実際に、枠組みと脈絡の一例は、現在の自分の行動が到達することについてコメントしている。

その結果、後になってからできるのは 今、達成について学習している 〔達成の地位を〕学習結果の持つ属性に与えることである。

または、

その結果、達成は 私は地位をこのプロジェクト／技術の持つ属性に与える。 継続しそうである

(8) 波長／サイクル

価値が（ぶつかり合うビリヤード・ボールのように）物体であると仮定する代わりに、波形であると仮定すれば、価値に起きることを考える度に、不思議に思わなくなったことがありはしないだろうか。常識は、価値を硬貨、宝石または岩のようなものだと仮定している。本書は、価値が波、電磁波、音波、光波などのような

図表13.4　睡眠時と覚醒時

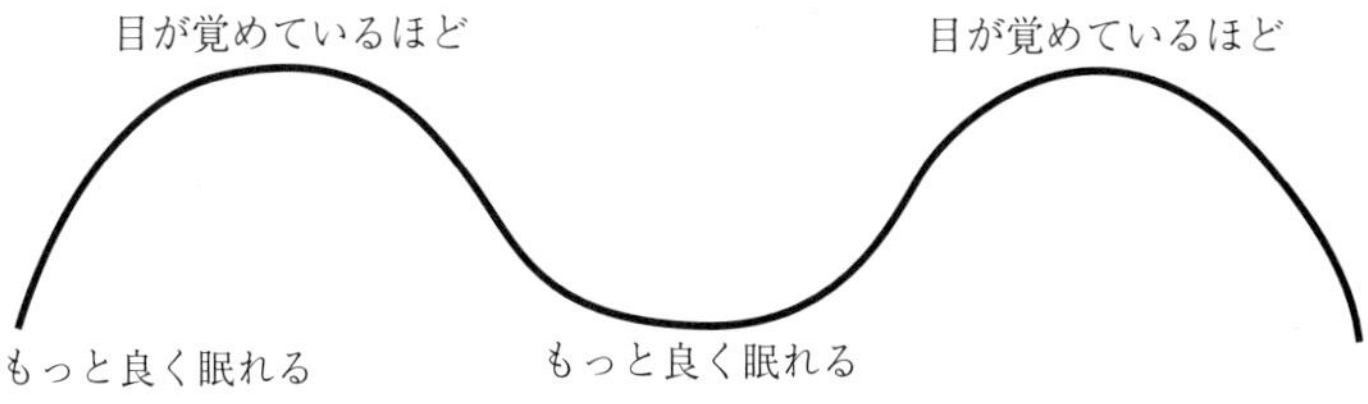
目が覚めているほど
目が覚めているほど
もっと良く眠れる
もっと良く眠れる

ものだという見解を取る。このように考えれば、大きな差が生じる。

図表13・4のように表される睡眠時と覚醒時のサイクルを考察してみよう。

または、様々な周波数の音楽を考察してみよう（図表13・5）。

五〇ヘルツと六〇ヘルツという二つの異なった周波数があれば、これらは結合して、わずか一〇ヘルツのビート周波数を作る。その理由は、二つの周波数が調和して和音となって、低周波を創り出すからである。高周波音は、こうなると「低周波ビートの内部に」存在するようになる。価値が音波のようなものであれば、（東南アジア人が和と呼ぶ）ハーモニー（協調性）が、さらに美しいものであることは、まったく不思議なことではない。

波形が価値を適切に表現するものであり、価値が睡眠と覚醒、くつろぎと興奮、間違いと訂正のように交互に現れるならば、図表13・6のように二軸の間に波形を描ける。

この図では、最初に間違えて、次に訂正して、それから再び間違えて、そして再び訂正等々、と続いている。この全体の過程は、**間違い訂正システム**と呼ばれる。人が避けるのは、（おそらくシミュレーションなどを使うことで）破滅的な間違いとまったく間違いをすることのない拘束衣（を着た状態）の両方である。何かを速く学びたければ、後で訂正できる小さな間違いを多くすることが、最も良い学習方法であるかも知れないのは、ほぼ

図表13.5　高周波-低周波音

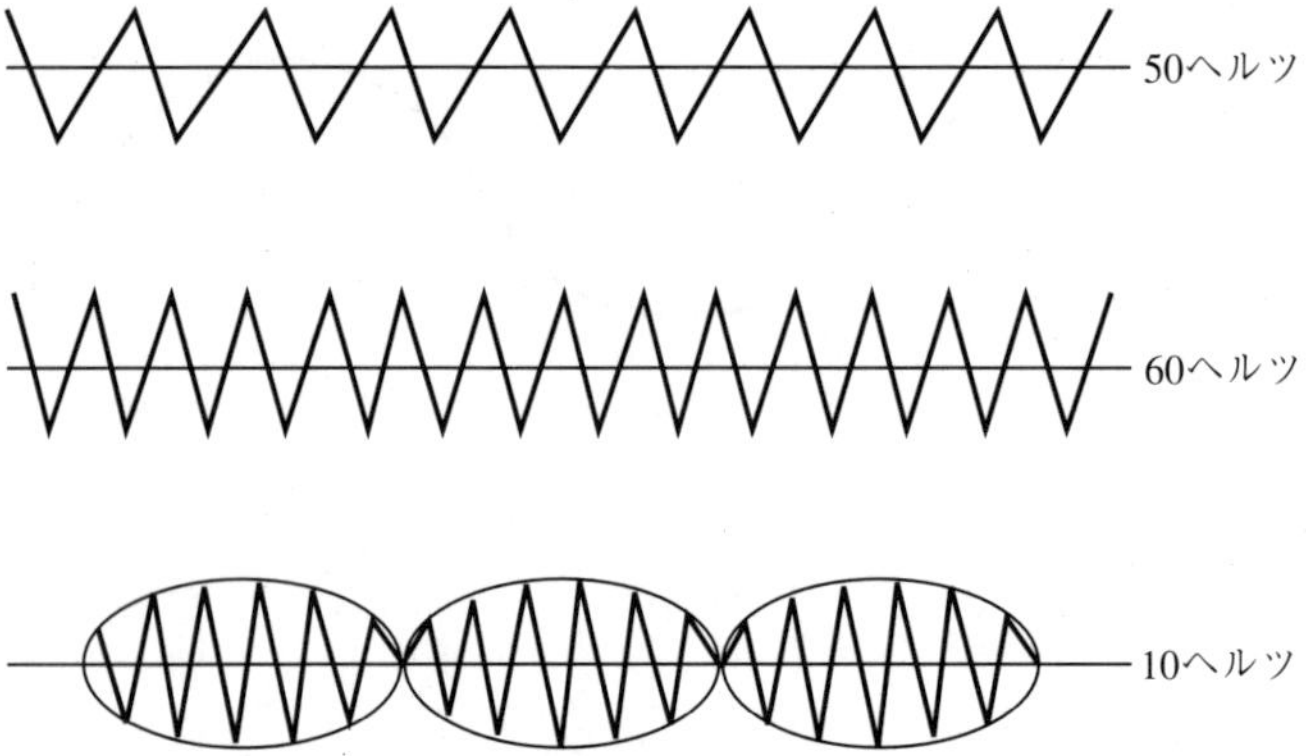

高周波音＋高周波音＝低周波音

図表13.6　改善を継続する過程

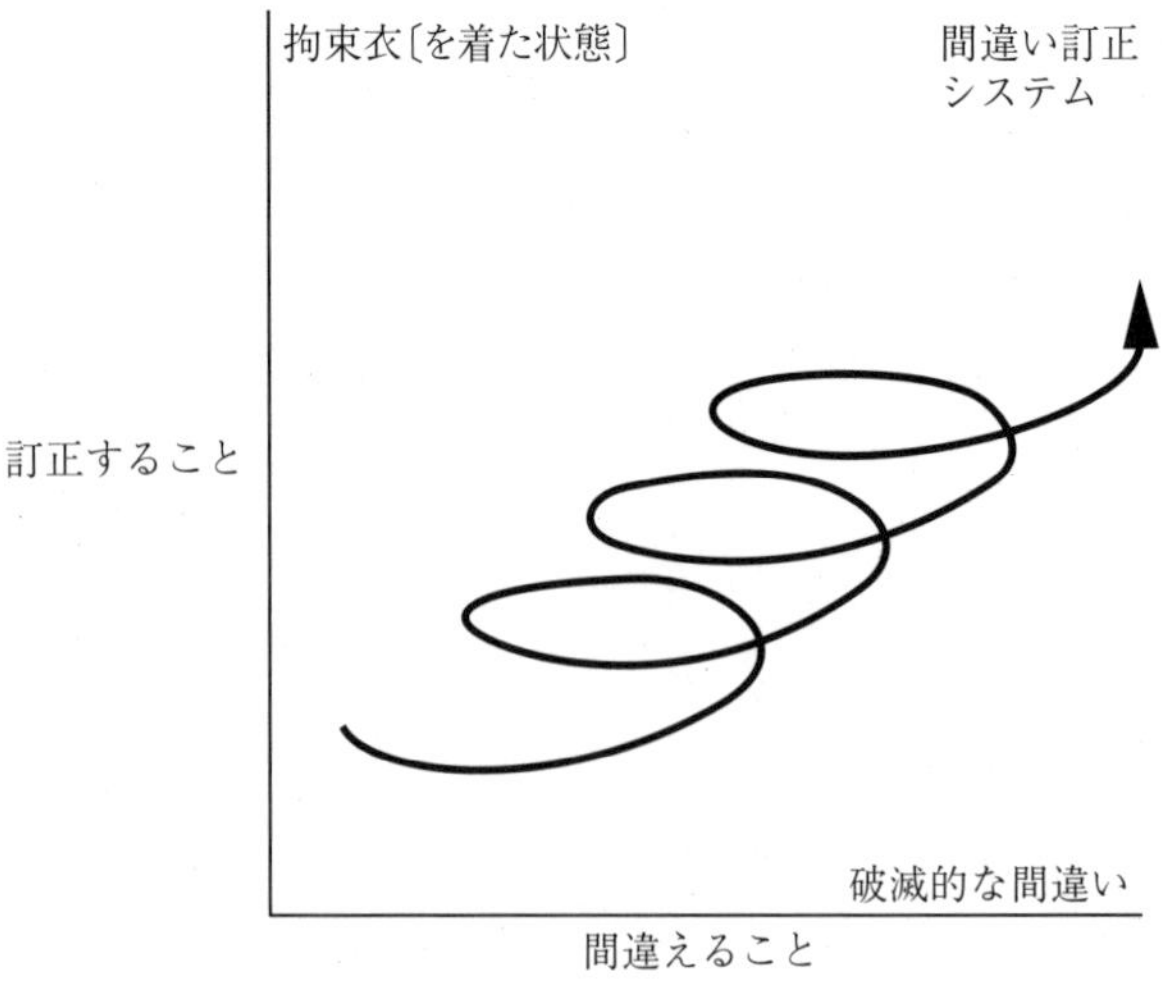

図表13.7　新しい規則を創り出すことと現在の規則を改正すること

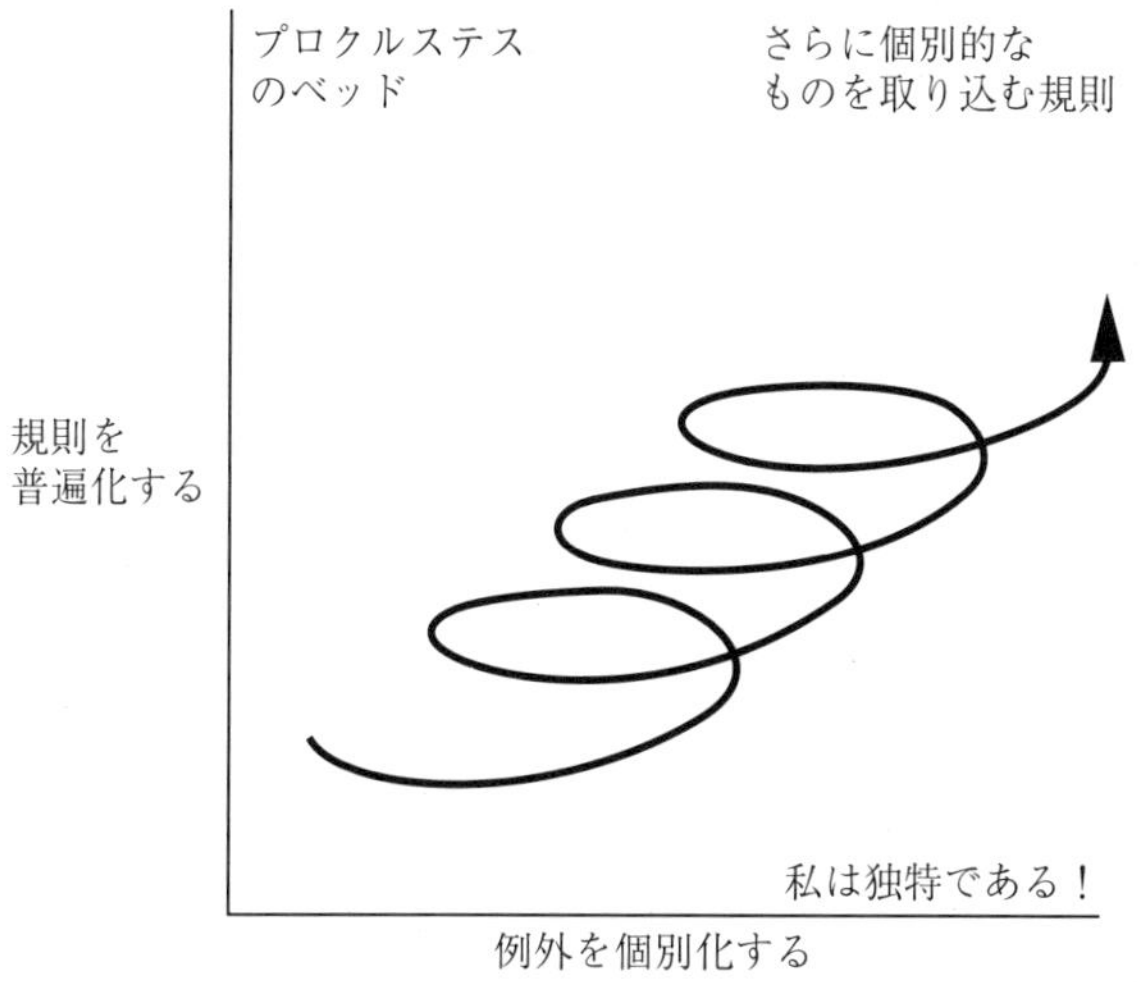

間違いないことである。当然に、「間違い」は相対的なものである。業績の下位三五％を「間違い」と呼べば、改善を継続することになるだろう。しかし、五％だけを「間違い」と呼べば、それを無視するか、もみ消すようになる。

間違いを訂正することによって学習するという考えは、非常に重要なので、この考えはジレンマのすべて、特に七つの次元に含められている。普遍化することと個別化することの間の波形を創り上げることを仮定してみよう。それは図表13・7のように見えるかも知れない。

この図は、個別的な例外が、変化、すなわち改正された規則と出会って、その範囲内に取り込まれる前に注目される過程を示している。いかなる科学的法則も増大する異変を無視できない。いかなる法規・法令も大反対に逆らって生き残ることはできない。いかなる企業の手続きも膨大な数にのぼる例外の説明責任を避けることはできない。このような危機のすべてにおいて、古い規則は改正されるか、または新しい規則が創り出されなければならない。規則が改正されるならば、肝心な点は、規則が反駁されることを受け入れなければならないことである。その理由は、共通の標準が何であるかを知らなければ、独特であると共に優れたものが何であるかを適切に評価することができないからである。

図上において、波形にサイクルの形を与えることによって、間違いの訂正という考えを保持した。これは、人が定期的にものごとを間違えるので、両方の軸を改善する前に、二度目の「試み」すなわち回路を作らなければならないと仮定しているからである。

(9) シナジー化と善循環

価値の連続次元上の両端を含む調和をさらに大きな調和へ導くという最適化における重要な試金石は、シナジーという基準である。シナジーという語は、「共に働く」という意味を持つギリシア語のsunergosに由来する。二つの価値が一緒になって機能すると、相互に前進して、向上するのである。したがって、フランス・テレコムと共同して取り組む大掛かりなプロジェクトの持つ属性に重要性を与えると、自社の作業集団が元気づけられて、そのプロジェクトを完遂しようという気になるのは、かなりありそうなことである。さらに最近、自社がこのプロジェクトを達成する途上にいると世間から見られていれば、上級管理者が翌年の戦略を熟考する際に、プロジェクト達成に重要性を大きく与えようとするのは、高い確率であり得ることである。善循環は、図表13・8のように見えるものである。

図表13.8　属性と達成の間の善循環

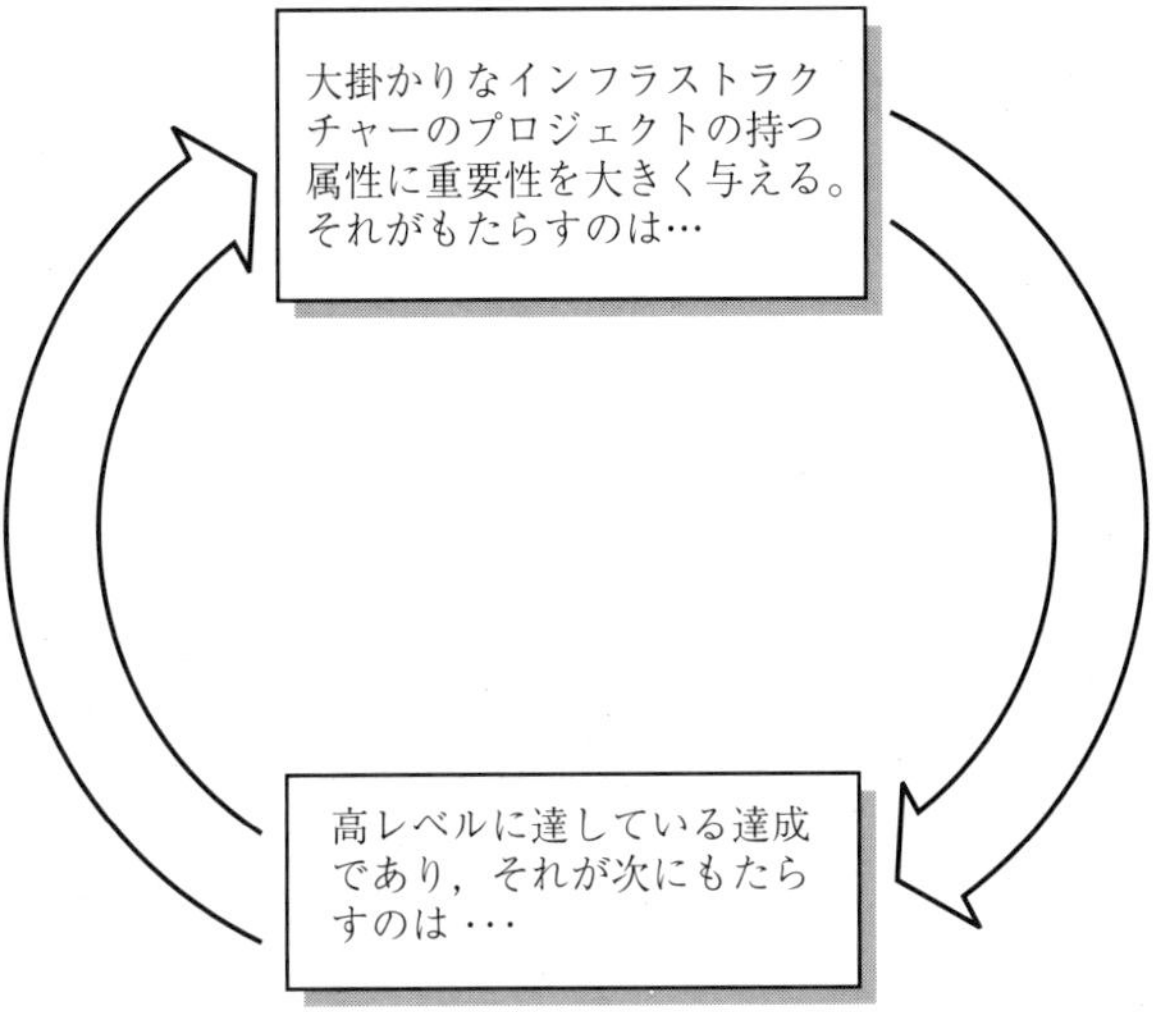
大掛かりなインフラストラクチャーのプロジェクトの持つ属性に重要性を大きく与える。それがもたらすのは…
高レベルに達している達成であり，それが次にもたらすのは・・・

シナジーは、自然界にもまた存在する。ジェット・エンジン用の鉄合金は、その成分すべてを結合したものの強度よりも圧倒的に強い。合金の中に含まれる分子連鎖が単にもっと強い構造を持つようになったからである。

⑽二重らせん構造

最後に論じるのは、さまざまに存在するモデルから著者たちが採用したモデル、すなわち、DNAが持つ二重らせんの分子構造（図表13・9）である。最初に、明らかにしておきたいのは、著者たちがDNAの二重らせん構造を比喩として使っており、生物学の装いを借りようとしていないことである。そうは言っても、すべてと言えなくとも、ほとんどの社会科学は、比喩に基礎を置いている。文化は生きているので、著者たちは意識的に生命科学からアイディアを借りたのである。

図表13.9　調和の二重らせん構造

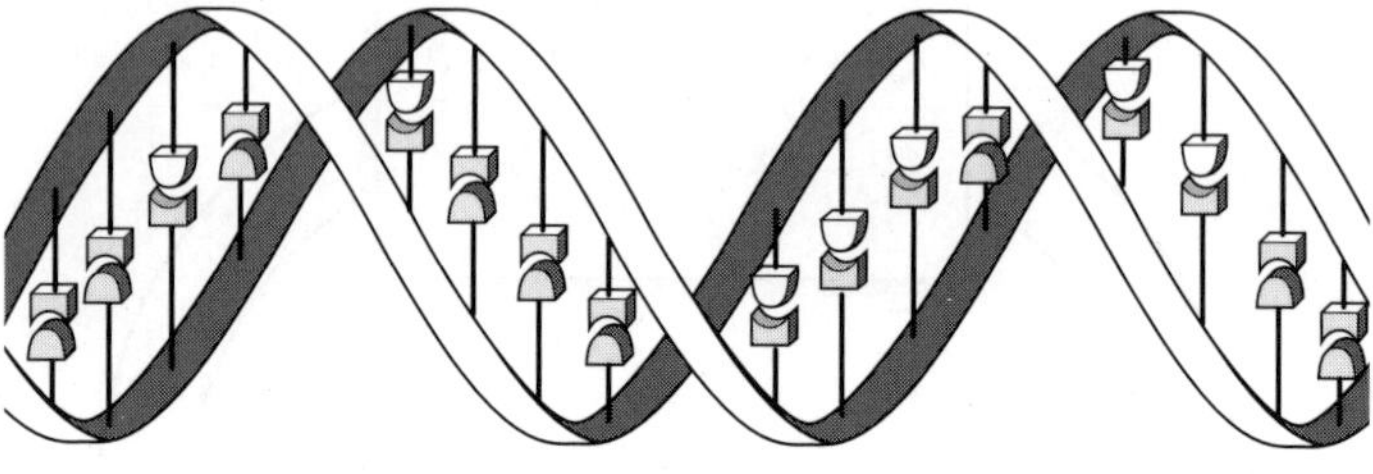

二重らせんモデルは、調和に至る段階を要約する助けである。タンパク質合成の梯子に段数が四段あるのに対して、価値を統合する梯子には七段ある。捻られた梯子は、**相補性**でいっぱいになっている。「一対」が思いがけなく一緒になるのは、**愉快**である。梯子の両側から出ているまっすぐなものは、**地図作り**のための文化空間として使える。捻られた梯子の要素は、成長**過程**を構成する。らせんの捻れは、その一つ一つが成長の**言語**を話して、暗号化された説明書を含んでいる。らせんの曲がりは、その一つ一つがらせんの内部に包含されたり、周辺にあるらせんの抑制によって、枠組みの中に入れられたり、**脈絡化**されたりしている。この過程は、**順次的**である。この過程が構成するのは、**波とサイクル**であり、その統合は成長と**シナジー**を生み出すのである。

要訳すると、二重らせん構造は、価値が調和する過程九つすべてを要約する助けとなる。

第14章 南アフリカ共和国：虹色の国

本書は、これまで国別の文化差に焦点を集中してきた。本章は世界に存在する多元主義的な社会の一つ、すなわち、南アフリカ共和国を取り上げて、その社会内で見られる文化差を論じる。

オランダ人共著者が思い出すのは、およそ二五〇〇アメリカ・ドルに相当する五〇〇〇オランダ・フローリンをシェル社後援の年次寄付として、オランダのある幼稚園へ贈与したことである。これは、シェル社が自社従業員の慈善事業を後援する計画であった。幼稚園は貧しい移民の共同体の中で運営されていた。幼稚園理事会が寄付金受け取りを拒否したのは、シェル社と南アフリカとの結び付きが寄付行為を堕落したものだと考えたからである。これを契機に、幼稚園理事会はアフリカ民族会議（ＡＮＣ）に味方して、少額の補助金を南アフリカ共和国国内の貧しい国内移住者に寄付した。この例が示すように、すべてのジレンマは容易に解決できるものではない。ジレンマには、世界を対立させたり、共同体を分割させたり、また自分自身の心を引き裂いたりするものもある。

南アフリカの事態が幸福な方向に変化したのは、権力の座についた人物が、文化的対立を和解させる創造力、勇気および高貴な精神を持っていたからである。この人物はアフリカの謙遜心の特異例である。彼が示した謙遜心の実例とビジョンが、何十年にもわたる不公平の傷跡を癒すのに十分であるかどうかは、これからにかかっている。何人かの人たちは、圧政に屈せずに立ち上がるが、ほとんどの人は立ち上がらないからである。南アフリカの将来は、これらの人々のバランスにかかっているのである。

ネルソン・マンデラ大統領の主要目標の一つは和解であった。すなわち、流血や対立は国家の将来ではなく、過去を定義するだけであるので、自由で民主的な国家を樹立しなければならないという一大理想の下で南アフリカにおける多様な文化を団結させることであった。大統領就任演説の後、マンデラ氏は理想実現のために、とても明確な戦略を持つに至った。白人人口、すなわち南アフリカ共和国のオランダ系白人と英語を話す白人は、南アフリカ経済の将来にとって重要な構成要素と見られていた。そのうえ、人種間の和解こそが、南アフリカにおける安定基盤であることを外国人投資家に納得してもらうために、マンデラ氏は最大限のことをした。南アフリカ共和国のオランダ系白人は、彼らが過去に行った所業の仕返しとして、彼らの言語や文化が攻撃されることは絶対にないという保証をマンデラ大統領から得た。また、前の副大統領フレデリック・ウィレム・デ・クラーク（Frederic Willem de Klerk）氏のように、著名な南アフリカ共和国のオランダ系白人が、アパルトヘイト導入後に成人に達したことと共に、彼らが前任者から相続した社会システムのまさに根幹となっているもの〔すなわち、アパルトヘイト〕に疑問を持ち始めた人々だったことを忘れるべきではない。黒人による支配への移行は、大量殺戮という結果に終わることなく、黒人と白人の協力によって成しとげられた。

デスモンド・ツゥツゥ大司教の指導下で、真実および和解委員会は、アパルトヘイトが実施されていた間における人権侵害を調査する仕事を与えられた。この調査過程は、過去に犯した人権侵害を完全に告白する人たちに恩赦を与えるものであった。過去の行き過ぎを詳細に公表することは、沈静に向かう悪感情を呼び起こすと心配した人が何人かいたけれども、このやり方は和解に対する道筋を見つけるための独特な努力である。

文化差を和解させる生産的な方法を求めて、マンデラ大統領が呼びかけをするという状況において、トロンペナールス・ハムデン-ターナー・グループの前身である異文化ビジネス研究センターは、大統領と南アフリカのパートナーから招待を受けた。異文化ビジネス研究センター南アフリカの社長、ルイス・バン・デ・メアー（Louis van de Merwe）との密接な協力の下に、七次元モデルに従って南アフリカにおける文化の地図作りを行った。その結果、確認したのは、南アフリカが世界の縮図として見られることであった。アフリカ系黒人だけでなく、白人もまた、さまざまな出身背景、言語、民族、部族、その他を持っていたからである。ヨーロッパ人の子孫と共にさまざまなアジアの文化が、この魅惑的な大陸で見出せる。植民地文化は、土着のアフリカ文化を抑制できなかったのである。この国は、さまざまな背景に基礎を置きながら、共存して生活する形態を実験するように強いられてきたのである。このことは、またビジネスにも当てはまる。この国では、和解の原則が極端にテストされたのである。

1　南アフリカにおけるジレンマ地図作り

アフリカは、文化的に多様であり、単に黒人の間だけの文化や白人の間だけの文化があるだけでなく、次に、ある特定の黒人共同体内部においても、また郊外の黒人共同体と都市部の黒人共同体の間でも言語別にできている集団内だけの文化があり、さらに、それが白人の場合にも同様に存在するのである。著者たちは、サ

言語集団	普遍主義-個別主義	個人主義-共同体主義	感情中立-感情表出	関与特定-関与拡散	達成型-属性型地位	内部-外部志向性
アフリカーンス語	89	58	70	70	61	72
英語	92	72	57	72	65	67
ズールー語	78	51	65	75	58	60
南ソート語	70	42	54	70	58	48
北ソート語	71	68	53	51	41	60
コサ語	38	73	36	84	58	61
ツォンガ語	71	22	45	58	55	49
ツワナ語	40	52	61	78	63	65

ンプルを言語集団によって、上表の八つの集団に分割して、経済活発性を主特徴として、それゆえに都市中心になるが、回答者を抽出した。

(1) 普遍主義―個別主義

法は、ここ数十年間にわたってアパルトヘイト政策で重要な役割を演じてきた。それゆえに、英語系およびアフリカーンス語系南アフリカ人が例外を最小にした普遍的な法を好むのは、別に驚きではない。それよりも驚くことは、ズールー族共同体における普遍主義への強い支持であり、これは、コサ族共同体における個別主義と法の例外に対する強い支持と対照的である。このようなコサ族が、アフリカ民族会議に多くの代表者を送り込んでいる。

もっとも、ズールー族が好む普遍主義が、イギリス系およびオランダ系の南アフリカ白人が好む普遍主義と同じでないことは、クワ・ズールー・ナタール地方をズールー族が分離統治する戦略を説明する助けとなる。ズールー族は、この地方にいる同部族の人々に対して部族の法律を適用して、アパルトヘイト制度に永年にわたって協力して、ANCのメンバーを殺害してきたという背景がある。ズールー族は、厳しい軍隊の規律を持った伝統のある戦士の部族である。ズールー族における七八％の普遍主義の評点は、予想外の状況における高い柔軟性で知られているコサ族とツワナ族の三八％と鮮明な対照を見せている。今日でさえ、ズールー族は治安警察と軍隊の職業に多数が見出されるのに対して、コサ族は交渉人、議会人そして調停者の職業に多く見られる。

(2) 個人主義─共同体主義

イギリス系南アフリカ人は、荒野と考えられていたところに向かって故国を出発して、孤独で長く苦しい旅をした移民たちの子孫である。それゆえに、彼らが個人主義の次元においてアメリカ人と匹敵するのは、驚きではない（七二％）。イギリス系南アフリカ人は、オランダ系南アフリカ人の共同体（五八％）よりも実質的にさらに個人主義者の集まりであった。オランダ系南アフリカ人は、アフリカーンス語という言語集団であり、経済力よりもむしろ政治権力に特化していたので、もとからいたボーア人の農場主たちがイギリスの支配と激しく戦ったのである。オランダ系南アフリカ人は、イギリス系よりも集団的な存在感を常に大きく持ち続けていた。それは、世界全体に対して粘り強く自らを防衛しなければ、自分たちの文化が消し去られるという感情であった。「オランダ系開拓民Voortrekkers」は、イギリスの支配を避けるために幌馬車に隠れたが、結局は戦わなければならなかった。

興味深いことに、コサ族もまた非常に個人主義者であり、それは西洋世界に対するネルソン・マンデラの訴えが説明している。彼は良心の囚人で政治犯となり、ヘンリー・デーヴィッド・ソローおよび偉大な少数意見者の伝統に従って、自分の威厳を保った。共同体主義的な部族として、ツォンガ族、南ソート族があり、少し程度は落ちるがズールー族も存在する。南アフリカ黒人は、気質面だけでなく、労働組合を拠点化して大衆動員するという戦術能力面においてもまた、共同体主義者である。人口の大部分を構成するいかなる集団も、集合的な代表によって、その理想を前進できるのである。

(3) 感情中立性―感情表出性

最も潜在的に危険で爆発的でさえある文化差の一つが、白人のアフリカーンス語共同体と黒人のコサ語族ならびにツォンガ部族の間に存在する。後者の二部族は、極端なまでに元気があり、その振る舞いは感情に満ちており、儀式的な足さばきで全力を注いだダンスを含む強烈なボディー・ランゲージを持っている。対照的に、オランダ系南アフリカ人は、感情表出がほとんどなく、無口な上に、しかめ面で、感情が抑制されている。問題は、このように著しく対照的な行動が、それぞれをステレオタイプにはめることに荷担することである。元気一杯な黒人は「野蛮人」となり、文明の脅威になる。感情抑制の効いた白人は「冷たい、薄情な」人となる。双方がお互いに対立するにつれて、それぞれがお互いを戯画化し、過度に興奮して、ますます心を閉ざすようになる。行き過ぎが相手側をさらに過激化するように追いやりながら、双方が相手側にないものを補おうと努力する。その結末に来るものは、殴り合いでもすすり泣きでもなく、激怒を噴出しているコサ族とカチカチに硬まった硬直性という名のつららの中で冷凍されたオランダ系南アフリカ人である。

(4) 関与特定的―関与拡散的

この次元に沿った注目に値する違いは、まったく存在しなかった。しかし、すべての言語集団が同じ志向性を共有しているというわけではない。南アフリカ黒人部族集団のいくつかは、関与拡散的な特徴を関与特定的な特徴と結合している。関与拡散的な特徴は、良好で深い関係に対して重要性を持つと共に、全体像やビジョンを分析や事実よりも優先するというようなことである。また、関与特定的な特徴は、人間関係をごく直接的に樹立する方法および南アフリカ黒人人口の間で土着化したキリスト教教会の成功が示す原理・原則や一貫した道徳的立場に対する重大な関心などのようなことである。イギリス系南アフリカ人は、分析や事実を全体像やビジョンよりも優先するというような関与特定的な特徴を間接的なコミュニケーション・スタイルのような関与拡散的な特徴と結合する傾向がある。関与拡散的な特徴と関与特定的な特徴をこのようにさまざまに組み合わせることは、対立の原因となるが、調和の助けになるとも考えられる。

(5) 達成型―属性型地位

この次元における差は、大きくないが有意であり、一貫したものである。イギリス系は、特に、自分たちを経済的達成によって定義する。オランダ系南アフリカ人で、最近まで、政府に勤める友人を持っていた人たちは、同様に達成志向であったが、イギリス系と比較するとわずかに低位であった。ツワナ族を除いたアフリカ黒人のすべてが、属性型地位志向であり、最も顕著だったのが北ソート族であった。しかし、全体を通して見ると、達成が支配的なパターンであった。この結果が一時的現象かもしれないのは、機会均等がごく最近与えられたものであり、希望もまだ高く、事態が進んでいるからである。また、この結果は都市部人口内で起きている実質的な変化を反映しているかもしれない。いずれにしても、文化差は深刻なトラブルを引き起こすほど大きなものではない。南アフリカはアフリカの達成社会になりたいのである。やる気に事欠くことはまったくないけれども、教育と機会均等には深刻な欠乏が存在する。

(6) 内部対外部志向

植民地主義とアパルトヘイトの時代を通して、自分たち自身の運命を決定できる主体になるいかなる試みも厳しく圧迫されてきた結果として、全面的ではないもののアフリカ黒人は宿命論者であり、超自然主義的であり、外部志向であるという予想があったかも知れない。対照的に、少数民族の白人政権は、数百万の選挙権のない黒人の活動に影響を与えてきた経験を持っていたので、彼らは圧倒的に内部志向である。

しかしながら、この次元における差は、私たちが予想したほど大きなものでなかった。まさに、長い間アパルトヘイトの調停者であったアフリカーンス語を使用するオランダ系南アフリカ人が、最も内部志向的であり、商売に活路を見つけたイギリス系は、二番目に内部志向的であった。そして、ツワナ族のような例外的な部族集団は、この次元において再び、コサ族とズールー族と同様に、後塵を拝していた。この次元において、解放を成功させるための闘争パターンが見て取れると著者たちは考えている。自分たちの自由を主張して、最終的に自由を勝ち取ることは、内部志向の行使であるから、黒人の中では、ANCの先頭に立ったコサ族が、内部志向性で最高評点グループに入り、ズールー族が三位なのは、驚くことではない。

人権に対する南アフリカの闘争は、実際のところその大部分が、西洋にいる聴衆の目前で演じられた。それゆえに、その政治信条は個人闘争であり、不正に耐えられない人たちが、個人的な勇気と内部志向的な反抗によって、あまり大胆なことを好まない精神の持ち主たちよりも数多くリーダーシップを行使する立場に上って行ったのは、驚くことではない。南アフリカ人権闘争は「道徳劇場」であったが、インドにおけるガンジーの闘争のように、この闘争は、不正に対して人間の精神が反乱を起こす西洋民主主義の伝統に訴えかけるように計画されていた。その結果，アパルトヘイト制度の存否を最終的に選挙に付託することになったのは，西洋による制裁措置であった。日本のようなアジア経済を担う諸国は，何の役割も演じなかった。マンデラ氏と彼の応援者たちは，北アメリカおよびヨーロッパの支持を目標にして，それを勝ち取ったのである。このやり方は，解放闘争全体の文化に強い影響を与えた。

南アフリカにおける将来の発展を見ると，この内部志向性は企業家的な経済発展の潜在力の強さを早い時期から示しており，サハラ砂漠南方地域を「アフリカの奇跡」に向けて動かす機関車となるものである。

2　心のモデルのアフリカ・西洋比較

西洋と南アフリカの心のモデル間には，どこに最も大きな隔たりがあるのだろうか。どこに社会崩壊の脅威が存在するのだろうか。ジレンマを調和して，シナジーを創り出す機会はどこにあるのだろうか。

データを精査したところ，大きな隔たりが三つ認められた。まず，普遍主義―個別主義の次元において，特に，オランダ系南アフリカ人とコサ族ならびにツワナ族の間に隔たりがあった。次に，個人主義―共同体主義の次元において，コサ族は例外であった（というのは，個人主義者であるコサ族は，思い通りにするために自治組合もまた利用するので，賃上げのために労働組合の圧力が強いと私たちは期待した）。最後に，白人，特に，オランダ系南アフリカ人が持つ関与中立性と黒人，特に，コサ族が持つ感情表出性の間に，とても大きな隔たりが存在した。

これら三つの価値分岐を基にして文化空間の中で地図を作ると，事態が不均衡の場合，過剰な場合，敵対的

図表14.1　価値分岐の地図作り

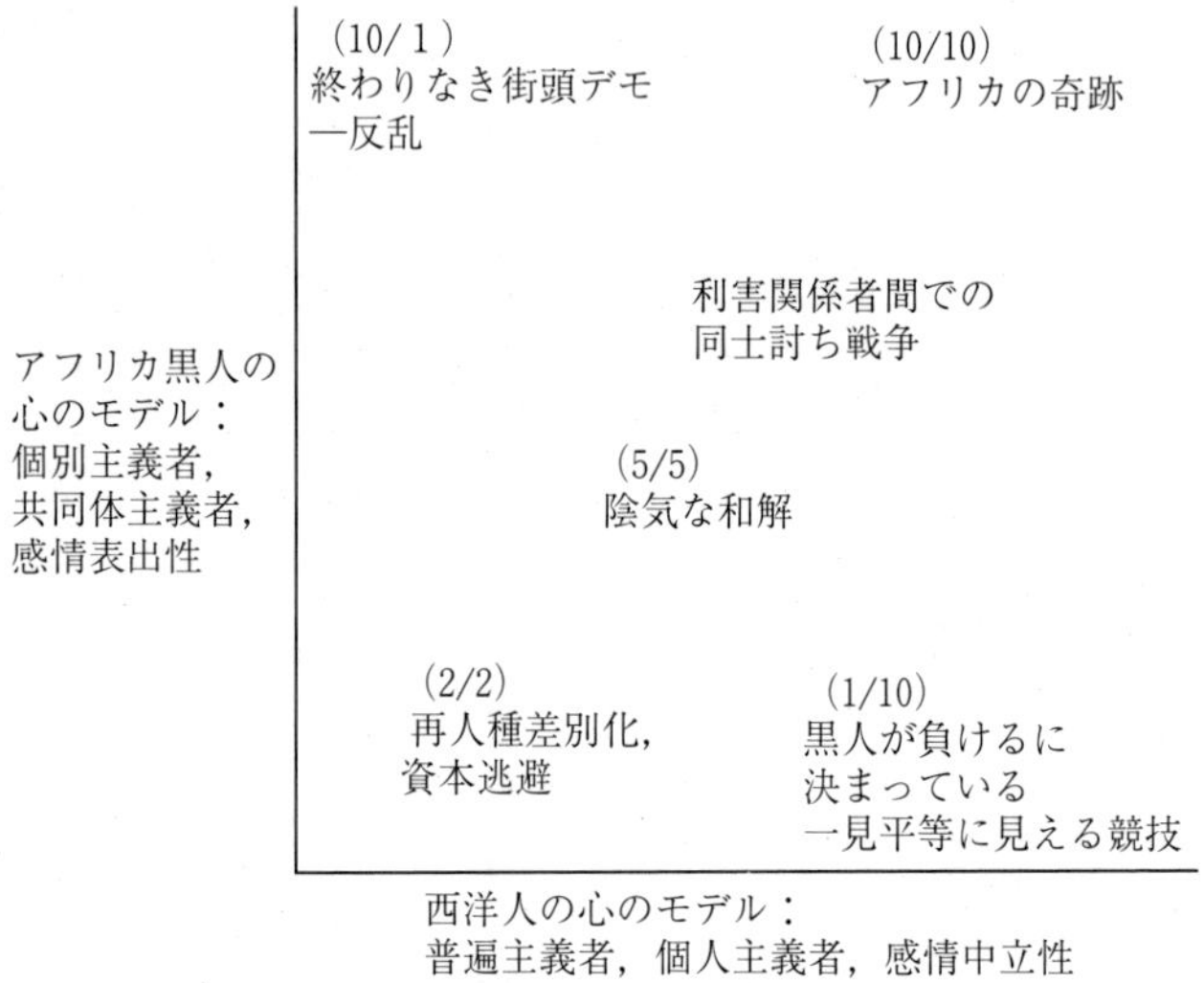

な場合、防御的に回避しながらシナジー化する場合などになった時に起きるかも知れないことを記述できるようになる。こうしてできた文化空間は、図表14・1のようなものである。

白人が支配していたビジネス界が努力していたのは、一見すると平等に見える競技という古くからあるイメージを創り上げることであった（1/10）。明白な理由、すなわち、教育と技能、普遍主義と個人主義が黒人たちに元々備わってないことから、黒人がこのような競争に敗北するのは確実であるから、政治的に多数者である黒人は、これ以上耐えられないと悟る状況になったのである。彼らは「自由闘争」に頼り、それが終わりなき街頭デモと草の根からの反乱という形態を取るようになり、労使関係に害を与えて、投資家に投資を思い止まらせたのである。この闘争は、陰気な和解（5/5）でも、再人種差別化と資本逃避（2/2）でも、街頭デモ（10/1）か、または一見平等に見える競技（1/10）のいずれ

図表14.2　悪循環

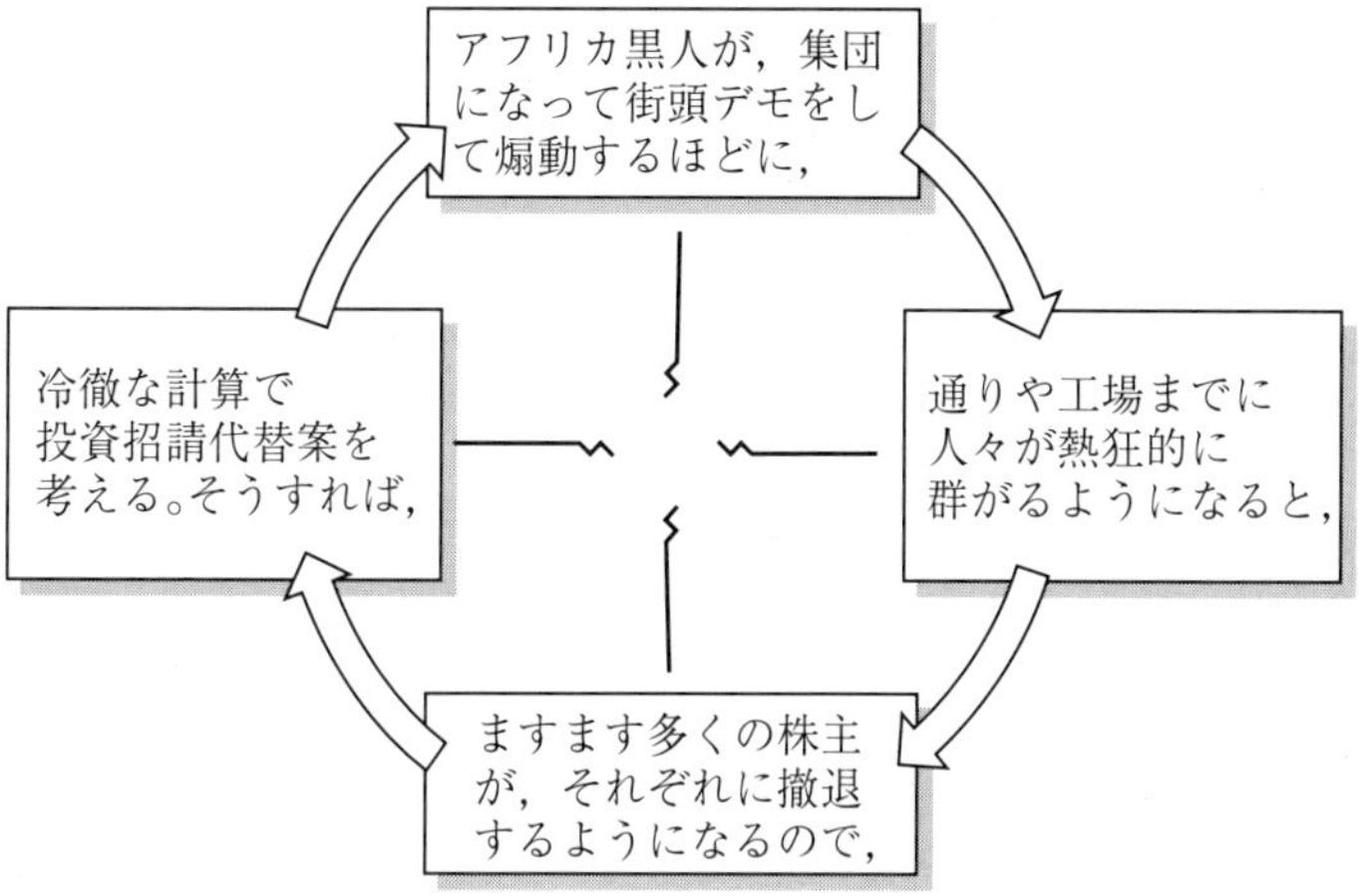
アフリカ黒人が，集団になって街頭デモをして煽動するほどに，
通りや工場までに人々が熱狂的に群がるようになると，
ますます多くの株主が，それぞれに撤退するようになるので，
冷徹な計算で投資招請代替案を考える。そうすれば，

かのやり方でも終結できたのである。最悪の場合、この亀裂は、利害関係者間で同士討ちの戦争を引き起こしていたかも知れず、そうなっていれば、政府、企業、組合、株主および共同体などのすべてが、富を創造するために協力して働くかわりに、他人の分け前を奪う努力をしていたことだろう。超感情中立的なオランダ系南アフリカ人と衝突していた黒人暴徒が、対立の火に油を注ぐにつれて、「勝利を得た」数千の黒人労働者は、国際的な投資家たちが投資資金のすべてを引き出していたことを知り、黒人主体の政府にこれらの「ごろつき企業」の資産を没収するように仕向けた結果、その後の投資は途絶えてしまったのである。

このような出来事から悪循環が創り出されるのは、難しいことではない（図表14・2）。しかし、たとえ困難でも、善循環を生み出し、シナジーに向かって、らせん状に進むこともまた可能なのである（図表14・3）。

白人支配から生まれ変わった南アフリカに対して、おそらく善意がひとかけらでも存在することであろう。

図表14.3　善循環

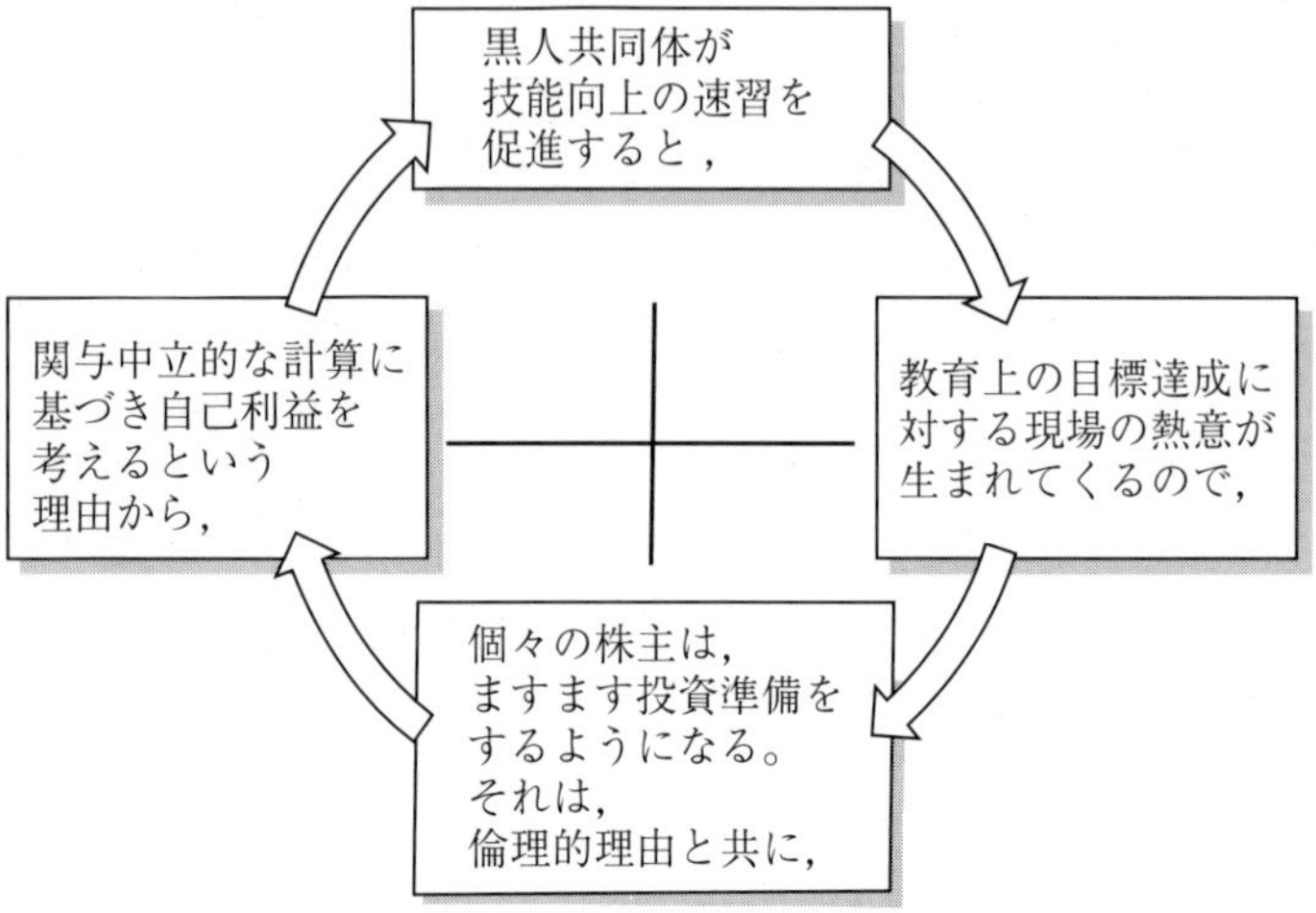
黒人共同体が
技能向上の速習を
促進すると，
教育上の目標達成に
対する現場の熱意が
生まれてくるので，
個々の株主は，
ますます投資準備を
するようになる。
それは，
倫理的理由と共に，
関与中立的な計算に
基づき自己利益を
考えるという
理由から，

人々は南アフリカに投資したいと思っているのだが、投資した場合の個人的損失を恐れている。善循環が調和するのは、集団的な熱望と個人的な報酬、アフリカ黒人の熱意と資本市場の計算高い考え方、法と秩序の継続性とより良い生活を捜し求めている特定の人々のための太陽が一杯の場所などである。らせんは、図表14・4に示されているように、二つの危険な極端の間で曲線を描いている。

これまでに、回避に成功したのは、アフリカ黒人が失敗するに決まっている一見平等に見える競技という幻想と、この失敗が引き起こした終わりなき街頭デモの両方である。その代わりに創出した経済が、本当に公正で平等なものであるのは、八つの言語集団の文化すべてが持つ価値が調和されたからであり、またアフリカ黒人が、自ら運営すると共に自分たちにも適用される法律を白人と協力して創り上げる作業に参加したからである。

南アフリカのビジネスにおいて、和解へ向かう信頼

図表14.4　らせん的発展

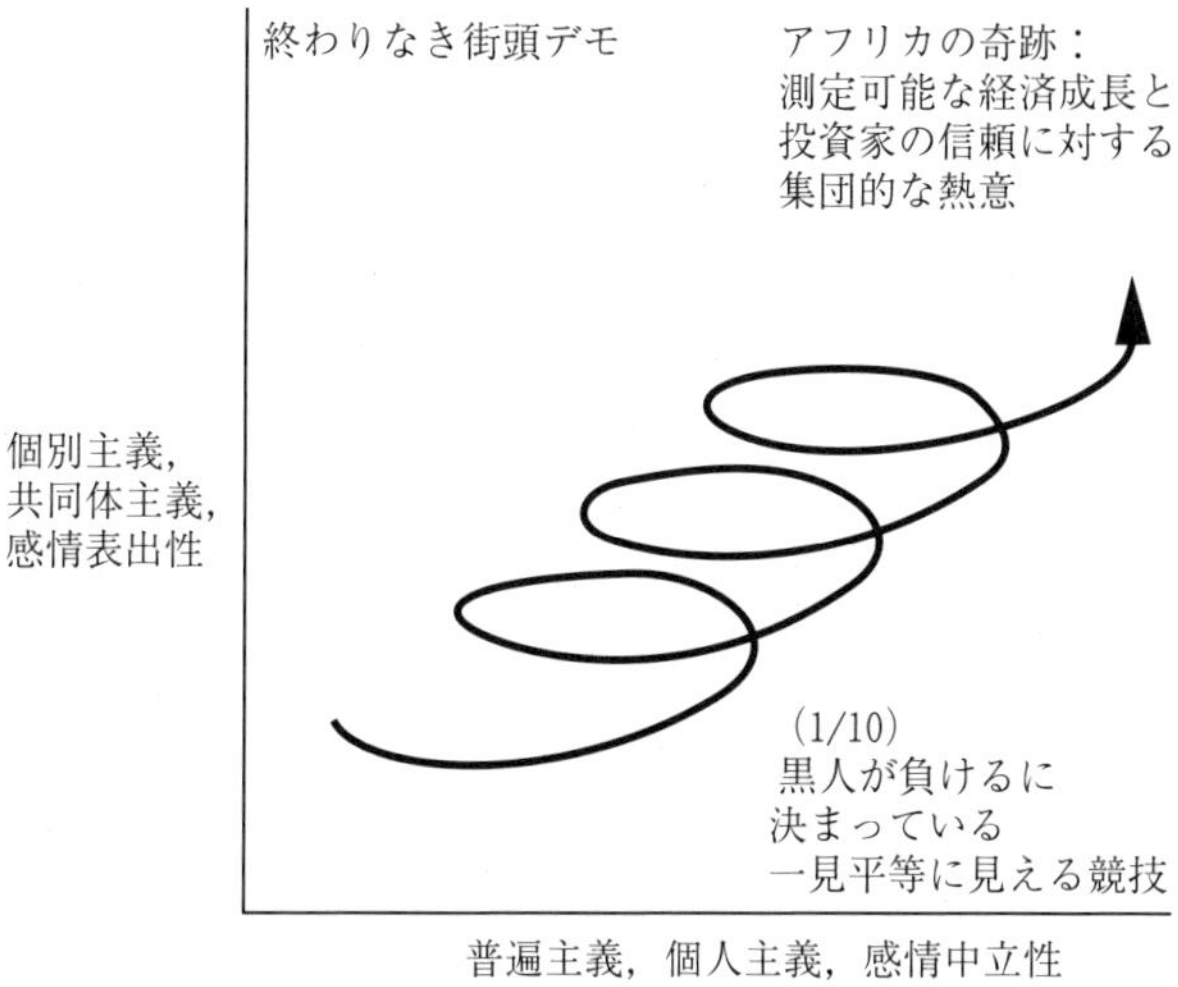

感が増大しているという勇気づけられる兆しが多く存在する。例えば、以前に敵だったもの同士が面談して、自分たちの違いを議論するという対話集会（ボスベラード：bosberaad）を採用したり、国家経済開発・労働会議（NEDLAC：実業界、労働界、政府および社会的に排除された集団の代表者たちが、社会および経済政策に関する合意に到達するために交渉するフォーラム）を設立したり、そして敵対的な団体交渉から労使共同による問題解決および決定参加への移行を促進する職場フォーラムの創生準備をする新しい労働法案の提出などがある。

南アフリカ文化が、アフリカ社会、ヨーロッパおよびアジアに由来する三重の文化遺産を持っているので、そのすべてが重要な役割を果たせることを認めれば、独特の新しい「虹色の管理」スタイルの進化につながり、南アフリカ経済の奇跡を生み出すことに貢献するかもしれない。

第15章　性別、民族別および職能別の文化多様性

国家間に文化差があるのと同様に、男女間でもジレンマを解決する方法に文化差が存在する。本章は、男女間の性差を論じるが、続けて、文化の「るつぼ」と記述されることがよくあるアメリカの国内に存在する性別、民族別および職能別の文化多様性を考察する。

1　世界的に存在する性差

図表15・1は、男女両方のマネジャーとの面接を基にした世界的に存在する性差の概略プロフィールを示している。プロフィールを一べつすると、男女差が少ないので、がっかりさせられるが、この結果は、それ自体重要な意味を持っている。

男性マネジャーと女性マネジャーの評点が近似しているのは、なぜだろうか。著者たちが研究した女性マネジャーは、男性優位の世界でマネジャーとして前進するために努力しており、自分たちに貼り付けられるステ

図表15・1　性差の概略プロフィール

世界平均	男性	女性
普遍主義-個別主義	66	64
個人主義-共同体主義	50	52
感情中立的-感情表出的	59	56
関与特定的-関与拡散的	71	72
達成型-属性型(地位について)	60	61
内面的-外部的(自制)	62	54
過去、現在、将来に関する時間志向	1.28／1.93／2.76	1.23／2.03／2.70
順次的-同期的	5.7(低)	4.4(高)
英語圏諸国と西北ヨーロッパ	**男性**	**女性**
普遍主義-個別主義	70	73
個人主義-共同体主義	53	56
感情中立的-感情表出的	59	57
関与特定的-関与拡散的	71	72
達成型-属性型(地位について)	60	61
内面的-外部的(自制)	62	54
過去、現在、将来に関する時間志向	1.25／1.90／2.76	1.07／2.04／2.85
順次的-同期的	6.2	5.1
ラテン系文化*	**男性**	**女性**
普遍主義-個別主義	63	61
個人主義-共同体主義	45	46
感情中立的-感情表出的	56	53
関与特定的-関与拡散的	66	67
達成型-属性型(地位について)	52	51
内面的-外部的(自制)	61	55
過去、現在、将来に関する時間志向	1.39／1.89／2.68	1.34／2.01／2.61
順次的-同期的	5.7	5.4
アジア文化	**男性**	**女性**
普遍主義-個別主義	59	54
個人主義-共同体主義	37	39
感情中立的-感情表出的	64	62
関与特定的-関与拡散的	60	56
達成型-属性型(地位について)	48	43
内面的-外部的(自制)	51	43
過去、現在、将来に関する時間志向	1.06／2.08／2.83	1.12／2.13／2.66
順次的-同期的	5.7	4.8

*南米、南ヨーロッパ、カリブ海諸国

レオタイプをよく自覚しており、それから免れようと努力していた。自分がこのような環境にいる女性であれば、あなたは職業上、感情中立的な行動を取りますか、それとも泣き出しますか。どんな組織でも頂上に至るまでの道は、最も重要な価値を採用して、最も重要でない価値を避けることが真実である。どちらかと言えば、北米や西北ヨーロッパにいる女性たちは、自分たちが達成を目指した個人であり、特定の基準や普遍的な判断基準が自分自身を測定していることを示すために、男性たちよりも一生懸命に働かなければならないのである。

著者たちの研究によれば、性差がいくらか存在するのは、ほとんどの場合、ステレオタイプがそれほど強くない問題である。女性は一貫して男性よりも外部志向的であり、自分で自分の人生の方向を左右できるという感覚をそれほど持っていないし、また時間との関係においても、男性よりも同期的であり、過去、現在、将来を短期的に見ると共に、いろいろなことを同時に行うので、順次的というよりも並行的である。このような違いがこれからも変化しないと思われるのは、例えば、女性の持つ直観力（関与拡散性）と同様に、女性の時間同期性について、ステレオタイプがまったく存在しないからである。したがって、順次的思考という男性的な価値に従って生活する意識的な努力がまったく不要なのである。女性は男性よりもわずかに感情的だと認めるが、女性ですら感情的にならないように努力している。アメリカ人の評点だけを取り出せば、アメリカ人男性は他国の男性よりも感情を多く示していることが認められる。男性の感情表出は今や政治的に正しいことだからである。

フランス人は自分の妻が他の女性と違っていて欲しいと思うのに対して、アメリカ人は自分の妻が他の女性と同じであって欲しいと思っている証拠がいくらか存在する。アメリカ人女性マネジャーは、男性マネジャーよりも個人主義者であるが、フランス人女性マネジャーは、アメリカ人より個人主義者ではない。いろいろな組織が女性を昇進させようと努めるのは、女性が男性と「同じぐらい良い」という理由からなのか、または女性が「大いに異なっている」ので、そのような違いから恩恵を得たいという理由からなのか、という質問が出るかも知れない。これらは両方共に、女性を昇進させるのに十分だが、まったく異なる理由だからである。

明らかに、著者たちが調査した大企業の中位層や上位層で「女性文化」のようなものは、まったく存在していない。その理由は、女性が臨界質量、すなわち変化を引き起こすのに必要な存在となっており、企業統治を行うような状況をまだ目にすることができなかったからである。また、地球規模でも「女性文化」が存在していないからである。著者たちの調査に協力してくれた女性回答者は全員を合計しても、数では男性回答者の方が勝っており、いくつかの企業では圧倒的に男性優位であった。女性文化は存在可能であり、将来存在するようになるのは、十分な人数の女性が、ある種の企業に参加して、自分たちを優位にする戦略を実施する時である。例えば、ボディー・ショップ社は、その大部分が女性文化であり、男性支配の企業と違っているのは確かである。

しかし、西洋人の女性マネジャーが「男性よりも弱い」ままで、価値次元上の人気のない端、すなわち、個別主義者であって、普遍的でなく、関与拡散的であって、関与特定的でなく、夫から地位を獲得する場合に属性型であり、自分で目的を達成しないでいて、冷淡よりもむしろ温厚であると期待することには用心しなければならない。男性が強くなることに特化して、女性がやさしくなることに特化すれば、強さがやさしさを圧迫するようになるのは、終わりがないことであろう。アメリカ企業で女性が「ソフトな」役割を演じようとしないのは、そんなことをすれば、女性の負けだということを知っているからである。すなわち、このような振舞いは、文化生活にとって中心的な「アメリカ的なもの」でないと考えられているからである。このような判断は、確かに賢い用心である。

しかし、前出章で検討した調和の重要性を忘れてはいけない。重要なことは、単に強くなるとか、やさしくなることではなく、問題解決に強くなり、対人関係にやさしくなることである。同様に、規則か特定の例外のどちらか一つを選択するのではなく、例外が規則となり、共同体がそのメンバーである個人を育成して、属性的な価値が達成を確保することである。労働力における女性の重要性は、女性が搾取されなければ、男性の持つ価値と異なるが、女性が相互補完する価値を明らかにして、それによって統合化した価値を創出できることにある。男性と女性の両方が取るべき戦略は、価値次元のすべてを自由に駆使することである。例えば、個人主義者であっても集団を創出する程度に個人主義的になり、創られた集団が個人啓発をすることや、普遍主義者であっても例外のすべてを助けられる程度に普遍主義的になり、さらに、ある例外がとても重要な場合、新しい普遍性を設定することだけが満足させられると悟る程度に普遍主義的になることを学ぶことである。

2 アメリカ国内の文化多様性

人的資源管理学会（Society for Human Resource Management：ＳＨＲＭ）は、アムステルダムにあるトロンペナールス・ハムデン-ターナー・グループおよびルース協会（Ruth Institute）（フィラデルフィア）に対して一九九五年にオーランドで開催した年次全国研究発表大会の（潜在的）参加者を対象にした調査実施協力を求めてきた。一〇〇〇人以上の参加者が、基本的な文化差を測定するために開発された六〇項目の質問紙に回答した。主要な結論は次のように要約できる。

民族的多様性が性差よりもはるかに大きな違いを示しているのは、おそらく、女性が男性に（そして、その逆も同様）近似する方が、アメリカ黒人、ヒスパニック〔スペイン語を話すアメリカ人〕、アメリカ・インディアンおよびアジア系アメリカ人が白人に近似するよりも容易に可能だからである。さらに、民族集団は、自分自身の仲間のところへ戻るが、男性と女性はお互いに家へ帰る傾向があるからである。

人的資源管理専門家の任意団体であるＳＨＲＭは、アメリカ人マネジャー全体とだいぶ異なっている。自分が企業で行っている職務、または他の組織に所属していても同じ職務を遂行している人たちに喜んで分け与えようという意欲が、アメリカ・ビジネス界の中で多様な文化と下位集団を生み出しているように思える。著者たちの調査対象であるＳＨＲＭのサンプルが大きな関心を示していたのは、集団やチーム（共同体主義）、自分が達成したことを女性、アメリカ・インディアン、黒人などのような自分の性別・人種に基盤を置いていること（属性型地位）、人間関係が多様であること（関与拡散的）、顧客の要求により外的に自分がコントロールされていること、そして時間を考える際の同期性などであった。

以上の結果要約がほぼ一致する判断は、アメリカにおける人間関係活動が一九七〇年代初期の反体制文化（counter culture）提唱者が見つけた職場の一つであり、反体制運動で主導的役割にいた人たちが一九六〇年代および一九七〇年代初期の反乱文化によって形成された独特な見解を持っていることである。この時代における即製の急進主義者は、迫害された少数民族グループ、環境問題への関心、女性に対する不平等についての関心などに対する共感によって影響されたものが多かった。人的資源に対する啓蒙運動は、挫折や無収入を経験することなく、このような目標を追求する方法の一つであった。

中産階級のライフ・スタイルと良い仕事を持った少数民族に属する人の数が、このサンプルではアメリカの

図表15.2　SHRM大会における文化多様性

少数民族グループ/文化次元	普遍主義－個別主義	個人主義－共同体主義	感情中立的－感情表出的	関与特定的－関与拡散的	達成型－属性型地位	内面的－外部的
黒人/アフリカ人	51	52	35	45	52	43
アメリカ・インディアン	41	43	62	32	48	22
アジア人/太平洋諸島出身者	43	29	71	29	56	34
白人	65	71	44	67	78	69
ヒスパニック系	63	62	32	34	61	61
その他	58	47	39	45	55	46

ビジネス全体より、たぶん多かったことにも注意されたい。黒人、ヒスパニック系、アジア系、またはアメリカ・インディアン労働者との間で起きる問題は、当該の民族集団出身の人間関係専門家または監督を雇用することで解決されることがよくあるのは、文化的対立がマネジャー・レベルで解決できるからである。手短に言えば、ＳＨＲＭの回答者は、アメリカのビジネス文化全体よりも上級職についているものが多人数であるだけでなく、自信と影響力を持っている少数民族グループ・メンバーでもあるという文化的モザイクを構成していたのである。少数民族メンバーは、自分たちが経営者に対して自分の出身文化を代表すると信じる根拠を持っていたからである。

このような考察のすべてが、少数民族の集団メンバーが自分たちの伝統に忠実であり続ける傾向や既述の相違点におそらく寄与したのであろう。そこで、七つの次元に沿って順に検討して行こう。

図表15・2は最初の六次元を要約するものである。

3　普遍主義―個別主義

第4章で論じた自動車車事故の問題を思い出してもらいたい。このジレンマ問題に対する回答において、回答差は相対的に小さなものであった。大会参加者は、大部分が高いアメリカ平均と同程度の普遍主義を共有しており、九一対九五というわずかな差しかないのは明らかである。男性と女性は同一の回答率であり、共通のルールに従って、男女共に成功を求めている。白人とアメリカ・インディアンは普遍主義評点を引き上げる傾向がある。黒人、アジア系そしてヒスパニック系は普遍主義評点を引き下げる傾向があり、個別主義と例外性を支持する少数民族であり、「一見平等な競技」が一般に想像されているほど自分たちの人種に対して公正でないとたぶん信じているのだろう。

図表15.3　普遍主義対個別主義

特定の社会集団よりも普遍主義的なシステムを選ぶ回答者の百分率
（解答c,またはb+e）

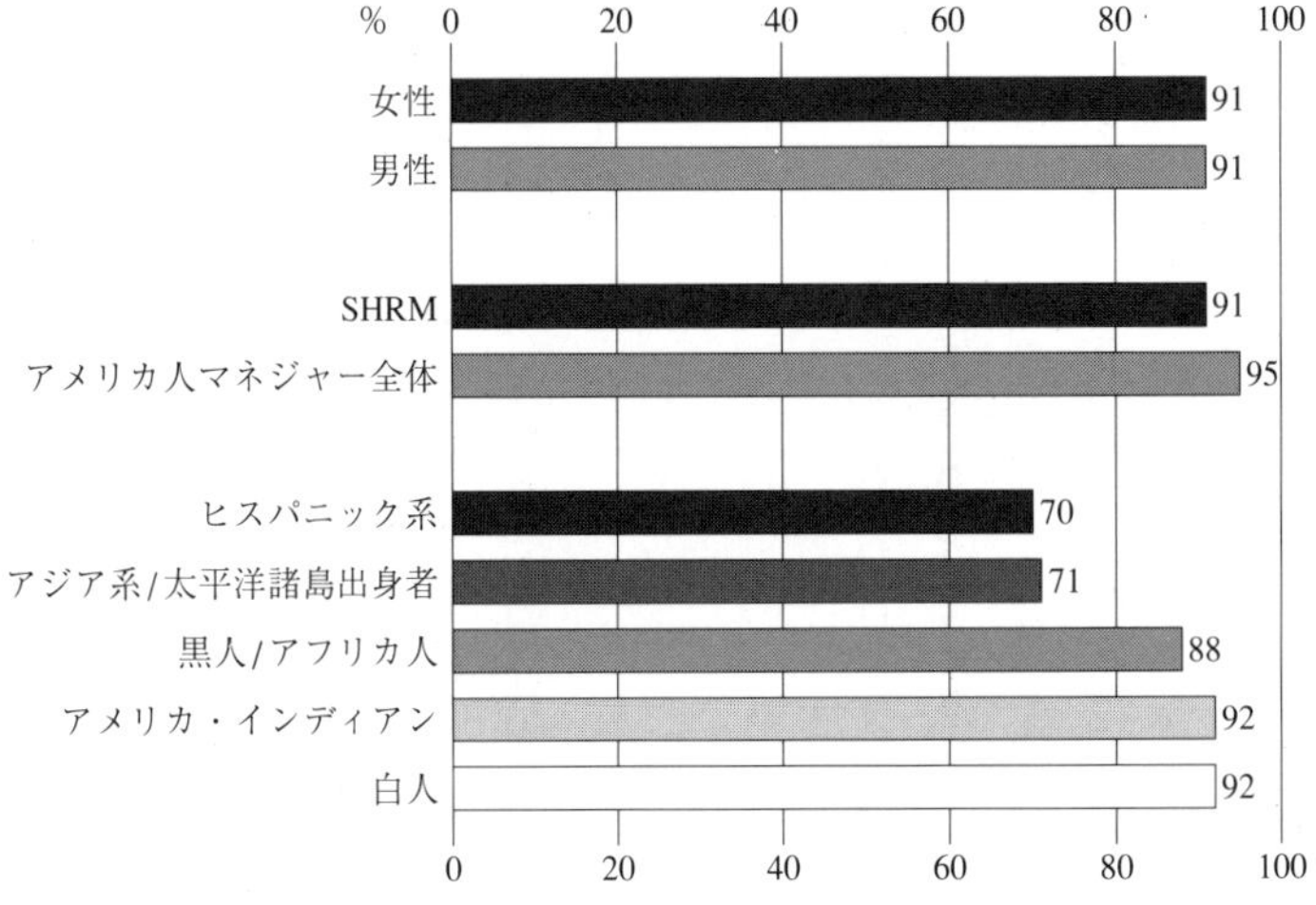

図表15・3は、自分の友人が起こした事故後に、法廷で自分から何らかの助けを期待する権利をまったく持たないと考える回答者と、友人が自分に期待する権利を何らか持つことを認めるものの、法廷における偽証は認めないという回答者の百分率を示している。

しかし、ヒスパニック系およびアジア系少数民族の中ですら、自分の属する民族集団の人々が処罰に直面している場合であっても、アメリカの法体系と共に誠実な目撃者が法体系に従う必要性に対する大きな抵抗がまったくないのである。使用された質問は交通事故についてであり、自分の親友がスピード違反をしていたという事実を隠蔽拒否することが要点であった。アメリカ国内にいるアジア系とヒスパニック系は、東南アジア、スペインおよびラテン・アメリカの評点に近いが、その途中で終わっている。彼らは自分たちの伝統文化が持つ個別主義の大きな影響とアメリカ普遍主義との間で明白に分断されている。

4　集団対個人

自分たちが決定しなければならないこととして、自分は他人から何も恩恵を受けておらず、自分自身だけに負うものがあるという選択、そして自分たちを養育して、教育を授け、雇用を与えてくれる集団それぞれから恩恵を受けているという選択が存在する。そこで、「自分がしたいことは」ということから始めるべきだろうか、または自分の義務をよく考えることから始めるべきだろうか。一〇〇〇人のアメリカ人マネジャーが回答したのは以下の質問である。

図表15.4　個人主義対共同体主義

個人の自由を選択する回答者の百分率

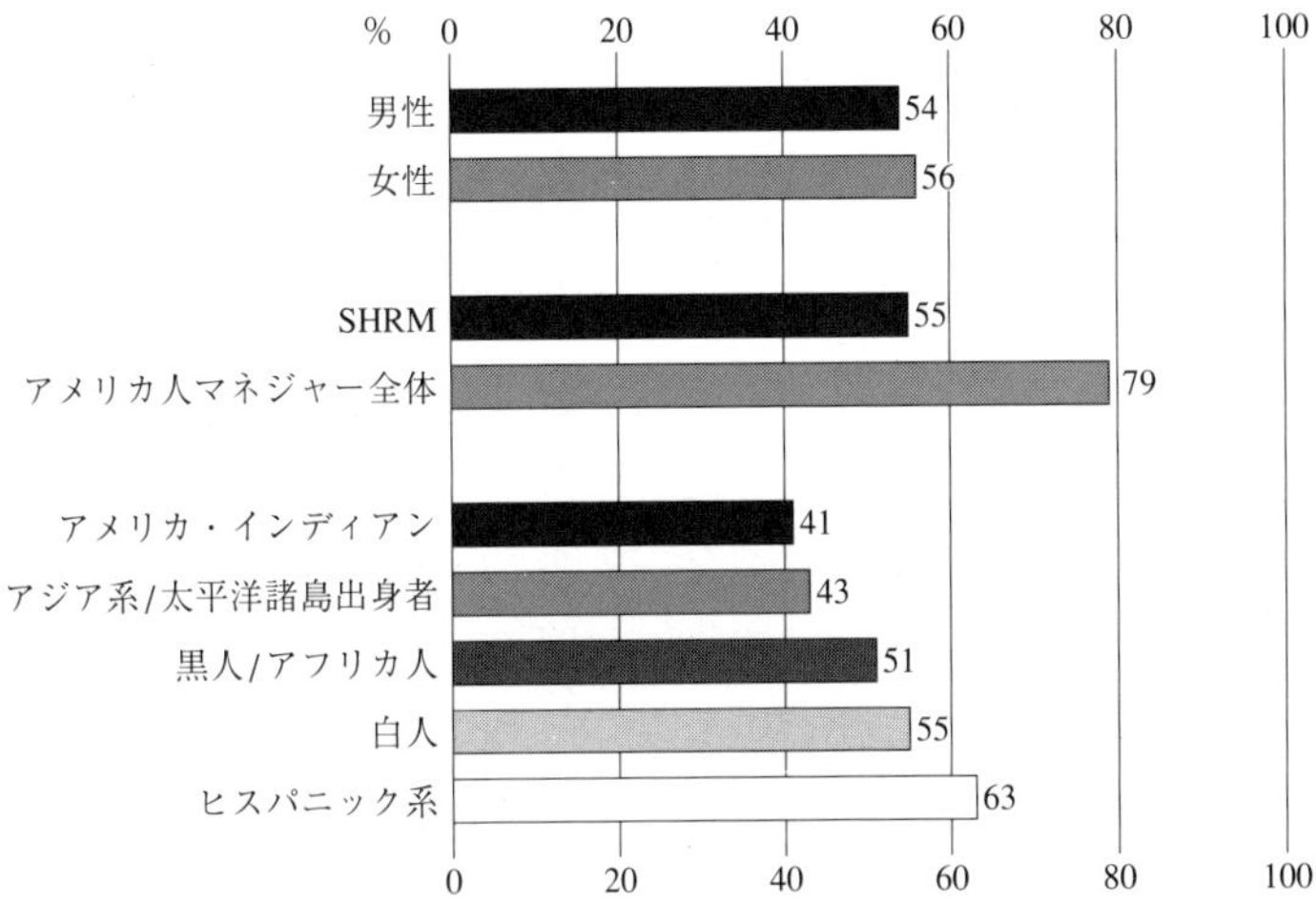

二人の人が生活の質を改善する方法を議論していた。

A　一方の主張は、「人ができる限り多くの自由と自己啓発の機会を最大限に与えられれば、その結果として、生活の質が改善されるのは明白である」。

B　他方の主張は、「人が自分の仲間である人々を絶えず世話していれば、たとえそれが個人としての自由と発展を妨げたとしても、生活の質は全員に対して改善される」。

AまたはBの主張のうち、たいていの場合、最も良いと思うのはどちらですか。

普遍主義―個別主義と対比して、この質問におけるSHRM参加者とアメリカ人マネジャー全体の文化差は大きなものである。この年次大会で調査に協力してくれた人的資源管理専門家のうち五五％だけが、個人主義的な回答選択肢を選んだのに対して、アメリカ人マネジャー全体の七九％が同様に回答したので、比較すると二四％の差があり、ほとんどの国民文化間の差よりも大きいものであった。これは、おそらく、人的資源に関する仕事の多くと共に、少数民族出身者で大志をいだく人々のキャリア形成が成功してもらいたいという願いに動機づけを与える社会的良心の結果であろう。興味深いことに、白人の方がヒスパニック系よりも社会的な志向を多く持っているのは、おそらく白人が異民族の多くを取り入れた社会建設を行う「チェンジ・エージェント〔変化媒介者〕」として自己規定しているからだろう。アメリカ・インディアンとアジア系は、個人志向というよりもはるかに社会志向である。女性が男性よりもごくわずかに個人主義的なのは、おそらく女性が利他的過ぎると、男性に利用されると心配しているからだろう。

女性の個人主義は、アメリカだけの特徴である。他の国のほとんどにおいて、男性の方が大いに個人主義的である。女性「解放」は、アメリカにおいて男性中心の競争的な闘技場を解放するものとして定義された。その結果、女性は男性をはるかに上回って評点を稼ぐ傾向がある。

5　感情を表に出すべきか、または出さざるべきか

感情を表に出すには十分な理由がある。感情を表に出さなければ、人はどのようにして相手を幸福にして、相手の欲しがっているものを知ることができるのだろうか。しかし、感情を抑制して、感情中立的でいるということにもまた十分な理由がある。すなわち、とても重要な行事の場で自分の感情を差し控えて置き、要求な

図表15.5　感情中立的対感情表出的

何かに夢中になり過ぎたことがあるという質問に(大いに)賛成と答えた回答者の百分率

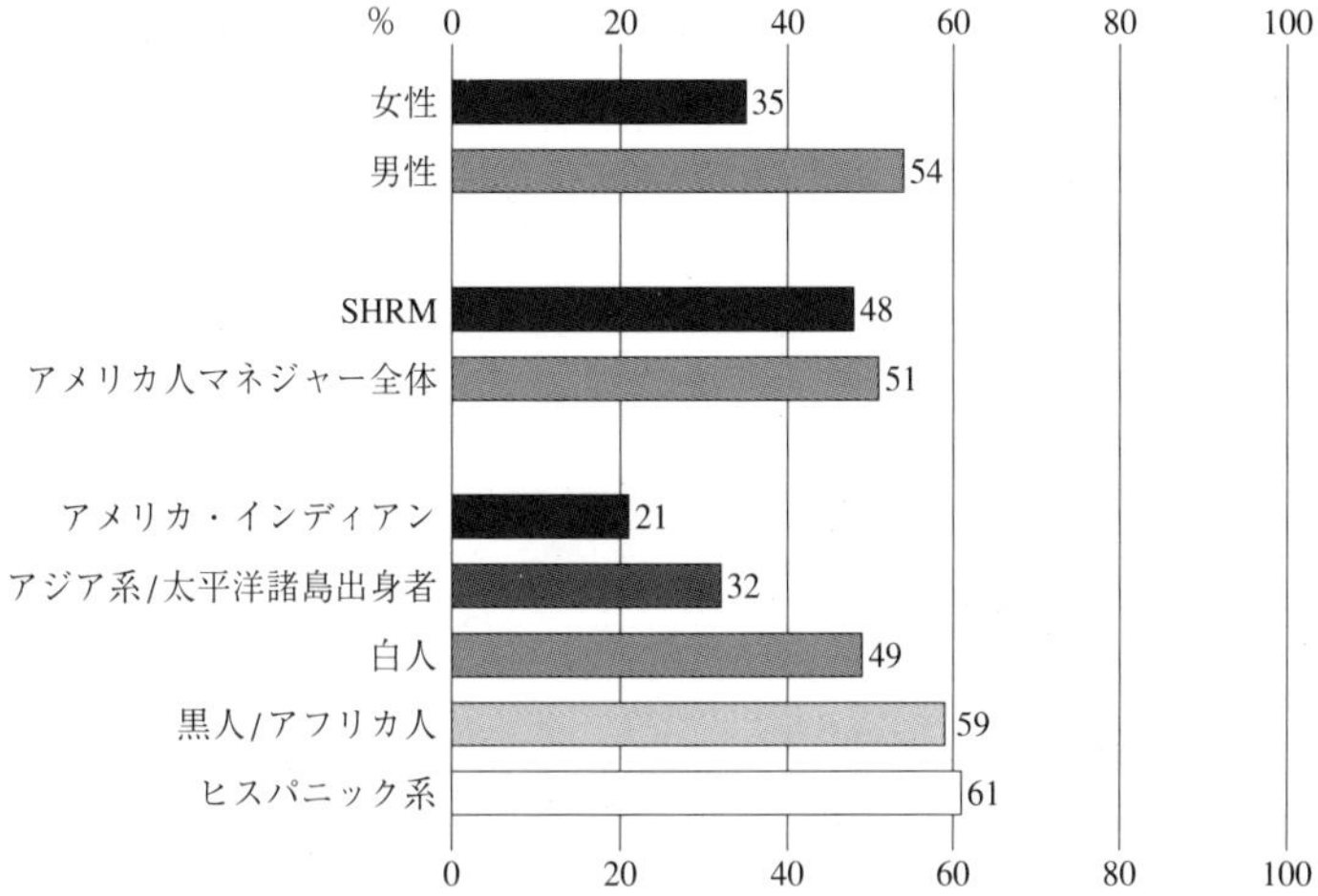

どはせずに、怒らせないようにして、相手から送られるかすかな信号にも波長を合わせておく場合がある。「最善の方法」などは、まったく存在しないのである。文化はそれぞれが感情をどれだけ多く、または少なく表に出してよいか、また表に出された感情によって、相手の持つ気分、苦悩および快感について自分なりの結論を出す約束事を持っている。そこで、著者たちは次の質問を尋ねた。

次の命題的質問に自分が賛成または反対する程度を示してください（a＝大いに賛成：b＝賛成：c＝どちらでもない：d＝反対：e＝大いに反対）。

振り返ってみると、何かに夢中になり過ぎたことが、とても多くあったと思う。

図表15・5からわかることは、人的資源管理の専門家で男性が感情をよく表に出すことは良いこと

だと思っており、五四%の男性が自分の心のうちをすぐに表に出すと報告している。人的資源管理専門家の男性は、自分のEQ（感情指数：emotional quotient）を改善して、効果促進訓練で練習した感受性を示している。良い人的資源管理の男性専門家は、「自分自身の心に触れている」べきだというのである。女性は、より大きな割合で感情表出を避けている。すなわち、女性の六五%が感情中立性を選び、感情表出性を選んだのは三五%だけである。これらの数値は、「女はヒステリー」というステレオタイプを女性が今後も継承することをはるか遠くに置き去りにしなければならないとおそらく計算しているせいであろう。これはアメリカ人女性がアメリカ以外の世界の大部分にいる女性と異なった道を歩んでいることを再び示している。残りの世界にいる女性は、男性よりも感情表出的であることを認めているからである。

少数民族のなかで、ヒスパニック系アメリカ人は、アメリカ文化の標準からすれば、自分たちが興奮しやすいと判断しており、彼らの後に続くのがアメリカ黒人である。アジア系アメリカ人とアメリカ・インディアンは、断固として感情中立的であり、めったに自分の感情を明らかにしない。人的資源管理の専門家もまた、アメリカ人マネジャー全体よりも感情的でないが、集団としては「気難しくて感覚的」というステレオタイプと戦っていた。

6　どの程度まで関与するか

他人と付き合う際に感情を表に出すか否かということと密接に関係しているのは、他人と関わる場合に自分の生活の特定領域やパーソナリティのある単一のレベルだけで関わるのか、または生活の複数領域やパーソナリティの複数レベルにおいて同時に関与拡散的に関わるのかという度合いの問題である。

関与特定志向の文化にいるマネジャーは、部下との人間関係において、仕事上の関係とその他の付き合いを分離する。しかし、別の文化のいくつかにおいて、生活空間の全領域とパーソナリティの全レベルが、他人に浸透する傾向がある。

民族的な違いがあることは、関与特定性と関与拡散性という見出しの下で明白である。その範囲は、以下の状況に対する回答が例示している。


上司が部下に自宅のペンキ塗りを手伝ってくれるように依頼した。頼まれた部下は、そんなことをする気にもならないので、同僚の一人とこの件を相談した。

A　相談を受けた同僚が話したのは、「手伝いたくなければ、ペンキ塗りを手伝う必要はないよ。上司は職場だけのことだ。会社の外では何の権限もないよ」というものであった。

B　相談を持ち掛けた部下が話したのは、「その気にならないのは事実だが、ペンキ塗りを手伝うことにするよ。あの人は上司だし、職場外のことだと言っても、そのことを無視できないよ」というものであった。

関与特定的な社会において、地位は職務に限定されるものであり、状況全般に及ぶものではない。例えば、自分の上司と偶然にボーリング場で出会ったとしよう。また、上司は初心者であり、自分がチャンピオンだとしよう。そこで、自分は上司に無礼を働く意図などはなく、ただ現実的に初心者として扱うことだろう。職場

図表15.6　関与特定的対関与拡散的

上司の家にペンキ塗りをしないと答えた回答者の百分率

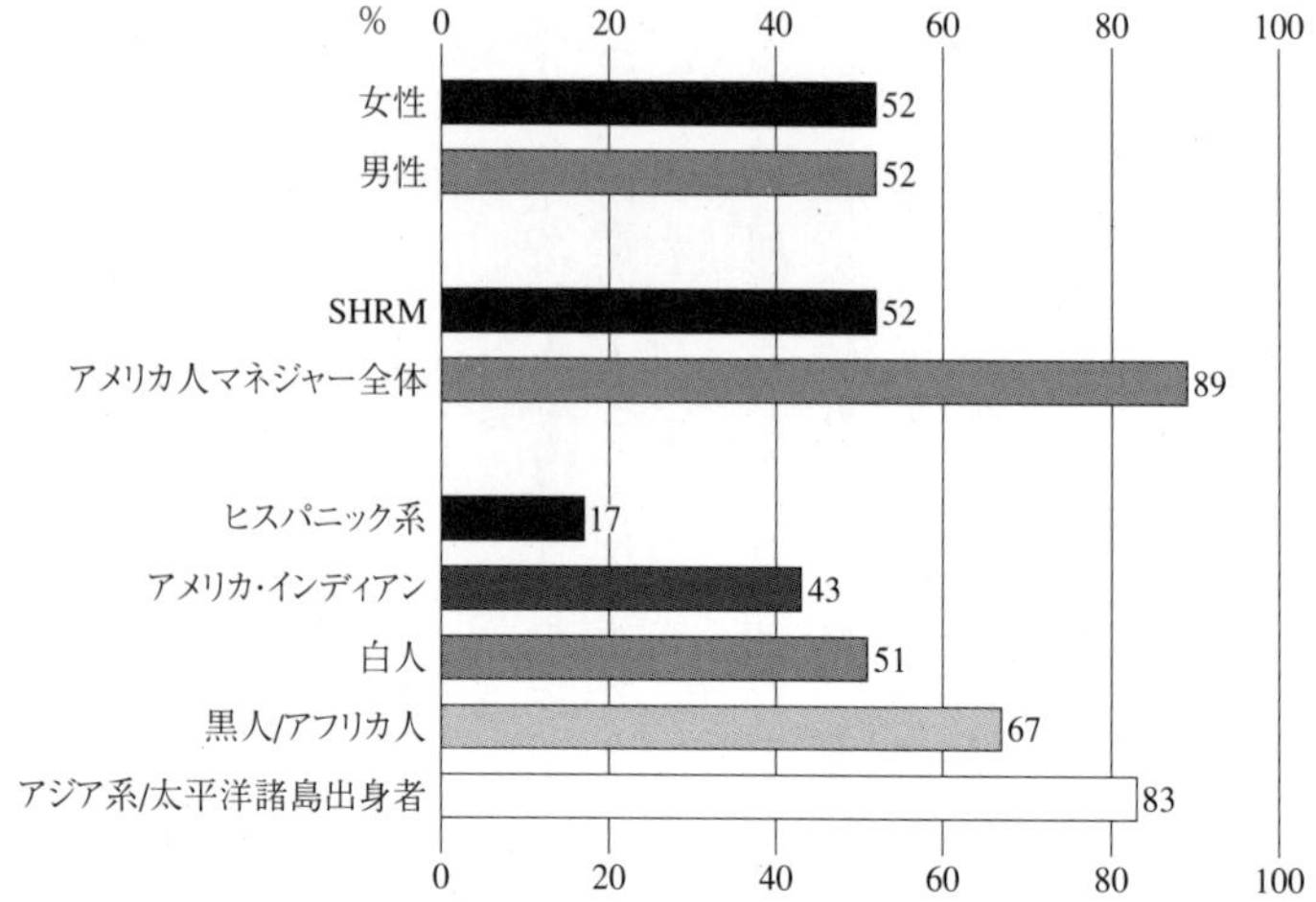

に戻れば、今度は上司が自分に指図するのである。

この質問に対する回答評点は、図表15・6に要約されている。本当に異常な違いはアメリカ人マネジャー全体とＳＨＲＭ参加者間の評点差である。アメリカ人マネジャー全体の八九%は職場外における上司の関与拡散的な権限とその影響力を拒否しているのに対して、ＳＨＲＭ参加者の五二%のみが関与拡散的な思考を拒否している。ＳＨＲＭ参加者を特異にしているものは何だろうか。ＳＨＲＭ参加者が一見して白黒がはっきりしているこの質問のような状況に対してさえ関与拡散的な傾向を強く持つのは何故だろうか。

考えられる理由の一つは、企業内で、人的資源管理が実際のところ、営業、研究開発そして財務などのような特定的な職能または課業でないことにあるかも知れない。人的資源管理担当者は、どの部署で働いていようとも従業員全員に対して責任を負っている。人間が関与した過程が動いている限り、人的資源の課題がまったく存在しないなどという部署は、組織においてまったく存在しない。人的資源管理担当者は、会社に影響を与える人間問題ならば何であろうと呼びつけられて、意見を聞かれる。人的資源管理担当者の権限が関与拡散的であり、境界を越えることも多いので、彼らの考え方もそうなのであろう。

この次元に関してもまた、男性対女性の回答差がまったく存在しない。低パーセントでありながら、大多数を占める回答者は、自分の上司の家にペンキ塗りをすることを断わるが、男女共に、その四八％がペンキ塗りに同意している。ＳＨＲＭ参加者中、少数派メンバーは、思考方法がさらに関与拡散的である。「人的資源」があらゆる部署に入り込むことは、既述の通りであるが、黒人であること、アジア系であること、アメリカ・インディアンであること、そしてヒスパニック系であることだけでも同様に介入の理由となる。少数民族出身者が問題となる限り、問題もあらゆるところで拡散し、人種差別撤廃という解決もまた、あらゆるところで拡散する。ヒスパニック系であるということは、単なる経理会計上の問題ではなく、すべての部署にいるヒスパニック系の人にとって全般にわたる難題なのである。

少数民族の集団は自分たちの文化もまたアメリカに持って来る。ヒスパニック系とアジア系アメリカ人は、メキシコ、プエルトリコ、コロンビア、フィリピンそして台湾のように、関与拡散的な文化の出身である。同化するには時間がかかるので、同化しようとすることは賢いことでないかもしれない。日系やユダヤ系アメリカ人のように高度に凝集した民族集団は、アメリカにおいて、とりわけ最も成功したグループであり、彼らは自分たちの文化を概して変化しないように保持してきた。

7　高い地位は達成によって得られるのか、または属性に基づいて与えられるのか

すべての社会は、成員中のある者に他の者よりも高い地位を与えて、普通以上の注目をこのような高地位の人々と彼らの活動に集中するように合図を送る。ところが、いくつかの社会は、達成したことを基にして人々に地位を与えるが、他の社会は、年齢、社会階級、性別、学歴、役職、事業計画や態度などによって、人々の持つ属性に基づいて地位を与える。この結果、博物館の司書は、美しい物に囲まれているので、趣味の良さ、優雅さ、そして感性の良さなどを持つようになり、これらの属性が彼女自身に与えられるようになる。対照的に、彼女が達成したことが何であるかを指摘することは困難である。おそらく、展覧会が成功したことであろう。しかし、博物館と彼女の結び付きは、たぶんもっと強いものであろう。対照的に、アルミニウム製外壁板の花形セールスマンが誰であるかは、販売実績と稼いだボーナスによって容易に確認される。地位は、ほとんどが販売の成功に基づくものであり、それ以外の何ものでもない。このように、地位は何らかの仕事の成功という達成によって獲得されるか、または自分の生活している文化がありのままの自分を好むという理由から人々の持つ属性に地位を与えるかのどちらかである。

達成型地位志向文化が階層制を正当化する場合は、上位者たちが組織のために「多くを達成した」からであり、また彼らの持つ技能と知識が権限を正当化して組織に利益をもたらすという主張をする。

属性型地位志向組織が階層制を正当化する場合は、「人を動かして物事をさせるパワー」という主張をする。このパワーの内容は、人を支配する強制的なパワーであったり、人が協力する参加的なパワーであったりする。属性型地位の文化内でも違いが大きく存在するので、参加的パワーは周知となっている利点を持つ。どち

図表15.7　達成型対属性型地位

男性と女性は扱われ方が異なっているという質問に（大いに）反対と答えた回答者の百分率

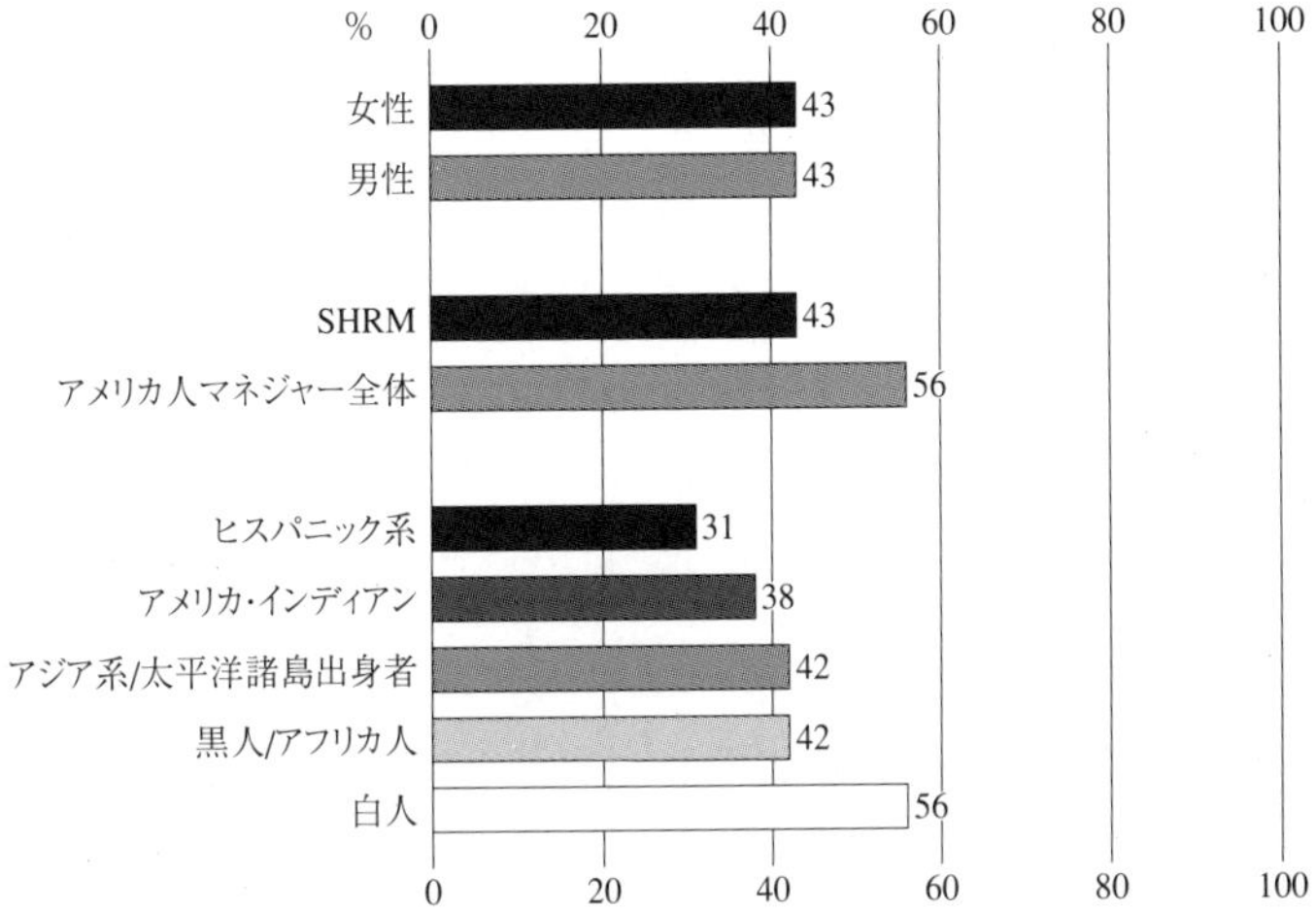

らの形態のパワーであろうとも、その目的は、地位が属性に基づいたものであること、したがって地位を人格化しているマネジャーが組織の持つビジョンを実現できるように皆で助けるという絶対的な価値観を推し進めることである。

属性型地位志向の文化は、「自然に」尊敬の念を呼び起こす属性に従う傾向がある。すなわち、高齢者で賢い人、威厳と共に存在感のある人、美しく優雅な女性、高度な資格を持つ専門家、誰もが当然に重要と思うプロジェクト、例えば養子援助計画、平和部隊、機会均等委員会などを推進している人などがその例である。

人的資源管理の教義には、少数民族に属する者は、例えば黒人ならば黒人であること、アジア系ならばアジア系であること、アメリカ・インディアンならばアメリカ・インディアンであること、ヒスパニック系ならばヒスパニック系であることに徹して、自らの民族性を受け入れなければならないという強力な意見動向が存在する。このような意見を実践するためには、属性型地位が真っ先に重視されなければならない。すなわち、「私はアメリカ黒人であり、アメリカ黒人として一角の人物になったので、後に続く仲間の黒人のために門戸開放してあげるし、彼らにとって成功例のモデルとして活動する」のである。

人的資源管理の専門家たちの間で広範に信じられていることは、このような民族的な一体感がなければ、少数民族のメンバーが勝ち得た成功は、社会で優勢になっている達成に対する倫理的精神を単に強化するだけで終わる。そうなれば、成功した黒人、ヒスパニック系および女性などは、これらの少数者集団のために必要とされる援助がまったく不要になったということを証明するために利用されるのである。彼らの中で上位にいるものは、独力で目的を達成できるからである。

このような考え方は、大会に出席していた人的資源管理の専門家たちよりもアメリカ人マネジャー全体の方が、達成に対する倫理感がはるかに高かったことを説明する助けとなる。図表15・7が示しているのは、「われわれの社会において、男性と女性は扱われ方が異なっている」という命題的質問に対する回答評点である。男女で扱われ方が大いに異なっていると考えた人は、その理由を属性型地位の規範に求める。男女で扱われ方に違いがないと考えた人は、女性の給料と役職の低さを彼女たちの達成の欠如に求めて、これを公正で論理的な帰結であると考えている。図表15・7が示しているのは「男女で扱われ方が異なっている」という質問に否定的回答をしたものが、男性および女性共に四三%いたことであり、彼らは達成の機会がほぼ等しく男女に与えられていると考えているのである。女性が扱われ方の違いについて男性よりも不平を言わないのは、おそらく、女性の何人かは少なくとも、不平等を抗議するよりもむしろ、達成に関して自信を持っていて、達成することが組織の頂点に達する道筋であると見ているからであろう。

しかし、非白人は、白人またはアメリカ人マネジャー全体よりも大きな比率で（女性に対する）差別に不平を言っている。ヒスパニック系の六九％、アメリカ・インディアンの六二％、そして黒人とアジア系アメリカ人の五八％などは「一見平等に見える競技」が女性だけに不平等であるどころか、自分たちに対しても明らかに不平等であると思っている。

8　コントロールする方になるか、またはコントロールされる方になるか：内部志向に傾くアメリカ人の信念

重要な次元の一つは、人間と環境の間の理想化された関係を検討するものである。自然を有機的なものと考える文化は、人間が自然という大きな生態系の中にすっかり組み込まれているので、それゆえに、その一部になっていると考える。したがって、生存するためには「流れと共に流れる」のであり、自然が持つ力に適応して、自分自身を外部志向にさせるのである。

対照的に、別の文化は人間についてかなり機械的な考えを持っており、人間が自然をコントロール、熟知、支配しているので、野原を耕して、森を開墾して、人間の命令に従うように自然の法則を利用すると考えるものである。このような考え方が内部志向であり、エイビス・レンタカー社の広告を引用すれば、「あなたを運転席につかせて運転させる」というものである。ベーコンは、かつて「知は力なり」と宣言した。人類は科学の前進によって、自然が予測もコントロールも可能な対象になったことを証明している。したがって、私たちは経営を「マスター」さえして、「牛耳るようになった」のである。

アメリカ人心理学者ロッターは、一九六〇年代の研究であるが、個人の内面にコントロールの局在があるか、または外部にあるかを測定対象にして設計した心理学的尺度を作り出した[1]。コントロールの局在が自分の内面にある例は、成功したアメリカ人に典型的に見られる。また、コントロールの局在が自分の外部にある例は、自分の置かれている境遇が自分に対して不利に働いていた場合やライバルの競争努力による結果などが原因で相対的にあまり成功していないアメリカ人に典型的に見られる。また、外部志向の人は、自らの「不運」を嘆き悲しみ、悪態をつく傾向がある。

ロッターの作った質問を使って、自然の出来事との関係について、アメリカ人マネジャー一〇〇〇人に評定してもらった。回答が物語るのは、この質問においてもまた明らかな違いが地理的な地域別にいくつか存在したことである。これらの質問はすべて二者択一の回答形式を取っている。すなわち、マネジャーたちは、現実を最もよく反映していると思った命題的回答を選択するように求められた。一対となっている命題的回答群の最初のものは、次にある。

A　成功者となるためには、一生懸命に働くことです。運はほとんどか、まったくと言って良いほど成功とは関係ない。

B　良い仕事を得ることは、主として、適切な時に適切な場所にいることにかかっている。

図表15・8が示しているのは、回答A、すなわち内部志向を選択した回答者の百分率である。これらの評点は、世界中の別のところで発見したことと大いに一致している。すなわち、男性は自分の運命のほとんどが自

図表15.8　内部対外部コントロール

成功者となるために一生懸命に働くことに(大いに)反対した回答者の百分率

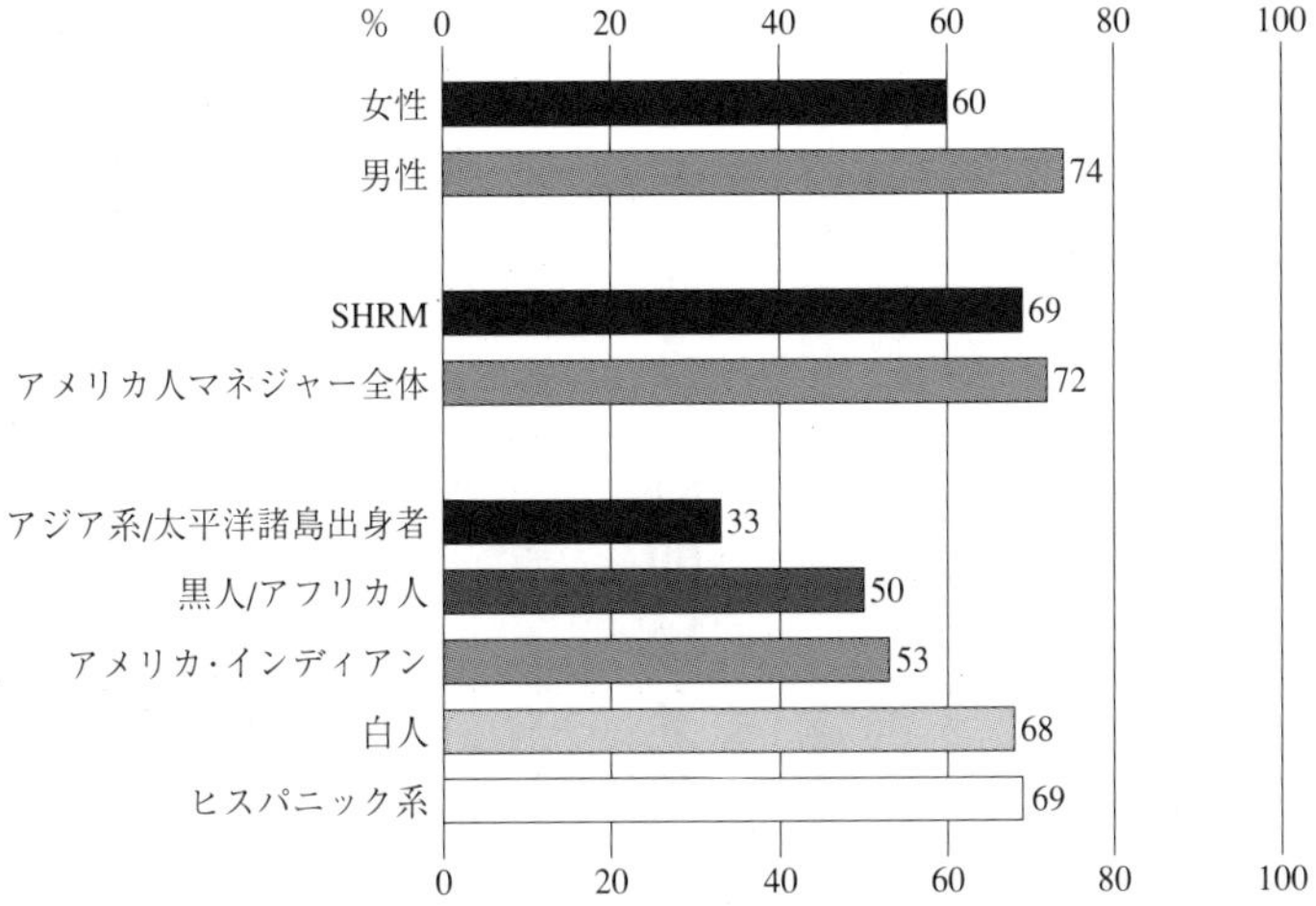

分自身のコントロール下にあると信じている。また、女性は明らかに「外部志向」であるように思われる。

人的資源管理の専門家は六九対七二%で、アメリカ人マネジャー全体よりもいくらか内部指向ではない。彼らは、おそらく、幅広く相談しなければならないという必要性を経験しているので、人々に指示を与えるというよりも彼らを「成長」させるのだろう。また、彼らは、おそらく、少数民族に対する差別のケースについて相談されたことがあるのだろう。しかし、差は小さなものである。女性の人的資源管理者は六〇対七四%でかなり外部志向である。女性の人的資源管理者は、自分の昇進が男性同僚に好まれること、そして男性同僚から女性に知らせないことを教えてもらうことに大いに依存していると感じているのかもしれない。ヒスパニック系が白人よりもほんのわずかに内部志向的であるのは、とても魅力的な男を理想とする男気の伝統がおそらく反映しているのだろう。しかし、アジア系とアメリカ・インディアンが、彼らの属する文化のほとんどのように、圧倒的に外部志向（六七％）であるのは、圧制の結果というよりも宇宙と調和的でありたいという彼らの美学のせいかもしれない。

少数民族は何をしても批判される傾向がある。彼らが内部志向ならば「押しが強過ぎる」と言われ、外部志向ならば「受身過ぎて」、おとなしいと言われるのである。女性もまたこの罠にはまる。女性は「生まれつき」優しいというステレオタイプの型にはめられているので、内部志向かまたは断定的な女性は、たやすく男性の気分を害することになる。人的資源管理の職についている場合ですら、女性は全般的にあまり安心しておらず、外部の出来事や予見不能な偶発的な事件のなすがままになっていると感じている。これは、女性の給与や昇進の低さとして現実的に反映されているのかもしれない。

9　どのように時間はアメリカにおいて体系化されているのだろうか

マネジャーが自分の業務活動を調整する必要があれば、時間に関する何らかの期待を他の人たちと共有しなければならない。文化が異なれば、人がお互いに関わりを持つ方法に異なった仮定を持っているのとまったく同じように、時間に対する考え方も異なるのである。

時間志向は、文化が過去、現在および未来に与える相対的な重要性に関するものである。聖アウグスティヌスは『宣言』において、時間が主観的現象なので、抽象的な時間とかなり異なることを指摘している。例えば、未来はまだ存在していないので、抽象的な形態で未来を知ることはできず、また過去を知ることもできない。人間は部分的な上に選択的な記憶を持っているが、過去は過ぎ去ったものである。存在する唯一のものは

図表15.9　過去，現在および未来

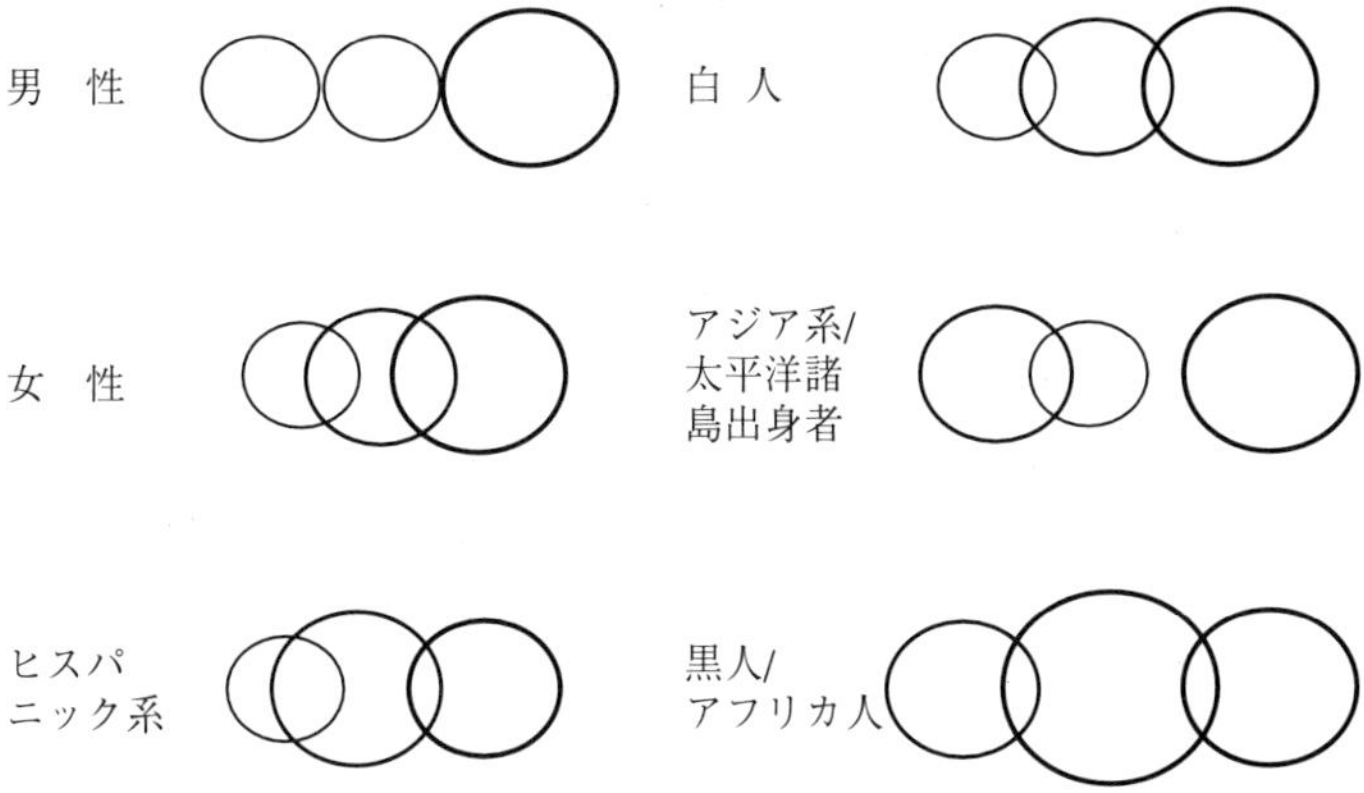

現在であり、それが過去または未来への唯一の手がかりである。聖アウグスティヌスはまた次のように書き残している。「現在は、それゆえに三次元からなるものである。過去に過ぎ去ったことからの贈り物、現在起きていることからの贈り物、そして未来に起きることからの贈り物からできているのである」。

用いた質問は、トム・コットルの作った円描写テストである（本文二一九ページ参照）。

円の相対的な大きさは、男女間でそれほど大きな差がなかったものの、円が重複する程度には大きな差があった。その違いは、実に、本章における最も驚くような差である。男性は、過去、現在および未来などが順次に列車のようにか、またはデジタル時計が時を進めるように、一直線に私たちの前を通過するように思っている。女性は、過去、現在および未来が相互に働きかけを行う並行的な過程として心の中で同期化され、溶け合うように考えている。女性が男性からかけ離れた時間観を持つことが自由に許されたのは、おそらく、この点に関して女性に対する否定的なステレオタイプを振り回して、協力させようとすることがまったくなかったからであろう。

心の中で起きる時間処理について、この女性特有の特徴が非難や嘲笑の対象とならないのは、その成り行きの程度がまだ見出されていないからである。しかし、調査結果は、アメリカ人女性が男性のほとんどが示さない時間を統合する能力と志向性を少なくとも持っていることを物語っているので、女性はさまざまな次元の両端を一緒に動かしてジレンマを調和するのに熟達しているか否かという興味深い質問を提起するのである。これは、確かに検証すべき次の仮説となる。女性は、男性や子供たちからの要求に服従しているので、同時的なインプットに対応することに熟達していると考えられる。

描写された円の図からもう一つわかるのは、時間に対する志向性に関して、女性がアジア系アメリカ人また一般的に日本や東南アジアの文化に似ていることである。東南アジアやラテン・アメリカに配置転換された北米出身女性の満足感評点がとても高いというナンシー・アドラーによる最近の報告に照らし合わせても、同じような心を持つ人たちが偶然に出会っているのを目の当たりにしているので、女性を海外勤務に活用することには利点があるかもしれない(2)。

最も差別を受けやすい民族集団、黒人とヒスパニック系は、現在を最も重要にみなす傾向がある。これは、今すぐに差別撤廃を「実現」したいという強い願望と差別解放の遅さに我慢できなくなっていることの表れかもしれない。しかし、確かなことは、さらに調査してみなければ、何とも言えないのが現状である。

10 職能別の文化多様性

国別の文化差ほど大きくないが、職能別分野間での文化差はさらに重要で支配的なものとして存在する。

オランダ系多国籍企業フィリップス社のマネジャーが著者たちにかつて語ってくれたことは、一九八〇年代において、同社が顕著な研究開発活動（小型オーディオ・カセットの特許、ビデオ・システム2000およびコンパクト・ディスクの基礎技術などは、その例のいくつかである）と共に、まったく印象的なマーケティングおよび販売業務を行う会社として知られていたことであった。これらの優れた証明にもかかわらず、フィリップス社は一九九〇年代初頭において、いくつかの重要な事業分野で破産状態に近くなった。このフィリップス社マネジャーによれば、製造、マーケティング、そして研究開発という異なる職能分野間での議論がうまく調整されなかったことが問題であったと言う。

西洋医学を例にして考えれば、それぞれの専門分野内部は、とても良く機能しているように思えるが、確認されているだけで一〇〇〇以上に達する医師起因病（atrogenic diseases）のせいで、患者の多くは効力が確認されていない事実にもかかわらず、民間療法（例えば、同種療法homeopathyなど）の方に目を向けている。西洋医学で「副作用」と呼ばれているものは、患者の持つ症状をある専門分野から別の分野へ移し変えているのに過ぎない。

西洋文化の類型がすべて示しているのは、職能を統合するよりも分化することに大きな強調を置いていることである。「分業」については多くのことが耳に入るが、分業の統合についてはほとんど聞こえてこない。

そこで、職能別の文化差に光を当てるために、著者たちはワークショップを用いた研究を行った。あるケースにおいて、著者たちは化学大企業を研究対象として用いた。この会社は新製品を売り出すのに問題を抱えており、職能間のコミュニケーションの行き違いがその原因であった。インタビュー調査をした三つの異なる職能分野から得られた典型的なコメントのいくつかが、問題の所在を例示している。

マーケティング部門：製造部門がたった一度でも協力して仕事をしてくれていれば、我部門は、より良く、より迅速に顧客に奉仕できていた。製造部門は組み立てを再調整するのに時間をかけ過ぎている。

研究開発部門：マーケティング部門の人たちは全般に、またその中でも特に営業課員は、製品が適切に試験される前に売ろうとする。彼らが手っ取り早く、後始末が必要になる仕事をするから、製品が標準に達していないという非難がわれわれのところに来る。

製造部門：研究開発とマーケティングの両部門は、何が我社の問題であるかについて、まったく手がかりを持っていない。製造部門は両部門から製品完成のスピードを上げるように絶え間なく圧力をかけられている。問題なのは技術ではなく社会的なものですよ。

マーケティング部門：我部門が製造システムに圧力をかけているのは、当然のことであり、圧力をかけなければ、研究開発部門と製造部門は永遠に協力して仕事をすることはないだろう。

製造部門：職能横断的なタスク・フォースを創設しませんか。問題はまさに部門間のコミュニケーションが欠けているから起きているのです。研究開発部門とマーケティング部門は、私たち製造部門が持ってない情報を持っていることがよくありますからね。

研究開発部門：革新を継続するために、我部門はしばらくの間放って置いてもらわなければならない。既存製品の修理依頼が多すぎるからね。市場で第一位を維持するためには、我社の技術水準を押し上げなければならないからね。

図表15.10　職能別の文化多様性

職能分野/文化次元	普遍主義-個別主義	個人主義-共同体主義	感情中立的-感情表出的	関与特定的-関与拡散的	達成型-属性型地位	内部-外部志向
人的資源管理	78	42	56	67	54	52
製　造	63	52	54	78	72	59
財　務	76	51	62	76	63	62
研究開発	74	52	60	66	78	69
マーケティング	53	61	57	79	82	80
法　務	79	56	62	72	55	65
総　務	64	32	72	75	80	49
広　報	53	81	58	92	38	42

ほとんどの人は、このようなコメントに思い当たることだろう。職務部門間での緊張の発生は組織の種類とその構造の作り方に原因の一端がある。著者たちの研究結果が示すのは、職能別チームを駆け巡るコミュニケーションの行き違いには、もっと根深い文化的な理由があるかも知れないということである。このような部門間緊張は、国籍による影響を避けるために、著者たちが収集したアメリカ人サンプルだけを使って検討された。しかし、その後の研究は、このような緊張がどの国でも存在すると指摘している。図表15・10は職能間に大きな違いがいくつもあることを示している。

(1) 普遍主義―個別主義

普遍主義の最高評点は、法務、財務、研究開発そして人的資源管理などのマネジャーに見られる。規則に従うことは、人的資源管理の職についている人にとってさえ明白な出発点である。規則は人的資源管理マネジャーにとって、労働者側からなされる個別主義的な要求が多すぎることに対する報復手段のように見える。

その対極に見られるのは、明らかにより個別主義である広報、製造そしてマーケティング（販売を含む）であり、研究開発、法務、そして財務から生じる普遍的規則よりも個別的なケースが評点を刺激したのは明らかである。

この点が西洋のビジネスにおいて調和されなければならない主要な挑戦の一つである。法務や研究開発の職にいる人たちが従う普遍的な真実は、市場の個別的な要求に適合するようにマーケティングおよび販売部員の基礎とならなければならない。

(2) 個人主義―共同体主義

著者たちが予想したのは、マーケティング部門が個人主義的な評点を高く有し、人的資源管理、製造部門そして総務部に職のある者は集団志向的な評点を有するということであった。これは実際に確認された。しかし、個人主義的な最高評点は、広報部に職のある人たちの間で見られたのである。財務、研究開発そして法務に職のある人たちの評点は平均的なものであった。

(3) 感情中立的―感情表出的

著者たちのデータベースが指摘しているのは、最も感情中立的な職能文化が研究開発と財務であり、感情表出的な従業員がマーケティング（特に販売）と製造職能分野に多いことであり、これは意外ではない。最も感情中立的な人は総務職能分野で見出されるように思える。これは総務という職務に最も多くの女性参加が見出せるという事実からも部分的に説明できる。すでに論じたように、良いプロフェッショナルは感情を表に出すよりもむしろ心臓発作になったほうがましだと考える男性の罠にはまることを女性の総務スタッフは避けなければならない。

(4) 関与特定的──関与拡散的

関与特定側における最高評点はマーケティング、製造そして広報であるが、その一方で人的資源管理と研究開発は、人への接近方法がまったく関与拡散的である。これは、後者が自らの顧客（人的資源管理の場合）やアイディア（研究開発の場合）と一体になっているように思われるという事実から確認できる。したがって、自分の顧客やアイディアが攻撃されれば、これは面子をつぶされたことになるので、自分に対する個人攻撃と受け取るからである。マーケティング部員は、参加者の頭脳をずたずたにするブレーン・ストーミング（自由討議による解決案作り）に対して開放的であるが、これで問題はまったく起きないのである。その理由は「次の脳〔すなわち、解決案〕を持って来い！」と叫べば良いからである。

(5) 達成型──属性型地位

地位志向性に関して、マーケティングや製造の職にいる人は達成型が最も高い一方で、法務、人的資源管理そして広報などの職にいる人は、地位が公式的な肩書や年齢、性別など、別の個人的背景のような属性的な基準と結び付いているように思える。

(6) 内部―外部志向

内部―外部志向に関して、マーケティング部門の評点は、販売課員たちの評点とよく似たものであったけれども、マーケティング部員たちが内部志向の極端にいるのに対して、販売課員たちは外部志向の極端なところで評点を得ている（四一点）。マーケティングは内部志向側で研究開発と結び付いている一方で、総務が他人／外部志向性において販売および広報と結び付いている。法務、財務、広報そして製造の評点は平均的なものである。製品を売る本質が顧客の欲求に感情移入することだとすれば、この結果は驚くにあたらない。他方において、マーケティングは本当の顧客からもっと距離があり、現実の分析よりも市場セグメント、製品・市場の組み合わせ、そして「グリッド」などの分析を好む。

(7) 時間志向性

最後の次元は時間に関係する。この次元でとても興味深い違いが見出せる。図表15・11からわかることは、マーケティング部員たちが過去をほぼ無視して、非常に大きな未来志向を現在と結び付けた時間観を共有していることである。研究開発部員たちは、かなり大きな未来を相対的に小さな現在と共に、かなり大きな過去と結び付けた時間観を持っていることがわかる。研究開発は、過去の経験や知識を蓄積することよって企業の未来を再び創り上げる職能だから、この結果は当然のように思える。総務および広報スタッフは、相対的に支配的な現在の時間志向性を相対的に小さな未来と共に共有している。これら二つの職能グループは、時間に対する順次的アプローチもまた共有しており、両グループが描いた円の間に重なり合いがそれほどなく、それが証拠である。問題は現在進行中のものとして認知されるので、今すぐに解決されなければならず、昨日のうちに

図表15.11　過去，現在および未来

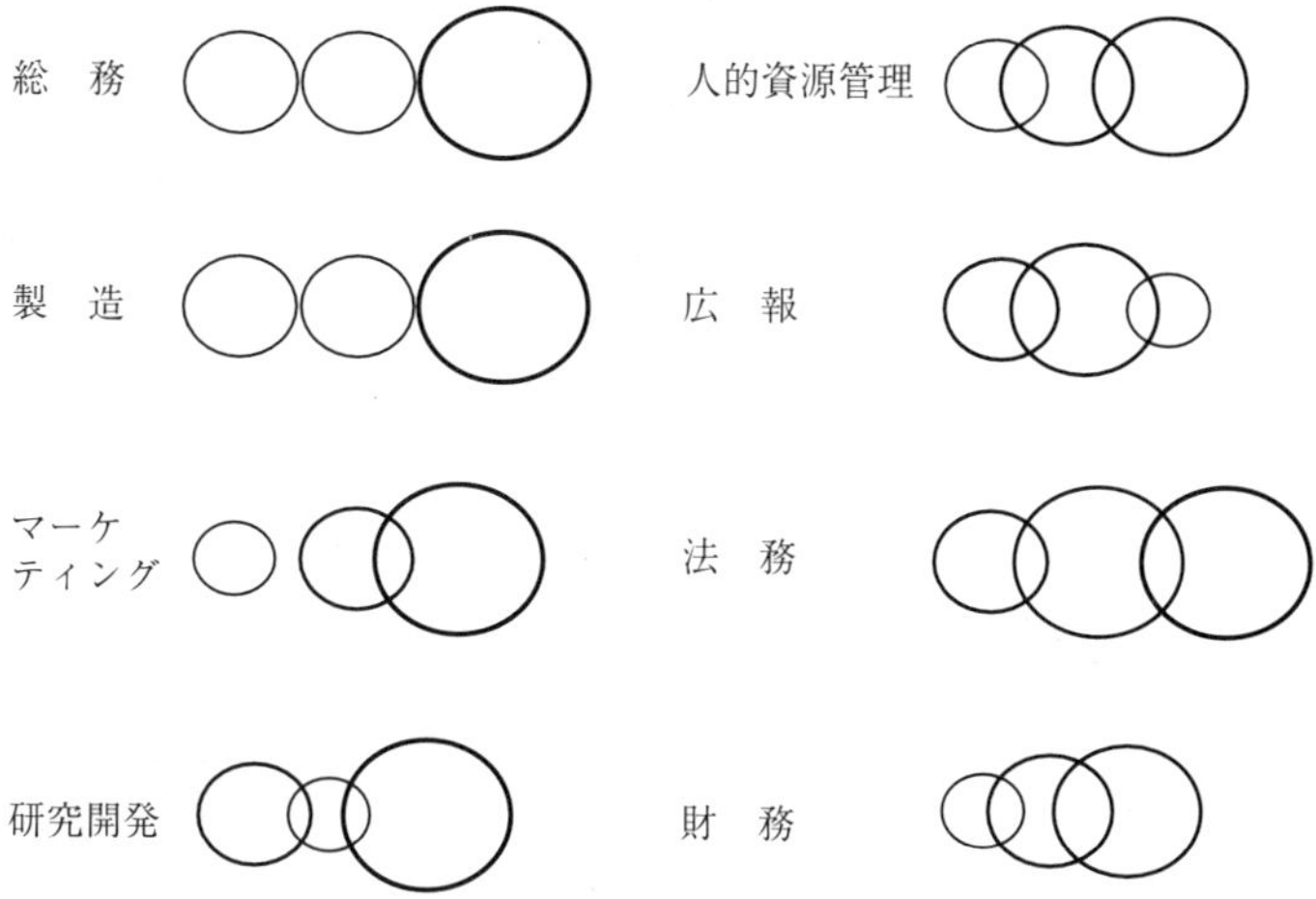

〔すなわち、問題になる前に〕解決されていれば、なおさら良いことである。人的資源管理部員たちは時間志向性において最も均衡が取れているように思える。それは円の大きさのバランスが取れている上に、相互に大きく重なり合って同期性を表しているからである。

11　産業別の文化多様性

少数民族集団間や職能分野間には、それぞれ大きな文化差があることを示したが、産業間にもまた同様の文化差が存在する（図表15・12参照）。他の文化集団と同様に、このような文化差は頻繁に再発するが、ほとんど自動的に解決される問題やジレンマの結果に生じるものである。したがって、銀行業に携わる人たちの集団が高度技術企業の従業員と異なった時間志向性を持っていることは驚きでもない。また、銀行業の持つ文化は、繊維産業の文化に比べて、属性型の地位システムを大いに育成すると思えるだろうか。

最も普遍主義的な文化の一つは、製薬産業と輸送設備産業である（これらの産業に法規を無視して製品を作ってもらいたいと思いますか）。学問の世界とタバコ産業において個人主義が強い傾向にある一方で、官公庁と採鉱業が集団志向的な傾向にあるのは、いくらか驚くことでしょうか。

注目に値する文化差のいくつかは、普遍主義と個別主義の次元で見出される。保健衛生（病院その他）、学問の世界そして製薬産業に従事する人たちは、この尺度の普遍主義側で評点をつけているのに対して、洗剤、タバコそして繊維産業の人たちは、個別主義的な波に乗っているように思われる。

個人主義は、学問の世界のように、より良い製品やサービスを得る助けになっているかも知れない産業において高度に発達しているように思える。石油会社、また自動車、金属そして化学産業などに共同体主義的志向が強いという事実は、これらの産業の製造設備を変更する重要性が説明するものである。チームワークこそがゲームの名称である。

保健衛生、衣料産業そして採鉱業に従事する人たちは、自動車、輸送設備、コンピュータそして電子機器産業に従事する同僚たちよりも感情表出的であるように思われる。この産業間の文化差に関するコメントは、自明に思えるので不要と思う。

自動車にかけられている諸税を徴収する役人に、自分の隣近所で予定されている公共土木工事計画についても熟知していて欲しいと思いますか。また、自分が電子機器産業で超小型集積回路を開発しているならば、石油精製業で働いている人たちと同じだけ広い作業領域を必要とするでしょうか。上記の質問から、読者の皆さんは、明らかに異なった別の志向性を予期することでしょう。関与拡散的な志向性が観察できるのは、保健衛生、航空宇宙、洗剤そして石油産業であるが、関与特定性は官公庁と電子機器産業、テレコムと食品産業で非

図表15.12　産業別の文化多様性

産業/文化次元	普遍主義―個別主義	個人主義―共同体主義	感情中立的―感情表出的	関与特定的―関与拡散的	達成型―属性型地位	内部―外部志向	過去	現在	未来
建設	25.0	69.9	56.4	44.4	25.0	36.2	1.5	2.0	2.1
テレコム	44.2	46.2	63.0	25.0	55.5	41.6	2.2	2.0	1.8
銀行/金融	60.1	65.0	56.4	53.9	51.6	41.6	2.2	1.9	2.0
官公庁	63.6	37.4	75.0	57.2	75.0	25.0	2.0	2.0	1.8
大学	56.7	55.4	45.5	57.2	55.5	56.8	2.3	1.9	2.1
航空宇宙	60.1	46.2	49.2	60.6	75.0	61.6	1.9	2.1	1.9
酒造	53.3	55.4	41.6	35.6	43.9	56.8	2.2	1.8	2.0
化学	50.2	50.7	56.4	35.6	25.0	56.8	2.0	2.0	1.9
衣料	47.1	37.4	25.0	38.5	28.8	33.4	2.2	2.1	1.7
コンピュータ	53.3	50.7	49.2	57.2	59.4	51.9	1.9	2.1	1.9
電子機器	50.2	69.9	66.2	41.4	51.6	54.3	2.0	1.9	2.0
食品/飲料	41.3	75.0	59.8	47.5	59.4	61.6	1.9	1.9	2.0
金属	38.6	50.7	41.6	60.6	51.6	44.2	1.7	1.9	2.1
採鉱	67.3	69.9	33.5	75.0	75.0	49.3	1.7	2.1	2.0
自動車	41.3	29.0	45.5	71.3	51.6	75.0	1.9	1.8	2.1
石油	41.3	46.2	37.6	50.7	25.0	36.2	2.2	2.0	1.8
薬品	63.6	50.7	59.8	47.5	55.5	56.8	1.9	2.0	2.0
洗剤	36.1	29.0	37.6	53.9	36.3	41.6	1.7	2.1	2.0
おもちゃ/スポーツ用品	75.0	25.0	37.6	47.5	51.6	61.6	1.9	2.1	1.9

図表15.13　価値の違いについての多様性

エントロピー	普遍主義-個別主義	個人主義-共同体主義	感情中立的-感情表出的	関与特定的-関与拡散的	達成型-属性型地位	内部-外部志向性	時間志向性
最低	国	国	国	国	国	国	国
	産業	宗教	産業	産業	産業	産業	産業
	宗教	産業	仕事	宗教	宗教	仕事	宗教
	仕事	学歴	宗教	年齢	仕事	宗教	学歴
	年齢	年齢	会社	性別	年齢	性別	仕事
	会社	性別	年齢	学歴	学歴	年齢	年齢
	学歴	仕事	性別	仕事	会社	学歴	性別
最高	性別	会社	学歴	会社	性別	会社	会社

常に高い人気があるように思われる。

地位付与に関する産業別の異なったやり方を分析して、輸送設備、航空宇宙、食品産業そして公官庁に達成型を多く発見したが、採鉱、繊維、保健衛生と洗剤産業は属性型地位を好むように思われた。

コントロールの局在についての文化差は、とても重要である。内部志向的な文化が食品、コンピュータ、航空宇宙そして自動車産業などに見出されるのは驚きではないが、他人／外部志向的な文化は、洗剤（マーケティング主導）、採鉱、保健衛生そして官公庁などで成功しているように思える。

最後に観察するのは、大きな文化差がある時間志向性である。そのいくつかは明白である。円の大きさを解釈すれば、過去志向が強いのは、タバコ、保健衛生そして繊維産業だとわかる。コンピュータ、航空宇宙そしてテレコム産業などをとらえているのは現在であり、これらの産業が直面している激変する環境に照らし合わせて見ると、とても妥当な時間志向性である。未来志向的なアプローチを必要としているように思える文化は、洗剤、輸送設備そして自動車産業である。未来に向けての計画を作る必要性が高く、技術面の未来志向は低いからである。

12　データベース・マイニング〔発掘作業〕

価値の違いの原因が何であるかという質問を解決しようとするために、八つの潜在的な原因を検討した。それらは、国すなわち国民文化、産業の種類、宗教、仕事または職能、回答者の年齢、勤務会社、学歴そして性別などである。

そこで、これらの原因分類とデータベース全体間の相対的な変動量をエントロピーという考えを用いて測定した。例えば、女性であり、エネルギー産業に働き、プロテスタント教徒であり、アメリカ市民であるということが、どれだけ文化多様性の違いに関連するのだろうか。文化多様性の原因と考えられるこれらの変数のうち、自国の国民文化は最も重要なのだろうか、またはまったく重要でないのだろうか。原因分類の重要度は、そのエントロピーに反比例しているので、わかりやすいように順位が、それぞれのカテゴリーに与えられた。

出身国の国民文化は、すべての次元で最も重要な違いの原因となっている。宗教は、普遍主義、個人主義、関与特定性そして達成型地位に関して、ほとんどぼんやりとした原因として現れる。プロテスタントによるキリスト教新教〔宗教〕は、例えば、聖書を「神の律法」、すなわち、人類救済のための命令を成文化したものと見なしている。新約聖書は、個人にとって自分自身の救済のために働き、自分たちの仕事を神に提供して、最も特定的で簡素な宗教的な象徴を除いて、すべての偶像を避けるように求めている。産業の種類もまた重要である。自分が働いている産業は、連続的な工程の製造システムなのか、または特定顧客のために複雑なサービスを注文生産しているのだろうか。仕事または職能分野は中程度に関連しているが、性別、学歴、年齢または勤務会社などは、全体的に見て、ごくわずかな文化差を示しているだけである（図表15・3参照）。

このような所見の解釈を間違ってはいけない。その意味することは、女性または男性という性別の違いが、もはや会社にとって競争優位性として用いられなくなったということであり、女性が創立して経営している会社が女性優位を将来やめるという意味ではない。勤務会社による文化差が少ないということは、企業文化が重要でないという意味ではなく、平均で見れば、違いが体系的なものでなく、会社間の違いをお互いに相殺し合う傾向があるということを意味しているだけである。

状況が変化すれば、重要な違いがすぐに出現し始める。文化は、状況によって、私たちの目線から消え去ったり出現したりする傾向がある。競争優位性を捜し求めることが継続されているので、開拓者が模倣されるようになれば、どのような違いでも、またごくわずかな違いでさえも非常に重要になるのである。

宗教、民族性そして他の変数なども また結び付き合うので、アメリカ・ユダヤ人は、例えば、法曹界、医学、社会科学、メディア、大学そして衣料品製造などに他の少数民族集団よりも参入している。重要な仕事や産業のいくつかで多数派となるか、または主要な少数派となることによって、様々な文化がすべての文化に共通する重要な価値を強化し合うのである。著者たちのデータマイニングは、国民文化という大きなパターンが、特定の年齢集団や職務記述書に該当する人たちが所属する小さな文化よりも重要なことを明らかにしているだけである。大きなパターンは一貫して価値の多くを体系化できるのである。

13　総括

強調しておかなければならないのは、本章で論じてきたデータが一国内で収集されたさまざまな評点の平均値である点である。本章と前章は、一国民文化内における文化多様性の原因のいくつかを考察した。南アフリカのような複合社会の内部における民族的な文化差、また南ア連邦よりも少ないアメリカ国内における文化差は、国家間の文化差と同程度に大きなものであると判明した。

文化多様性の大きな違いを生む潜在的な原因、すなわち性別、年齢、階層レベル、産業別、そして職能別などの背景も一国内からのサンプルを用いて分析した。著者たちの結論は、価値志向性における国レベルの違いこそが文化多様性の主要な原因であるが、他の要因もまた一国の国民文化内で見られたように、多様性の大部分を説明するものである。

文化に関する七つの次元において、最大の分散説明力を持つ要因は複雑な統計解析によってのみ決定できる。この調査に用いられた方法に関する情報は、付録を参照されたい。

参照文献

（1）Rotter, J.B., 'General expectations for internal versus external control of reinforcement', *Psychological Monograph*, No. 609, 1966, pages 1–28.
（2）*Competitive Frontiers*, Nancy Adler（ed.）, Basil Blackwell, Oxford, 1994 参照。

付録1　企業文化の測定に用いられた一六質問中の数例

質問9　批判

自分が勤める組織において、批判は、

a　人物に向けられず、仕事の結果に向けて行われる。

b　求められた時だけに行われる。

c　ほとんどの場合、否定的なものであり、たいてい非難の形を取る。

d　皆がお互いを傷つけることを恐れているから、避ける。

質問11　対立

自分が勤める組織において、対立は、

a　上位権限者の介入によって抑制されると共に、上位者がパワーを維持するために対立の火種を蒔くことがよくある。

b　規則、手続きそして責任の定義などを参照することによって抑制される。

c　関連する仕事上の問題点が持つ良い面を徹底的に議論して解決する。

d　個人的な欲求とそれに関わる価値について率直で徹底的な議論をして解決する。

質問13　階層制

自分が勤める組織において、階層制が

a　不要であるのは、皆が各々に自分の専門職業能力を発展させようと働いているからである。

b　必要であるのは、誰が誰に対して権限を持っているかを皆が知らなければならないからである。

c　決定されるのは、関連する人が持つパワーと権限による。

d　意味を持つのは、階層制が仕事を完了させるのに役立つ場合のみである。

回答　以上の質問に対する回答は、企業文化モデルと次のように関係する。

質問9　a　誘導ミサイル型　b　家族型　c　保育器型　d　エッフェル塔型

質問11　a　家族型　b　エッフェル塔型　c　誘導ミサイル型　d　保育器型

質問13　a　保育器型　b　家族型　c　エッフェル塔型　d　誘導ミサイル型

付録2　トロンペナールス・データベース

英国国立アッシュクロフト・ビジネス・スクール教授　ピーター・ウィリアムズ著

この付録は、本書本文の内容を支えるトロンペナールスが収集した研究用データベースの発展の様相とその統計解析を要約するものである。データベースが基礎を置いているのは、トロンペナールスの異文化マネジメント質問紙に対する回答である。この要約的論文における主要な関心は、国民文化レベルの観点からデータを検討することであるが、個人別の変動、すなわち職能別、産業別、宗教別そして性別などの変動についてもまた広範に分析検討する。また、包括的検討、詳細なデータ、そして統計的解析手法に関する研究モノグラフは、トロンペナールス・ハムデン-ターナー・グループから入手可能である。

トロンペナールス・データベースの主要な目的は、マネジャーが文化横断的にビジネスを行う管理能力を向上させるために、自らの異文化経験を構造化する助けとなることである。ある国民文化において、マネジャーの平均的特徴の推定値を高くする努力をしようとすれば、サンプル・サイズを拡大して、測定誤差を減少させ、データの均質性を維持する努力をかなりしなければならない。トロンペナールスの研究初期の小規模なデータベースを用いて、スミス他が記述した分析結果報告において確認されている提案と問題点は、本付録において優先的に検討されている。(1)

素データセットは、一〇〇か国以上にわたる約五万ケースから構成されている。ビジネスの国際化に直面している多国籍および国際企業に所属するマネジャーだけに分析を限定すると、約三万の比較的有効なケースが五五か国から抽出されて選ばれた。これは、以前に行われた検討でスミス他が用いたデータ数のほぼ三倍のサンプル・サイズに該当する。データの多様性を分析すると、選抜されたマネジャーのほとんど全員が類似した目的を追求していたので、機能的に等しいデータセットであることが明らかになった。しかし、古典的なマーケット・リサーチによって象徴されるような直交的なデータセットを求めることは、本分析全体を通しての目的でないことに注意されたい。前者では、属性（国籍、性別、年齢、その他）それぞれのデータを漏れなく持つケースの最低数を目標としてサンプル数が決定される。しかし、このような考えは、あらかじめ、測定すべき属性が何であるか研究者がすでに知っていることを仮定しているし、また実行困難でもある。例えば、湾岸諸国のどの国で上級マネジャーとして働いている若いアラブ人女性を見つけられるのだろうか。それゆえに、トロンペナールスが採用したアプローチは、多数のデータを収集して、一つの大きなデータベースを作り、その中でデータが広範な多様性を持つようにすることであった。こうすれば、データマイニングによって演繹的な分析を行うことが可能になるからである。

同様に行われた作業は質問紙のワーディングを改善することであり、文化が異なっても質問内容が同じであるようにして、質問内容の価値体系や正直度が挑戦を受けるところでも、回答者に受け入れてもらえるようにしたのである。そのために、クラスター分析を用いて、高い相関を持つ質問項目が本当にテストされている概念を中心にクラスターを形成しているかどうか検討された。分析結果の妥当性を調べるためのインタビュー調査と本文でも紹介されている認知地図の作成もまた行われた。質問項目の代替案やさまざまな組み合わせの妥当性を評価するために、「世界全体レベル」と共にエコロジー（すなわち、国別）レベルでも定量分析が徹底的に行われた。

トロンペナールスの七次元は、それぞれが一連の有限な質問に対する有限な回答を結合したものに基礎を置いた尺度であるため、正規分布よりもむしろ二項（binomial）分布を発生する。しかし、中心極限定理が示唆するのは、このデータベースに収められているサンプル・サイズが大きいことを考慮すると、パラメトリック的な分析手法が、このノン・パラメトリック・データに適用できることである。この考え方は便宜的に受け入れられたが、用心として厳密で正確なテストを基盤とした分析もまた行われた。実際、後者の分析が示したのは、（正規分布よりも一層中央寄りに歪んだ分布を持つ）レプトクルティック（leptokurtic）分布であった。

研究者の何人かは、これらの尺度に関するトロンペナールスの理論基盤の発想を誤解したので、それに関して不正確な結論を導出した。例えば、ホフステッドは、トロンペナールスの七次元のそれぞれに対する尺度値を与える質問を結合して、加重を与えるというよりも平均値か、または個々の質問に対する回答データという下位のデータセットを用いただけである。(2) アメリカ人マネジャーの六五%が、質問に回答する際に普遍主義の回答を選択したという記述は、典型的なアメリカ人マネジャーが普遍主義―個別主義の尺度上の六五%のところに位置するとトロンペナールスが主張しているわけではない。トロンペナールスは異なった質問からの回答を結合して、それぞれの次元における尺度値を与えているのであり、次元の両極における分極化した二項的な測度を与えているのではない。これらの質問の組み合わせはさまざまに選択され、それぞれの尺度上で国家間の文化差を最大化にするため、絶えず再定義されている。個々の質問は高い妥当性だけでなく、高い信頼性もまた示している。尺度を構成する質問に対する回答は、同一尺度内で完全相関しないように、意図的に設計されている。質問が相互に完全相関すれば、それぞれの次元を測定するのに必要な質問が一つだけになってしまうからである！

表A1

	尺度	アルファ値
普遍主義－個別主義	216	0.71
個人主義－共同体主義	64	0.73
関与特定的－関与拡散的	25	0.63
感情中立的－感情表出的	243	0.75
達成型－属性型地位	1024	0.64
内部－外部志向	1024	0.71
時間志向性		0.74

尺度信頼性を検討するために、クロンバック（Cronbach）のアルファ・テストが、質問群と質問の組み合わせ群との両方に適用された。いくつかのケースで、特に企業文化に関して、質問は継続的に修正されるか、または分析から除去されたところ、このような変化がアルファ値を増大させた。それぞれの尺度に関してアルファ値は最大化されたので、最終的な質問設計は表Ａ１に示されているような結果になった。

円描写テストに基づく時間志向性の次元を測定する尺度は、別の扱いを必要とした。描写された図が多様であったので、回答者が絵にして表現しようと努力していた共通要因、または基本テーマ、または文化概念を確認することが目的となった。したがって、探し求めるものは、描写された円の座標と文化間の違いを明確化する基礎となる定量的な尺度間での計数的な関係を発見することであった。

広範に分析を行った結果として、描写された円が重なり合っているか、端同士が触れ合っているか、分離しているかの度合いを基準とすれば、三つの要因と円の相対的な大きさが識別できるという結論に至った。以前に収集された円描写データは視覚的に評

表A2　クロンバックのアルファ値

役割文化	0.79
課業文化	0.75
人間志向的文化	0.63
権力志向的文化	0.74

定されていた。最近は、回答者が円を直接的にコンピュータ・スクリーン上に描写するようになっており、重心の相対的位置から底辺に向けての面積を推計した座標から尺度値が直接的にもたらされるようになった。このようにして、一〇〇（円が最大に重なり合った場合＝同期的文化）から〇（まったく重複がない場合＝順次的文化）までに至る時間志向性の尺度値がもたらされたのである。時間志向性の二番目の尺度が評価したのは、過去、現在、未来などの志向性を構成する要素のｒ（相関係数）である。三番目の尺度もまた、「時間範囲」（すなわち、思考や計画に関する短期性対長期性）を測定するものとしてもたらされた。これらの時間志向性の尺度は、多くの方法を用いて検討しても、強制的に回答を求める文章による質問に基づいた他の次元よりも問題が少なかった。

企業文化に関する尺度は、同じ程度の厳密性を持って取り扱われ、評価・検討の結果、表Ａ２に示されている信頼性を持つ構成項目をもたらした。

いくつかの状況において、それぞれの次元が持つ尺度上での評点の集合は、歪度（skew）と尖度（kurtosis）を説明するために、パラボリック（parabolic）関数で変換された。これは、国別スコア間の順序と関係性を維持するという効果を持つ一方で、表示を見やすくする目的のために分布を対称的にするものである。

尺度の妥当性と信頼性について統計的検定を適用することと共に、文化次元のそれぞれに沿って志向性を報告することに加えて、本書の基礎になっている仮定と理論枠組みを支えるために別種類の分析も行われた。

特に、データ内の多様性を調べると共に因子分析による次元縮小化を調査するために、ノン・パラメトリックなデータマイニングが行われた。この分析は以下の二つの重要な質問を問うものであった。

一　属性（年齢別、性別、宗教別、国別、職能別）のそれぞれが持つ相対的な重要性は何だろうか。

二　データの多様性を説明するために必要とされる文化次元は、いくつ必要だろうか。

1　属性の相対的な重要性

第一の質問を議論するために、（各次元に関して）以下の式を持ったモデルが考えられる。

次元スコア＝c_1×国別＋c_2×年齢別＋c_3×宗教別＋c_4×性別＋c_5… など。

正準相関および偏相関分析か、または因子分析などを用いて、係数（c_1、c_2、c_3、その他）を発見するために、確立された統計的手法をデータめがけて「投げつける」という誘惑が存在する。別の研究者の何人かは、自分自身が収集した制限の多いデータセットを用いたり、または以前に公表されたことのある研究初期の不完全ないしは部分的に抽出したデータセットを用いたりして、今述べたばかりのことを行うことがよくあった。これが特に該当するのは、異文化分析に純粋な関心を持ち、その論争や理論枠組みに貢献しようとする開放的な心を持つ研究者や学生よりも、むしろ統計的思考様式が第一義的になっている研究者である。

データを検討してみると、これらのパラメトリック的な方法を用いることが厳密には適切でないことに注意されたい。データ項目の多くは、性別、宗教または職能別のような単なるカテゴリー（名目尺度データ）である。この特殊な問題を容易に解決しようとしても、古典的になっているノン・パラメトリックな統計手法が応用できず、そのいずれもが産業標準となっている統計解析用ソフトウェアーに含まれていないことも確かである。分散分析と（カテゴリーの）コンジョイント分析は、質問紙の設計と検定には役立つが、ここで必要とされている分析を作り出すことはできない。

それゆえに、この理由から適切と思われる別の数学体系を適用することがデータセットを探索するために必要になる。リレーショナル・データベース技術、データベース・マイニングそして知識誘出（すなわち、エクスパート・システム）における最近の発展が救いとなる。

その際の基本原理は、目標属性を決定する場合に、様々な属性の相対的な重要性を発見することである。最初のステップは、（リレーショナル・データベースにおいて表示するために必要となるので）いわゆる第3標準形式で別の表に、データを標準化する（すなわち、配列する）ことである。

これによって、データベース全体にわたって、各属性のエントロピー量が計算できるようになる。エントロピー量は、それぞれの属性による目標の分類が持つ不確実性の測度を示すものである。エントロピーが増大するにつれて、各属性を加えることで得られる不確実性の量も増大する。しかし、求めているのは、任意の属性の値が与えられた時に、どれぐらい多くの情報が目標の分類に存在するかを発見することである。これは単にデータの出現頻度に加重することで発見できる。

文化多様性全体を説明するために、ケースと同じだけの多様性を使うことが必要になる。これは、三万人の回答者がすべて個人であるので、彼らを記述するのに必要なのは、三万の属性であると言っているのと同じである。その代わりに、三万のデータ値を持つ属性一つ（例えば、名前！）を使えば、回答者一人一人を確認できるのである。言い換えれば、「名前」は最も高度な情報内容と最も低いエントロピーを持っている。しかし、これは目的でない。トロンペナールスは、マネジャーが自分の経験を構造化する助けになるような次元（属性）の多くに基礎を置いたモデルを開発しようと求めていたことを思い出して頂きたい。ここで試みられた分析は、理論好きの統計学者が好むようなデータセット内に多様性全体を包含するよりもむしろ、異なった属性が持つ相対的な重要性を探索することによって、このような目的を支持する狙いを持っている。

「国」は、最も低いエントロピーを持つ分類と確認されたので、最少度の不確実性に該当する。すなわち、「国」は、最高度の情報内容を持っているので、「国」が諸次元上で文化志向性を説明する最大の貢献者である。これに比べれば、例えば職能の貢献度は、もっと小さい。これらの計算結果は、本書の全編を通して、回答者個々人よりむしろ、エコロジー（すなわち、国）レベルで行った分析を強調してきたことを支持すると共に正当化している。この分析結果は第15章でもっと掘り下げて論じられている。

2　文化次元はいくつ必要か

これは答えるのが一層難しい質問であり、回答の一部は、このような質問がなぜ提起されるかという理由に依存するからである。

表A3　次元間の相関

	普遍主義－個別主義	個人主義－共同体主義	関与特定的－関与拡散的	感情中立的－感情表出的	達成型－属性型地位	内部－外部志向
普遍主義－個別主義	1.0000	.1269	.4669	.1209	.4223	.4013
個人主義－共同体主義	.1269	1.0000	.4236	.0697	.4397	.2753
関与特定的－関与拡散的	.4669	.4236	1.0000	-.0239	.4006	.4678
感情中立的－感情表出的	.1209	.0697	-.0239	1.0000	.2177	-.0444
達成型－属性型地位	.4223	.4397	.4006	.2177	1.0000	.4976
内部－外部志向	.4013	.2753	.4678	-.0444	.4976	1.0000

考察すべき基本的な問題は、モデルが持つ七つの次元のすべてが必要であるか否か、また各次元が文化の異なった側面を測定しているか否かということである。文化は、これらの次元のそれぞれからもたらされる構成概念であるが、これらの次元はそれ自体が別々のもの（すなわち、直交している）だろうか。おそらく、以下のようなもっと簡単な代替的な文化モデルが考えられる。

文化＝c_1×（先天的に継承した特徴）c_2×（後天的に獲得した特徴）……方程式ⅰ：または、

文化＝c_1×（人間関係）c_2×（自然との関係）c_3×（時間との関係または、志向性）……方程式ⅱ

前者の場合、二次元だけを（したがって係数c_1、c_2を決定できる）または後者のモデルでは三次元を必要とする。したがって、次元間の相互関係があり得ることを予期しなければならない。

表A3は次元間の相関を示している。分析を始めるに当たって、中心極限定理を頼って、パラメトリック・モデルを用いることが

表A4　偏相関

	普遍主義－個別主義	個人主義－共同体主義	関与特定的－関与拡散的	感情中立的－感情表出的	達成型－属性型地位	内部－外部志向
普遍主義－個別主義	-1.00000	-.33034	.28868	.04792	.45555	.05059
個人主義－共同体主義	-.33034	-1.00000	.55267	.08339	.22835	-.03604
関与特定的－関与拡散的	.28868	.55267	-1.00000	-.18283	.18540	.15654
感情中立的－感情表出的	.04792	.08339	-.18283	-1.00000	.26277	-.16338
達成型－属性型地位	.45555	.22835	.18540	.26277	-1.00000	.34040
内部－外部志向	.05059	-.03604	.15654	-.16338	.34040	-1.00000

できる。もし次元間の相関がゼロであれば、次元はそれぞれに文化の異なった側面を別々に測定していることになる。データベースから国別の平均スコアを使うと、ゼロではないが、すべてが0・5以下の相関値を示している。そこで、相関マトリックスが単位行列（すなわち、対角線上にある相関係数が1で、対角線外の要素は相関係数0）であるという仮説を検討するためには、バートレット（Bartlett）の球形度検定が使える。このようにして、相関マトリックスの行列式のカイ二乗変換が計算された。この分析結果の数値は低くなかったので、相関マトリックスが単位行列であるという仮説は棄却されるべきではない。

この結果から、対角線外の低い相関係数が統計的に有意か否かについてさらに探求することが必要になった。しかし、バートレット検定は、多変量正規母集団からの比率尺度データに限って厳密に有効である。トロンペナールス・データは、個々人の回答を検討しているのではなく、文化構成要素と国別平均スコアを順位尺度による測定で示すように作られているだけである。個々のケースを使っていたならば、もっと低いクロス相関が発見されたであろう。これ自体で、対角線外に低い相関があったことを説明するのに十分であろう。

さらに、偏相関係数は、これを説明する指標となる。次元が共通因子を共有していれば、他の次元が持つ線形効果が制御されて、対角線外の相関係数が再び低くなるはずである。表A4は、対角線外の偏相関係数が再びゼロではないが低いことを示している。

これらの小さな線形効果の原因を探るより良い洞察は、カイザー―マイヤー―オルキン（KMO）指標を計算すると得られる。(3) この統計値は、相関係数の観測値を偏相関係数と比較するものである。すべての次元間で見られる偏相関係数の平方和が、全体の相関の二乗和と比較して小さければ、KMOは1に近くなる。KMOの小さい値は、次元間の相関が他の変数によって説明できないことを意味する。これが、さらに文化次元のすべてが必要であるということを支持する証拠になるのである。

因子分析を用いて少数の因子を求めて、これらにより文化次元間の関係を明らかにする目的で使用することもできる。その目標は、次元を極度に倹約して文化を明らかにすることである。すなわち、できるだけ少数の指標（すなわち、因子）を用いて、文化を表そうという願望である。因子数を減少できれば、単純化が達成されるだけでなく、新しい洞察もまた生じてくるのである。新しい因子は解釈可能であるのが理想である。そうであれば、単に（生の次元）を測定できる構成概念というよりも、捜し求めている構成概念に基づいた興味あるモデルが生まれてくるという期待ができるからである。こうすれば、

一　観察可能な次元から文化の持つ直接的に測定不可能な側面を取り出せるだろうか。

二　上記の方程式・ⅰやⅱに類似したモデルは、元からあるデータを説明できるのだろうか。

表A5　固有値

達成型－属性型地位	41.3%(累積値)
個人主義－共同体主義	52.5
内部－外部志向	76.6
時間志向性	85.7
感情中立的－感情表出的	92.7
関与特定的－関与拡散的	97.3
普遍主義－個別主義	100.0

三　相関係数の観測値は、共通因子を共有していることが原因なのだろうか。

上述のKMO指数は因子分析が成功しそうにないと指摘している。さらに、因子分析は単なる多重回帰分析ではない。その目的は、文化を次元の結合として表現しようとするのではなく、分析前に知られていない高次の因子へ次元を結合することである。しかし、因子分析の目的は、データを説明するのに必要な次元数を減らすことである。因子分析によって少数の因子を得たとしても、七次元文化モデルの有効性が無効であるとか、その次元数を減らすべきだということにはならない。相関係数がもっと高かったならば、有効な因子を取り出せると期待したかも知れない理由は、次元間に相互関係があれば、これらの因子が存在していたからである。

完璧を期するために、主成分分析の適用もまた考慮できる。この分析は、存在し得る因子を推定するために、観察された次元の線形的結合を行う。最初の主成分は、データの分散量を最大に説明する結合である。残りの成分は、徐々に少なくなる分散を継続的に説明する。

表A5が示しているのは、各因子の固有値である。文化を（方程式・i

と同様に）二因子だけで表そうとすれば、この試みは分散の約五〇％を説明するだけであり、七つの次元すべてを取り替えるか、または元のままの次元にしておかなければ、（文化多様性）分散を説明できない。データの勾配をプロットした図もこれを明らかにしている。前出のバートレット検定とＫＭＯ指数の両方共に、少数の因子が基盤になっていることはありそうもないことを指摘していたので、この結果は驚くには当たらない。[4]

3　因子マトリックスと回転

再び、元の次元よりもむしろ新しい次元を使う利益は、わずかか、またはほとんどないことが明らかになった。また新しい次元の使用を正当化するような基本的モデルは存在しないことも明らかになった。因子軸の回転が単純構造の発見を達成していれば、次元のクラスターが各軸の端近くか、または軸が交差した所のどちらか一方にでも発生していたことだろう。元の次元は期待されたように、因子空間に広く散らばっているとわかった。

したがって、少ない文化次元でデータの分散を有効に説明できるという結論を上述の議論から導出することは不可能である。これは、前述の低い相関を基にすれば、簡単に予期できたことである。しかし、開いた心を持って、議論に貢献するために、さらに探求が行われた。

加えて、分析に用いられた質問群は独立的（ipsative）ではない。その理由は、いくつかの質問が複数の尺度の分析に用いられており、因子分析がこの組み込まれた相関を修正しないからである。

上記の議論を否定したいと思っている人は、収集されたデータが本当の多変量（比率）正規分布データでないことを論拠にするかもしれない。データが順位、すなわちノン・パラメトリックならば、文化多様性の次元縮小を探求するためには、因子分析よりもむしろ、ノン・メトリック多次元尺度構成法（ＭＤＳ）を本当は使うべきだという考えが存在する。この手法を使おうとすれば、元のデータは、文化差をデータ内容とするマトリックスに変換されなければならない。したがって、ケースごとおよびケース間すべての**違い**を（各次元に対しても、各国別にも）計算することが必要となる。これは、通常、非類似性の測度を得るためのユークリッド距離（の平方差）を計算することで得られる。ＭＤＳモデルは多次元空間に国を表示して、一対のケース（国）間の距離すべてが、国間の違いに基礎を置くように配列するので、例えば、普遍主義―個別主義の次元上で類似のスコアを持つ国が近くに位置するようになる。因子分析と同様に、目的が次元の数を減少させることならば、同じものを測定しているという理由から、クラスターを形成する文化次元を結合することも可能である。また、データが常に対称的であるという仮定も必要であり（例えば、アメリカと日本間の違いは、日本とアメリカ間の文化差と同じものでなければおかしい）、分析はそれぞれの次元について繰り返されなければならない。したがって、（参照文献5のMcGeeに従った）完全複元的ノン・メトリック多次元尺度構成法アルゴリズム（ＲＭＤＳ）が必要である。これは、非類似性データを基にして、それぞれの（文化）次元を同時に分析する際に適用される手法だからである。ＲＭＤＳの刺激座標値をプロットすると、軸間で広がった次元に沿って散布図を作り出す。文化次元が共通因子の構成内容であれば、ＲＭＤＳプロットは明らかにクラスター化した多くの次元を示すことだろう。したがって、ノン・パラメトリックな評価手段を適用しても同じ結論に到達したのである。すなわち、文化モデルは、簡単に一、二個の新たな次元に縮小できないのである。

最後に、擬集的な階層クラスター化もまた検討されるべきである。この手法を用いる目的は、類似の文化志向性を持つ国の集団を形成することである。しかし、クラスター分析は分析的というよりもむしろ主観的なテクニックであることに留意すべきである。グループ（すなわち、クラスター）に入れられる資格が既知である場合、判別分析が応用できる。階層クラスター化では、グループ（すなわち、クラスター）に入れられる資格が未知なので、再びユークリッド距離に頼ることになる。伝統的に、最も類似している国が、まずクラスター化され、次の国がその次にというようにクラスター化されていく。このような変換によって、クラスター化が文化を作り上げていくのである。

とても弱いクラスターしか発見されない場合もある。これは再び、上記で論じた、とても弱い相関係数に基づくものである。クラスター化形成の**順序**は、興味ある側面を見せる。すなわち、他の次元よりも達成型―属性型地位次元の方が多様性を持っているのである。これは妥当性もいくらか持っている。二人の人が初めて出会った時に、最初のあいさつは、「どうも！　私はアメリカ人で、弁護士です」というものか、「私はシーク・ハーサム（Sheik Haasam）と申します。そして、私はエル・レファイエ（El Refaie）の兄です」のどちらかの種類だからである。私たちが誰かに会う時に、すでに組み込まれている（逃げるかそれとも戦うかという）生存用プログラムを動かして、私たちが誰であり、何をしている人かを攻撃者に知ってもらいたいと思う最初のことだと、このあいさつの例から確認できるだろうか。他のところでも論じたように、ビジネスに応用されると、他の次元の方が、異文化コミュニケーションの出発点を作る際の優先順位を高く持っている。

トロンペナールスの初期の研究について論評すると、ホフステッドがパラメトリック分析だけを用いているのは、驚きである。[5] ホフステッドは、最適尺度化を行うために、一致度（correspondence）分析や同質性（homogeneity）分析のようなノン・パラメトリックな方法を用いるべきだった。しかし、これらの統計手法のすべては、元のデータに存在する多様性を説明するのに必要な次元数を確認するよりもむしろ次元減少を得る目的で設計されている。データが二、三の統計的に導出された因子に要約できるということは、トロンペナールスの七次元モデルが彼のデータによって支持されないとか、または七次元以下の次元で十分に説明できると主張することと同じではない。とりわけ、「範囲外」のケースが存在するからである。ホフステッドが主張するように、トロンペナールスの質問のいくつかに対する回答は、多くの国で相関があるので、これらの次元は結合できるかもしれないけれども（ホフステッドが無視している湾岸諸国のように）特定のケースの多くは、別々の次元を必要としている。これらの国々の間には、相関がないからである。したがって、GCC（湾岸諸国）とG7加盟国の比較の場合、G7加盟国間の違いと比較して湾岸諸国間の違いを説明するためには別の次元が必要になる。

次元を少数だけ使えば、データのいくつかを説明できるのだが、地球横断的に存在する多様性を完全に説明するためには、実際に七次元のすべてが必要になるというレトリックを交えた質問に対する解答として結論を出すものである。さまざまな実際的状況（例えば、任意の二文化の比較）において、これらの二文化を最もよく識別する次元を選べるのである。性別が背の高さと相関するのと同じように、二つの次元が相関するからというだけでは、二つの次元が同じ構成概念を測定しているのと同じでないことを忘れないようにしよう。

4　今後の研究課題

トロンペナールス・データベースは、社会科学的な構成概念に関する最大の最も豊富な源泉の一つである。

（特に、両極化したジレンマの選択肢を避けるように）質問紙の洗練、ケース下位群の数と多様性の拡大、ニューラル・ネットワークのような分析方法の適用などの研究が継続されている。データに対するアクセスは、特別な関心または必要性を持つ誠意ある研究者と企業に提供されている。関心のある読者は、この付録に提示されている要約を包括的に扱っている研究モノグラフを参照されることを再び願う。

参照文献

（1）Smith, P.B. 'Appendix' to *Riding the Waves of Culture*, *1st edition*. Nicholas Brealey Publishing, 1993: Smith et al., "National cultures and values of organisational employees", *Journal of Cross Cultural Psychology*, vol. 27, 2, March 1996.

（2）Hofstede G.,"Riding the waves of commerce", *International Journal of Intercultural Relations*, vol. 20, 2, pp.189-98, 1996; Hampden-Turner, C. and Trompenaars, F. "A response to Hofstede", *International Journal of Intercultural Relations*, vol. 22,4, pp.189--98, 1997.

（3）Kaiser-Meyer-Olkin（KMO）index, see Kaiser, H., "Factor Analysis", *Psychometrika*, vol. 30, pp. 1-14, 1965.

（4）Bartlett's test: *ibid.*, pp. 1-14.

（5）McGee, "Multi-dimensional scaling", *Multi-variate Behavioural Research* , vol.3, pp.233-48, 1968.

付録3　トロンペナールス・ハムデン-ターナー（THT）・グループ

トロンペナールス・ハムデン-ターナー（THT）・グループの前身は、異文化ビジネス研究センター（CIBS）、その発展であるユナイテッド・ノーションズ（United Notions）を母体としている。THTグループの使命は、異文化マネジメントに関する質の高い教育訓練、コンサルティングおよび出版を通して、組織がグローバルな有効性を持つように改善する一助になることである。一九八七年にオランダで創立されて以来、THTグループは、激動と共に異質な経営環境における経営活動の複雑性とあいまいさの管理の重要性を認める運動の先頭に立っており、文化多様性が大きな経営上の挑戦となっているような機会の多くから実際に利益を享受して来ている。

一九九七年にCIBSは、ユナイテッド・ノーションズに名称を変更した。さらに、一九九八年にTHTグループとなった。その活動ネットワークは、日本、シンガポール、スカンジナビア諸国、南ア連邦、イギリスそしてアメリカに支局オフィスを構えると共に、二〇か国以上にわたるライセンス契約に基づくサービス提供者を抱えている。一九九九年以来、異文化マネジメント出版（IMP）社は、書物、ビデオ教材、教育訓練教材そして双方向的なメディアを製造・販売してきている。

THTグループが用いる方法の基礎は、本書に書かれている7次元（7D）モデルであり、自分と異なる文化出身者がどのように国際業務から生まれるジレンマに毎日対応して実際的な選択をしているかについて論及しながら、ビジネスにおける本当の文化差を議論するための理論枠組みを与えるものである。このモデルは当グループのトレーナーやコンサルタントたちが持つ異文化の経営環境における勤務や管理の広範な経験によって補完されている。

このようなモデルを使う利益の一つは、文化差の議論を通して解決しようとする場合の語彙と方法を共有化できることである。当グループが提供する教育研修プログラムは対人間交渉が多く、ケース・スタディ、シミュレーション、逸話、調査データおよびトレーナーや参加者の個人的経験などを用いており、高レベルの訓練参加を促すように設計されている。参加者は全員が自分自身の文化志向性を確認するために質問紙に記入すると共に、その分析結果のフィードバックを受け取るようになっている。また、教育研修プログラムは、現実のビジネス問題と取り組むためのスキル開発に焦点を置いている。文化次元それぞれについての議論は、教育研修を受ける集団の必要次第で行われるが、異文化出身者を管理する場合、または管理される場合、一緒に働く場合、人間関係を構築する場合、チームワークを作る場合、交渉する場合、そしてコミュニケーションを持つ場合などに関する意味合いを検討することが中心となっている。

教育訓練プログラム

当グループが刊行する文化羅針盤・国別シリーズ（Cultural Compass Country Series）は、特定国のプロフィールに関する一連の印刷物・電子媒体である。その中核となっているのは、異文化マネジメントに関する質問紙に対する自分のスコアに基礎を置き、自分自身の文化地図をユーザーが自分でデータ処理して得られる教育訓練モジュールである。ユーザーが自分のプロフィールを知れば、ユーザーが選択した国の平均プロフィール

（当グループのデータベースから抽出）と自分のプロフィールを比較できるようになる。さらに、ユーザーは別の国の出身者とビジネスをする際に、自分にとって個人的にも意味を持つこの比較結果について特別のフィードバックを受け取ることにもなっている。

現在のところ、アメリカ、日本、インド、フランス、中国、オランダ、韓国、ドイツ、オーストリアおよびスウェーデン用のフィードバック教材が開発済みである。文化羅針盤は、ユーザーが自分の勤務する組織内という脈絡においてもまた、組織文化全般に関する情報を検討することもできる。

最後に、ＴＨＴグループは、文化羅針盤の教材に基礎を置いた、どの国でも歓迎（Welcome to Anywhere）という異文化研修もまた提供している。

連絡先

Trompenaars Hampden-Turner Group
A. J. Ernststraat 595D
1082 LD Amsterdam　アムステルダム
The Netherland　オランダ
電子メール info@7d-culture.nl
ウェブサイト：www.7d-culture.nl

日本国内連絡先

ＩＧＢネットワーク株式会社
〒一五一－〇〇六六　東京都渋谷区西原三－三十七－六
電話〇三－五七九〇－三二八〇
電子メール clientsupport@igbnetwork.com
ウェブサイト：www.igbnetwork.com

「メンタル・プログラム」："mental programmes"……22
面子：face……150
目標による管理：management-by-objectives (MBO)……157, 301, 315
モネ，ジャン：Monnet, Jean……14
盛田昭夫：Morita, Akio……18, 252
問題解決：problem solving……11-14, 48-9

ヤ行

役割志向：role-orientation
　　とエッフェル塔型企業文化：and Eiffel Tower corporate culture……286-9
　　と保育器型企業文化：and incubator corporate culture……302
誘導ミサイル型企業文化：guided missile corporate culture……297-301, 306
　　とエッフェル塔型企業文化：and Eiffel Tower……297
ユーモア：humour……128-130, 348-9
ヨーロッパ共同体：European Community……14, 187

ラ行

ライシュ，ロバート：Reich, Robert……323
らせん，二重：helix, double……363
ルソー，ジャン・ジャック：Rousseau, Jean-Jacques……94
レビン，クルト：Lewin, Kurt……142-3
　　円：circles……143, 149
ローシュ，ジェイ：Lorsch, Jay……101, 318
ローラン，アンドレ：Laurent, Andre……186, 283, 313
ロールス・ロイス社：Rolls-Royce……71-2
ローレンス，ポール：Lawrence, Paul……101, 318
ロッター，J.B.：Rotter, J.B.……247

ワ行

ワールド・カップ，1990年〔サッカー〕：World Cup, 1990 (football)……237
枠組み：frames……356-7

分析：analysis……6-8
ヘイ職務評価システム：HAY job evaluation system……74-5, 262
ペット, の所有権：pets, ownership of……63
ヘドランド, グンナー：Hedlund, Gunnar……322
ベネズエラ, 職務評価: Venezuela, job evaluation……75
ベルギー：Belgium
関与特定性：specificity……167
組織概念：organisation concept……13
ベル, ダニエル：Bell. Daniel……101
変化：change
とエッフェル塔型企業文化：and Eiffel Tower corporate culture……291-3
と家族型企業文化：and family corporate culture……284-6
と保育器型企業文化：and incubator corporate culture……304
と誘導ミサイル型企業文化：and guided missile corporate culture……299-300
ボーア, ニールス：Bohr, Nils……346
保育器型企業文化：incubator corporate culture……301-5, 306
報酬：reward　動機づけも参照：see motivation
ホール, エドワード・T.：Hall, Edward T.……216
ホフステッド, ヘールト：Hofstede, Geert……22, 94, 315
ボルテール, フランソワ・マリー・アルエ　デュ: Voltaire, Francois Marie Arouet de……94
本社, の役割：head ofrilce, role of……72-3, 320-2, 326

マ行

マクドナルド：McDonald's……5
マクレランド, デービッド：McClelland, David……180
マトリックス型組織：matrix organisation……299, 315
ミーティング, の時間：meetings. time of……71-2, 218, 232-6
南アフリカ共和国：South Africa……365-377
心のモデルと（西洋と）の比較：compared to western mental models……373-7
のジレンマ地図作り：dilemma mapping in……367-373
未来, に対する志向性：future, orientation to……212-4, 219-221, 241-5
ミンツバーグ, ヘンリー：Mintzberg, Henry……258
名詞：nouns……353-4
明示的文化：explicit culture……37-8
メキシコ, 時間志向性：Mexico. time orientation……232-6
メタ言語：meta-language……354-6

皮肉：irony……129
批判：criticism……147-150, 160
ヒンズー教：Hinduism……184
ファイファー，ジュールス：Feiffer, Jules……145
ファヨール，アンリ：Fayol, Henri……23
フィードバック：Feedback……33, 268
ブーバー，マルティン：Buber. Martin……229
フォード，ヘンリー：Ford, Henry……213
仏教：Buddhism……181, 184
普遍主義: universalism……15, 50-87, 349, 385-6
プライバシー：privacy……146
フランス：France
　感情：emotion……121
　企業文化：corporate cultures……306
　コンテクスト〔脈絡〕：context……156-7
　時間志向性：time-orientation……17, 227-8, 232-6
　集団主義：collectivism……89-92, 95-7, 100-3
　生活空間：life spaces……146
　とアメリカ人：and Americans……44-6
ブリューグ，レオネル：Brug, Leonel……iii, 294
プロテスタンティズム：Protestantism……62, 93-4, 181, 184
文化：culture……35-47, 314
　意味の体制としての：as organisation of meaning……22, 43
　経験の正規分布としての：as normal distribution of experiences……43-6
　と組織構造：and organisation structure……8-11, 24
　とビジネス：and business……3-8
　の概念：concept of……35-7
　の重層性：layers of……37-42
文化空間，地図作り：cultural space, mapping……348-353
文化差：cultural differences
　を尊敬すること：respecting……339-45
　に気づくこと：awareness of……336-9
文化ジレンマ，の調和：cultural dilemmas, reconciling……336-364
〔文化〕多様性：diversity
　産業別：in industries……409-413
　職能別：functional……402-9
　性別：gender……378-382
分権化：decentralisation……317-9

家族型企業文化：family corporate culture……275
環境のコントロール：control of environment……248
感情：emotion……122, 128
関与拡散性：diffusion……152, 158-9, 162-3
コンテクスト〔脈絡〕：context……156
集団主義：collectivism……100, 105
戦略：strategy……257-8
達成型および属性型地位：achievement and ascription……186
地位：status……184-5, 189-190
通訳者：translators……190-1
と進出国文化：and local cultures……7
控えめな表現：understatement……129
普遍主義対個別主義：universalism vs. particularism……65, 67
ネルソン, B.：Nelson, B.……101
年齢, に対する尊敬：age, respect for……177, 189

ハ行

パーソナリティ, 生活空間：personality, life spaces……141-5
パーソンズ, タルコット：Parsons, Talcott……25, 89, 164-5
バートレット, クリストファー：Bartlett, Christopher……320, 322
博識, マネジャーの：omniscience, of managers……282-4
波長: waves……358-362
パラダイム：paradigms……32
ハリソン, ロジャー：Harrison, Roger……304
ピーターズ, トム：Peters, Tom……6, 23
控えめな発言: understatement……129
非言語媒体によるコミュニケーション：non-verbal communication……133-4
ビジネス：business……3-8
感情表出的および感情中立的な文化における：in affective and neutral cultures……139-140
関与拡散的および関与特定的な文化における：in diffuse and specific cultures……174-5
個人主義的および集団主義的な文化における：in individual and collective cultures……117-8
属性志向的および達成志向的な文化における：in ascription- and achievement-oriented cultures……206
と時間志向性：and time-orientation……242-3
内的および外的コントロール志向的な文化における：in inner- and outer-directed cultures ·269-270
普遍主義的および個別主義的な文化における：in universalist and particularist cultures……86-7
「ビジネス・インキュベーター」："business incubators"……302

通訳者: translators ……106, 190-1
DNA ……363
ディーン, L.R.：Dean, L.R. ……165
テイラー, フレデリック：Taylor, Frederick ……23
デュルケイム, エミール：Durkheim, Emile ……101, 211
テンニエス, フェルディナンド: Tönnies, Ferdinand ……95
ドイツ：Germany
　環境のコントロール：control of environment ……247
　感情：emotion ……129, 166
　生活空間：life spaces ……141-6
　達成型および属性型地位：achievement and ascription ……187
　ユーモア：humour ……128
同期性：synchronicity ……208, 214-9, 241-5
動機づけ（モチベーション）：motivation ……330-2
　業績給：pay-for-performance ……4, 8, 157-160, 259-260, 316, 332
　個人対集団：individual vs. collective ……108-110
　とエッフェル塔型企業文化：and Eiffel Tower corporate culture ……293
　と家族型企業文化：and family corporate culture ……286
　とコントロール：and control ……262-3
　と地位：and status ……191-2
　と保育器型企業文化：and incubator corporate culture ……304-5
　と誘導ミサイル型企業文化：and guided missile corporate culture ……300-1
トビー, J.：Toby, J. ……59-66
トックビル, アレクシス ドゥ：Tocqueville, Alexis de ……100
トヨタ自動車: Toyota ……72
ドラッカー, ピーター：Drucker, Peter ……23, 315
トランスナショナル企業: transnational corporations ……320-4
トルコ, における性別問題: Turkey, gender problem in ……197-9
トロンペナールス・データベース: Trompenaars database ……1-3, 418-434

ナ行

内部志向メカニズム：inner-directed mechanisms ……254-255
NASA ……230, 297
日本：Japan
　意思決定：decision-making ……106
　外部志向性：outer-directedness ……18-9, 249-251

戦略：strategy……257-8
関与拡散的：diffuse……156-7
国際企業：international corporations……320-4
と時間志向性：and time-orientation……225
相補性：complementarity……346-7
属性型対達成型地位：ascription vs. achievement……17, 51, 394-7
属性志向的地位：ascription-oriented status……177-203
組織：organisations……8-11, 24
個人対集団文化における：in individual vs. collective cultures……110-1
と企業文化：and corporate culture (q. v.)……272-4
と個人の地位：and status of individuals……184-8
理論：theory of……8-11
訴訟：litigation……63
ソニー・ウォークマン：Sony Walkman……18, 252
ソフトウェア, コンピュータ：software, computer……327
尊敬：esteem……164-5

タ行

タイ, 地位：Thailand. status……193-4
代表, ビジネスの：representation, business……105
達成型対属性型地位：Achievement vs. ascription……17, 51, 394-7
達成志向的地位：achievement-oriented status……177-207
短期間対長期間：short term vs long term……350
地位：status
達成型対属性型：achieved vs. ascribed……17, 51, 177-207
とエッフェル塔型企業文化：and Eiffel Tower corporate culture……288-9
と家族型企業文化：and family corporate culture……275
と時間志向性：and time-orientation……230-1
と集団主義文化：and collectivist cultures……105-6
と保育器型企業文化：and incubator corporate culture……302
知識, マネジャーの：knowledge, of managers……185-6, 282
中国, 環境のコントロール：China. control of environment……248
忠誠心：loyalty……61-8, 160
と家族型企業文化：and family corporate culture……281
と誘導ミサイル型企業文化：and guided missile corporate culture……300
長期間対短期間：long term vs short term……350

条件依存理論：contingency studies……24
昇進：promotion
　達成型および属性型地位志向的な組織：achievement- and ascription oriented organisations……194-9
　と時間志向性：and time-orientation……230-1
承認：approval……164-68
情報：information
　と国際化：and internationalisation……325-7
　の交換：exchange of……130
　の周知伝達：dissemination of……101
職業文化：professional culture……12
　資格も参照：see also qualifications
職能別〔文化〕多様性：functional diversity……402-9
シリコン・バレー：Silicon Valley……302, 306
シルス, E.A.：Shils, E.A.……89
ジレンマ, の調和：dilemmas, reconciling……336-364
進化論：evolution, theory of……257
身体に触れること：touching……134
人的資源管理, トランスナショナル企業：
　human-resource management transnational corporations……322-4
ジンメル, ゲオルグ：Simmel, Georg……100
スウェーデン：Sweden
　環境のコントロール：control of environment……247-251
　感情：emotion……127
スタウファー, S.A.：Stouffer. S.A.……59-66
ステレオタイプ化：stereotyping……45-6
ストロードベック, F.L.：Strodtbeck. F.L.……46-7, 210
スミス, アダム：Smith, Adam……95
聖アウグスチヌス：Augustine, Saint……212
生活空間：life spaces……142-4
政治：politics……94
生存：survival……40
性別：gender……197-8, 378-382
全員平等主義：egalitarianism
　エッフェル塔型企業文化：Eiffel Tower corporate culture……286-297, 306
　と家族型：and family……293-7
　と誘導ミサイル型：and guided missile……297-8
　誘導ミサイル型企業文化：guided missile corporate culture……297-301
善循環：circles, virtuous……361-2

コンテクスト〔脈絡〕：context……156, 356-7
　と家族型企業文化：and family corporate culture……276-7
コントロール：control
　自然の：of nature……246-251
　と成功：and success……251-6
　内的対外的：internal vs external……397-400
コントロールの局在，内面的対外部的：locus of control, internal and external……247

サ行

サイクル：cycles……358-362
「最善の方法」，管理の："best way" of managing……3, 8-11, 22-34
サイバネティックス：cybernetics……255
　と誘導ミサイル型企業文化：and guided missile corporate culture……299
サッチャー，マーガレット：Thatcher, Margaret……94
産業別〔文化〕多様性：industry, diversity in……409-413
ジェスチャー：gesturing……121, 138, 139
シェル国際石油会社：Shell International Petroleum Corporation……237, 322, 333
資格，専門(職の)：qualifications, professional……191-2, 288
時間：time……17, 208-245
　過去，現在，未来に対する志向性：
　　orientations to past present, future……212-4, 219-221, 241-5
　計画化：planning……236-8
　順次性と同期性：sequence and synchrony……208, 214-9, 241-5
　と管理：and management……225-231
　の概念：concept of……209-212
　の体制：organisation of……231-6
　ビジネス出張には時間をかけること：timing of business trip……71-2
自然，に対する態度：nature, attitudes towards……18-9, 246-270
　コントロール：control……40-1, 246-256
シナジー化：synergising……362-3
シナリオ・プランニング：scenario planning……237-8
宗教：religion……62-3, 93, 181, 184
集権化：centralisation……317-9
自由，個人的：freedom, individual……90
シュッツ，アルフレッド：Shutz, Alfred……32
順次(序)：sequence……208, 214-9, 239-45, 357

と時間志向性：and time-orientation……229-30
言語：language……133, 354-6
言語媒体によるコミュニケーション：verbal communication……130-3
現在志向性（～に対する）：present orientation to……212-4, 241-5
現在分詞：present participles……353-4
現象学：phenomenology……22
権力(パワー)：power……193
志向性，家族型企業文化：orientation, family corporate culture……274-6
交渉：negotiation
達成型と属性型地位：achievement and ascription……188-199
に対する権限：authority for……189
顧客に焦点を合わせること：customers, focus on……253
国際化：internationalisation……5, 312-334
現地子会社の自由裁量権：local freedom……330-4
国際およびトランスナショナル企業：international and transnational, corporations……320-4
集権化対分権化：centralisation vs. decentralisation……317-9
人的資源管理：human-resource management……324-5
と企業文化：and corporate culture……328-330
と経営戦略：and business strategy……328-330
と個人主義：and individualism……92, 103-8
と情報：and information……325-7
と内的および外的コントロール志向文化：and inner- and outer-directed cultures……258-261
と普遍主義：and universalism……69-76
本社の役割：head office role……318-9, 329
問題：problems……312-4
国際企業：international corporations……320-2
国民文化：national culture……12
ゴシャール，スマントラ：Ghoshal, Sumantra……320, 322
個人主義：individualism……15, 50, 89-119
と時間：and time……225-6
と達成型地位：and achievement……186-8
コットル，トム：Cottle, Tom……219-221
個別主義：particuiarism……15, 50-87, 349, 385-6
コミュニケーション：communication
異文化間：intercultural……130-4
の脈絡：context of……156
コリングウッド，R.G.：Collingwood, R.G……12

と時間：and time……225-231
の変革：of change……231-6
理論：theory of……4
ギアーツ，クリフォード：Geertz, Clifford……43
企業文化：corporate culture……13, 272-311
エッフェル塔型：Eiffel Tower……286-293, 306
家族型：Family……275-286, 306
と国：and countries……305-8
と国際化：and internationalisation……328-330
と国家：and nations……305-8
保育器型：incubator……301-5, 306
誘導ミサイル型：guided missile……297-301, 306
規則，普遍主義：rules, universalism……15, 50-87
規範：norms……38
技法：technique……255
キャロル，レイモン：Carroll, Raymond……218
共感：responsiveness……164-5
業績給：pay-for-performance……4, 8, 157-60, 259-60, 316
動機づけも参照：see also motivation
共同体主義：communitarianism……17, 50, 89-119
業績給：pay-for-performance……8
さまざまな共同体：different communities……97-100
近代化：modernisation……58, 95-7, 180
勤務評定：appraisal……73-6, 160, 230-1
勤務評定，職務評価：job evaluation……73-6, 262-3
空間，個人的：space, personal……142-4
生活空間も参照：see also life spaces
口調：tone of voice……132-3
クラックホーン，F.：Kluckholn, F.……46-7, 210
グールド，マイケル：Goold. Michael……329
クロジェ，ミシェル：Crozier, Michel……24
計画策定，順次的対同期的：planning, sequential vs. convergent……236-8
連帯，機械的および有機的：solidarity, mechanical and organic……101
契約，ビジネスの：contracts, business……71-2
ゲマインシャフトとゲゼルシャフト：Gemeinschaft and Gesllschaft……95
権限：authority
交渉における：in negotiation……192-3
当〔自〕然の：natural……258

科学的管理：sientific management……6-8
課業志向，誘導ミサイル型企業文化：Task-orientation, guided missile corporate culture……297
過去，に対する志向性：past, orientation to……212-4, 219-221, 241-5
家族型企業文化：family corporate culture……275-286, 306
　とエッフェル塔型企業文化：and Eiffel Tower……293-7
家族，と達成型対属性型地位：family, and achievement vs. ascription……180-5
肩書き：titles……191-2
　とエッフェル塔型企業文化：and Eiffel Tower corporate culture……288
価値観: values……39, 328
価値連鎖: "value chains"……323
カトリック：Catholicism……63, 93-4, 184
環境，に対する態度：Environment, attitudes towards……18-9, 246-270
〔人間〕関係：relationships……15-7, 50
　感情中立的対感情表出的：neutral vs. emotional……121-140
　関与特定的対関与拡散的：specific vs. diffuse……141-176
　個人主義対集団主義：individualism vs. collectivism……89-119
　達成型対属性型：achievement vs. ascription……177-207
　と時間志向性：and time-orientation……227-231
　普遍主義対個別主義：universalism vs. particularism……50-87, 349
感情：emotion……15-6, 51, 121-140
　と意思決定：and decision-making……127-8
　と関与：and involvement……163-8
　と保育器型企業文化：and incubator culture……303
感情，感情表出的対感情中立的文化：feelings, affective vs. neutral cultures…15, 50, ……121-140
感情中立性：neutrality, emotional……15-6, 50, 121-140
　と誘導ミサイル型企業文化：and guided missile corporate culture……298-9
感情表出：affect　感情も参照：see emotion
関与拡散的志向：diffuse-oriented involvement……16, 51, 141-76
　と家族型企業文化：and family corporate culture……277
関与特定志向：specific-orientated involvement……16-7, 51, 141-176
　とエッフェル塔型企業文化：and Eiffel Tower corporate culture……288
関与，特定的対拡散的：involvement, specific vs. diffuse……141-176
　と感情：and emotion……163-176
管理（経営）：management
　科学としての：as science……7
　「最善の方法」："best way"……3, 8-11, 22-33

と感情：and emotion……127
イタリア：Italy
拡散性：diffusion……146-150
感情：emotion……122, 127
同期的時間：synchronous timing 215, 236-7
意味：meaning……5, 35
とコミュニケーション：and communication……130
と時間：and time……211-2
の体制：organisation of……22, 43
インチェリーリ, G.：Inzerilli, G.……283, 315
ウェーバー, マックス：Weber, Max……95
ウォーターマン, ロバート, ジュニア：Waterman, Robert, Jr……6
宇宙観：universe, views of……254
英語：English language……93, 133
エチオピア, 時間志向性：Ethiopia, time-orientation……231
エディプス：Oedipus……209
エルル, ジャック：Ellul. Jacques……255
円描写テスト, 時間に対する態度：Circle Test, attitudes to time……219-221
オギルビー, ジェイ：Ogilvy, Jay……322
オランダ：Netherlands
感情：emotion……127
関与特定性：specificity……167-8
順次的時間：sequential timing……214-7
組織概念：organisation concept……13
地位：status……189-90

カ行

会社, の概念：company, concept of……32
改善：kaizen……254
階層制：hierarchies……8-11, 273-5
エッフェル塔型企業文化：Eiffel Tower corporate culture……286-7
家族型企業文化：family corporate culture……280-2
達成型地位と属性型地位組織：achievement- and ascription-oriented organisations……193-5
トランスナショナル企業：transnational corporations……322
科学：science……254

索引: INDEX

ア行

アージリス，クリス：Argyris, Chris……262
アイ・コンタクト：eye-contact……133-4
愛情：love……163-5
アイゼンハワー，ドワイト：Eisenhower, Dwight……100
アップル・コンピュータ：Apple Computers……300, 304
アフリカ：Africa
　エチオピア，時間志向性に関して：Ethiopia, time-orientation……231
　業績給：pay-for-performance……4
　口調：tone of voice……132
アメリカ: United States of America (USA)
　アイ・コンタクト: eye-contact……133-4
　感情: emotion……126-7
　関与特定性: specificity……157, 163, 166-8
　企業文化: corporate cultures……306
　個人主義: individualism……99-102
　コンテクスト〔脈絡〕: context……157
　時間志向性: time-orientation……17-8, 216, 400-2
　時間をかけること: timing……232-6
　順次的時間: sequential timing……215
　生活空間: life spaces……141-6
　地位: status……394-7
　とコントロール: and control……247, 397-400
　とフランス人: and the French……44-45
　における〔文化〕多様性: diversity in……382-402
　普遍主義: universalism……54, 58, 385-6
アルゼンチン，関与拡散的：Argentina, diffusion……16, 153-6
イギリス: United Kingdom (UK)
　環境のコントロール: control of environment……248
　個人主義: individualism……99
　順次的時間: sequential timing……214
　ユーモア: humour……128
意思決定：decision-making
　個人対集団：individual vs. collective……106-8

須貝　栄（すがい　さかえ）

1951年　東京生まれ。
1974年　明治大学商学部卒業。
1977年　国際基督教大学大学院修了（行政学修士）。
1981年　明治大学大学院経営学研究科博士後期課程修了。
1982年　国際商科大学（現東京国際大学）商学部専任講師。
1985～87年　フルブライト奨学金授与によりハーバード・ビジネス・スクールおよびイリノイ大学ビジネス・スクールにて，ビジティング・スカラー。
1997～99年　東京国際大学海外研修員としてケンブリッジ大学ジャッジ経営研究所に在籍。
2009年　ケンブリッジ大学PhD取得
現　在　東京国際大学商学部教授。
専　攻　経営管理論，経営組織論。異文化マネジメント。
著　書　『経営組織論』（共著，車戸實編，八千代出版，1988），『現代経営管理論』（共著，吉田準三編著，八千代出版，1993），他。
訳　書　『マネジャーの仕事』（ヘンリー・ミンツバーグ著，奥村哲史共訳，白桃書房，1993）

ウェブサイト：www.tiu.ac.jp/seminar/sugai/
メール：sugai@tiu.ac.jp
読後の感想，誤訳の指摘，その他のご意見をお知らせください。

■ 異文化《いぶんか》の波《なみ》
―グローバル社会《しゃかい》：多様性《たようせい》の理解《りかい》―

■ 発行日――2001年11月6日　初　版　発　行　〈検印省略〉
2010年 2 月16日　初版第3刷発行

■ 訳　者――須貝《すがい》　栄《さかえ》

■ 発行者――大矢栄一郎

■ 発行所――株式会社　白桃書房《はくとうしょぼう》
〒101-0021　東京都千代田区外神田5-1-15
☎03-3836-4781　Ⓕ03-3836-9370　振替00100-4-20192
http://www.hakutou.co.jp/

■ 印刷・製本――平文社／渡辺製本

ISBN978-4-561-12142-8 C3034